Oscar Teuber

Geschichte des Prager Theaters

Von den Anfängen des Schauspielwesens bis auf die neueste Zeit

Oscar Teuber

Geschichte des Prager Theaters
Von den Anfängen des Schauspielwesens bis auf die neueste Zeit

ISBN/EAN: 9783743606722

Hergestellt in Europa, USA, Kanada, Australien, Japan

Cover: Foto ©Andreas Hilbeck / pixelio.de

Weitere Bücher finden Sie auf **www.hansebooks.com**

Geschichte

des

Prager Theaters.

Von den

Anfängen des Schauspielwesens bis auf die neueste Zeit.

Von

Oscar Teuber.

Erster Theil.

Von den Keimen des Theaterwesens in Prag bis zur Gründung des gräfl. Nostitz'schen
Theaters, des späteren deutschen Landestheaters.

Prag 1883.

Druck und Verlag der k. k. Hofbuchdruckerei A. Haase.

Seiner theueren Frau

Emmy,

gewesenem Mitglied des deutschen königl. Landestheaters in Prag,

in inniger Liebe zugeeignet

vom

Verfasser.

Inhalts-Verzeichniß.*)

*) Ein umfassendes Namens-Register wird am Schluße des ganzen Werkes gegeben werden.

VIII

Vorwort.

Prag, eine Theaterstadt per excellence, und das Prager
Theater, eine der nach Rang, Bedeutung und glanzvoller Vergan=
genheit hervorragendsten deutschen Bühnen, hat bisher einer Ge=
schichte entbehrt, welche die Entwickelung der künstlerischen Ver=
hältnisse in der böhmischen Landeshauptstadt im Zusammenhange
mit der allgemeinen Geschichte des Dramas, der Musik und Schau=
spielkunst dargestellt, welche es versucht hätte, die Entfaltung und
die zahlreichen denkwürdigen Leistungen der Prager Bühne zu
schildern und darzulegen. Und doch ist das Prager Theater allezeit
in innigster Berührung mit den Haupt=Pflege=Stätten deutscher
Kunst gestanden und hat zu Zeiten mit ihnen an großen Thaten,
an Ansehen und Ruf wetteifert! Wohl finden sich in einzelnen Zeit=
schriften und Brochüren Beiträge zur Geschichte einzelner Perioden
der Prager Theatergeschichte, nach zufällig offen liegenden Quellen
und Nachrichten bearbeitet, vor; im Ganzen aber waren bisher
über die Geschichte des Prager Theaters nur unzusammenhängende,
ungenaue oder gänzlich unrichtige, fast sagenhafte Angaben ver=
breitet, so daß die oft so glänzenden Ereignisse, welche sich in künst=
lerischer Hinsicht in Prag vollzogen haben, fast nur durch die
Tradition im Gedächtnisse erhalten waren, so daß in allgemeinen

Werken über Geschichte des Theaters und der Schauspielkunst das
Prager Theater entweder ignorirt oder nur nebenher und unge=
fähr erwähnt wurde. Der Grund, weshalb eine Geschichte des
Prager Theaters neben den vielen in neuerer Zeit entstandenen
Special=Geschichten deutscher Hof= und Stadt=Theater bisher fehlte,
dürfte wohl zum guten Theil in den schwierigen Verhältnissen
liegen, mit denen der Historiograph des Prager Theaters zu
rechnen und zu kämpfen hat. Er findet kein vollständiges, umfas=
sendes Hoftheater=Archiv, er findet überhaupt gar kein brauchbares
Theater=Archiv vor, er muß sich seine Materialien mühsam zu=
sammentragen und eine Fülle von Irrthümern, welche er über sein
Thema bisher gedruckt vorfindet, sorgfältig umgehen, sichten und
berichtigen, um sich nicht selbst von ihnen beirren zu lassen. Alle
diese Schwierigkeiten lernte ich im reichsten Maße kennen, als ich
im Jahre 1876 an meine Arbeit ging. Ein Directions=Wechsel
am deutschen Landestheater hatte mich damals veranlaßt, der
Vergangenheit dieser Bühne etwas näher zu treten, und schon aus
wenigen Momenten erkannte ich die Wichtigkeit und Größe der=
selben und das Bedürfniß einer Geschichte des Prager Theaters.
Der damalige Chefredacteur der „Bohemia", Franz Klutschak,
ein warmer und väterlicher Freund meiner literarischen Bestre=
bungen, regte in mir die Idee an, mich selbst mit der Sache zu
beschäftigen und forderte mich auf, zunächst einige Feuilletons für
die „Bohemia" über die Geschichte des Prager Theaters zu schreiben.
Dieser Zweck erforderte allerdings noch keine eingehende Quellen=
forschung, ich konnte und mußte an Bekannteres anknüpfen, die
Arbeit feuilletonistisch und skizzenhaft halten; aber je mehr Auf=
merksamkeit ich dem Gegenstande zuwandte, je mehr ich in der
Arbeit vorschritt, desto intensiver wurde mein Interesse dafür.
Waren die ersten Feuilletons in der „Boh." in der That nur

Feuilletons und Skizzen, angelehnt an mitunter unverläßliche
Ueberlieferungen, so wuchsen sie allmälig zu einer ernsten Arbeit
und zu einer Serie von 71 Artikeln heraus, welche in der Theatergeschichte bis zum Jahre 1858 hinaufreichten.

Die hier dargelegte Entstehung und Entwickelung der Arbeit
brachte es mit sich, daß die Behandlung des Stoffes eine sehr
ungleichmäßige war. Die ältere Geschichte, speciell die Vorgeschichte
bis zur Gründung der Stamm- und Hauptbühne Prags, des
deutschen Landestheaters, fand sich flüchtig, rein skizzenhaft behandelt, die neuere, namentlich von den Zwanziger Jahren dieses
Jahrhunderts bis 1858, dagegen eingehend mit Benützung archi-
valischer und sonstiger werthvoller Quellen bearbeitet. Die Publi-
cationen in der „Boh." liefen durch die Jahrgänge 1877—79
dieses Blattes, und das vielseitige Interesse, welchem sie nicht nur
in Prag und Böhmen, sondern auch in künstlerischen und literarischen Kreisen außerhalb Böhmens begegneten, die vielfachen
Anfragen nach einer Buch-Ausgabe der Aufsätze, veranlaßten mich
dazu, eine solche in der That zu veranstalten. Ich war mir dabei
des Unterschiedes zwischen einer Serie von Zeitungsartikeln und
einem als „Geschichte des Prager Theaters" charakterisirten
Werke wohl bewußt und ging daher keineswegs an eine einfache
Sammlung der erschienenen Aufsätze, sondern begann die Arbeit als
durchaus neues Werk, das ich möglichst erschöpfend und umfassend
zu gestalten gedachte. Der erste Theil desselben, der hier als
Vorgeschichte des Prager Landestheaters abgeschlossen vorliegt,
mußte vollständig neu geschaffen werden; denn die, wie gesagt,
nach ungenauen Quellen gearbeiteten Feuilletons über diese Zeit
konnten keinen historischen Werth beanspruchen und verloren im
Verlaufe meiner Studien und Forschungen völlig ihren Halt. Ich
unternahm es, die bedeutendsten Prager Archive, namentlich das

Statthalterei-, Landes-, Stadt-Archiv, die kaiserliche und Museums-
Bibliothek, die Strahover Stiftsbibliothek u. s. w. zu durchforschen
und habe in der That ein so reiches, fast gänzlich unberührtes
Material vorgefunden, daß ich daraus mit Berücksichtigung anderer
Quellen und theatralischer Werke und im Zusammenhange mit der
allgemeinen deutschen Theatergeschichte eine „Geschichte des
Prager Theaters" zu liefern hoffen durfte. Besonders werthvoller Funde erfreute ich mich im k. k. Gubernial- oder Statt-
halterei-Archive, dann dem Prager Stadt-Archiv und der Bibliothek
des Museums für das Königreich Böhmen, in welcher eine außerordentlich große Zahl von Operntextbüchern aus dem 17. und 18.
Jahrhundert aufbewahrt werden, die über bedeutende, bisher gänzlich
unbekannte Perioden der Prager Operngeschichte Klarheit verbreiten und auf diese Weise zur Auffrischung vergessener glanzvoller Begebenheiten aus der Prager Theatergeschichte beitragen.

Das Statthalterei-Archiv, welches bis in die erste Hälfte des
17. Jahrhunderts zurückreicht, gab mir mit seinem reichen, allerdings ziemlich verstreuten amtlichen Actenmateriale eine verläßliche
Skizze der Ereignisse und speciell eine genaue Chronik der Wandertruppen, die Prag berührt haben, der Theatercontracte u. s. w.

Auf diese Weise wuchs mir Freude und Eifer beim Schaffen,
und mit einiger Beruhigung, im Bewußtsein, das Möglichste gethan
zu haben, um ein verläßliches, so ziemlich erschöpfendes Werk zu
Stande zu bringen, kann ich mein Buch der Oeffentlichkeit übergeben.

Den vielen Persönlichkeiten, welche mir werkthätige Theilnahme
dafür bewiesen und meine Arbeiten durch Rath und That gefördert
haben, sei hier auf das Wärmste und Herzlichste gedankt. Namentlich
Sr. Exc. dem Herrn Statthalter FML. Dr. Freiherrn von Kraus,
dessen Güte mir die reichen Schätze des Statth.-Archivs erschloß,

dem Herrn Landesausschußbeisitzer und Intendanten des deutschen
kgl. Landestheaters in Prag, Carl Joseph Freiherrn von Pe ch e,
welcher mir das für die Geschichte des ständischen Theaters als
solches hochwichtigen Acten der bestandenen Theateraufsichtscom=
mission und der späteren Intendanz zugänglich gemacht hat, dem
gewesenen Bürgermeister der kgl. Hauptstadt Prag Hrn. Emilian
Skramlik, dessen gütigem Einfluß ich die Benützung des Prager
Stadtarchivs verdanke, dem Herrn Landes=Archivar von Böhmen
Prof. Dr. Anton Gindely, dem Hrn. k. k. Rittmeister Eduard Grafen
Sporck und seiner liebenswürdigen, kunstbegeisterten Gemalin Frau
Johanna Gräfin Sporck=Maber, sowie (dem seither leider ver=
storbenen) Herrn Moriz Grafen Sweerts=Sporck, welche mir
aus ihren Familienbibliotheken interessante Beiträge zur Geschichte
der denkwürdigen Oper des Grafen Franz Anton Sporck gütigst
mittheilten, ferner dem Herrn Bibliothekar des böhmischen Museums
Herrn Adalbert Brfátko, der mir in der aufopferndsten und
entgegenkommendsten Weise die Durchforschung der Schätze der Mu=
seumsbibliothek erleichterte, dem Herrn Stadt=Archivar von Prag
Prof. Dr. Jos. Emler und dem Hrn. Archivs-Adjuncten, Land=
tagsabgeordneten Dr. Jaromir Čelakowský für ihre liebens=
würdige Unterstützung bei Benützung des Stadt=Archivs, dem Hrn.
k. k. Universitäts=Bibliothekar Dr. Anton Zeidler, der seit Be=
ginn der Arbeit derselben sein werkthätiges Interesse widmete, dem
hochw. Hrn. Bibliothekar der Prämonstratenser=Abtei Strahow
P. Dominicus Čermák, Hrn. Landesausschußrath Joh. Schmidt
für die gütige Beihilfe bei Durchforschung der Landesausschuß=
Acten, Hrn. Tichý, Director der k. k. Statth.=Registratur, dem
Schriftsteller Hrn. Dr. Guth, der mir so manche, für meine
Zwecke interessante literarische Publication aus seinen Sammlungen
bereitwilligst zur Disposition stellte, und allen denen, die mir sonst

in dieser oder jener Hinsicht bei Durchführung des ganzen Werkes und speciell des hier vorliegenden ersten Theiles mitgeholfen. Meinen besonderen Dank sage ich nochmals an dieser Stelle dem gewesenen hochverdienten Herausgeber und Chefredacteur der „Bohemia", Hrn. kaiserlichen Rathe F r a n z K l u t s c h a k, dem Anreger dieses Werkes, der mir während der ganzen Arbeit mit seinem seltenen historischen Wissen, seinen reichen Erfahrungen, seiner an Bohemicis reichen Bibliothek und vor Allem mit seinem kostbaren, zutreffenden Rathe beigestanden, dann dem Verleger und Eigenthümer der „Bohemia", Herrn Andreas H a a s e Edlen v. W r a n a u und dem Chefredacteur dieses Blattes Herrn Joseph W a l t e r, welche die Ent= stehung des Werkes vielfach in liebenswürdiger Weise gefördert haben.

Die Quellen, welche ich bei der Arbeit und speciell bei diesem Bande benützt, sind theils hier angedeutet, theils im Verlaufe des Werkes thunlichst ersichtlich gemacht; es waren bis auf einige Ge= schichten fremder Bühnen (namentlich jene der Dresdener, die mit der Prager im vorigen Jahrhundert in vielfachen Wechselbeziehungen gestanden) fast durchwegs Original=Quellen. Wichtigere Documente und Actenstücke habe ich womöglich wörtlich citirt, um den Charakter der Zeit drastischer zu illustriren, und zumeist dem Texte ein= gefügt, da mir die Mittheilung im Anhange weit umständlicher und unpractisch schien. Wenn hiedurch hie und da dem Leser eine Barrikade entgegengestellt, der Fluß der Erzählung gehemmt wurde, so mag man es damit entschuldigen, daß das Buch als erste Ge= schichte des Prager Theaters sich möglichst vollständig geben und auf die Beibringung von interessantem, bisher ganz unbekanntem Actenmaterial sowenig als möglich verzichten wollte; auch fällt mitunter der Wortlaut eines Gesuchs, einer Beschwerde oder eines Contracts bei einem einzigen Passus für spätere Ereignisse stark in's Gewicht. Eine Modernisirung des difficilen Original=Styls

hielt ich aus denselben Rücksichten zumeist für weniger gerathen.
Berichte und Notizen über die Prager Bühne, zerstreut in einzelnen
Werken und Zeitschriften, habe ich nur dann berücksichtigt, wenn
ich ihre Richtigkeit zu constatiren vermochte, im anderen Falle
wurden sie höchstens nebenher erwähnt. Mein Hauptstreben war
eben darauf gerichtet, eine möglichst getreue Darstellung der ge-
schichtlichen Entwickelung des Prager Theaters zu liefern und den
Sagenkreis, welcher bisher um die Vergangenheit der Prager
Bühne gewoben war, durch eine wirkliche Geschichte derselben zu
ersetzen. In diesem Bande ist, wie gesagt, die Vorgeschichte des
ständischen Theaters in Prag gegeben. Die nachmalige Theilung
des Theaterwesens in Prag in ein deutsches und čechisches, kommt
hier noch in keinerlei Weise in Betracht, denn mit Ausnahme
čechischer Aufführungen aus der Zeit der Mysterien, der Studenten-
und Fastnachtspiele, ist in der hier behandelten Zeit das Theaterwesen Prags fast durchaus ein deutsches und mit der Entwickelung
der deutschen Kunst im Allgemeinen mehr oder weniger zu-
sammenhängendes gewesen — als fremde Elemente kamen nur die
italienische Oper und die französische Komödie zur Geltung.

Die Entwickelung des čechischen Dramas, soweit davon in
der Vorgeschichte des Prager Theaters die Rede ist, habe ich deshalb nur, wenn unbedingt nöthig, gestreift, und auch in der Folge
soll meine Geschichte des Prager Theaters, wenn sie auch die
Bestrebungen des čechischen Volksstammes auf dem Gebiete der
dramatischen Literatur und die Entwickelung ihres nationalen
Theaters nicht unberücksichtigt lassen soll, doch vorwiegend eine
Geschichte des künstlerischen Stamm-Instituts, des deutschen Theaters
in Prag, sein.

Und so übergebe ich diesen ersten Theil meines Werkes dem
Publicum. Zum Abschlusse hoffe ich das Buch im nächsten Jahre

mit der Geschichte des ständischen Theaters in Prag bis auf die neueste Zeit, welch letztere ich als Theaterreferent der „Boh." zum Theil selbst miterlebt habe, bringen zu können. Möge das Werk dem Prager Theater behilflich sein zur Erlangung der ihm lange versagten, gebührenden Position in der Geschichte des deutschen Theaters überhaupt, möge es vorbereiten auf das Jubelfest des hundertjährigen Bestandes der altehrwürdigen Prager Bühne, das im Jahre 1884, hoffentlich unter Theilnahme des ganzen, in der Kunst geeinigten Prag, gefeiert wird; denn ganz Prag war es, das anno 1784 dem neuen Nostitz-Theater entgegenjubelte!

Prag, am 11. December 1882.

Oscar Teuber.

Die ältesten Schauspiele in Prag.

Mysterien und Moralitäten, Studenten-Aufführungen.

Die Anfänge der Prager Theatergeschichte verlieren sich wie jene der Geschichte der großen Welt in das dunkle Reich der Sage. Bereits anno domini. 1300 tummelte sich — so erzählen uns alte Chronisten — eine schaulustige Menge in Prag um eine Schaubühne herum. Es war die Aera der geistlichen Schauspiele, „der Moralitäten und Mysterien", die, aus dem Ceremoniengepränge der Kirche hervorgewachsen, der Frömmigkeit und der Lachlust des mittelalterlichen Publicums auf gleiche Weise Genüge thaten. Die Geistlichkeit bediente sich ihrer, um dem Volke gewissermaßen einen Ersatz für die heidnischen Spiele und Lustbarkeiten zu bieten und dem eigenen Bedürfnisse nach theatralischer Production zu entsprechen. Päpste, Bischöfe und streng-observante Mönche eiferten gegen das Verzerren der „heiligen Geheimnisse des Glaubens", der heiligen Erzählungen der Bibel, zu einem Schauspiele, das oft mit allerlei derben Narrenpossen „gewürzt" und deßhalb um so eher geneigt war, den Schauplatz der Spiele, welcher ja vielfach die Kirche war, zu entheiligen.

Die in den Klöstern vielgepflegte Lecture der Classiker, deren Tragödien und Komödien, mochte die Mönche zu eigenen dramatischen Schöpfungen begeistern, wie ja bekanntlich die gelehrte Nonne Hroswitha ihre der christlichen Legende entnommenen Dramen haupt-

1

sächlich verfaßte, um dem unter ihren Conventualinen stark culti=
virten Terenz das Terrain abzugewinnen.

Die Sprache der mönchischen oder geistlichen Spiele war zu=
meist die lateinische, welche erst allmählig von den Volkssprachen
verdrängt werden konnte. Ihr Schauplatz oder die „Bühne" —
wenn man den Ausdruck gestatten will — bildete ein längliches
Rechteck in drei Abtheilungen. Die erste stellte die Hölle mit allen
ihren Schrecken und darüber den Garten Gethsemane sowie den
Oelberg dar, in der zweiten erhob sich Jerusalem mit den Häusern
des Herodes, Pilatus, Kaiphas, Annas u. s. w., in der dritten
sah man das Kreuz Christi zwischen denen der Schächer, das hl.
Grab und etliche andere Gräber, auch eine den Himmel bedeu=
tende Tribüne fehlte nicht. Nicht selten waren auch die drei Ab=
theilungen in Stockwerken übereinander gebaut; dann war unten
die Hölle, in der Mitte die Erde, oben der Himmel. Das Reper=
toire der mittelalterlichen Schauspiele werden unsere Leser nach
diesen Andeutungen leicht erkennen. Es kam selten über das Bereich
der Passionsgeschichte hinaus. Nur die „lustigen Personen", die
obligaten Zoten und Späße mußten sich die mönchischen Drama=
tiker zu dem biblischen Texte erfinden. Im Anfange war der be=
rühmte Knecht Malchus, der unter St. Petri Schwerte das linke
Ohr einbüßte, die persona gratissima aller Mysterien. Unsere
lieben Voreltern brachen allezeit in ein homerisches Gelächter aus,
wenn der arme Malchus sein blutiges Ohr ansah und seinem
Schmerze durch ein jämmerliches Geschrei Luft machte. Später
übernahm — wie auch in jenem ersten bekannten Prager Schau=
spiele — der „Quacksalber" die Erbschaft des Malchus. Dieser
Patron war Arzt, Apotheker und Kaufmann in einer Person, ein
Marktschreier, wie sie sich auf den damaligen Jahrmärkten allent=
halben herumtrieben. Mit der Passionsgeschichte brachten ihn die
geschickten Dramenfabrikanten insofern in Verbindung, als er den
drei Marien des Evangeliums die Salben zum Einbalsamiren der
Leiche des Heilands verkaufen mußte. Ein unscheinbares Amt, aber
ein guter Vorwand, um den „Doctor" und sein Gefolge möglichst
lange zum Gaudium des Publicums auf der Scene festzuhalten!

Diese Quacksalber-Scenen, wie sie im 13. und 14. Jahrhundert zum Ergötzen der Prager unter freiem Himmel abgespielt wurden, sind noch heute als Fragment in einem 1822 entdeckten Manuscript des böhmischen Museums aufbewahrt. Die Čechen halten sie als eines ihrer der ältesten Literaturdenkmale in Ehren und haben sie theilweise sogar einigen deutschen Mysterien vom hl. Grabe als Original zu Grunde gelegt, obschon sich dergleichen Mysterien und Marienspiele aus dem 12. und 13. Jahrhunderte so ziemlich bei allen christlichen Nationen vorfinden. Drei noch erhaltene deutsche Mysterien vom hl. Grabe bringen genau dieselbe Scene mit dem Quacksalber (mastičkář), wie das Fragment im Prager Museum, nur sind die deutschen Mysterien vollständig, auch mit den ernsten Scenen, vorzufinden. Wenzel Nebeský macht mit einer gewissen Ostentation darauf aufmerksam, daß sich in diesen deutschen Manuscripten altčechische Ausdrücke wie „Dobro ytra (guten Morgen)" finden, welche die Herausgeber als irgend eine kabbalistische Formel oder als unarticulirten Ausruf betrachten mochten, da sie ihrer im Glossarium gar nicht erwähnen. Andererseits weist aber auch das čechische Manuscript deutsche Ausdrücke auf. So ruft einmal der Quacksalber: „Rubine, wo pystu?", ein andermal „wo pystu quest?" — was Nebeský damit erklärt, daß man damals manche deutsche Redensart zur Erhöhung der Komik in's Čechische einfügte. Und gerade die beiden genannten Fragen mochten aus dem „Adam wo bist du?" eines deutschen Spieles herübergenommen worden sein.

Das im böhmischen Museum erhaltene Fragment beginnt, wie schon bemerkt, ohne jede geistliche Einleitung sofort mit dem Quacksalber-Intermezzo. Der Wunderdoctor — im Stücke Severinus genannt — packt seine Waaren und Arzneien aus, preist sie als echte „Pariser" Producte an und meint, eigentlich sollten sie ihm nicht um alle Schätze der Welt feil sein, aus purer Menschenliebe aber lasse er sie billiger um etliche Kreuzer ab. Während er noch im blühendsten Reclamestyl fortfährt, kommt auch der pfiffige Knecht Rubin aus Venedig daher und bietet dem Quacksalber seine Dienste an, wofür er nichts als einen Topf mit Muß und dazu drei neue

1*

Löffel fordert (im deutschen Mysterium verlangt er „ein pfund pulze und ein gebraten quark"). Doctor Severinus ist's zufrieden und Rubin steht ihm nun tapfer bei, Kunden und Patienten anzulocken. Wie einfach und probat des Quacksalbers Curen sind, darüber belehrt uns ein Kunststückchen, das er an dem Judenjüngling Jsaac vollbringt, der sich zum Schrecken seines Vaters Abraham todt gestellt hat. Der Doctor bläut dem verstockten Jsaac einen hiezu besonders geeigneten Körpertheil weidlich durch, alsbald fängt der vermeintlich Todte an, jämmerlich zu schreien und wie toll herumzuspringen. Während all' dieser und anderer toller Späße, deren Text an Derbheit und Unfläthigkeit nichts zu wünschen übrig läßt, sind aber die drei frommen und ehrwürdigen Frauen aus dem Evangelium (die drei Marien) herbeigekommen, um Specereien zur Einbalsamirung der Leiche des Heilands zu begehren. Der Quacksalber wird durch ihren in lateinischen Versen kundgegebenen Schmerz so gerührt, daß er ihnen die verlangten Specereien statt um drei Goldgulden um nur zwei abläßt, was ihm einen Hagel derber Schimpfwörter von Seite seiner knauserigen Ehegattin zuzieht. Mit dieser gemüthlichen Familienscene und etlichen unsauberen Witzen Rubins schließt das Jntermezzo.

Ein solches Possenspiel nun mit seinen geistlichen Zuthaten wurde, wenn die bezüglichen Berichte nicht irren, schon um das Jahr 1300 n. Chr. von Prager Studenten *) unter freiem Himmel, wahrscheinlich auf einem Markte aufgeführt.

Die eigenthümliche Gattung der Passions= oder Bibeldarstellungen erhielt sich ziemlich lange, und ist noch heute in Böhmen nicht ausgestorben.

In den deutschen Städten des böhmischen Nordens haben sich auf unsere Tage Passions= und Hirtenspiele erhalten, die den alten Spielen sprechend ähnlich sehen. Im Braunauer Ländchen

---

*) Obwohl die Prager Universität um diese Zeit noch nicht bestand, war Prag doch schon damals von zahlreichen Studenten besucht, die in den von Wenzel II. gepflegten Schulen Belehrung fanden. Wenzel II. beabsichtigte bekanntlich schon anno 1294 die Errichtung einer Universität in Prag.

producirt sich alljährlich um die Weihnachtszeit eine altprivilegirte Gesellschaft armer Bürger mit einem Spiele von der Geburt des Heilands, in welchem der grausame König Herodes, die drei Weisen aus dem Morgenlande, die Hirten bei Bethlehem, Maria und Joseph mit dem Christuskindlein ihre großen Rollen tragiren und auch Ochs und Eselein nicht vergessen sind — ganz nach dem Muster der ältesten geistlichen Spiele.

In der Entwickelung der dramatischen Poesie und Kunst aus diesen Anfängen hatte Prag den nämlichen Proceß wie das übrige Deutschland, dem ja Böhmen damals innig assimilirt war. Die doppelte Nationalität des Landes und der Hauptstadt änderte daran nichts, und wir können getrost die allgemeine Entwickelungsgeschichte des deutschen Dramas und der deutschen Schaubühne auch auf Prag anwenden, dessen dramatische Kunst bis in die neueste Zeit vorwiegend und bei weitem vorherrschend deutsch war.

Kein Zweifel, daß sich die Mysterien oder Possen, von der Art des „Quacksalbers" und der mannigfachen Spiele, deren Held der Höllenfürst Belzebub war, noch bis in die Husitenzeit in Prag erhielten. Die Berichte sagen freilich nicht viel davon und wissen desto mehr von glanzvollen Turnieren und Banketten zu erzählen, die bei den vielen Königskrönungen und Hochzeiten in Prag in Scene gesetzt wurden. Nicht umsonst findet sich zu den Zeiten Karls VI. neben „Rom, der größten", „Nürnberg, der reichsten", „Lübeck, der schönsten", unser Prag als „die fröhlichste" Stadt gepriesen. Die Anwesenheit des Hofes brachte Reichthum, Leben und Fröhlichkeit in die Stadt; „es gab kein Fest, kein Haus, wo nicht bei den gewöhnlichsten Handarbeiten ein Lied erklungen wäre."

Schalksnarren und Gaukler ließen natürlich das reiche Böhmen auch nicht ganz bei Seite liegen, aber unter der seßhaften Bevölkerung Prag's waren — wie Tomek in seiner Geschichte Prag's ausdrücklich bemerkt — keine zu finden. Die Schauspielmuse selbst gab nur ganz schwache Lebenszeichen. Eines derselben könnte man allenfalls in der Beschreibung eines großen Hoffestes entdecken, das im November 1370 im Prager Schlosse am Hradschin gefeiert

wurde, und wobei man „ganze acht Tage mit Ergötzlichkeiten zu-
brachte, mit Lustspielen, Bällen und Gastereien".*)

In den folgenden Husitenzeiten gingen friedliche Vergnügungen selbstverständlich im Keime zu Grunde. Die Poesie äußerte
sich höchstens in Spott- und Schmähliedern auf den Papst oder
in abenteuerlichen Variationen der Artussage, die so weit führten,
daß sich ein Schwindler straflos für den verstorbenen aber noch
zu Großem berufenen König Artus ausgeben und in Böhmen
herumwandern durfte. Erst mit dem Anbruche der neueren Zeit,
zu Beginn des sechzehnten Jahrhundertes, begann es sich auf dem
Gebiete des Schauspielwesens wieder etwas zu regen.

Jetzt traten zum ersten Male die Universitätsstudenten
als Acteure auf. Alljährlich im August hielten die Musensöhne
eine große Feierlichkeit, die sogenannte „Beania", ab. Es handelte
sich darum, die jungen Studenten, welche auch „Bejani, Beani
oder Bejauni" d. h. Gelbschnäbel (nach dem französischen Bec
jaune) genannt wurden, feierlich in die Matrikeln einzutragen,
nachdem sie eine Zeit lang nach Art der heutigen Füchse von den
älteren Herrn Collegen zur Erprobung der Geduld in oft roher
und grausamer Weise geplagt worden waren. Anfänglich wurde
auf diesen Festen der Beania vor allem Anderen die Gemeinheit
oder wenigstens die edle Trinkkunst gepflegt; im Jahre 1535 wurde
es zum ersten Male in etwas milderer und anständiger Form
begangen. Es beschlossen nämlich — so erzählen die Decanatsacten
der philosophischen Facultät — mehre Baccalaureen und Studenten
der Prager Universität, den „Soldaten" („miles gloriosus") von
Plautus öffentlich darzustellen. Die Aufführung ging unter Zustimmung des Neustädter Magistrates im Neustädter Rathhause vor
sich, endete aber damit, daß der eifersüchtige und dem Neustädter

---

*) Ein Chronist führt ein Drama „bellum religionis" oder „frommer
Streit der Städte Gnesen und Prag um die Leiche des hl. Adalbert" an,
dessen Aufführung (in čechischer Sprache) er bis in die ältesten Zeiten zurück-
datirt. Das Stück wurde bei der Anwesenheit eines polnischen Magnaten
in Prag aufgeführt; wie und wann weiß uns allerdings Niemand genau
zu sagen.

aufsässige Altstädter Magistrat unter Berufung auf das kgl. Verbot
aller öffentlichen Zusammenkünfte den Baccalaureen Mobry, welcher
die Titelrolle gespielt hatte, verhaften und in den Kerker werfen
ließ, wo er drei lange Tage schmachtete, bis ihm die Bemühungen
der Professoren die Freiheit wiedergaben. Durch diese unzarte
Behandlung der Kunst und ihrer Jünger von Seite der gestrengen
Stadthäupter der Altstadt ließen sich übrigens die Musensöhne
keineswegs einschüchtern. Sie warteten einige Jahre, bis der Grimm
des kunstfeindlichen Magistrates verraucht war, dann wagten sie
sich auf's Neue mit Schauspielaufführungen hervor. Die Prager
Studenten folgten in dieser Hinsicht nur dem Beispiele ihrer Collegen an allen zeitgenössischen Universitäten. Während das geistliche Schauspiel von den Stürmen der Reformation arg erschüttert
und gefährdet erschien, hatte sich der mit dem Humanismus allgemein gewordene Brauch, lateinische und griechische Komödien
classischer Autoren (Terenz, Plautus) an den Schulen aufzuführen,
immer fester eingebürgert. Die Reformation beförderte den Brauch,
zumal Martinus Luther selbst das gewichtige Votum abgegeben
hatte, „Komödien zu spielen, solle man den Schülern nicht wehren,
sondern gestatten: erstlich, daß sie sich üben in der lateinischen
Sprache; andern, daß in der Komödie fein künstlich erdichtet, ab-
gemalet und fürgestellet werden solche Personen, dadurch die Leute
unterrichtet und ein jeglicher seines Amtes und Standes erinnert
und vermahnet werde, was einem Knecht, Herrn, jungen Gesellen
und Alten gebühre, wohl anstehe und was er thun soll". („Tisch-
reden.") — Ein solcher Ausspruch des Reformators mußte natürlich für die Schulkomödien des protestantischen Deutschland von
entscheidendem Einflusse sein, und in der That sehen wir die Schuldramen immer allgemeiner werden. Sie beschränkten sich allmählig
nicht mehr auf den Terenz und Plautus, sondern führten rasch
auch zur eigenen Production. Die Protestanten in erster Linie,
aber auch die Katholiken griffen auf die Bibel zurück, die letzteren
auch auf die Legende; aus dem neuen Testamente wurden die
sinnigen Parabeln wie die vom armen Lazarus, von den zehn
Jungfrauen u. s. w. behandelt, hie und da versuchte man sich auch

in classischen, selbst in Stoffen aus der nationalen Sage; vielfach
wurde die reformatorische Tendenz, die dogmatischen Differenzen
im Drama zum Ausdruck gebracht, und Hans Sachs, der dichte-
rische Heros seiner Zeit, löste praktisch das große Problem, das
volksthümliche Spiel mit der Komödie der Gelehrten zu einem
harmonischen Ganzen zu vereinigen. Die Schuldramen, von denen
uns die Prager Chronisten erzählen, tragen im Allgemeinen die
hier charakterisirte Signatur ihrer Zeit. Man wird sie als die
einzigen Denkmäler der Prager Schauspielaufführungen jener Tage
betrachten müssen, denn über Fastnachtsspiele und ähnliche echt
volksthümliche Vorstellungen, wie sie anderswo häufig vorkamen,
verhalten sich die böhmischen Chronisten auffallend schweigsam. Bei
den zahllosen blutigen Scenen, deren Zeugin die Stadt Prag in
so vielen Jahrhunderten war, dürfte man es beinahe als selbstverständlich betrachten, daß die Prager an reinen Fastnachtsspielen,
die oft Tage lang dauerten, keinen Ueberfluß hatten. Der Ernst
der Jahre ließ den Pragern keine Zeit, länger als unbedingt nöthig,
lustig zu sein. Die Tourniere freilich dauerten auch zu Beginn
und in der ersten Hälfte des 16. Jahrhunderts fort, der große
Saal des Prager Schlosses weiß von imposanten Ritterfesten
Manches zu erzählen. Das eigentliche Schauspiel aber finden wir
doch nur in den Studentenspielen wieder.

Nach der unliebsamen Affaire mit dem Altstädter Magistrat
übersiedelten die studentischen Mimen in ihre Collegien, deren Säle
nun lange Zeit gastliche Musenstätten blieben. Diese Studenten-
collegien waren, wie bekannt, Genossenschaften von Magistern, die
in bestimmten Gebäuden beinahe klösterlich besonderen Richtungen
gemäß lebten und in den Hörsälen Unterricht ertheilten. Auch
Collegien oder Bursen für arme Studenten gab es; die einen wie
die anderen waren gewissermassen Mittelpuncte besonderer Stu-
dentenkreise und als solche von Bedeutung. Das älteste und größte
Collegium war das Carlscollegium (Carolinum), am 30. Juli 1366
für 12 Magistri der freien Künste gegründet. Ursprünglich im
Hause des Juden Lazarus auf der Judenstadt untergebracht, über-
siedelte es 1386 in das Haus des ehemaligen kgl. Münzmeisters

Johann Rothlöw an der Stelle des heutigen Carolinums. In seinen Sälen wurden alle feierlichen Acte der Universität abgehalten, und der größte Saal des Carolinums war es auch, in dem sich am 8. August 1539 das nächste Prager Schauspiel „Susanna" abspielte. Die Titelperson war offenbar die aus der Bibel bekannte „keusche Susanna", eine bei den damaligen Dichtern sehr beliebte Figur. Schon im 15. Jahrhundert kannte man ein Stück „Susanna", und „ein geistlich Spiel von der gottesfürchtigen und keuschen Frauen Susanna", verfaßt von dem als einer der besten Dramenbichter des 16. Jahrhunderts bekannten Ölsnitzer Pastor Paul Rebhuhn († 1546) galt als das ausgezeichnetste jener Zeit und muß als erstes deutsches Kunstdrama — der Form nach — betrachtet werden. Rebhuhn hatte sein Stück in 5 Acte eingetheilt, auch den antiken Chor hatte er einzuführen gesucht, und die bezüglichen Gesänge selbst gedichtet. Im Dialog arbeitete Rebhuhn „in mancherlei Versen, in metris trochaicis und jambicis, denen die deutschen Reime etlichermaßen gemäß", was ihm übrigens keinen sonderlichen Erfolg brachte, denn sein Versuch blieb als vereinzelter stehen und wurde vielfach belächelt. — Ob wir es bei unserer Prager Aufführung mit dem Rebhuhn'schen Stück zu thun haben, bleibe dahingestellt, denn die „Susannen" verschiedener Autoren zählten damals nach Dutzenden.*) Gewiß ist nur, daß

---

*) Eine „Susanna" verfaßte auch der als fruchtbarer Schriftsteller bekannte Prager Universitäts-Professor Sebastian Aericalchus recte Mozasuy aus Přeštitz († 1555), welcher wie seine Collegen Aquilinus (Worel) und Petrus Codicillus von Tulichow (1583—1589 Rector), eifrige Förderer der Studentenspiele waren. Codicillus hat Sophokles „Antigone" in lateinischer Übersetzung herausgegeben (1583). Die Dramen von Aericalchus sind sämmtlich verloren. — Eine interessante Mittheilung über die Aufführung einer „Susanna" in Böhmen verdanken wir der Güte des Herrn Jahnel in Aussig, welcher uns folgende Notiz aus dem Aussiger Vertragsbuche zur Verfügung stellte: „Demnach den 5. Junij dies 81 Jahrs in des Erbarn Georgen Oberers Behausung zwischen gedachten Georgen Oberern und denen Personen und Burgern allhier, so die Comedien Susannen agirt, etlich Spen und Zwitracht erhoben". Nach Anheimstellung an den Rath erfolgte Vergleich und Vertrag (Aussiger Vertragsbuch, 6. Juni 1581).

die Prager durch die lange Pause in ihren Kunstgenüssen vollständig ausgehungert und zu der Vorstellung massenhaft herbeigeströmt
waren. Die Hallen des Carolinums erdröhnten von enthusiastischem
Beifall. Auch dieses außerordentliche Maß von Kunstenthusiasmus
sollte übrigens für die armen Studiosen gefährlich werden. Der
Boden des Schauspielsaales war nämlich für eine so ungewöhnliche Last nicht berechnet und wäre unter dem Gewichte des Auditoriums beinahe zusammengebrochen. Dieser Umstand beunruhigte
die Professoren derart, daß sie fernere Schauspielaufführungen in
diesen Räumen strenge verpönten.

Man hätte meinen sollen, unter der Wucht eines so conse-
quenten Mißgeschicks wären die Musensöhne zusammengebrochen,
hätten der Kunst Valet gesagt und wieder die Fleischtöpfe der allezeit unbehelligten Kneipgelage und Straßenraufereien aufgesucht —
aber der schauspielerische Drang ließ sich auch durch das andauernde
Malheur nicht ersticken. Die studentischen Schauspieler wanderten
nun einfach in das Reček'sche Collegium*), wo im August 1543
die erste Reprise der „Susanna" stattfand. Das Stück hatte bei
der ersten Aufführung dermaßen eingeschlagen, daß sich diesmal
viele Personen vom Hofe einfanden und des Lobes voll waren.
Die Herren rühmten die Leistungen der Studenten dem König
Ferdinand I. in so warmer Weise, daß er die „Susanna" in seinem,
dann dem Beisein seiner Gemalin und seiner beiden Söhne Ferdinand und Maximilian im kaiserlichen Schlosse wiederholen ließ.
Das Wohlwollen des Königs scheint für die Mimen gute Früchte
getragen zu haben; die Nachrichten über Studentenaufführungen
wenigstens fließen von dieser Zeit an reichlicher. Am 4. August 1544

---

*) Das Reček'sche Collegium (Collegium Reček) war von Johann Reček
von Ledeč 1438 für 12 Studirende der freien Künste gestiftet worden, welche
darin so lange Wohnung und Lebensunterhalt genoßen, bis sie Baccalaurei
oder Magistri geworden waren. Es hieß eigentlich Collegium Sanctissimae
Virginis Mariae, domus nationis Bohemicae, gewöhnlich aber Collegium
Reček. Sein Sitz war Anfangs im Hause des Collegiums Nationis Bohemicae in einem an der Stelle des jetzigen Landesgerichtsgebäudes (Nr. 587)
gestandenen Hause, später in dem jetzigen Hause Nr. 313 in der Bartholo-
mäusgasse.

wurde die Tragödie „Phormio" des Terenz, 1546 die Komödie
„Judith" von Niclas Konáč im eilfsilbigen Versmaße aufgeführt.
Niclas Konáč, auch „Finitor" genannt, war einer der fruchtbarsten čechischen Schriftsteller des 16. Jahrhundertes, er übersetzte den Decamerone des Boccacio und eine Reihe hervor-
ragender Literaturerscheinungen des Auslands; auch seine „Judith"
ist nichts anderes, als eine lange, mit Personen, Reden, Predigten
und Gebeten überladene Bearbeitung der von Joachim Greff,
Stadtlehrer in Dessau, im Jahre 1536 herausgegebenen „Tragödie des Buches Judith in deutsche Reime verfasset". Konáč hatte
für die čechische Bearbeitung den schwerfälligen eilfsilbigen Vers
gewählt — was, zusammengehalten mit dem Predigertone des
Ganzen, ein recht erbauliches, aber nicht gerade amusantes Stück
gegeben haben mag. Der Dichter stellte übrigens sein Drama selbst
als ein warnendes Exempel für sein Land hin, das Gott ebenso
strafen könne wie einst den Holofernes. Zu einem Erfolge konnte
es das fromme Stück in Prag nicht bringen. (Vielleicht hatte
Hans Sachsen's „Judith" ein besseres Schicksal in Prag. Sie
erschien 1610 bei Nigrin unter dem Titel „Eine böhmische Komödie
von der edlen und tugendhaften Witwe Judith und von Holofernes, Hauptmann des Königs Nabuchodonosor, aus dem Deutschen
übersetzt von Nicolaus Wrana, Bacalar.) Aufführungen in čechischer
Sprache wurden um diese Zeit immer häufiger. Fast gleichzeitig
mit der „Judith" ging auch die aus dem Lateinischen übersetzte
Tragödie „Pammachius" von Thomas Naogeorgios von Straubing in Scene, welche die antikatholische Gesinnung der Prager
Studentenschaft unzweideutig documentirte. *) Ueber die Pracht,

---

*) Der „Pammachius" war Naogeorgios Hauptwerk, von welchem
sogar vier Uebersetzungen unter verschiedenen Titeln existiren, und zwar:
„Pammachius", „Vom Papstthum", „Aus was für Grund der päpstliche
Stul herkommen" und „Von des antichristlichen Papstthums teuflischer Lehr'
und Wesen". Die zweite Uebersetzung „Vom Papstthum" von Justus Menius
(erschienen 1539 in Wittenberg) war die Beste.
Menius erklärt in der Vorrede, er habe das Stück „dem verfluchten
Papst und seinen heillosen Sophisten zu ewigen Schanden und Verdruß
verteutscht spielen und drucken lassen". Er hätte es schon früher gethan,

die bei diesen Studentenspielen herrschte, sprechen sich alle Chronisten
wahrhaft begeistert aus. Die Leute waren in dieser Beziehung allmählig sehr anspruchsvoll geworden. Die „Theaterbesucher" der früheren Jahrhunderte hatten es genügsam hingenommen, wenn ein Faß
als Berg, ein Gepolter oder ein Flintenschuß als Donner fungirte.
Mit der Zeit aber ging diese Naivität verloren. Je größer die
Stadt, desto größer die Ansprüche. In Basel war noch 1544 die
Bühne auf einem Brunnen errichtet, die keusche Susanna wusch
sich in einem zinnernen Kasten — in Prag hätte man dergleichen
gewaltig übel genommen. Die imposanten Hoffeste hatten die
Prager verwöhnt. Nach dem Einzuge Ferdinands I. im Jahre
1526 wurde im Hradschiner Schloßgarten in großartigster Weise
der Kampf der Titanen gegen Jupiter dargestellt. Jupiter thronte
hoch oben auf einem Felsen, der Feuer und Flammen auf die anstür-
menden Riesen spie. Es erschienen neue Unholde, denen aus Mund,
Augen und Ohren Feuer drang, die sich aber schließlich in Affen
verwandelten u. s. w. Demselben Kaiser zogen anno 1558, als
er nach Prag zurückkehrte, 3000 böhmische Ritter, 3000 gehar-
nischte und 5000 andere Bürger, 1500 schön gekleidete, von 12
bärtigen Zwergen geführte Knaben und 2000 prächtig costumirte
Jungfrauen entgegen. Mit dieser Pracht mußte man nun auf der
Bühne wenigstens theilweise gleichen Schritt halten. Das Kriegs-
volk mußte allezeit in stattlicher Stärke, die Heerführer in glänzenden Costumen erscheinen, nur auf historische Treue sahen die
Regisseure nicht mit Meiningen'scher Gewissenhaftigkeit. Es schadete
nichts, wenn die Völker Israels als kaiserliche Trabanten einher-

---

wenn er nicht befürchtet hätte, daß sein Pinsel zu gut sei, „das teuflische
Raupennest häßlich und greulich genug malen zu können". Die Titelperson,
ein Bischof Pammachius unter Kaiser Julianus soll in seiner Person die
Schändlichkeit des Papstthums, wie sie die Lutheraner ausmalten, symboli-
siren. Der Bischof und spätere Papst Pammachius stand natürlich mit
Satanas und seinen Dienern „Klügling", „Mordmann", „Schandlapp" auf
bestem Fuße und auf feindlichem mit Christus, Petrus und Paulus. Zum
Schlusse wurde Doctor Martinus Luther gepriesen und dem Papstthum das
strengste Gericht angedroht. Solche drastische Tendenzspiele trugen natürlich
zum Glaubenshasse redlich bei.

marſchirt kamen. — Die Sprache war freilich zumeiſt noch die
lateiniſche; čechiſche oder deutſche Schauſpiele kommen ſporadiſch
und zumeiſt nur als Ueberſetzungen vor. Bekannt iſt uns aus jenen
Tagen u. A. ein čechiſches Schauſpiel, deſſen Held, ein Knecht,
das Dritttheil ſeines dreijährigen Lohnes, einen Groſchen, einem
Bettler ſchenkt, und von dieſem dafür eine Wundergeige erhält,
deren Töne allen Leuten die Tanzwuth mitzutheilen im Stande
ſind. Der Knecht nützt dieſe Gabe aber zu allerlei tollen Streichen
aus, die ihn endlich an den Galgen bringen ſollen. Als man ihm
jedoch vor dem Tode noch einmal die Geige ſpielen läßt, tanzen
Henker, Volk u. ſ. w. ſo lange, bis der Verbrecher wieder frei-
gelaſſen iſt. Die Sache ſieht nicht eben originell aus, ſie erinnert
an Oberons Wunderhorn, an ein bekanntes Faſtnachtsſpiel vom
Meiſter Hans Sachs u. a., aber als literarhiſtoriſches Denkmal iſt
ſie immerhin beachtenswerth. Die fortdauernden Religionsſpal-
tungen ließen den Böhmen zum Dichten auch wenig Muße; es
wäre vielleicht ein gänzlicher Stillſtand in der dramatiſchen Production eingetreten, wenn nicht eine neue Anregung von außen
gekommen wäre — durch die Jeſuiten.

II.

Jeſuiten-Aufführungen.

Die Huſitenzeiten waren vorüber, der huſitiſche Geiſt aber
war in Prag noch nicht ausgeſtorben, als Martinus Luther ſeine
neuen Theſen in die Welt ſandte. In Böhmen fand die Reformation einen furchtbaren Boden, und das kaum erloſchene Feuer
ſchien auf's Neue aufflammen zu wollen. Namentlich waren es
die Studenten der Univerſität, deren unruhiger, widerſpenſtiger
Sinn Ferdinand dem I. nicht wenig Kummer bereitete. Da mußte
zu einem radicalen Mittel gegriffen werden; die Rathgeber des
Kaiſers entdeckten es in der Geſellſchaft Jeſu, jenem Orden, der
damals mit kühnem Muthe dem Proteſtantismus den Fehdehand-
ſchuh hingeworfen und die Waffen zur Rettung der römiſchen

Kirche ergriffen hatte. Dem Rufe des Kaisers folgend, hielten am
18. April 1556 die ersten zwölf Patres Societatis Jesu, geführt
von dem Provinzial von Deutschland, Peter Canisius, ihren Einzug
in das Kloster zu St. Clemens, dessen bisherige Insassen, die
Dominicaner, in das ehemalige Clarissenkloster zu St. Agnes übersiedelten. Die Jesuiten waren berufen, „die Universität gründlich
zu reformiren, zur Vermehrung der wahren christlichen Religion
behilflich zu sein und den vorigen christlichen Eifer wieder zu erwecken". Bald waren die frommen Väter zu St. Clemens heimisch; begünstigt durch den Hof und den Adel erweiterten sie ihr
Collegium allmählig bis zum Umfange des heutigen Clementinums,
an dessen Stelle ehedem nicht weniger als 3 Kirchen, 1 Kloster,
32 Häuser, 2 Gärten, 7 Plätze, 2 Gassen und 1 Brandstätte befindlich waren. Die Clementinische Universität überflügelte und
verschlang gewissermaßen allmählig die Carolinische Rivalin, die
Macht der Jesuiten erreichte eine außerordentliche Bedeutung. Das
geschah nun freilich erst allmählig. Anfangs verlebten die Väter
in dem stark antipäpstlichen Prag nicht gerade goldene Tage. Man
that den düsteren schwarzen Jesuiten, die zudem fast durchaus Ausländer waren, Chicanen an, wo und so viel man nur konnte. Eine
eigene Zuschrift des Kaisers ermahnte die Patres, sich so wenig
als möglich auf der Gasse zu zeigen, „maßen sie auch" — erzählt
ein Chronist — „nachmalens viele Jahre kaum jemalens allein
aus ihrer Behausung gegangen und ihnen öfters die Fenster eingeworfen wurden". Der Geschichtschreiber des Clementinums (ein
Jesuit) erzählt, daß ihre Kirche oft mit Steinen beworfen, die
Altarfenster und alle Oefen in den Schulen zertrümmert wurden,
daß die Ketzer oft vermummt in die Kirche eindrangen und die
Betenden oder Beichtenden durch allerlei Spott und Hohn störten.
Man lauerte den Vätern auf, wenn sie des Nachts von der Burg
kamen und über die Brücke in ihr Collegium gingen, um sie in's
Wasser zu werfen u. s. w. Still und geduldig ließen die Jesuiten
Alles über sich ergehen, arbeiteten aber desto eifriger daran, sich
in der Gunst des großen Publicums festzusetzen. Sie ertheilten
Almosen und pflegten Kranke, dann aber verliehen sie ihrem Gottes-

dienst durch Pracht und Ceremonienreichthum eine bisher unge=
ahnte Zugkraft. Einen Triumph feierten sie mit der Einrichtung
des ersten heiligen Grabes in der Clemenskirche. Das Volk strömte
massenhaft herzu. Erzherzog Ferdinand erschien mit dem ganzen
Hofe zweimal und sagte zu den Canonicis am Hradschin: „Ihr
sollt das nachahmen. Warum sieht man so etwas nicht in euerer
Kirche? Warum beraubt ihr das Volk eines solchen Schauspiels,
das die Frömmigkeit Aller entzünden kann?" — Noch größere
Erfolge erzielte der Orden auf der Kanzel, in der Schule und —
durch das Theater. Das Wesen der Jesuitenkomödien war ein
eigenartiges. Sie alle waren nach einer Schablone gearbeitet und
verfolgten drei Zwecke auf einmal. Für's Erste hatten sie die
Fortschritte der Jesuitenschüler, welche als Schauspieler fungirten,
im Lateinischen und Griechischen, in der Declamation und im Be=
nehmen darzuthun, für's Zweite mußten sie Moral predigen und
für's Dritte durch Pracht der Ausstattung und klug eingefügte
Späße das große Publicum anziehen. Zur philologischen Uebung
der Zöglinge spielte man zumeist lateinisch oder griechisch, aber
eine deutsche oder čechische Vorrede erläuterte jedesmal den Inhalt
des Stückes; später kamen auch die Landessprachen — deutsch und
čechisch — in ihr volles Recht. Auch für das Ohr war gesorgt
durch Erweiterung des von den alten Mysterien überkommenen
musikalischen Theiles zu opernartigem Umfange. Nach alle dem
mußte das Jesuitendrama eine der glücklichsten Speculationen des
Ordens werden. Die nüchternen protestantischen Schulkomödien
und selbst die glänzenden Universitätsvorstellungen wurden vermöge
der reichen Mittel des Ordens in Schatten gestellt, und durch das
Theater — so seltsam dies klingen mag — manch' verirrtes evan=
gelisches Schäflein zur katholischen Kirche zurück gebracht. Später
wurden die Jesuitendramen überdies durch die Pflege der Lope de
Vega'schen und Calderon'schen Bühnengedichte von bedeutendem
Einflusse auf das ganze deutsche Theater.

Die Jesuiten hatten ja auch auf dem Gebiete des Schau=
spiels eine Art Verpflichtung, energisch zu arbeiten; denn der Ein=
fluß der durch die Reformation in Deutschland eingebürgerten

„evangelischen Volks= und Schulschauspiele", deren Geist auch in
die Prager Studentenkomödien eingedrungen war, auf das Volk
war unverkennbar, und der Orden des hl. Ignatius von Loyola
sah auch hier ein weites Terrain zur Durchführung einer kräftigen
Gegenreformation vor sich. Die vielfachen Satyren und Carrica=
turen auf Papstthum und „Papisten", verfehlten in diesen evange=
lischen Volksschauspielen ihre derbe Wirkung auf die Volksmassen
nie, und die Patres der Gesellschaft Jesu mußten darauf bedacht
sein, durch eine sorgfältige Wahl streng katholischer Stoffe in einer
effectvollen, durch Ausstattungspomp gehobenen Ausarbeitung den
Sinn des Volkes in gegentheiliger Weise zu beeinflussen. Im
Repertoire der Jesuiten=Aufführungen in Prag finden wir beinahe
die nämlichen, zumeist biblischen Themata verwerthet, welche z. B.
im protestantischen Nachbarlande Sachsen im protestantischen Ge=
wande auf die Volksbühne kamen, gedichtet von Joachim Greff,
Paul Rebhuhn, Naageorgios (recte Kirchmeier aus Straubing),
Joh. Chryseus aus Allendorf a. d. Werra u. s. w., in denen es
von ziemlich gewürzten Insulten gegen den Papst oder „Antichrist",
„Papisten" und „Pfaffen" wimmelte. Selbstverständlich war in
den Jesuitenkomödien die Tendenz umgekehrt, oder die Patres be=
schränkten sich auf rein moralisirende Intentionen bei der Zurecht=
legung ihrer Stücke.

Regisseure und Arrangeure der Vorstellungen waren die Patres
und Magistri (Cleriker) der Gesellschaft Jesu, Studenten und
Scholastiker (Ordensschüler) die Schauspieler, natürlich für weibliche
ebenso wie für männliche Rollen. Für ein glänzendes Auditorium,
welches durch das große Volk ergänzt wurde, sorgten die zahlreichen
Verwandten und Bekannten der zumeist den besten Familien ent=
stammten Jesuitenzöglinge und die hohen Protectoren des Ordens.

In der Prager kaiserlichen Bibliothek findet sich im Manu=
scripte eine lateinisch geschriebene Geschichte des ehemaligen Jesuiten=
collegiums zu St. Clemens *) und darin manche Aufzeichnung über

---

*) Theilweise von W. W. Tomek übersetzt und in der Museumszeit=
schrift erschienen.

die Vorstellungen der hochgeborenen Zöglinge des Ordens. Bereits in das Jahr 1559 — das dritte nach Eröffnung des Collegiums — fällt eine Darstellung des Stückes „Streit zwischen Fleisch und Geist", dessen Personen durchaus Leidenschaften, Tugenden und Laster vorzustellen hatten. Es war also ein allegorisches Spiel, wie sie uns auch in Kölner Fastnachtspielen derselben Zeit begegnen. Die Tendenz ist leicht zu errathen, wenn man bedenkt, daß die Aufführung in die Faschingszeit fiel. Fleisch und Geist bekämpften einander mehr als zwei Stunden, aber die zahlreich versammelten Prager fanden die dramatische Faschingspredigt so amüsant, daß man lebhaft über die Kürze des Stückes klagte. Aehnlicher Natur war das Drama, welches die Jesuiten am 17. Februar 1560 im Hofe des Clementinums — dem gewöhnlichen Schauspielraume — zur Aufführung brachten. Es führte den Titel „Comoedia Euripi" und handelte von der Wandelbarkeit aller irdischen Verhältnisse, sowie von der Kürze des Menschenlebens — einige halten die Komödie für identisch mit dem vor erwähnten Stück. Der Ruf der Jesuitenkomödien war bereits so verbreitet, daß sich diesmal an 10.000 (?) Menschen im Hofe des Clementinums eingefunden hatten, deren Augen nicht genug sehen und deren Ohren nicht genug hören konnten von den Herrlichkeiten des Stückes. Den Glanzpunkt bildeten offenbar die leibhaftigen geschwänzten Teufel, welche als Verkörperung menschlicher Sünden und Verbrechen, aber auch als die Vorläufer der Bajazzos auf der Bühne erschienen. Entsetzt wichen die ersten Reihen des Auditoriums zurück, dann erholte man sich von dem Schreck und schrie indignirt: „Was! Wollen uns die Jesuiten durch verkappte Teufel schrecken? Der Teufel soll sie selber holen!" Unter dem Eindrucke einiger rührenden Scenen legten sich endlich die Stürme des Unwillens, und mächtig dröhnte der Applaus durch den weiten Hof des Clementinums. Die Komödie mußte viermal wiederholt werden, zuletzt im größten Saale der Hradschiner Burg vor dem Erzherzog Ferdinand. Der damalige Rector des Collegiums, Hoffaeus (Hoffer), besorgte auch eine Uebersetzung in's Deutsche.

Die nächste Novität ging am 17. September 1562 in Scene,

es war die Tragikomödie*) von „Saul's Untergang und David's Krönung". Saul und David waren ebenso wie ihre Landsmän= ninen Susanna und Judith **) Lieblinge der damaligen Dramen= dichter. Bekannt ist u. A. „ein schön new Spiel vom König Saul und dem Hirten David; wie Saul's Hochmuth und Stolz ge= brochen, des David's Demüthigkeit aber hoch erhoben worden", verfaßt vom Magister Mathias Holzwart, aufgeführt „durch eine ehrsame Bürgerschaft der Stadt Basel den 6ten und 7ten des Augustmonats 1571". Das Stück hatte zwei Theile zu 5 Acten und beschäftigte nicht weniger als 100 redende und 500 stumme Personen. Unsere Jesuitenkomödie gab dem Holzwart'schen Spiele, mit dem sie vielleicht einige Verwandtschaft haben mochte, wahr= scheinlich im Punkte des Aufwands wenig nach. Es waren förm= liche Armeen von Statisten aufgeboten worden, und mit dem Scharfblicke von Strategen brachten die Patres=Regisseure System und Ordnung in die Massen. Rüstungen und Waffen waren reich und imposant, ein immerwährendes Trompetengeschmetter erfüllte die Räume, und als die Regimenter der Israeliten und der Phi= lister aneinanderprallten, feuerte das begeisterte Auditorium stürmisch den Kampfesmuth der Heere an. Ein Soldat im Publicum war — so erzählt die Chronik — von dem martialischen Aussehen des

*) Die Begriffe „Tragödie" und „Komödie" wurden im sechszehnten Jahrhunderte nicht sehr genau genommen. Ernste Stücke bezeichnete man zumeist als „Tragödien", doch verstand z. B. Hans Sachs darunter Stücke, in denen gekämpft wird. Wußte man nicht, wie man ein gleichzeitig ernstes und komisches Stück bezeichnen sollte, so behalf man sich mit der Bezeich= nung „Tragikomödie". Sehr beliebt war auch der bloße Ausdruck „Spiel".

**) Besonders berühmt war eine 1539 gedichtete Tragödie „Judith" von Sixt Birck oder wie er sich lateinisch nannte „Xystus Betulejus", Seminardirector in Basel, später in seiner Vaterstadt Augsburg Rector des St. Anna=Gymnasiums. Sie war lateinisch und deutsch verfaßt, mit classi= schen Formen, u. A. Chören mit den Sapphischen Strophen ausgestattet und von künstlerisch ebenmäßigem Bau. Durch die Massenscenen im assy= rischen Lager, den Kampf und Sieg der Juden u. s. w. erhielt die Dar= stellung eine besonders lebensvolle Färbung. Birck hat auch eine „Susanna" und eine „Tragödie wider die Abgötterei" (Daniels Kampf gegen den Götzen Baal) verfaßt, deren Effectscene Daniels Aufenthalt in der Löwengrube bildet.

bis an die Zähne gewappneten Königs Saul derart überwältigt,
daß er auf die Bühne drang, die militärischen Honneurs machte
und den vermeintlich echten König um eine Solderhöhung bat.
Erst als die Hofnarren der jüdischen Majestät vortraten und mit
dem armen Kriegsmann ihre Possen trieben, sah er seinen Irrthum
ein und verbarg sich unter dem homerischen Gelächter des Auditoriums beschämt in einem Winkel. Der wackere Krieger verstand
eben kein Wörtlein lateinisch und wußte nicht, daß ein längst ver-
storbener König von den Jesuiten noch einmal lebendig gemacht
werden konnte.

Ein enragirter Verehrer der Jesuitendramen war der mehr-
erwähnte Erzherzog Ferdinand; am 28. October 1563 mußten
ihm die Jesuitenschüler in der Burg am Hradschin ausschließlich
vor den Hofleuten und den Großen des Reiches die Tragödie
„Philopaedius" aufführen. Das Stück war ein unendlich rührendes
und auferbauliches. Bei der Reprise im Hofe des Clementinums
gab es ein allgemeines Schluchzen und Jammern, als mehrere
wollüstige Jünglinge coram publico von etlichen scheußlichen Teufeln geholt und in der Hölle gebraten wurden. Das Hilfegeschrei
der Verdammten konnte Steine erweichen. — Die Jesuiten ließen
nach solchen Erfolgen natürlich fleißig weiter mimen. Wir begnügen
uns mit der Anführung einiger Titel, um das „Repertoire" der
nächsten Jahre zu charakterisiren. Da kam auf die Bühne „die
Auferstehung Christi", „die Enthauptung des Johannes", „die
betenden Hirten bei dem Jesulein" u. s. w., auch eine Komödie
„Fucus" und „Mille-Artifex" (Tausendkünstler) finden wir verzeichnet. Die Zuschauermenge betrug hie und da 4—6000 Personen. Die weltlichen Collegien hatten diesen Triumphen des
Ordens gegenüber natürlich einen schweren Stand; doch nahmen
auch in der Jesuitenära die jährlichen Vorstellungen vorläufig ihren
Fortgang. Man spielte wieder im Carolinum, dessen Fußboden
mittlerweile reparirt worden sein mochte, oder im Rečkischen Collegium, ohne neben den Jesuiten sonderliche Lorbeern davonzutragen. Unter den Repertoirestücken werden Dramen vom viel-
geplagten Job, vom keuschen Josef und dergleichen biblischen Per-

2*

fönlichkeiten genannt. Zoten und Späße derber Art wurden von den Studiosen verschwenderisch zur Anwendung gebracht. Die etwaigen Erfolge dieser Vorstellungen verschwanden gegenüber dem Eindrucke, den die Jesuiten durch einen gewaltigen Fortschritt in ihrem Repertoire hervorbrachten, durch ihre erste čechische Original-Novität.

In Schaaren strömten die Prager nach dem Clementinum, als die Jesuiten das „böhmische Trauerspiel von St. Wenceslaus, dem Märtyrer" ankündigten. Ein junger Magister, Nicolaus Salius, hatte das Stück in čechischen Versen verfaßt; am 12. October 1567 kam es auf die Bretter. Die Prager waren entzückt darüber, daß die Jesuiten einmal Latein und Griechisch zu Hause ließen und die Volkssprache zu Ehren brachten. Die ärgsten Jesuitenfeinde fanden, daß die frommen Väter eigentlich doch recht gelehrte und liebe Leute seien, und nicht umsonst behauptete der katholische Adel, mehr als alle Predigten habe der „heilige Wenzel" dem Orden genützt. Als die Vorstellung zu Ende war, hörte man den Ruf: „Endlich verdienen die Jesuiten ihr Brot, indem sie sich uns anpassen!" Und in der That, dieses Sich-Anpassen den Sitten und Gebräuchen der Nationen hat den Jesuiten in allen Welttheilen die Pfade geebnet. Der Jesuitenmissionär, der in China sich der Landestracht accommodirt und in Amerika die Indianeridiome redet, der den Wilden pflügen und säen lehrt, läuft allen seinen Concurrenten den Rang ab. Er versteht es, Concessionen zu machen, klug zu speculiren und zum Ziele die praktischen Mittel zu wählen — das begründet die Macht des Ordens. — Die Erfolge der „Wenzels"-Vorstellung zeigten sich immer mehr. Der Neustädter Magistrat, der in alter Studentenfreundschaft den Jesuiten grollend gegenüber gestanden war, fühlte sich durch eine Einladung zu der Vorstellung so geschmeichelt, daß er den Jesuiten für künftige Aufführungen die kostbarsten Ausstattungsobjecte, Tapeten, Fahnen, Schilde u. dgl., ja sogar die städtischen Trabanten und Trompeter zur Verfügung stellte, wie sie für die großen Schauspielaufführungen auf den freien Marktplätzen der deutschen Städte fast immer aufgeboten waren. Den Triumphen, die der „hl. Wenzel" den Jesuiten gebracht hatte, reihte sich würdig der Erfolg an, den sie anno 1568 mit dem biblischen Ausstattungsstück „Die drei Könige an der Wiege Christi" davontrugen. Es kam zu vielen Wiederholungen, und selbst der Erzbischof fand sich im Auditorium ein. Zum ab= schreckenden Beispiel brachte man auch eine an Blutbädern reiche „Tragödie von den ketzerischen Grausamkeiten in Frankreich" zur Aufführung. In den nächsten Jahren erwuchs den Jesuitenschülern starke Concurrenz in einem sehr gelehrten Vierfüßler — dem ersten Elephanten, den Prag in seinen Mauern gesehen. Am dritten Sonntage der Fastenzeit im Jahre 1570 ließ nämlich Maximilian II. am Altstädter Ringe im Beisein vieler Fürstlichkeiten ein grandioses Schauspiel aufführen. Der Vulcan Aetna stand, Feuer speiend nach allen Seiten, in der Mitte des Platzes. Scheußliche Vögel umflatterten seinen Gipfel, ein Drache spie Flammen, und auf einem Pegasus erschien Perseus mit dem Gorgonenhaupte. Nicht genug aber an diesem gräßlichen Anblicke. Plötzlich hörte man Löwengebrüll, und ein lebendiger Löwe in einem hölzernen Käfig wurde sichtbar. Schließlich betrat auch der Held des Tages, der Elephant, die Scene, auf seinem Rücken den indischen König Porus tragend. Vor dem Kaiser ließ sich der intelligente Dick= häuter auf die Knie nieder, und war nicht zu bewegen, dieselbe Reverenz einem der andern hohen Herren zu erweisen. Auf demselben Platze — dem großen Ringe — scheint manche der speciell für die Schaulust der großen Menge berechneten Vor= stellungen in Scene gegangen zu sein. Anno 1561 hatte sich hier ein Seiltänzer, der auf gespanntem Seile von einem Thurme der Teynkirche auf den Rathhausthurm spazieren wollte, den Hals gebrochen. Vielleicht wurde hier auch mitunter eines der wenigen Fastnachtspiele in čechischer Sprache aufgeführt, die uns bekannt geworden sind. In einem derselben spielte eine Wunder= geige die Hauptrolle, welche ihren Besitzer aus tausend Gefahren und selbst vom Galgen befreite. Verwandt mit Oberons Wunder= horn hatte sie die Macht, allen Sterblichen die Tanzwuth mitzu= theilen, und das gab selbstverständlich drollige Scenen im Ueber= fluß. Čechische Schauspiele, die übrigens neben den herrschenden

Jesuitenspielen nicht viel Aufsehen machten, hatte damals auch der Dichter Paul Kirmesser, Rector in Mährisch-Strażnitz, verfaßt, deren Titel („Lazarus", „die arme Witwe und der Prophet Elisa", „Tobias") allerdings nicht viel Originelles versprachen.*) Etwas später machte der Dichter Simon Lomnicky (geb. 1552) von sich reden. Seine Dramen haben eine täuschende Aehnlichkeit mit den alten Passionsspielen und nehmen es an Derbheit und Urwüchsigkeit mit dem „Quacksalber" auf. Bekannt ist namentlich eine Trilogie „Die Auferstehung des Herrn" aus seiner Feder. Die Leute lachten unendlich, wenn z. B. der Herr Jesus Christus an der Pforte der Vorhölle mit dem Tode, sowie mit den beiden Höllenfürsten Satanas und Lucifer eine halbe Stunde herumzankte, dann den Lucifer weidlich durchprügelte und fesselte. Es kam aber noch besser. St. Petrus wird aus Reue über die Verleugnung Christi ohnmächtig, worauf der sanftmüthige Johannes einen Krug Hrocher Bieres zur Labung herbeischleppt. Doch St. Petrus ist ein Bierkenner und gibt sich nicht eher zufrieden, bis Johannes um besseres Bier schickt. Nun ist's Lomnitzer Bier, und das labt den Apostelfürsten. Den auferstandenen Christus hatte Lomnicky zum vollendeten Čechen gemacht. Er schickt seine Jünger u. A. nach Moldautein, Klattau und Schüttenhofen als Verkündiger seiner Auferstehung aus.

*) Man hat es hier offenbar mit bloßen Uebersetzungen oder Bearbeitungen gleichzeitiger deutscher „Komödien" und „Tragödien" zu thun. Bekannt ist u. A. ein „Lazarus" von Joachim Greff, der aber selbst wieder nur eine Verdeutschung eines lateinischen Schauspiels von Johann Sapidus war. Die Einrichtung war eine fünfactige; die ersten vier Acte behandelten die Geschichte von Lazarus Krankheit, Tod und Begräbniß, der fünfte dessen Auferweckung durch Jesus. — Bekannt ist ferner „Ein schön Teutsch Geistlich Spiel von der Widtfraw, die Gott wunderbarlich durch den Propheten Elisa mit dem Öl von jrem Schuldherrn erlediget. Gezogen auß dem anderen Theil der Königen am 4. Cap. Zu Trost allen Widwen und Waisen, durch Leonhardum Krahlßheim". Der Verfasser ist der in der Literaturgeschichte bekannte Pastor, Paedagog und Dichter Lienhardt Kolmann (geb. 1198). Ein Spiel vom „gottesfürchtigen Tobias" war eines der Hauptwerke des elsässischen Poeten Jörg Wickram in Colmar; sein „Tobias" hat viele und viele Bearbeitungen erfahren.

Da sah es doch noch vernünftiger bei den Jesuiten aus, deren
Thätigkeit in den 70er Jahren eine immer regere wurde. Anno 1577
richteten sie im Hofe des Clementinums ein neues zierliches Theater
auf, dessen Bau eine ziemlich lange Zeit in Anspruch nehmen
mochte, denn erst im Jahre 1580 wurde es mit dem prachtvoll
ausgestatteten Drama „Saul" eröffnet. Gar vornehme Gäste bewunderten diesmal die Werke der Jesuiten. Auf einer eigens errichteten Tribune hatte die Königin von Frankreich (wahrscheinlich
Isabella, Infantin von Spanien, Gemalin Karls IX. von Frankreich, nach dessen Tode sie in Oesterreich lebte), Platz genommen,
und mehr als sechzig Fenster des Clementinums waren mit den
Personen ihres Hofstaates besetzt, man hatte auch der Königin,
einer sehr edlen und tugendhaften Frau, ein Fenster anweisen
wollen, aber die Väter der Societät Jesu nahmen es mit der
Clausur sehr genau, und so hatte man sich mit der Errichtung
einer Tribune aus der Klemme geholfen. Einem allegorischen Spiel,
in welchem der Bauer den Feldbau, der Student die Wissenschaft
vertheidigte, wohnten selbst Utraquisten, ja sogar der evangelische
Pfarrer von Teyn, Bartholomäus, bei. Den „Erulio" des Plautus
gaben die Jesuiten so gründlich zugestutzt, daß sich die Laiengeg-
lehrten über die Derbheit der Regiestriche entsetzten.

Zu wahren Triumphen brachte es der Orden wieder mit der
Tragikomödie vom israelitischen König Achab (auch ein von Hans
Sachs bearbeiteter Stoff). Die Vorstellung hatte eine respectable
Länge. Man spielte von Mittag bis in die Nacht, und das Pu-
blicum war gar nicht ungehalten darüber. Die Leute hatten sich
für den zwölfstündigen Kunstgenuß gehörig ausgerüstet, und Semmel,
Würste, Bier, Kirschen und Naschwerk wurde in ungeheueren Quan-
titäten vertilgt. Zur Erhöhung der Festlichkeit wurden auf vielen
Thürmen die Glocken geläutet, Musikchöre spielten anmuthige Weisen.
Man kann sich darnach eine Vorstellung über das Wesen, die
Dauer und den großartigen Apparat der Theatervorstellungen jener
Tage bilden. Der Poet und Pastor Raffer aus Enßisheim im
Elsaß dichtete circa anno 1575 eine „aus dem Evangelium Mat-
thaei gezogene Komödie vom König, der seinem Sohne Hochzeit

macht". Er hatte diese „Komödie" auf drei Tage zu je fünf Acten
vertheilt. Unter den 162 darstellenden Personen befanden sich zwei
Engel, zwei Hofräthe, ein Narr („Jogl"), drei Patriarchen, drei
Propheten, drei Juden, 23 römische Senatoren, ferner drei Apostel, Dictoren, „Fürsprecher", Henkersknechte, Krüppel, Trabanten,
Trommler und Pfeifer, endlich auch der Höllenfürst Lucifer und
„Mors der Tod" in eigener Person. Thomas Schmidt, Stein-
metz aus Meißen, hatte Wickram's ältere Komödie vom „Tobias"
bearbeitet, in 25 Acte getheilt und auf zwei Tage vertheilt. Am
Schlusse des ersten Theiles lud der Herold das Publicum feierlich
ein, sich am nächsten Tage um 1 Uhr wieder einzufinden.

Zu einer erhaltenen „Ordre de bataille" — so darf man
wohl sagen — des „Spieles vom reichen Manne und armen
Lazaro" findet sich die Personenverschwendung in den Schauspielen
jener Zeit so recht deutlich illustrirt. Das Personale ist in mehrere
„Haufen" getheilt. Den ersten Haufen bildete „ein Actor, der die
Vorrede recitirt und alles, was man agirt, ordnet und schafft (also
Regisseur), ein Argumentator, welcher die Summa oder den Inhalt
der Action anzeigt, Conclusor, der am Ende die Action beschleußt".
Dann kommen die armen Leute, gewissermaßen die Suite des
Lazarus, z. B. Solicitus, ein armer Bürger, zween arme Schüler,
ein armer Schneider Hans u. s. w. Als stumme Personen fun-
giren „etliche Englein, welche im Himmel singen sollen. Item die
Seele Lazari, ein schön Knäblein, weiß angezogen, etliche Bettler,
welche den armen Lazarum, wenn er gestorben, erbärmlich zu Grabe
schleppen und einscharren". „Im zweiten Haufen findet sich der
reiche Mann „Nabal" mit 5 Brüdern, etlichen Gästen, Küchen-
meister, Jäger, Fischer, Waidmann, Tischdiener, Koch, Kellner,
Stocknarr, Schließerin, Ancilla (Magd)". Dann heißt es ausdrücklich: „Bei diesen redenden Personen muß man andere stumme
haben, um mehrer Pracht willen. Als der reiche Mann muß, wo
er geht, da muß er viel nachtretende Knechte haben, und einen
Narren oder zween, auch Knaben. Desgleichen die Frau etliche
Hofmägde und eine Närrin. So kann auch jeglicher Bruder des
reichen Mannes einen eigenen Knecht haben. So müssen auch)

Drommelschläger, Pfeifer, Geister u. A. da seyn." Schrecklich nimmt sich der dritte „Hause" aus: 1. Der Tod auf zweierlei Weise, der zeitliche und der ewige. 2. Satanas. 3. Sechs scheußliche Teufel. „Allhier mag man auch noch mehr Teufel verordnen. Item die Seelperson des verdammten reichen Mannes, ein Knabe, der unter den Augen, an Händen und Füßen kohlschwarz sei, mit einem schwarzen Kittel . . ." Dieses Beispiel wird genügen, um zu ermessen, wie ungeheure Massen erst in einer mit Schlachten operirenden Tragödie aufgeboten wurden!

Das Personale marschirte gewöhnlich in feierlichem Aufzuge auf den Platz der Darstellung, die Stadtpfeifer voran, — nur die Teufel als Schreck- und Lustigmacher durften sich, die langen Schwänze schwenkend, Seitensprünge erlauben. Der Herold oder Prologos hatte am Schlusse stets das Auditorium zur Ruhe zu vermahnen. Die Actschlüsse wurden durch Trompeten- und Paukenschall bezeichnet. In den Komödien und Tragödien des Hans Sachs wurde in der Vorrede regelmäßig das Publicum mit den Worten apostrophirt:

„Nun schweigt ein wenig und habt Ruh und höret der Komödie zu!" oder „Nun seid fein züchtig und still!"

Das Costüme der Darsteller war zumeist das zeitgenössische, so daß sogar Adam und Eva in Nürnberg z. B. im Gewande eines ehrsamen Patricierpaares einherschritten. Nur die Türken haben in der Aera der Türkenkriege sich der Auszeichnung zu erfreuen, daß sie in einer Art Nationaltracht auf die Bühne gebracht wurden.

Das Bühnengerüst war mit der Zeit umfangreicher und complicirter geworden; es hatte einen Vorplatz, auch „Vorbrück" genannt, auf welchem namentlich der „Argumentator" seinen Prolog und Epilog sprach; über die Bühne war noch eine Erhöhung (in der Schweiz die „Brüge" genannt) gebaut. Hatten Stücke eine besonders complicirte Handlung, so war das Gerüst noch in neben einander stehende Abtheilungen geschieden und unterhalb der „Brüge" eventuell noch ein besonderer Raum für die beliebten Persönlichkeiten des Beelzebub, Satanas und Consorten reservirt.

In diesem ungefähren Rahmen, der natürlich je nach der
festlichen Gelegenheit oder der Art der Action erweitert wurde,
mochten sich auch die Aufführungen im St. Clemens-Collegium
der Prager Jesuiten bewegen. Die Patres gaben am Wenzels-
tage des Jahres 1585 eine Reprise der Tragödie vom hl. Wenzel,
welche an Glanz und Pracht alles bisher Dagewesene übertraf.
Man glaubt von den Vorbereitungen für ein modernes Spectakel-
stück zu lesen, wenn man den Bericht über die Zurüstungen zu
dieser Vorstellung verfolgt. Die Bühne wurde mit ganz neuen
Balken unterzogen, um die colossalen Kriegsmaschinen tragen zu
können. Der Orator und Poëta Magister Brassicanus leitete mit
Sicherheit die Kriegsvölker, und kein Unfall trübte die Erfolge der
Aufführung. Der Ruhm der Gesellschaft Jesu war in Aller Munde;
man betheuerte, derartige Wunderwerke noch niemals und nirgends
gesehen zu haben. In čechischer Sprache wurden in der Folge
auch die Tragödien „Sodoma und Gomorrha", „die Opferung
Isaacs" (von Daniel Stodel v. Požow aus dem Deutschen*)
übersetzt), „Ruth" von Adam Brodský und eine neue „Judith"
aufgeführt. Früher war auch ein Drama „von dem hl. Märtyrer
Laurentius" dargestellt worden, in dem die kunstgerechte Köpfung
des Papstes Sixtus Furore machte. Seit dem Jahre 1586 ist
der Jesuitenchronist äußerst schweigsam über Theatervorstellungen,
obwohl es daran nicht gefehlt haben mochte. Erst anno 1610
während des Fürstenconventes, den Kaiser Rudolph ausgeschrieben
hatte, um eine Versöhnung mit Mathias herbeizuführen, verzeichnet
die Chronik wieder eine Vorstellung — das Drama „Elias". Die
Erzherzoge Maximilian, Ferdinand und Leopold, die Kurfürsten
von Mainz und Köln, sowie der protestantische Herzog von Braunschweig, ein besonderer Förderer der Schauspielkunst und selbst
Dichter, wohnten der Vorstellung bei. Am Peter- und Pauls-
Tage 1617 endlich wurde zur Feier der Krönung Ferdinands II.
die „stattliche Comödia vom Kaiser Constantino Magno auf dem

---

*) Ein Schauspiel „Die Opferung Isaac's" fiel bekanntlich in die
früheste Periode der dramatischen Dichtungen von Hans Sachs. Auch Greff
hatte den Stoff bearbeitet.

Saale von den Patribus societatis Jesu agiret und gehalten" —
die letzte Jesuitenvorstellung in dieser Aera. Im Jahre 1618
mußten die frommen Väter zum Wanderstabe greifen; immer
mächtiger wurden die Wogen der protestantischen Rebellion, und
170 Ordensmitglieder verließen die Hauptstadt und das Land.
Böhmen steuerte dem dreißigjährigen Kriege zu.

Es ist zu verwundern, daß die Stadt Prag in der ersten
Hälfte des siebzehnten Säculums noch Zeit und Sinn für Schauspiele hatte. Der dreißigjährige Krieg düngte den Boden Böhmens
mit Blut, die Wogen des Kampfes brachen sich mehr als einmal
an den Mauern Prags, und dennoch blieben die Seiten der Chronik
über Theater und sonstige Lustbarkeiten nicht unbeschrieben. Noch
vor dem Ausbruche der Unruhen hatte die Carolinische Universität,
welche in dieser wie in anderen Hinsichten sich meist im entschiedenen Gegensatze zu der Jesuiten-Schule befand und ihren akatho-
lischen Geist gern hervorkehrte, wieder Lebenszeichen von sich gegeben. Schon anno 1604 hatten die Professoren und Magistri
beschlossen, wieder einmal eine Theatervorstellung zu veranlassen,
und die Wahl des Stückes war auf ein Drama des fruchtbaren
Poeten Campanus Wodnańsky gefallen, betitelt „die Entführung
der Prinzessin Judith durch Břetislaw, den böhmischen Achilles".
Die Rollen waren bereits vertheilt — die Damen sollten natürlich
von Studenten gegeben werden — und alle Vorbereitungen getroffen, als die Censur den Studenten das Spiel verdarb. Die
akatholische Universität hatte es nämlich mit dem Gehalte des
Stückes nicht gerade genau genommen und nicht bedacht, daß eine
Entführung aus dem Kloster und dgl. in gut katholischen Augen
Aergerniß erregen müßte. Der kaiserliche oberste Kanzler Zdenko
Popel von Lobkowitz erblickte aber in dem Stücke eine Darstellung
von Kirchenschändung, eine Verhöhnung des Kaisers, einen Schand-
fleck der böhmischen Regenten und eine Vertheidigung ungesetzlicher
Handlungen — aus allen diesen Gründen sei eine Aufführung
nicht zulässig. Alle Einwendungen und Eingaben halfen nichts.
Umsonst betheuerte man, Juditha sei keine eigentliche Nonne, sondern
nur Klosterschülerin gewesen, Břetislaw benehme sich sehr ritterlich,

von dem Kaiser sei nur in edlem Sinne die Rede — es blieb bei
dem Verbote. Ja der Autor mußte das Manuscript selbst in's
Feuer werfen. Aufgeführt wurde nun ein biblisches Spiel „De-
borah". Eine zweite Vorstellung fand nach den vorhandenen Aufzeichnungen am 24. August 1610 statt — die Tragödie „Belsazar"
vom Magister Heinrich Hirzweg. Das gedrängt volle Haus ließ
dem Stücke alle Ehre widerfahren. Damit scheinen die Studentenaufführungen im Carolinum so ziemlich ihr Ende erreicht zu haben.

Dagegen erhoben nach der Schlacht am Weißen Berge und
in der darauf folgenden streng katholischen Reactionszeit die Väter
der Gesellschaft Jesu auf's Neue ihr Haupt. Rasch rückten sie
wieder ein in die verlassenen Räume, und neue Collegien und
Ordenshäuser wurden ihnen aufgethan. Auch die unterbrochenen
Schauspiele traten auf's Neue und mit verdoppeltem Geräusch in's
Leben. Zum früheren Glanze erwachte die Jesuitenkomödie allerdings nicht mehr, sie tritt in die Periode des Niedergangs, aber
noch lange werden wir ihr begegnen, wenn auch die Strömung
der Zeit längst gegen sie gewesen. Schon anno 1626 wurde im
Clementinum wieder gespielt. Es gab eine Festvorstellung zu Ehren
des Cardinal-Erzbischofs von Harrach, wobei die Tragödie „von
den Märtyrern Chrysanto und Daria" in Scene ging.

Zur Feier der Krönung der Gemalin Ferdinand des II.,
Eleonore, geborenen Herzogin von Mantua, und der Krönung
Ferdinand des III., veranstalteten die Jesuiten eine Festvorstellung,
deren Bedeutung freilich durch die Aufführung einer italienischen
Festoper (der ersten in Prag) sehr in Schatten gestellt wurde. Die
Patres führten nämlich am 6. December 1627 die „triumphirliche
Tragoedy vom Kaiser Constantino Magno sambt seinen zween von
ihm gekrönten Söhnen" (vielleicht eine Reprise oder Neu-Scenirung
der 1617 von den Jesuiten gegebenen Constantins-Tragödie) in
deutscher Sprache auf. In dem Stücke war so viel zu sehen und
zu hören, als nur Menschenaugen und Menschenohren vertragen
konnten. Handlung und Sprache war überladen mit Anspielungen
auf den anwesenden Kaiser und die Bedeutung der Feier. Dem
Stücke ging ein Vorspiel voraus, in dem es von mythologischen

Herren und Damen wimmelte. Grazien und Nymphen flochten
für die hohen Herrschaften „Ehrenkränzlein". Schließlich flog
„Poësis auf ihrem Klepper Pegaso von oben herab, meldete sich
bei den Gratiis an, um durch sie bei Ihren Majestäten gnädige
Audienz zu erlangen und die folgenden Actiones zu präsentiren".
Was es in den fünf Acten des Stückes zu sehen gab, davon gibt
nachstehender Passus aus der Beschreibung Zeugniß: „In der
3. Scene 3. Actes erscheint die Hölle auf der Bühne sambt vielem
höllischen Hofgesind. Die Tyber (das Stück spielt theilweise in
Rom) rinnet auf dem Theatro, darauf schiffet Constantinus der
Jüngere. Die Wassergötter und Göttinen als Syrenes und Tritones haben auf der Bühne Kurzweil, singen und springen auf
Delphinen und Meermuscheln und wünschen Constantino viel Glück
zur erhaltenen Victorie . . ." Schließlich wurde auf der Bühne
die Krönung Constantins und seiner Söhne vorgenommen und ein
großes Fußturnier dargestellt.

Von nun an fließen die Jesuitenberichte über Schauspieler-
vorstellungen spärlicher. Im Jahre 1636 führten die Jesuitenschüler im großen Convictsaale (wahrscheinlich der heutzutage zu
Bällen und Concerten verwendete „Convictsaal" des ehemaligen
Jesuitenconvicts bei St. Bartholomäus auf der Altstadt in Prag)
zu Ehren des Herrn von Riesenburg, kais. Raths und Haupt-
manns im Königgrätzer Kreise die Tragödie „Mauri imperator"
auf. Eine für uns interessante Vorstellung kam einige Jahre später,
am 29. September 1644, bei der feierlichen Prämienvertheilung
unter den Auspicien des Herrn Wenzel von Schwihau und Riesenburg, k. Raths und delegirten Commissärs an der Altstädter Jesuiten-
schule (im Clementinum) zu Stande. Es wurde — mehr als andert-
halb Säcula vor Schiller — eine „Maria Stuart" aus der
Feder eines unbekannten Jesuiten aufgeführt. Mit der Historie
hatte es der Autor nicht genau genommen, der Zweck war, die
katholische Maria mit dem Heiligenschein erhabenster Reinheit dem
Publico vorzustellen, und die Erbärmlichkeit der englischen Ketzerei
in den grellsten Farben bloszulegen. Der Titel zeugt für das
Ganze. Er lautete: „Königliche Tragoedia. Oder Maria Stuarta

Königin in Schottland und des Königreichs Engelland Erbin, welche Elisabetha, regierende Königin in Engelland aus Haß gegen der katholischen Religion und Ehrgeiz hat enthaupten lassen. Ward gehalten und gespielet zur Herbstzeit von der ansehenlichen, an der k. k. Universität der Societät Jesu zu Prag studirender Jugend im Jahre nach dieser traurigen Geschicht im 58sten, nach Christi Geburt aber im 1644sten Jahr den 29. Septembris." Die Aufführung war melodramatisch, die Sprache die lateinische. Da das ganze Schauspielpersonal aus Studenten bestand, fanden natürlich auch die unglückliche Maria und die grausame Elisabeth männliche Repräsentanten, was sich nach unseren Begriffen recht erbaulich ausnehmen mochte. Unter den Personen finden wir ganze Schaaren allegorischer Personen, z. B. die Unschuld, Ketzerei, den Betrug, Ehrgeiz u. s. w.; auch der Schutzengel des Hauses Stuart, diverse Geister von Verstorbenen u. dgl. tauchten auf. Jeder der fünf Acte hatte fünf Scenen, und an jedem Actschlusse machte der „Chorus" durch eine besondere Scene die Situation klar.

So wurde am Schlusse des ersten Actes die Unschuld von sechs engelländischen Knäblein durch viele holdselige Gebärden auf das Theatrum berufen, aber durch ein höfliches Tänzlein von den Knaben verstrickt und gefänglich hinweg geführt. „Nach diesem" — heißt es im Scenarium — „erkennt Jedermann, daß die unschuldige Maria Stuarta in der Person der verstrickten gefangenen Unschuld und der Engländer arglistige Anschläge durch das Tänzlein sei zu verstehen gewesen." — Am Schlusse des 2. Actes bietet „der Betrug dem Ehrgeiz, der Ketzerei und der Grausamkeit ein gefangenes Täublein feil, welches sie sämmtlich ergreifen und grausam zerreißen. Unterdessen wird der elende Zustand der Mariä Stuartä durch diese Taubenfigur herzlich beweint und betrauert". Im dritten Acte sitzt Maria bereits im Gefängniß und wird von Elisabeth auf offenem Reichstag der Verrätherei und Majestätsbeleidigung angeklagt. Der Himmel sendet zum Schutze Marien's den Knaben Daniel, „vormals Beschützer der keuschen Susanna", der aber von den Pförtnern des Palastes der Elisabeth, der Ketzerei und dem Ehrgeiz, zurückgetrieben wird. Am Actschlusse klagen „die

Hundebuben mit ihren Hunden eines Schafhirten Schäflein an bei dem Richter Lykaon, als sollte das Schäflein den Hunden sammt ihren Jungen nach dem Leben getrachtet haben". — Im 4. Act verkündigt der „Graf von Salisburien" Marien das Todesurtheil. Am Schlusse „stellt England der Ketzerei, dem Ehrgeiz und der Grausamkeit ein königliches Banket an, bei welchem England einen blutigen Willkomm, voll des Blutes etlicher um des kath. Glaubens willen hingerichteter gemeiner Leute läßt herumgehen, mit dem Versprechen, der Mariä Stuartä Blut mit dem ehesten einzuschänken". Nach der Enthauptung Mariens im 5. Act erschien „der Geist Francisci des anderen, Königs von Frankreich und der Geist Darlei, Königs in Schottland, der enthaupteten unschuldigen Ehegemale, und begehren wider die Königin Elisabetham Rache wegen des unschuldigen Todes ihrer geliebten Gemahlin Mariä Stuartä. Aber die Gerechtigkeit tröstet und weist sie mit glimpflichen Worten ab." — Für uns Schillerkundige wirft eine Betrachtung dieser poetischen Jesuiten-Arbeit Amusement in Hülle und Fülle ab.

Anno 1675 executirten die adeligen Jesuitenschüler im Clementinum ein Stück „vom König David", 1680 (čechisch) den „Märtyrerkampf der Brüder Gervasius und Protasius" u. s. w. Das Genre blieb sich immer gleich. In demselben Fahrwasser segelten die Schauspielaufführungen der von den Jesuiten protegirten Brüderschaften, namentlich der Marianischen, welche im Jahre 1665 im Oratorium der Bethlehemscapelle „den von den jüdischen Arbeitern verlassenen Weingarten des Herrn", 1670 die Himmelfahrt Mariens, 1672 unter Theilnahme von Jesuitengymnasiasten, die „Königin Esther" *) aufführte. Bis zu welchen Absurditäten sich hier die Stücke bisweilen verstiegen, zeigt der Umstand, daß man den Heiland als Capuciner oder Franciscaner,

---

*) Eine „Esther" hat bekanntlich auch Hans Sachs verfaßt. Er nennt sie einmal „Comedie", dann wieder „Historie", im Prolog aber sagt der Herold, sie wären gekommen „zu halten ein geistlich Comedie, doch schien fast gleich einer Tragedie", Hans Sachs nimmt überhaupt diese Bezeichnungen sehr leicht; von seinen 198 Schauspielen hat er 64 als „Fastnachtsspiele", 59 als „Tragedien", 65 als „Comedien", 10 als Spiele überhaupt bezeichnet.

in einem besonders erbauten Theater das Mysterium „di conservazione di S. Paolo" des Cardinal Riario aufgeführt worden, in welchem alle Partien gesungen wurden. Auch in Frankreich und England kannte man frühzeitig opernartige Singspiele und Singpossen, und in den höfischen Fest= und Schäferspielen des 16. Jahrhunderts bewunderte man schon Chöre, fünfstimmige Gesänge und Recitative.

Die unter dem Namen „Oratorien" bekannten allegorischen Spiele jener Zeit (einer der Hauptcomponisten derselben war Emilio Cavalieri, Intendant am Florenzer Hofe) bezeichneten schon merkbare Anfänge unserer Oper. In dem Bestreben, die Musik in Form und Behandlung dem geistigen Gehalte des Textes anzupassen, schritt man immer weiter vor, und 1594 entstand das von Ottavio Rinuccini gedichtete, von Caccini (einem Sänger) und Peri componirte musikalische Hirtendrama „Dafne", dem bald „Euridice" als erste „opera seria" von denselben Autoren folgte. Die „Dafne" des Rinuccini und Peri war auch anno 1627 die erste italienische Oper, welche in Deutschland eingeführt wurde; und zwar brachte sie der cursächsische Hofcapellmeister Heinrich Schütz in einer gründlichen Umbearbeitung, die sich als Neucomposition bezeichnen läßt, in der Uebersetzung von Martin Opitz am 13. April 1627 als „Pastoral=Tragödie" auf dem Schlosse Hartenfels bei Torgau zur Feier der Vermählung der Prinzessin Sophie von Sachsen mit dem kunstsinnigen Landgrafen von Hessen=Darmstadt zur Aufführung.

In dasselbe Jahr nun fällt auch die Aufführung der ersten Oper, welche in dem uns erhaltenen Bericht ebenfalls als eine auf mythologischem Boden spielende „Pastoral=Comödie" bezeichnet wird, im Prager Schlosse.

Die Kaiserburg auf dem Hradschin in Prag war bereits eine Pflegestätte der Kunst und Musik, als in Italien die ersten Anfänge des musikalischen Dramas, der Oper, keimten. Im Jahre 1594, als Rinuccini, Caccini und Peri ihre „Dafne" schufen, hielt Kaiser Rudolph II. Hof auf dem Hradschin, und ein reicher, angesehener Kreis von Musikern aus Welschland und Deutschland

3

bildete seinen bedeutenden musikalischen Hofstaat. Es ist uns eine Menge von ehedem gerühmten Namen erhalten, welche in Rudolph's II. Hofcapelle glänzten und auf dem Prager Schlosse in Vocal- und Instrumental-Aufführungen den Kaiser, dessen Cavaliere und Gäste ergötzten.

Das Ansehen und die Bedeutung der Hofcapelle Rudolph des II. für Prag war so groß, daß die Namen ihrer Mitglieder auch hier einen Platz finden müssen.

Es waren (von 1577 bis 1600):

Der Oberste Hofcapellmeister Philippus de Monte (30 fl. Monatsgehalt); die Vicecapellmeister: Jac. Regnart († 1599, Gage 20 fl.), Joh. de Castro (bis 1584) und Camillo Zannotti (seit 1586, Gage 25 fl.), die Organisten (Monatsgage 10—25 fl.): W. Formellis, W. von Mülen, P. von Winde, C. Luyton, H. Lemmens, Liberalis Zanchi (Sanctius); — die Bassisten (normal 15 fl. monatlich) Com. Celso, Seb. Röggl, Mart. Hasdael, Lampr. Breuen, Th. Hueber, M. Singer v. Cilla, Ben. Gousche, Sig. Rifer, Th. Janns, Caspar Niedermair, Dav. Hermann, St. Widmayr, Caspar Agricola, Chr. Porro, Nic. Mechtolb, G. Rhueß, Chr. Hueg, Seb. Pica, Aubr. Salzmann; — die Tenoristen (15 fl. monatlich): Egyd Pluviér, J. Flamma, P. Canis, W. de Lafontaine, Corn. Fabius, Arn. Ghierdts, Phil. Michel, Hier. Mader, Dan. de Motta, Ben. Scheychensperger, J. B. Pinello, Pasc. Faghino, Wilh. Haan, Chr. Pergkmann, Ant. de la Court, Fr. Sale, G. Gagelmayr, M. Prost, B. Faber, H. Schärtlinger; — die Altisten (15 fl.): W. v. Mülen, Nic. Bütze, Gerh. Martin, Hier. Ramirez, J. de Begker, H. Cupers, Weinandt de Hobege, Chr. Prandi, G. Schiffl, Bon. Lefebure, Max. Cupers, Math. de Sayve, M. A. Merlo, Joh. B. Guicciardi, G. Furtter, Luis Robert, Jac. Häberl, Fel. Mayr; — die Discantisten: Mart. de Lara, Fr. Caruda, Nic. Selbert, P. Lopez, H. de Ochoa, Fr. Navarra, J. Lampobinger, P. de Nasera (es ist selbstverständlich, daß im Laufe der Jahre Schwankungen innerhalb dieses Personalstandes, Stimmenwechsel, Entlassungen u. s. w. vorkommen, deren Registrirung hier zu umständlich wäre); — außerdem gehörten der Capelle eine Anzahl Cantoreiknaben mit einem Praeceptor, etwa 6 „Geiger oder Musici", 1 Zinkenbläser, 1 Clavierist, 1 Lautenist, 16—20 Trompeter oder Musici (darunter 12 „musicalische"), 5 bis 12 Lehrjungen für Trompete und Orgel, 1 Heerpauker, 1 Accordero, 1 Notist, 1 Diener an.

Der Personalstand der Hofcapelle Rudolph des II. in der Zeit von 1601—1612 war, abgesehen von den Schwankungen innerhalb dieser Periode folgender: Capellmeister: Philippus de Monte (30 fl., bis 1603 †), Lambertus de Sayve (40 fl.); — Vice-Capellmeister: Alessandro

Orologio (30 fl.), Erasmus de Sayve (30 fl.); — Compositor: Carl Luython (10 fl.); — Organisten: Carl Luython (25 fl.), Liberalis Zanchi (25 fl.), Caspar Raickenroy (20 fl.), Jacob Häßler (30 fl.); — Bassisten (normale Monatsgage 15 fl.): Caspar Niedermayer (30 fl.), Niclas Mechtold (20 fl.), Caspar Agricola, David Hermann, Georg Khueß (20 fl.), Christian Hugß (20 fl.), Andre Salzmann (20 fl.), Thomas Langhanns, Zach. Cruciger, Georg Plaichßhen, Caspar Christan, Paul Donat, Zitel Friedr. Loringkhofer, Melchior Holzmann, Dr. Joh. Albr. Bischer; — Tenoristen (normal 15 fl. monatlich): Wilh. Haan, Ant. de la Court, Georg Gaglmayr, Mich. Proßmann, Chr. Perglmann, Hans Schärdinger, Balth. Faber, Aegid Plonier, Georg Turtner, Martin de Roo, Hans Dietmann, Math. de Sayve, Arnold be Houdemont, G. Erfurt, Chr. Potuf, Caspar Trebonsky, M. Habereiner, Andre Norif, Jacob Langhams, J. Jac. Cupers, Arnold be Sayve, Conrad Georg de Consius (Longin) (20 fl.); — Altisten (monatlich 15 fl.): Weinand be Hobege (20 fl.), Bonaventura Lefebure, Nic. Buse, Hans Cupers, Jac. Häberl, Math. de Sayve sen. (20 fl.), Andr. Bundinger, Hans Wagner, Seb. Hirnschrötl, Joh. Malonius, Chr. Wagner, Joh. Kreyczer, Joh. Khlingler, Fr. Mengaczi, Georg Straub; — Discantisten (monatlich 15 fl.): Mart. de Cuenca (20 fl.), Petro de Nosera, Joh. Dalwin, Jac. Wanner; — Kammermusicantin: Angela Staupin (20 fl.) (erscheint erst von 1617—18); — Praeceptores der Singknaben: Thomas Massino (12 fl., 1601—4), Joach. Franz Barenheim (1605—12); — Kammermusici: Joh. Paul Ardesi (18 fl.), C. Ardesi (30 fl.), Georg Ketterle (15 fl.), Ludw. Fabius (12 fl.), M. A. Mosto (15 fl.); — Harfenist: Alois Ferrari (20 fl., erscheint erst 1613); — 18 Trompeter, 1—2 Heerpauker.

Der Nationalität nach gehörten, wie man sieht, die Musiker und Sänger den verschiedensten Stämmen an, doch war das wälsche Element (Italiener, Spanier) in der Majorität, wie ja überhaupt „wälsche Spielleut" mit wälschen Instrumenten, als da waren (Clavicembali, Contrabassi da Viola, Viole da braccio, violini piccoli, chitarone, tromboni, cornetti, organi di legno, bassi da gamba, flautinos, clarinos u. s. w.), ebenso wie englische Instrumentisten im 16. Jahrhundert sich großer Beliebtheit an deutschen Höfen erfreuten. Aus solchen Spielleuten, aus Sängern und Capellknaben waren die Hofcapellen zusammengesetzt. Es fand sich also ein Materiale vor, um den „Operen", als sie aus Welschland nach Deutschland vordrangen, eine entsprechende Aufführung zu sichern.

Die Sprache blieb auch in Deutschland zumeist die italienische, sie war es auch bei der Opern-Aufführung, welche im November 1624 in der Prager Burg vor sich ging. Fest an Fest drängte sich auf dem Prager Schlosse, man feierte die Krönung Eleonora's von Mantua, der Gemalin Kaiser Ferdinand's II., als Königin, und Ferdinand's III. als König von Böhmen. Ferdinand II. war ein ebenso enragirter Freund der Jagd wie der Musik, ausländische Musiker wurden mit großen Kosten an seinen Hof gezogen, seine Hofcapelle erreichte unter Hofcapellmeister Valentini einen Stand von 80 Musikern *) und die Productionen derselben brachten ihm die freudigsten Stunden des Tages. Sein Sohn Ferdinand III. aber liebte die Musik noch mehr als der Vater, versuchte sich selbst mit Glück in der Composition und begrüßte die Entstehung der Oper in Italien mit besonderer Sympathie, wie er ja auch bekanntermaßen auf dem Reichstage in Regensburg 1653 die Oper „L'Inganno amore", Text von B. Ferrari, Musik von Anton Bertali, mit großem Glanze aufführen ließ.

---

*) Der Stand der Hofcapelle Ferdinand des II. (1619—1637) war folgender: Capellmeister: Joh. Prioli (500 fl. Jahresgehalt), Joh. Valentini (360 fl. jährl.). — Vice-Capellmeister: Pietro Verdina (240 fl.). — Organisten: Alex. Tobey (264 fl.), Alex. Bontempo (264 fl.). — Capellsinger: Math. Albrecht (168 fl.), Joh. C. Faber (144 fl.), Aug. Guatro (144 fl.), Zach. Wecher (144 fl.), Fr. Casani (144 fl.), Fr. Degliati (168 fl.), Hypp. Bonanns (216 fl.), Ascanius Straseldo (216 fl.), M. A. Viizio (180 fl.), Luca Salvatore (240 fl., Sopran), J. B. Bonometti (240 fl.), Contian Cinitin (168 fl.), Paul Paganini (144 fl.), P. Posser (144 fl.), P. Fr. Verdi (240 fl.), Joh. A. Visser (324 fl.), P. de Negro (240 fl.), J. L. Prantner (Alt, 180 fl.). — 12 Cantoreiknaben, deren Praeceptor Paul Paganini. — Instrumentisten und Hoftrompeter: Oratio Sarbena (216 fl. jährlich), Jac. Parabis (216 fl.), Or. Sega (216 fl.), Sal. Feno (180 fl.), Ferd. Defendo, Mart. Keller und Jac. Vigasi (je 180 fl.), G. Zimmermann (144 fl.), Ant. Vigasi (240 fl.), Joh. Fabrici, Balth. Pirnsteiner, Andr. Steyrer und Paul Ransch (je 180 fl.), Heinr. Kolb (216 fl.), Joh. Samsony und Joh. Chilesi (je 240 fl.), Rupr. Pockstaller und Wilh. Gräzer (je 144 fl.), Adam Jänesch (180 fl.), P. Paul Meli (300 fl.), Dom. Gendilis (348 fl.), Andr. Fruz (240 fl.), Wernh. Rosi (288 fl.). — 1 Heerpauker, 1 Calcant.

Man kann sich denken, daß diese beiden Fürsten die Prager Festlichkeiten nicht ohne besondere musikalische Veranstaltungen vorübergehen ließen. Thatsächlich fand denn auch in dem pompösen Fest-Programm die Darstellung einer Oper oder „Pastoral-Comoedia" einen hervorragenden Platz. Die Aufführung scheint mehre Abende in Anspruch genommen zu haben; sie begann am 21. November, mag aber am 27. November den festlichsten Charakter erreicht haben. „Den 27. des Wintermonats," heißt es in einem zeitgenössischen Berichte, „zu Abend um fünf Uhr ist in dem königlichen großen Hofsaale eine schöne Pastoral-Comoedia mit sehr lieblichen und hell klingenden Stimmen und Alles singend, neben eingeschlagenen Instrumenten und anmuthigen Saitenspielen, nach dem ordentlichen Musicaltact in toscanischer Sprach gehalten und agiret worden. Da unter Anderem dem Jovi die vier Elemente ihre Dienste präsentirt. Die Actores sind Manns= und Weibspersonen gewesen, hat gewährt bis 9 Uhr in die Nacht...."

Man darf annehmen, daß diese Opern-Aufführung nicht ohne Nachfolge geblieben ist und daß namentlich die Hofcapelle Ferdinands III., welche Kräfte hervorragenden Ranges umfaßte*), zeit-

---

*) Unter Ferdinand III. (1637—1657) waren Capellmeister: Joh. Valentini (1760 fl. Jahresgage), dann seit 1649 Ant. Bertali (1200 fl.). — Vice=Capellmeister: Peter Verdina (1200 fl., bis 1643) und (seit 1649) Felice Sances (1000 fl.); — Organisten (mit Monatsgagen von 30—60 fl.): J. A. Platzer, Jac. Arrigoni, Wolfg. Ebner, J. J. Froberger, C. F. Simonelli, Paul Neidlinger, Marcus Ebner; — Bassisten (Gagen von 30—60 fl.): Aug. Argomenti, Ving. Pickhl, Joh. Bernardi, Joh. Niedermayer, Joh. Martin, Jul. Mathioli, P. Piccolini, Elias Prantuer, Ben. Sarti, Ben. Riccioni, J. G. Risio, Balth. Pistorini (dieser bezog 75 fl. monatlich Gage); — Tenoristen (Normal=Monatsgage 60 fl.): Steph. Bonni (75 fl.), P. Fr. Garzi, L. Bartolaia, Chr. Rossi, B. Graffi, A. L. Deuch, J. F. Sances, G. Pichlmayr, Joh. Naubach, Silv. Tagliaferro, J. N. Burkhart, A. Massucci, Fr. Ferd. Frankh; — Altisten (Mon.=Gagen 40—60 fl.): J. F. Ferrari-Mondondon, Balth. Paggioli, M. Grossetzky, L. Prantner, J. B. Bonvicino, J. Fr. Costri, Dom. Marchetti, C. Khniel, G. Perger, Al. Contilli; — Sopranisten: Peter de Nagiera (58 fl.), Ott. Offasco (60 fl.), Torqu. Giordoni (86 fl.), Benignato Ferrari (50 fl.), Dom. Rottomundo (93 fl.), Joh. Gaza (60 fl.), J. L.

genöffifche Werke nicht unbeachtet gelaffen haben mag, wenn auch
in den kriegerifchen Zeitläuften des breißigjährigen Krieges und in
der traurigen Zeit, welche biefer verheerende Krieg für Böhmen
im Gefolge hatte, der Sinn für liebliche Paftoral-Spiele nicht
befonders geweckt worden fein mag. Thatfächlich fließen lange
Zeit die Notizen über Opernvorftellungen in Prag fehr fpärlich.

Das Eine wiffen wir, baß im J. 1677 der berühmte Hof=
capellmeifter und Dirigent des kaif. Operntheaters (richtiger dürfte
es heißen „Capellmeifter der Kaiferin Eleonore und Intendant der
Theatermufiken des Kaifers") Antonio Draghi (geb. 1642 zu
Ferrara, geft. in Wien 1707) mit Kaifer Leopold I. nach Prag
kam, wo verfchiedene Compofitionen von ihm aufgeführt wurden.
Draghi war einer der fruchtbarften Componiften feiner Zeit, hatte
fchon im J. 1663 eine Oper „Aronisba" und bis zum J. 1699
nicht weniger als 82 Opern gefchrieben, deren Text in vielen
Fällen ebenfalls von ihm herrührte. Im Ganzen hat er 190 Com=
pofitionen, barunter 161 Opern und Theaterfeftfpiele und 29 Ora=
torien in 38 Jahren geliefert, fo baß fich Kaifer Leopold I. be=
wogen fand, diefe außerordentliche Thätigkeit mit einer Gnaden=
gabe von 6000 fl. zu lohnen. Seine Carnevals-Opern („Le Risu
di Democrito", „Gliatomi di Epicura", „La Lanterna di
Diogene" u. a.) find als charakteriftifch für die Entwickelung der
Opera buffa befonders bemerkenswerth. Das Amt eines Hof=
capellmeifters in Wien verwaltete er 25 Jahre lang.*) Näheres

---

(1671—79), J. B. Rotta, Jof. Bianechia (112 fl.), C. Procerati (60 fl.),
B. Fregozzi (60 fl.), Dam. be Pane (90 fl.), Fil. Bismari (60 fl.), Dom.
Proglio (110 fl.), Dom. A. Bartolini, A. M. Marchofini (60 fl.), Dom.
Sarti (110 fl.), P. Agathea (60 fl.), B. Ferri (110 fl.), P. P. Flavio
(60 fl.); — Frauen: Marg. Catania (166 fl. 40 kr. Monatsgage), Lucia
Rubini (50 fl.), beibe nur im Jahre 1637; — eine Anzahl orbinäre und
extraorbinäre Capellfingerknaben, 20—40 Hof Inftrumentiften, 8—9 Trom=
peter, 2—5 Notiften, 1—3 Calcanten, 1 Lautenmacher, 1 Diener.

*) Die kaif. Hofcapelle hatte unter Leopold I. (1658—1705) folgenden
Stand: Hoftheater=Intendant Antonio Draghi (1000 fl. Jahres
gage); — Capellmeifter waren Bertali und von 1669 an Sances; —
Vice=Capellmeifter Ant. Cefti (bis 1669) und Joh. H. Schmelzer

— 39 —

über die Anwesenheit Draghi's in Prag verlautet nicht, dagegen
haben wir im böhmischen Museum das Libretto einer Draghi'schen
Carnevals-Oper „La patienza di Socrate con due mogli" gefunden, welche, dem Kaiserpaare zum Carneval 1680 gewidmet,
in diesem Jahre zu Prag, Kleinseite erschienen ist,*) also wahrscheinlich auch für Prag bestimmt sein mochte. Das Stück behandelt in dem bekannten Style der damaligen Carnevals-Opern
oder musicalisch dramatischen Scherze („scherzo dramatico per
musica") die Geduldproben, welche der arme Socrates mit seinen
beiden Frauen Xantippe und Amitta (die erstere ist jedenfalls die
berühmteste recte berüchtigste) zu bestehen hatte. Das Personen-
Verzeichniß des Stückes lautete: „Socrate; — Santippe, Amitta,
sue Mogli; — Melito, Principe At niese; — Nicia, suo Padre;

(1671—1679); — Organisten: W. Ebner, P. Reidlinger, M. Ebner,
Poglietti (seit 1661), C. Cappellini (seit 1665); — Bassisten (Gagen 60
bis 90 fl. monatlich): Argomenti, Sarti, Riccioni, Pistorini, Fr. Cianci,
Jac. Muratori, F. Alcaini, W. S. Händl, A. M. Lesma, A. F. Sauces,
Laur. Coscia, J. C. Donati, Jos. Gazza; — Tenoristen (60—110 fl.
Monatsgage): Chr. Rossi, A. Massucci, Steph. Bonni, G. B. Bonelli,
R. Mazzella, A. Gaspari, J. M. Donati, A. M. Donati (110 fl.), M.
Gabia und P. Santi Garghetti; — Altisten (45—90 fl.): Dom. Mar-
chetti, A. Coutilli, P. B. Flavio, Jos. Cartoni, P. Castelli, A. Gaspari,
A. Paucotti, Joh. Wagner; — Sopranisten: F. Vismari, Dom. Proglie,
B. Feri, A. Franck, G. Ostresso, Fil. Ferrari, J. Bianchi, Dom. Sarti,
L. Cocchi, J. Sardina, J. C. Donati, Pompeo Sabatini, Cl. Haber, Dom.
Laurenzio, A. F. Günther, C. Fr. Maggio, M. Schober, Jos. Galloni
(Gagen 30—110 fl. monatlich); — dann Capellsingerknaben, Hofinstrumen-
tisten u. s. w. wie vorhin, wozu noch „1 Stimbenzusammenträger" kommt.
(Ich entnehme diese Angaben Dr. Ludwig Ritter v. Köchels „Die kais. Hof-
musikcapelle in Wien von 1543—1867", Wien, Beck'sche Univ.-Buchhandlung,
Alfred Hölder.)
*) „La patienzia di Socrate con due Mogli", Scherzo Dramatico per
Musica. Allo Augustissime Maestä Imperali, nel Carnouale Dell' Anno
MDCLXXX. Posto in musica del Sr. Antonio Draghi, Intendente delle
Musiche Teatrali di S. MC., M. di Cap. della Maestä dell' Imperatrice
Eleonora. Con l' Arie delli Balli, del R. Gio. Henrico Smelzer, M. di Cap.
di S. M. C. — Micro Pragha. Stampata per Giouann' Arnolto di Dobro-
slavina.

— Rodisette, Edronica, innamorate di Melito; — Antippo;
— Aristofane; — Platone, Alcibiade, Senofonte (Xenophon),
discepoli di Socrate; — Pitho, discipolo goffo. Die Oper
spielt theils im Gymnasium des Sokrates, theils in dem „Boudoir"
seiner beiden Ehegattinnen, theils im Garten des Nicia (Nikias),
im Palaste und im Vorsaale des athenienfischen Senats, welche
Decorationen nach Angabe des Buches von Sgr. Ludovico Bur=
nacini, Jngenieur und Truchseß Sr. Maj. auf das Schönste ver=
fertigt worden waren. Die vom kaif. Balletmeister Sgr. Dominico
Ventura arrangirten Ballets führten athenienfifche Jünglinge mit
Blasinstrumenten, dann Komiker, welche Cartels am Gymnasium
des Sokrates anschlugen, und endlich Ehemänner, deren jeder von
zwei Weibern molestirt wurde, vor. Die Handlung basirte auf
folgender Skizze: Um die Bevölkerung Athens, welche durch lange
Kriege gesunken war, zu vermehren, hat die Regierung angeordnet,
daß alle Bewohner der Stadt zwei Frauen nehmen sollten. Sokrates
nahm infolge dessen Xantippe und Amitta, Nichte des Aristides,
zwei zu seinem Malheur äußerst unangenehme, zänkische Frauen,
die sich um ihn streiten und schlagen, ihn und sich mit allen mög=
lichen Jujurien überhäufen. Gleich in der zweiten Scene (die Oper
hat drei Acte, jeder zu 15 Scenen) tractiren sie sich mit einer
Serie von Liebenswürdigkeiten, worunter die Ausdrücke „insolvente,
impertinente, Ranocchia (Kröte), Mamalucca" u. s. w. vorkommen;
der Philosoph bleibt ruhig und gelassen bis zum Schlusse, aber
die Thatsache, daß es nicht gut ist, zwei Frauen zu haben, wird
ziemlich drastisch erwiesen. Eingeflochten ist noch eine andere Ge=
schichte. Die athenischen Jünglinge mußten nämlich eine Frau
nehmen, die ihnen der Vater gab, die zweite konnten sie sich selber
wählen. Prinz Melito hatte nun das Glück von zwei Damen,
Edronica und Rodisette, geliebt zu werden, und die Wahl einer
der Beiden nach seinem Herzen bildete das zweite Thema der
Carnevals-Oper. Dies ist Alles, was wir von Draghi's Wirken
in Bezug auf Prag wissen. Jn den dem Prager Theaterhistoriker
zu Gebote stehenden Quellen sind überhaupt, was die ältere
Geschichte der Oper betrifft, manche Lücken zu beklagen.

Die Ereignisse auf diesem Gebiete waren wohl zumeist pri=
vaten Charakters. In der großen Oeffentlichkeit beherrschten die
wandernden Komödianten mit ihren Magneten, den Hanswürsten,
das Terrain, und selten fand es einer der wandernden Principale
für angezeigt, seinem Repertoire auch eine schwierigere Production
ernsteren und musikalischen Charakters einzuverleiben. Einer dieser
wenigen edleren Wander=Principale war Johann Friedrich Sartorio, der 1703 mit seiner Truppe in Prag einzog, aber nicht
länger als circa zwei Jahre in Prag gespielt haben mag. Er war
selbst Musiker und Componist und führte anno 1704 seine Oper
„La Reto di Vulcano"*), deren Text und Darstellung er dem
Pfalzgrafen bei Rhein widmete, unter großem Beifall auf. Von
demselben Sartorius scheint auch ein „dramma per musica",
„Libussa", aufgeführt worden zu sein, das in der Prager Mu=
seumsbibliothek vorhanden und den Statthaltern, sowie dem Adel
Böhmens gewidmet ist. Der Componist nennt sich auf dem Titel=
blatte **) „Bartolomeo Bernardi, academico filarmonico", die
Widmung aber stammt von „Fedrico Sartorio".

Das italienische Textbüchlein der Oper liest sich wunderbar
genug. Der Librettist prahlt mit einer ungewöhnlichen Ignoranz
in der böhmischen Geschichte. Die handelnden Personen seines
„dramma per musica" sind: Libussa, Königin von Böhmen, Ge=
liebte des Pribislaus; — Pribislaus, Fürst der Marcomanen,
Liebhaber der Libussa, als Hirt unter dem Namen Dorindo;
Prinzessin Flerida, „erste Geliebte des Rosalbo, aber von diesem
verlassen, wendet sie ihre Liebe Fernando zu" (siehe unten); —
Rosalbo, „Chef=General der Armee der Libussa, von dieser nicht
geliebt", — Fernando, Capitän der Garde der Königin Libussa;

---

*) La rete di Vulcano, burletta dramatica, dedicata è represeutata
alla Ser. Altezza Elettore Co. Palatino del Reno, all teatro di Praga,
Poesia e musica del Sign. DDD. da Giov. Federico Sartorio."

**) „La Libussa", Dramma per musica, di representari nel teatro di
Praga, posta in musica dal signor Bartolomeo Bernardi academico filarmo-
nico, alli exc. exc. e ill. Signori Reggii locotenenti e tutta la excelsa
Nobiltà del regno di Boemia dedicata da me Fedrico Sartorio."

— Orlando, Geheimrath der Libussa und Vertrauter des Rosalbo;
— Sagramisto, Priester.

Wie souverän der Librettist seinen Stoff angefaßt hat, davon
zeugt der „Marcomanen-Fürst Pribislaus", der „Generalfeldmar-
schall Ihrer Maj. Libussa's" und Ihr. Maj. „Gardecapitän" Fernando, welche Persönlichkeiten einerseits auf eine sehr ausgebildete
und moderne Organisation der Armee Ihr. böhmischen Maj.
„Libussa" hindeuten, während andererseits die Verbindung eines
Marcomanenfürsten des weniger „marcomanischen" Namens „Pribislaus" mit der Čechenfürstin die erste harmonische Lösung der
unsterblichen Sprachenfrage in Böhmen bedeuten könnte. Die Oper
umfaßte drei Acte zu 10 bis 13 Scenen. In einem Prologe pries
„Gloria" (die Ruhmesgöttin) die Thaten und Tugenden der Herr-
scherin „Libussa". „L'invidia", Neid und Haß, opponiren in bos-
hafter Weise, worauf Gloria Jupiter den Donnergott zu Hilfe
ruft, der mit seinen Blitzen Invidia in die Flucht schlägt. Nach
diesem Prologe nimmt die Handlung ihren Anfang. Pribislao,
der in dem bösen General Rosalbo einen intriguanten Nebenbuhler
und Widersacher seiner Liebeswerbungen um die Čechenkönigin
findet, weiß sich unter der Maske eines Hirten als Gärtner der
Libussa an deren Hofe einzuschleichen und erringt trotz Rosalbos
Intriguen, der Pribislao verbrecherischer Absichten beschuldigt und
ihn vom Hofe zu beseitigen weiß, die Hand Libussa's. Der Librettist, so wenig er sich im Uebrigen an die landläufige Libussa-
Sage und die einfachsten historischen Begriffe kehrt, hält sich im
weiteren Verlaufe seines Operntextes doch an diese Sage, an den
bekannten Orakelspruch, wornach derjenige Libussa's Mann und
Böhmens Mitregent werden würde, bei welchem das von Libussa
ausgesandte Pferd stehen bleiben und der auf einem eisernen Tisch
sein Mittagbrot einnehmen werde. Bei „Pribislaus" — Przemysl
soll es heißen — blieb das Pferd der Königin stehen, während
er, von Libussa's Hofe entfernt, auf einem Felde und zwar auf
einer Pflugschar, also auf einem eisernen Tische, sein Brot verzehrt. „Pribislao", der „marcomanische" Przemysl, wird natürlich
nun „König". (Der Librettist läßt die Königskrone von Böhmen

um etliche Jahrhunderte früher erscheinen.) — Der böse Feld=
marschall Rosalbo wird in Ketten gelegt und verbannt, Fleriba
erhält ihren Gardecapitän Fernando zum Mann. So endet in
voller Harmonie die „Libussa" von anno 1703, welche Principal
Sartorio den Ständen Böhmens verehrte.

Principal Sartorio hatte zwar nur eine Concession für Opern,
führte aber auch Schauspiele auf, und zwar scheint dies abwechselnde
Repertoire durch ein Compromiß seiner Operntruppe mit den „hoch=
teutschen Comoedianten", die damals in Prag spielten, herbeige=
führt worden zu sein. Im Jahre 1703 stellten nämlich, wie wir
einem Actenstücke des Gubernial=Archivs entnehmen, „sambtliche
hochteutsche Comoedianten" das Ansuchen bei der Statthalterei in
Prag, daß sie, „nachdem sie sich mit denen, die bisher operen zu
exhibiren die gnädigste erlaubnuß haben, conjungiren, wechselweiß
der hohen Nobilität sowohl mit operen als Comedien nach selbst
eigenem belieben divertiren und unterthenigst aufwarten" dürften.

Trotz diesen der Noblesse gebotenen Divertissements scheint
das solid angelegte Unternehmen Sartorio's keinen festen Bestand
gehabt zu haben. Sartorio fühlte sich von der wachsenden Con=
currenz der Komödiantentruppen beengt und arg gefährdet, so daß
er am 5. Jänner 1705 seinen bangen Gefühlen in einer be= und
wehmüthigen Eingabe an die Statthalterei Luft machte. Das für
die Lage des Schauspielerstandes zu Beginn des 18. Jahrhunderts
charakteristische Schriftstück hatte folgenden Wortlaut:

„Gnädigst gebiettende Herrn, Herrn Ew. hochgräflich Excellenz und
Gnaden geruhen in gnädigste Erinnerung zu ziehen, welcher gestalten zu
allhiesiger aufführung deren operen Ew. hochgräfl. Excellenz und Gnaden
mir gnädigsten Consens Ertheilet, als welcher hohen Gnade dann ich in
schuldigster Submission jeder Zeit respectiret nicht weniger ein solches in
denen Vorstellungen so Viel möglichst in unterthänigkeit erwiesen. Wann
aber gnädigst gebiettende Herren, Herren dero gnädigste Privilegia zu keiner
Zeit odiosa (gefunden) undt dahero ich sowohl in angeführtem theatri bevor
alß auch abgewechselten Operen undt recitantem selbsten, mir viel kosten
lassen undt auff die hohe Nobilität eine große reflection gemachet, dahin=
gegen aber biß hiehin alle Jahre von denen durchgedrungenen Comoedianten,
wovon doch Ein löbl. Bürgerschafft oder Handwercksmann, noch anderes
Collegium seinigen nutzen schöpfet, Von wiederhaltung meiner angewandten

Streien auch neurigen Kosten verbunden, ja in die gröste Beschimpfung geführet worden, auch dergleichen Comoedianten de novo ein solches übel mir ieso dreuen wollen. Alß ergeber an Eur. hochgr. Excell. undt Gnaden ietzt mein inständig flehen, damit mir doch nicht gänzliches Alles theile Nuzen genommen werde undt meine Creditores, denen ich noch Viel restire, auch in etwaß befriedigen möge — Ew. Excell. undt Gnaden geruhen gnädigst eine mediation hierin zu ertheilen, auch wie es hinfort dieselben gnädigst wissen wollen, weilen ich hiemit zu besserer producirung derer operen eine abwechslung guter Singender verlobnen, deren daben gehörige decorationen auch balleten etc. alles nach bestem Contentament einrichten mich hiemit auch hinkünftig Unterthänigst anerbiete, nur von einer hochlöbl. kgl. Statthalterei alß dero allerseits hochgräfl. Excell. undt Gnaden mir zu ieder Zeit gnedigste Herrn, Herrn, da ich zur Zeit allein produciren oder doch wenigstens an den maßgemäßnen operen Tägen ohngehindert vorstellen, jedoch ohne unterthänigstes Maßgeben, wie unterthänigst gebeten, gnädigst versichert wäre. Ich erwerbe vor solcher hoher Gnade, der ich in gnädigster Willfahrung undt Hoffnung lebe Ew. hochgräfl. Exc. undt Gnaden unterthänigst gehorsambster Knecht Joh. Friedrich Sartorio."

Genüzt hat dem Principal dieses Ansuchen wenig. Die Herrschaft Hanswursts war zu groß, er mußte mit geleerter Tasche von dannen ziehen.

Nicht unwahrscheinlich und zum Theil erwiesen ist es, daß die Prager von der Nachbarschaft Dresdens auch bedeutende künstlerische Genüsse zu erostiren in der Lage waren. Besonders willkommen waren den Pragern die Ausflüge des berühmten churfürstl. sächsischen und kön. polnischen Capellmeisters Antonio Lotti. Er und seine Frau Santa Stella waren vom Könige Friedrich August I. mit der damals betreffenden Gage von 10,500 Thaler jährlich engagirt worden. Der ganze Etat der damaligen italienischen Oper in Dresden, welcher die Sopranistin Margherita Catarina Zani, die Altistin Lucia Gaggi, die Sopranisten Francesco Bernardi genannt Senesino und Matteo Berselli, der Tenorist Guicciardi, der Dichter Luchini und fünf andere Sänger angehörten, betrug im J. 1718 nicht weniger als 45,000 Thaler.

Antonio Lotti selbst geb. 1667 in Venedig, seit 1693 Organist bei San Marco in Venedig, war der hervorragendste Zögling des berühmten Giovanni Legrenzi, ein Hauptvertreter der venetianischen

Schule, gleich thätig als Compositeur für die Kirche wie für
Kammer und Bühne, aber am bedeutendsten in seinen Madrigalen
und Kirchencompositionen, während ihm für die Oper Kraft und
Leben fehlte. Und doch hat gerade er nach dem Zeugnisse maß-
gebender Autoritäten als der erste die menschliche Stimme nach
ihrem wahren Werthe zu verwenden gewußt und in der Instrumentation bedeutende Fortschritte erzielt; auch die Blasinstrumente
gewannen bei ihm, obwohl er das Streichquartett die orchestrale
Grundlage bilden ließ, charakteristische Bedeutung. Von seinen
Opern — es sollen etwa 20 gewesen sein — wurde 1716 in
Wien die große Oper „Costantino" gegeben, wozu Hofcapellmeister Fux die Ouverture, Vice-Hofcapellmeister Calbara die
komischen Zwischenacte schrieb, in Dresden am 25. October 1717
auf der provisorischen Bühne im Redoutensaale „Giove in Argo",
melodrama pastorale in 3 Acten, gedichtet von Luchini, mit
komischen Zwischenspielen, burlesken Scenen mit Musik und Gesang,
die gewissermaßen zur Erholung des Publicums zwischen die ernsten
Opernvorstellungen eingeschoben waren und mitunter auch selbst-
ständig von besonderen italienischen „Intermezzisten" gegeben wurden.
Aus ihnen hat sich die opera buffa und das heitere deutsche Singspiel entwickelt. Lotti's „Giove in Argo" eröffnete auch am 3. September 1719 das neue Opernhaus in Dresden, wo in der Folge
seine „Ascania" und „Toofania" (letztere eine mit Pallavicini
gemeinsam verfertigte Arbeit Lotti's) aufgeführt wurden. Die Gattin
Lotti's, Santa Stella, galt als eine der ersten Sängerinen, der
Sopranist, eigentlich Mezzosopranist Senesio als einer der ersten
Sänger seiner Zeit. — Man kann sich denken, daß Lotti selbst
so wie sein Personal, als er zwischen 1718 und 1720 wiederholt
nach Prag kam, eine warme Aufnahme fand. Man führte sowohl
Lotti's Opern als Oratorien („Il voto crudele", „d'Umiltà co-
ronata" waren auch in Wien mit großem Erfolge gegeben worden)
mit vielem Beifall auf, und seine Kirchencompositionen erhielten
sich lange im Repertoire der bedeutendsten Kirchen Prags.

Einige Jahre später brachte ein operistisches Ereigniß von
europäischer Bedeutung die musikalischen und nicht-musikalischen

Bewohner Prags in Aufregung, ein Ereigniß, das in der Musik=
geschichte überhaupt mit goldenen Lettern verzeichnet steht und
Prag zum Zielpuncte von Tausenden musikfreundlicher Pilger
machte. Karl VI. und seine Gemahlin Elisabeth Christine brachen
nach Prag auf, um sich die Königskrone Böhmens aufs Haupt
setzen zu lassen, und eine Opernaufführung, wie sie noch nie da=
gewesen, sollte das Programm der Hoffestlichkeiten dieser Tage krönen.
Die Pracht= und Musikliebe des Kaisers war bekannt. Seine Hof=
capelle in Wien genoß Weltruf, verfügte über 100 bis 134 Mit=
glieder und war geleitet von den ersten Autoritäten der damaligen
musikalischen Welt. An ihrer Spitze stand in der Zeit, von welcher
wir reden, Hofcapellmeister Johann Joseph Fux, einer der bedeu=
tendsten Componisten, Musiktheoretiker und Dirigenten des 18. Jahr=
hunderts, der berühmte Verfasser des „gradus ad parnassum“.
Fux war, nach den neuen Ermittelungen seines Biographen Dr.
Ludwig Ritter von Köchel*), in Hirtenfeld bei Marein (Steier=
mark) etwa im J. 1660 geboren und ist in Wien im J. 1741
gestorben. Dlabacz meint in seinem „Künstlerlexicon“, daß er in
Böhmen ausgebildet worden sei, eine Ansicht, welcher Köchels bio=
graphisches Werk entschieden entgegentritt, indem es Wien das
Verdienst der Ausbildung Fux' vindicirt. Ein gewisses Dunkel,
das auch Köchel nicht ganz zu lüften vermag, schwebt über diesem
Puncte. Thatsächlich war Fux im Jahre 1696 im Alter von
36 Jahren „wohlbestallter Organist im Gotteshaus der Pfarre bei
den Schotten“ mit 400 fl. Jahrgehalt und wurde auch daselbst
am 4. Juni 1696 mit der „Edlen Ehr= und Tugendreichen Jung=
frau Juliana Clara Schnitzenbaum“ getraut. 1698 wurde Fux
zum „Hofcompositor“ mit 40 Thaler Monatsgehalt ernannt, der
sich aber mit der Zeit derart vermehrte, daß Fux im J. 1711
bereits 2000 fl. Jahresgehalt hatte. 1713 wurde er Vicehofcapell=
meister und Capellmeister der Kaiserin Witwe Amalie Wilhelmine

---

*) Joh. Joseph Fux, Hofcompositor und Hofcapellmeister der Kaiser
Leopold I., Joseph I. und Karl VI. Von 1698 bis 1740. Nach urkundlichen
Forschungen von Dr. Ludwig Ritter v. Köchel, Wien 1872, Gölbersche
Universitäts=Buchhandlung.

und hatte gleichzeitig den Posten eines Domcapellmeisters bei St.
Stephan inne, zwei Jahre später aber traf ihn bereits seine Er-
nennung zum Hofcapellmeister. Der glänzende musikalische Hofstaat Karls VI. ist bekannt und oft gerühmt worden. Hatte schon
Leopold I. keine Summe gescheuet, um musikalische Aufführungen
mit dem denkbarsten Prunke in Scene zu setzen (die Aufführung
der Oper „Il pomo d'oro" in Wien 1666 kostete den Kaiser
über 100.000 Reichsthaler), so that Karl VI. womöglich noch mehr
dafür. Im Hoftheater in der Burg und in der Favorita wurden
gewöhnlich am Namenstage des Kaisers (4. November) und am
Geburtstage der Kaiserin Elisabeth Christine von Braunschweig
(28. August) die prunkvollsten italienischen Opern aufgeführt. Fux
lieferte bereits im Jahre 1716 eines der hervorragendsten Werke
dieser Art, die Oper „Angelica vincitrice d'Alcina" zu einem
Texte von Pariati, aufgeführt am 21. September 1716 zur Feier
der glücklichen Entbindung der regierenden Kaiserin von einem
Thronerben. Componist und Librettist boten Alles auf, aber dem
Decorateur und Balletmeister gehörte die Palme des Sieges. Im
ersten Acte sah man eine prachtvolle Zauberburg, erbaut auf einem
Bergwerke von Gold und Edelsteinen, im zweiten zwei mit scheußlichen Ungethümen bevölkerte Inseln und in der Ferne einen mit
Schiffen erfüllten Meerbusen, in der Mitte eine feuerspeiende Klippe;
der dritte Act brachte „die Ansicht der seligen Eilande, mit grünen
Rasen und Blumen geschmückt und mit Transparenten von schwebenden Gärten". „Nichts von dieser Art," berichtete Lady Mary
Montague an Alexander Pope über diese Aufführung, „kann jemals
prächtiger gedacht werden, und ich glaube es wohl, wenn man
sagt, daß dem Kaiser Decorationen und Kleider 30.000 Livres
gekostet haben. Die Bühne, die über einen breiten Canal erbaut
war, wurde beim Anfange des zweiten Actes in zwei Theile getheilt, so daß man das Wasser erblickte, auf welchem unmittelbar
an verschiedenen Seiten zwei Flotten von vergoldeten kleinen Schiffen
erschienen, die ein Seetreffen vorstellten. Es ist nicht leicht, sich
einen Begriff von der Schönheit dieses Auftritts zu machen. Das
Theater ist so groß, daß es dem Auge schwer wird, darüber hinaus

zu schauen, und die Costüme sind von der äußersten Pracht. Kein Haus wäre groß genug, diese weitläufigen Anstalten zu fassen, nur sind die Damen, die in freier Luft sitzen müssen, großen Unbequemlichkeiten ausgesetzt, denn es ist blos ein einziger Baldachin für die kais. Familie da, und als bei der ersten Aufführung ein Regenschauer einfiel, so ward die Oper unterbrochen und die Gesellschaft drängte sich in solcher Verwirrung davon, daß ich beinahe todtgedrückt worden wäre."

Noch großartiger als die Wiener glänzenden Festopern, welche der Hof in der Favorita (dem heutigen Theresianum) und in der Burg aufführen ließ, scheint die Aufführung der Krönungsoper gewesen zu sein, welche am 31. August 1723, dem Geburtsfeste der Kaiserin, auf dem Hradschin in Prag aufgeführt wurde. Der Kaiser beauftragte den berühmten Architekten Ferdinand Galli-Bibiena (geb. 1653 in Bologna) im königl. Schloßgarten (die zeitgenössischen Berichte sagen abwechselnd „beim königl. Lustgarten" oder „im königl. Schloßgarten", Köchel schreibt „im Hofraume des Hradschiner Schlosses") ein prachtvolles Amphitheater für 4000 Zuschauer zu erbauen. Galli-Bibiena, der — wie Dlabacz sagt — „in der Fruchtbarkeit der Erfindung, in der Annehmlichkeit und Fertigkeit der Vorstellung der schönsten perspectivischen Gemälde für die Schaubühne unvergleichlich" war, von den meisten italienischen Fürsten für solche Zwecke an ihre Höfe berufen, von Karl VI. aber zu seinem „ersten Baumeister und Perspectivmaler" ernannt worden war, entledigte sich dieser ehrenvollen Aufgabe nach den Entwürfen seines Sohnes Josephs, k. k. ersten Ingenieurs und Architekten" (geb. 1696 in Parma) und fertigte selbst alle Decorationen zum Krönungssaale und einen prächtigen Triumphbogen für die Heiligsprechung des heil. Johannes von Nepomuk an. Sein großes Werk, der Prager Theaterbau, ist leider bald der Vernichtung anheimgefallen. Bei der preußischen Belagerung (1753) ging es in Flammen auf und brannte total nieder; nur einige Kupferstecher haben es verewigt (van der Bruggen hat den Grundriß, Anton Birkhardt das Hauptblatt oder die Scenen, Heinrich Martin, J. Jacob Lidl, W. Höckenauer haben die übrigen vier Prospecte,

Franz und Christoph Dietel das Profil des Amphitheaters in Kupfer gestochen).

Der Kaiser, die ersten Fürsten und Würdenträger des Reiches mit ihrem glänzenden Gefolge und zahllose Personen aus In- und Ausland fanden sich zu den Festen in Prag ein. P. Pariati hatte zum Titel der Fest-Oper die Devise des Kaisers „la costanza e fortezza“ („Beständigkeit und Tapferkeit“), zum Thema den Kampf des Porsenna gegen Rom mit den Episoden des Mutius Scaevola, Horatius Cocles und der Cloelia gewählt, eine Action, welche Gelegenheit zur gewaltigsten Massenentfaltung, zu imposanten Maschinerie- und Decorationseffecten gab. Zur würdigen Aufführung hatte der Kaiser die tüchtigsten Musiker und Sänger von weit und breit nach Prag berufen. Man zählte im Ganzen etwa 100 Sänger und 200 Instrumentalisten, darunter einen Theil der Hofcapelle des Kaisers und der verwitweten Kaiserin Amalia Wilhelmine. Es kamen u. A. der berühmte Violinist Tartini mit seinem Freunde, dem Cellisten Vandini, und blieben drei Jahre beim Grafen Kinsky in Prag, der berühmte kgl. preuß. Kammermusicus (Flötist) Quantz mit dem preuß. Hofcapellmeister Karl Heinr. Graun und dem Hof-Lautenisten Weiß aus Berlin, der Engländer Niclas Mattheis, ein berühmter Violinist, Director der k. k. Instrumentalmusik in Wien, der auch zur Oper „costanza e fortezza“ verschiedene Arien geschrieben hat, Joh. Joachim Heitmann, ein Böhme, Organist bei S. Jacob in Hamburg, mehre erlesene Mitglieder der churfürstl. sächsischen Hofcapelle, kurz eine Musikerschaar, so vortrefflich, wie sie wohl noch nie beisammen war.

Der Componist der Oper selbst, Joh. Jos. Fux, litt so stark an Podagra, daß ihn der Kaiser in einer Sänfte von Wien nach Prag mußte tragen lassen und er seine Oper nicht selbst dirigiren konnte, sondern ihr von einem Ehrenplatze in der Nähe des Kaisers zusah. Vice-Hofcapellmeister Antonio Caldara (geb. 1670 zu Venedig, † 1736 in Wien), ein äußerst thätiger Musiker (der allein 37 große Opern, 26 Serenaden und 29 Oratorien componirt hat), dirigirte. Caldara war mit dem Theater wohl vertraut, und namentlich seine Buffo-Opern, darunter eine vortreffliche Bearbeitung

4

des „Der Orontes", Der Liepen, waren längere beliebt in Wien. Der nämliche Capellmeister Joh. Jos. Schuch weiß dem Componibusdorten Zug mit Gelbere mehr genug des Künstlichen nachzujagen und darum, daß Zug, obwohl der mittelmäßige Contrapunctist, von der Geschicklichkeit, leicht, hurtig und natürlich zu sezen, Gelbere aber, in seinen unermüdeten Schäden die schönste Melodie und Harmonie und eine ausdrückliche Kunst mit Ordnung des Sonnengs mit der Geschicklichkeit behüten habe.

Das Textbuch der Prager Krönungs Oper ist erhalten, enthält die Sonnen-Arbeiten mit dem Sänger-Verzeichniß und Angabe der Decorationen und Tänge. Die Oper erschien 1725 unter folgendem Titel: „Costanza e fortezza festa teatrale ar musica, da Rappresentarsi nel reale castello di **Praga per** il felicisimo Giorno Natalizio della sac. Caes. e Catt. **Reale Maesta di** Ellsabetha Christina Imperatrice Regnante per Commando della S. C. e Catt. **Reale Maesta di Carlo VI.** Imperatore de Romani sempre Augusto. L'Anno MDCCXXIII. La Poesia e del Signor Pietro Pariati. Poeta di S. M. Ces. e Catt. La Musica e del Sign. Gio. Gioseffo Fux. maestro di capella di S. M. Ces. et Catt. Con le arie per i Balli del Sign. Niccolo Mattheis. Direttore delle musiche instrumentale di S. M. Ces. e Catt. Vienna d'Austria. Appresso Gio. Pietro van Ghelen.-

Der „Theaterzettel" dieser denkwürdigen Vorstellung läßt sich so ziemlich zusammenstellen. Das Personen Verzeichniß lautete: „Publio Valerio Publicola — Braun Baßist. — Porsenna, Rè di Etruschi. amante di Valeria. König der Etrusker, Liebhaber der Valeria — Gaetano Gaetano Orsini, k. k. Hofcontrealtist: Tito Tarquinio, figliuolo di Lucio Tarquinio detto il Superbo. amante di Clelia. Sohn des Lucius Tarquinius Superbus, Liebhaber der Clelia — Domenico Genuesi. k. k. Hoftenorist: Valeria. figlia di Publio Valerio. amante di Muzio e destinata sua sposa. Tochter des Valerius. Braut des Mutius — La Borrosini (Eleonore Borrosini, geb. Ambreville, Serraniierin: Clelia. Nobile Vergine Romana amanti di Orazio

— La Ambrevilla (Rosa, nachmalige Gattin des Cellisten Perroni);
Orazio, amante di Clelia (Liebhaber der Clelia) — Borrosini
(Tenorist); Muzio, amante di Valeria e destinato suo sposo
(Mutius, Bräutigam der Valeria) — Casati (Pietro Casati, auch
Gassate); Erminio, figliuola di P. V. — Carestini (Giov. Ca-
restini, k. k. Hofsopranist); Il Fiume Tevere (der Fluß Tiber);
Il Genio di Roma (der Genius von Rom) — Borghi. Als
Comparsen fungirten Lictoren, römische Soldaten, königliche Wachen
des Porsenna, etruskische Soldaten, römische und etruskische Edle
und Heerführer, römisches Volk, Pagen des Porsenna, der Valeria,
der Clelia, Nymphen und Flußgötter." Die Decorationen im
1., 2. und 3. Acte, sowie die Maschinerien im 1. Acte und am
Schlusse waren von der Erfindung des ersten kais. „Igegnere
teatrale" Giuseppe Galli-Bibiena. Die Tänze am Schlusse des 1.,
2. und 3. Acts waren erfunden von den kais. Balletmeistern Pietro
Simon Levassori della Motta und Alessandro Phillesbois. Besonders bemerkt wird noch: „Il tutto fù assistito dalla puntuale
ed e satta diligenza del Sign. Giov. Volfgango Heimerl,
attuale impressario delli divertimenti teatrali di S. M. C.
e. C." — womit also gewissermaßen der Regisseur der Vorstellung
bezeichnet war. Bemerkenswerthe Momente der Handlung waren
die Vertheidigung der Tiberbrücke durch Horatius Cocles, das
Verbrennen der eigenen Hand durch Mutius Scaevola u. s. w.
Diese historischen Scenen wurden gekreuzt durch Liebesromane, die
Bewerbungen des Titus Tarquinius, Horatius und Erminius um
Clelia, des Porsenna und Mutius um Valeria. Am Schlusse sang
ein Doppelchor: „Fan Costanza e fertezza i sommi Eroi." Die
Musik von Fux betonte die heroischen und erotischen Momente der
Oper gleich würdig. Das Orchester war in zwei Chöre getheilt,
die Chöre selbst hatten als gegenüberstehende Doppelchöre Ruf und
Antwort schwunghaft auszusprechen und den Arien eine kräftige
Unterlage zu gewähren. Kamen am Schlusse des Actes Ballets
vor, so begleiteten die Chöre die Tanzweisen. Die Arien bezeichneten
gewissermaßen den erhöhten lyrischen Ausdruck des Recitativs, an
welchem sie sich anschlossen.

An die Virtuosität der Sänger stellen Fux' Arienpartituren keine übermäßigen Anforderungen. Die Sänger statteten sie selbst möglichst brillant aus. Bei Behandlung der Arie, die im Übrigen zweitheilig mit der Reprise des ersten Theiles war, hatte Fux die Eigenthümlichkeit, daß nach dem Beginn des Ritornells der Sänger mit den Anfangstacten seiner Arie einsetzte, die Instrumente ihn durch Fortsetzung des Ritornells ablösten, worauf der Sänger nochmals anfing und dann weiter fortfuhr. Bei Arien zweiten Ranges bildete ein einfacher Basso continuo die Begleitung, bei großen Arien ging derselbe mit, wenn die concertirenden Instrumente spielten. In großen Opernarien waren virtuose Begleitungen durch einzelne Instrumente, namentlich die Viola da gamba, den Fagott, die Teorbe und Posaunen häufig, und in solchen Aufgaben zeichneten sich bei der großen Oper in Prag die ersten Künstler Europas aus. Gesangsduette behandelte Fux, obwohl sie den nach selbständigen Erfolgen dürstenden Sängern seiner Zeit nicht sonderlich angenehm waren, mit Vorliebe. Fux' Musik zu „costanza e fortezza" wird als „kunstreich, kraftvoll und edel", würdig seines und des kaiser= lichen Namens gerühmt. Die ganze Composition athmete Ernst und Würde, weshalb sie wohl auch als „mehr kirchenmäßig denn theatralisch" bezeichnet wurde. Obwohl den Bravoursängern das Terrain zur Entfaltung ihrer Kunst gewahrt blieb, mied Fux doch jede Tändelei mit zierlichen Effecten. Besonders gerühmt werden die Chöre. „Schon der erste Doppelchor," sagt Köchel, „am Ein= gange der Oper läßt die beiden Heereslager der Etrusker und Römer ihr „Ceda Roma" und „Roma non paventa", gleicherweise am Schlusse des 3. Actes ihr „Pace" und „Guerra" wie heraus= fordernde Schlachtenrufe einander kräftig entgegentönen, und bei jedem bedeutenden Fortschritt der Handlung treten die Chöre als Massentheilnehmer ein. Mit besonderer Vorliebe ist ferner der instrumentale Theil dieser Oper behandelt, da vorzüglich in der feierlichen, zweichörigen Ouvertüre auch der Contrapunctist mit seinen wirksamen Mitteln zur Stelle war. Unter den reichen Begleitungen geht im Chor der Flüsse eine die Wellenbewegung sehr glücklich malende Figur durch das ganze Stück mit . . ."

Die Aufführung der Monstre-Oper währte von 8 Uhr Abends
bis 1 Uhr nach Mitternacht. Zeitgenossen wissen nicht genug von
der Großartigkeit der Decorationen und Maschinerien, von dem
Reichthum der Beleuchtung, der Pracht und Kostbarkeit der Costüme,
der auserlesenen Musik, den zierlichen Tänzen zu erzählen. Besonderen Effect machten die Heereslager der Römer und Etrusker,
dann „eine große Wassermasse", welche sich aus der Tiber erhob
und dann die Burg des Flußgottes sehen ließ."

Johann Joachim Quantz erzählt in seiner Lebensgeschichte
anschaulich und ausführlich von der denkwürdigen Prager Aufführung und Burney hat in seinem „Tagebuche seiner musikalischen
Reisen" (deutsch bei Bode in Hamburg 1773) die Erzählungen
des Meisters Quantz getreulich wiedergegeben. „Anno 1723,"
erzählt Burney, „that Quantz mit Weiß, dem Lautenisten, und
dem nachmaligen Capellmeister Graun eine Reise nach Prag. Um
diese Zeit hatte der Kayser Karl der Sechste zu seiner Krönung
als König von Böhmen, die meisten berühmten Virtuosen aus
Europa nach Prag verschreiben lassen. Die Geschichte hat keine
glänzendere Begebenheit für die Musik aufzuweisen, als diese Feyer-
lichkeit, noch ein ähnliches Beyspiel, da so viele grosse Meister
irgend einer Kunst auf einmal an einem Orte versammlet gewesen.
Bey dieser Gelegenheit ward eine Oper in der freyen Luft aufgeführt, worin hundert Personen sungen und auf zweyhundert
spielten. Unter den vornehmsten Sängern war keiner, der mittel-
mäßig gewesen wäre. Die Mannesrollen waren besetzt mit Orsini,
Domenico, Carestini, Gassati, Borosini und Braun, ein angenehmer
deutscher Baritonist. Die Sängerinen waren: die beyden Schwestern
Ambreville, wovon hernach die eine den Violonschellisten Peroni
und die andere an den Sänger Borosini verheyrathet worden. Die
Oper hieß „La Costanza o Fortezza", componirt von Fux, dem
alten berühmten Obercapellmeister. Die Composition war mehr
kirchenmäßig als theatralisch, aber sehr prächtig. Das Concertiren
und Binden der Violinen gegen einander, welches in den Ritornellen
vorkam, ob es gleich grössesten Theil aus Sätzen bestand, die auf
dem Papier steif und trocken genug ansehen mochten, that dennoch

hier, im Grossen bey so zahlreicher Besetzung und in freyer Luft eine sehr gute, ja viel bessere Wirkung als ein galanterer, mit vielen kleinen Figuren und geschwinden Noten gezierter Gesang, in diesem Falle gethan haben würde. Die Chöre dienten nach französischer Art zugleich zu Balleten. Da es die hier versammelten Sänger waren, nach welchen Benda seinen Styl gebildet, und da mir sowohl die beyden Bezozzis zu Turin als andre, die dabey gewesen sind, gesagt haben, daß ihre Singart alle übrige ihrer Zeitgenossen übertroffen habe; so will ich hier den Charakter dieser Sänger für diejenigen Leser hersetzen, welche solche nicht gehört haben: Gaetano Orsini (k. k. Contre-Altist), war einer der grössesten Sänger, die jemals gelebt; er hatte eine schöne, egale und rührende Contraltstimme von einem nicht geringen Umfange, eine reine Intonation, schönen Triller und ungemein reizenden Vortrag. Im Allegro articulirte er die Passagien, besonders die Triolen mit der Brust, sehr schön; und im Adagio wußte er auf eine meisterhafte Art das Schmeichelnde und Rührende so anzuwenden, daß er sich dadurch der Herzen der Zuhörer im höchsten Grade bemeisterte. Seine Action war leidlich, seine Figur hatte nichts Widriges. Er ist lange Zeit in kayserl. Diensten gewesen, und hat bey seinem beträchtlichen Alter seine schöne Stimme erhalten. Er starb zu Wien ums Jahr 1750. (Nach Dlabacz war es Orsini, der während seines Prager Aufenthalts dem nachmals berühmten Franz Benda aus Alt-Benatek, Concertmeister des Königs von Preußen, Unterricht im Singen gab und ihn zum Meister bildete.) — Domenico hatte eine der schönsten Sopranstimmen, die man hören konnte. Sie war völlig durchdringend und rein intonirt. Im Übrigen aber sang und agirte er eben nicht mit besonderer Lebhaftigkeit. — Pietro Gassate (Casati) war mehr ein großer Acteur, als Sänger. — Borosini hatte eine lebhafte und biegsame Tenorstimme. — Braun hatte zwar eine tiefe Stimme, von denen man eben nicht viel Zierlichkeit erwartet; allein er hatte so viel Geschmack und Ausdruck, daß er selbst Adagios auf eine angenehme und rührende Art sang. — Giovanni Carestini hatte eine starke und völlige Sopranstimme, welche sich in den folgenden Zeiten nach und nach

in einen der schönsten, stärksten und tiefsten Contralte verwandelte.
Er hatte eine große Fertigkeit in den Passagien, die er, der guten
Schule des Bernacchi gemäß, sowie Farinello mit der Brust stieß.
In willkührlichen Veränderungen unternahm er sehr Vieles, meistentheils mit gutem Erfolg, doch auch zuweilen bis zur Ausschweifung.
Seine Action war sehr gut, und so wie sein Singen feurig. Er
ist über 30 Jahre mit vielem Ruhme auf der Bühne geblieben,
1735 war er in England, 1750 in Berlin, woselbst er bis 1755
im Dienste blieb, und sich alsdann nach Italien in die Ruhe
begab, wo er bald darauf starb. . . ." „Alle diese Sänger," erzählt
Quantz, „stunden in wirklichen kaiserlichen Diensten. Von dem
wienerischen Orchester waren aber nur etliche zwanzig Personen
gebracht worden (wohl etwas zu niedrig angegeben), die übrigen
Instrumentisten wurden in Prag zusammengesucht und bestunden
aus Studenten, aus den Mitgliedern einiger gräflichen Capellen
und aus fremden Musicis. Der Anführer des Orchesters war der
kaij. Concertmeister Giov. Ant. Piani. Der berühmte Francesco
Conti, ein erfindungsreicher und feuriger, obzwar manchmal etwas
bizarrer Componist für Kirche und Theater, dabei einer der größten
Teorbisten, die jemals gewesen sind, spielte die erste Theorbe (eine
Art Baßlaute). Die Chöre waren mit Schülern und Kirchensängern
aus der Stadt besetzt (Auch der Schüler des Fux, Joh. Dismas
Zelenka sang im Chor und componirte damals die Musik zu dem
melodrama de Sancto Wenceslao.) Weil nun wegen Menge der
anwesenden Menschen vielen, auch sogar Personen von vornehmen
Stande der Eintritt in die Oper versperrt war, so ließen meine
beiden Gefährten und ich uns mit zum Orchester werben. Weiß
spielte die Teorbe, Graun das Violoncell und ich Oboë als Ri-
pienisten. Wir hatten dadurch Gelegenheit, die Oper wegen der
vielen Proben desto öfter zu hören. . . ." Quantz gesteht, daß sich
sein Leben lang der großartige Eindruck der Prager Festoper in
seinem Gedächtnisse nicht verwischte.

Von Fux selbst wurde anno 1723 in Prag noch sein großes
Tedeum am 5. September, dem Krönungstage, und andere kirchliche
Compositionen aufgeführt. Seine Monstre-Oper war übrigens

nebst die einzige dramatisch-musikalische Aufführung, welche aus
Anlaß der Hoffeste damals in Prag stattfand. Auch die Jesuiten,
in deren Prager Schulen noch immer das Theaterwesen in Übung
war, gaben auf ihrem "Akademie Theater" eine Festoper, welche
den sinnreichen Titel führte: "Sub olea pacis et palma
virtutis conspicua orbi regia Bohemiae coruscat", und zu
welcher sie die besten Kräfte herangezogen hatten. Man rühmte
unter den Mitwirkenden besonders den "vornehmen Contraaltisten"
Joh. Hein aus Bernhaus in Böhmen, damals Student der
Humaniora, Hrn. Wenzel Korinsko von Korenhein, einen "vornehmen Bassisten an der Metropolitankirche zu Prag", dessen
"angenehmer Vortrag, klare, hohe und tiefe Stimme" allgemeinen
Anklang fand, ferner Wenzel Poticko, Oberregent an der Teinkirche,
Ad. Hechenberger aus Kuttenberg, "einen trefflichen Tenoristen"
und Anton Triebicko aus Rakonitz, damals Sopranisten am St.
Wenzelsseminar in Prag.

Jur Krönungsoper selbst blieb von nachhaltiger Wirkung für
die musikalischen Verhältnisse Prags. Sie leitete eine Periode der
regsten, emsigsten musikalisch-dramatischen Arbeit in Prag ein und
wirkte ermunternd, befeuernd auf den Adel Böhmens zur Unterstützung und Förderung der Kunst und Musik im Lande. Auch
die Klöster, namentlich Piaristen und Jesuiten, ließen in ihren
Schulen dramatisch-musikalische Productionen alljährlich wieder-
kehren — und so ging "la costanza e fortezza", der glanzvollste
Punkt in der ersten Periode der Prager Oper, nicht vorüber, ohne
dauernde Spuren zurückzulassen in der Hauptstadt Böhmens.

Die Bedeutung der großartigen Krönungs-Oper rechtfertigt
es wohl auch, wenn ich hier die Namen der hervorragenden
Künstler, welche bei deren Aufführung mitgewirkt oder — was nicht
immer genau festzustellen — nur als geladene Gäste daran theil-
genommen, hier mittheile, soweit ich sie nach zeitgenössischen Berichten, nach den entsprechend verglichenen und rectificirten Angaben
von Gerbers "Lexicon der Tonkünstler", von Joh. Gottfr. Walther's,
fürstl. Sächs.-Weimar. Hofmusici, "Musikalischem Lexicon" (Leipzig
1732, bei Wolfgang Deer), Dlabacz "Allg. histor. Künstlerlexicon

für Böhmen" (Prag, bei Gottlieb Haase, 1815) u. A. zu eruiren vermochte. Die Namen der k. k. Hofmusici sind stets mit Köchels „Wiener Hofcapelle" verglichen und möglichst richtig gestellt.

Andreas Borius, k. k. Hofmusicus (wohl Aubre Boor oder Pohr, Lautenist, † 1728).

Eleonore Borosini, geborene d'Ambreville, Gemalin des Tenoristen Francesco Borosini, eine vorzügliche Sängerin am churpfälzischen Hofe.

Franz Borosini, Tenorist aus Bologna.

Michael Brunnich, Capellmeister an der Mainzer Metropolitankirche; 1735 wurde an der St. Salvatorkirche der Jesuiten in Prag sein Oratorium „Poenitentia secunda post naufragium tabula" aufgeführt.

Antonio Calbara, k. k. Hofcapellmeister in Wien, Dirigent der Oper. (1600 fl. Jahresgage, † 28. Decemb. 1736, 66 Jahre alt).

Giovanni Cenestini, k. k. Hofsopranist in Wien (er war über 30 Jahre activer Bühnensänger).

Maria Contin (?) 2. Sängerin der k. k. Hofcapelle. (Im „Wienerischen Abdreß-Calender von 1827 steht Maria Anna Continin, verheiratet, als „fünfte Sängerin" verzeichnet, Köchel nennt eine „Mar. Landini" oder Conti, 4000 fl., die aber schon 1722 starb, also kaum in Prag war, und eine M. A. Lorenzeni, die aber erst 1726 in die Capelle trat.)

Joh. Jacob Friedrich, Fagottist der k. k. Hofcapelle (500 fl. Gage † 1741, 50 J. alt).

Anton Frühwirth, k. k. Violinist.

Joh. Jos. Fux, k. k. Obercapellmeister (s. oben).

Joh. Gabrieli, k. k. Oboist der Hofcapelle (720 fl., † 1741, 66 J. alt).

Jos. Galloni, „alter kais. Hofmusicus".

Silvio Garghetti, k. k. Tenorist (1800 fl., † 1729).

Pietro Gassate, Sänger (Cassati), k. k. Altist (1800 fl., † 1715, 61 J. alt).

Domenico Genuesi (Genovesi), k. k. Sopranist (1440 fl.).

Carl Giegel, Violinist der Hofcapelle der Kaiserin Amalie Wilhelmine.

Fr. X. Glätzel, k. k. Fagottist (bei Köchel Oboist, 500 fl., † 1726, 41 J. alt).

Romanus Glätzel, k. k. Oboist (540 fl., † 1727, 44 J. alt).

Georg Gottwald, Cornettist und Trombonist der Hofcapelle der Kaiserin Amalie Wilhelmine.

Friedr. Götzinger, kais. Bassist (900 fl., † 1735, 74 J. alt).

C. Heinrich Graun, Hofcapellmeister des Königs von Preußen (s. oben).

Joh. Greco, k. k. Altsänger (900 fl., † 1763, 85 J. alt).

Joh. Griesbacher, k. k. Waldhornist oder Cornettist (500 fl., † 1740, 56 J. alt).

Daniel Fr. Hartmann, k. k. Oboist (550 fl., † 1772, 81 J. alt).

Carl Hartmann, k. k. Violinist (540 fl., † 1730, 66 J. alt).

Joh. Joachim Heitmann, Organist bei St. Jacob in Hamburg, Böhme
    von Geburt.

Joh. Ab. Maxim. Hellmann, k. k. Cembalist (1000 fl., † 1763, 60 J. alt).

Franz Hintereber, k. k. Violinist (360 fl., † 1724).

J. G. Hintereber, k. k. Violinist (540 fl., † 1769, 79 J. alt).

Jacob Hofer, k. k. Violinist.

Franz Holzhauser, Musikdirector der Hofcapelle der verwitw. Kaiserin
    Amalie Wilhelmine.

Mathias Hueter, kais. Bassist (500 fl.).

Joh. Georg Körner, Fagottist an der Hofcapelle der Kaiserin Amalie
    Wilhelmina.

Ferd. Lemberger, k. k. Violinist (720 fl., 1740 penf.).

Joh. Caspar Liebmayer, k. k. Bassist (900 fl., † 1724, 55 J. alt).

Joh. Maghi, k. k. Hofmusici (wahrscheinlich in Pension).

Anton Mauna, (ein Dom. Ant. Mauna war bis 1705 k. k. Bassist).

Peregrin Marcheselli, penf. k. k Cornettist, penf. 1711, † 1729.

Niclas Matheis, Engländer, geb. zu London, Violin=Concertmeister
    (s. oben).

Salvatore Mellini, k. k. Altist (bis 1716).

Joh. L. Miraglies, k. k. Altist (750 fl., 1726 jubilirt).

Jos. Monteriso, k. k. Sopranist (1400 fl.).

Joh. Ernst Muffat, k. k. Violinist (500 fl., † 1746, 48 J. alt).

Gottlieb Muffat, k. k. Organist und Componist (720 fl., penf. 1763).

Franz Neubauer, k. k. Organist der Hofcapelle, Böhme von Geburt
    (720 fl., † 1732, 63 J. alt).

Gaëtano Orsini, k. k. Altist (1800 fl., bis 1740 in der Hofcapelle, mit
    stets reiner Stimme, † 1750 in Wien, bildete in Prag Franz Benda
    zum Meister f. oben).

Christ. Payer, k. k. Tenorist (500 fl., † 6. Mai 1759, 64 J. alt).

Anna Perroni, geb. Ambreville, Sängerin der k. k. Hofcapelle (1440 fl.).

Joh. Perroni, k. k. Cellist (1800 fl., † 1748, 60 J. alt).

Joh. Baptist Peyer, k. k. siebenter Hoforganist (500 fl., † 1733, 55 J. alt).

P. P. Pezzoni, k. k. Bassist (1260 fl., † 1736, 60 J. alt).

Joh. Anton Piani, Violinist der Hofcapelle (1800 fl. Gehalt).

Thomas Piani, k. k. Violinist (900 fl.).

Ignaz Leop. Piellacher, k. k. Bassist (500 fl.).

Nikolaus Pini, Contraltist der Hofcapelle der Kaiserin Amalie Wilhelmine.

Anton Pöck, k. k. Bassist (siebenter in der Ordnung) der Hofcapelle, Mitw.
    zweifelhaft.

Angelo Pali, Sopranist der Hofcapelle der Kaiserin Amalie Wilhelmine.

Joh. Otto Ponheimer, Bassist später Direktor der Capelle der Kaiserin
    Amalie Wilhelmine.

Joh. Ponfils, k. k. Muficus.

Leop. Prameyer, Waldhornift der Hofcapelle.

Chriftoph Braun, 6. Baffift der Hofcapelle (1040 fl.).

Joh. Joachim Quantz, Concertmeifter auf der Flöte aus Berlin.

Angelo Ragazzi, k. k. Violinift (1080 fl., penfion. im J. 1740, geftorben
12. October 1750, 70 J. alt).

Ant. Rajola, Weltpriefter, k. k. Cellift (720—1000 fl., 1740 penfionirt).

Joh. Fr. Reinhard, k. k. Violinift (460 fl., † 22. April 1761).

Joh. Georg Reinhard, k. k. Organift, Compofitor (900 fl., penf. 1740,
† 6. November 1742).

Georg Reutter, k. k. Organift und Componift (600—1200 fl.).

Tobias Ferd. Richter, k. k. 1. Organift (Mitwirkung oder Anwefenheit,
nicht erwiefen).

Leop. Römer (Rammer?), k. k. 2. Organift (640 fl., † 1730, 69 J. alt).

Andreas Schindler,⠀⠀⠀⠀⠀⠀⠀⠀ ⎰ Waldhorniften, 1729 an der Dresdener Hof
Joh. Adam Schindler,⠀⠀⠀⠀⠀⠀⠀ ⎱⠀⠀⠀⠀⠀⠀⠀⠀⠀⠀⠀ capelle.

Peter Clemens Schmelzer, k. k. Violinift (540 fl., 30. Juni 1740 penf.,
† 20. Septemb. 1746, 74 J. alt).

Anton Schnautz, k. k. Violonift (480 fl., † 2. Feber 1756, 67 J. alt).

Fr. Peter Schnautz, k. k. Violonift (540 fl., † 18. Juni 1755).

Joh. Michael Schütt, Baffift der Capelle der Kaiferin Amalie Wilhelmine.

Ludwig Schulz, k. k. Oboift (600 fl., † 28. Feber 1740, 68 J. alt).

Maria Anna Schulzin, k. k. Hofsängerin.

Maria Regina Sconianzin (Köchel fchreibt Schoonians) (2700 fl. Gage,
1740 penf.).

Martin Seyffert, Oboift der churfächfifchen Hofcapelle in Dresden.

Ludovica Seyfried, Sopraniftin in der churfächf. Capelle.

Niclas Signorile, Altift der Hofcapelle (findet fich in Köchels Verzeichniß
der kaif. Hofcapelle von 1543 bis 1867 als Sopranift mit 1000 fl. Gage
angegeben, doch läßt auch Köchel es möglich erfcheinen, daß Signorile
Sopranift war).

Antou Sonnwald, Violinift⠀⠀⠀⠀⠀ ⎰ der Capelle der Kaiferin Amalie
Anton Steinbrucker, Trombonift ⎱⠀⠀⠀⠀⠀⠀⠀⠀⠀ Wilhelmine.

Ignaz Steinbrucker (Steinbruckner?), Trombonift der k. k. Hofcapelle
(440 fl., † 9. September 1765, 64 J. alt, ein Audreas Steinbrucker
war ebenfalls Trombonift der Hofcapelle; follte diefer mit Ant. Stein-
brücker identifch fein?).

Franz Martin Sturm (Sturmb), k. k. Fagottift (540 fl., † 1739, 50 J. alt).

Joh. Franz Sturm (Sturmb), k. k. Fagottift (nach Köchel war derfelbe
fchon 1722, 64 J. alt geftorben, fomit feine Mitwirkung zweifelhaft
Walthers muf. Lexicon fagt nur, 1827 fei bloß Franz M. Sturm am
Leben gewefen).

Jof. Tartini, berühmter Violinist (f. oben).

Franz Thalmann, k. k. Hofmusicus (Mitwirkung zweifelhaft).

Jof. Timmer, k. k. Hoftenorist (540 fl., † 1750, 54 J. alt).

Joh. Carl Trenger, k. k. Hofcellist (Köchel nennt als solchen „Carl Fr.
    Drenger", 500 fl., † 1745, 43 J. alt).

Vandini, Tonkünstler aus Italien.

Fr. Maria Veracini, Florentiner, Kammer-Componist des Königs Friedrich
    August von Polen, Churf. von Sachsen, aus Dresden, wohnte der Auf-
    führung als Virtuos bei und setzte die Reise nach Italien zur Herstellung,
    seiner Gesundheit fort.

Joh. Vincenzi, Italiener, k. k. Sopranist (1440 fl., † 8. April 1739,
    41 J. alt).

Weiß, kgl. preuß. Hof-Lautenist.

Anton Weruble, Bassist (bei Köchel Tenorist) der k. k. Hofcapelle.

Andr. Wittmann (Widmann), ein Böhme, k. k. Oboist (540 fl., † 8. De-
    cember 1767, 98 J. alt).

Tobias Woschitka (Woschitzka), k. k. Fagottist (500 fl., † 29. März 1752,
    69 J. alt).

Ferd. Woller, k. k. Violinist (720 fl., † 1736, 49 J. alt).

Jacob Wuntter, Cellist der Capelle der Kaiserin Amalie Wilhelmine.

Marg. Catharina Zani, Sängerin vom Dresdener Hofoperntheater. (Prölß
    nennt sie unter den ersten Kräften der Dresdener Oper unter Capell-
    meister Lotti).

Joh. Sebastian Zeitlinger, k. k. Tenorist (900 fl., 1740 penf., † 10. April
    1749, 78 J. alt).

Bernhard Ziller, k. k. Violinist (500 fl., † 5. Juli 1743, 46 J. alt).

IV.

Die ersten Komödianten in Prag.

(Englische Komödianten. — Kirchendiener als Komödianten. — Die Truppen
des Johannes Schilling, Komödianten und Seiltänzer des Nicolaus Jac.
v. Braunschweig, polnische Tänzer und Bärenspieler, Luftspringer des Adam
Aichelmayer; Innsbruck'sche Komödianten und die erzbischöfliche Censur.)

An der Schwelle des sechzehnten zum siebzehnten Jahrhunderte
begegnen wir einem neuen Elemente in dem deutschen Schauspiel-
wesen, dessen Eintritt in die Action auch einen Wendepunkt für
das deutsche Schauspiel überhaupt bedeutet: Berufs-Schauspieler
erscheinen und erobern sofort das Terrain, auf welchem die

Schulkomödie und das Fastnachtsspiel zwar noch fortwuchert, ohne
aber mehr die frühere Lebenskraft zu äußern und ohne die gleiche
Beliebtheit wie früher zu genießen. Aus England kam das fremde
Element nach Deutschland herüber und breitete sich rasch über den
Continent aus. Nach einer Angabe Menzels brachte schon im
J. 1417 die englische Geistlichkeit zum Concile in Constanz 364
„Gaukler, Schauspieler und Narren" mit, die vor dem massenhaft
zusammengeströmten Volke „biblische Scenen" aufführten. Deutsche
Cavaliere, welche in den Tagen der Königin Elisabeth nach London
kamen, bewunderten die dortigen Theatervorstellungen und brachten
wohl auch englische „Springer und Instrumentisten" nach Deutsch-
land mit. Daß man den Stand der Berufs-Schauspieler (Hi-
strionen) schon im klassischen Alterthume kannte und daß schon die
Frankenkönige in Deutschland sich genöthigt sahen, gegen das
Unwesen fahrender Possenreißer einzuschreiten, ist bekannt. Die
Annahme, daß fahrende Mimen oder Histrionen auch in der Folge
in Deutschland nicht vermißt wurden, findet eine gewisse Bekräftigung
durch die im 14. Jahrhunderte erfolgte Gründung des „Ober-
Spiel-Grafen-Amtes" in Wien, dessen Jurisdiction Musiker,
Mimen und Histrionen unterstanden und das noch in der zweiten
Hälfte des 18. Jahrhunderts amtirte. Im J. 1529 sollen in
Wien „Niederländer und andere Fremde", dann Singknaben von
St. Stephan eine theatralische Aufführung veranstaltet haben.
Bestimmte Kunde von wandernden Komödianten-Truppen aber
haben wir vom 15. Jahrhunderte, wie gesagt, nur aus England,
wo diese Leute entweder als Landstreicher von Ort zu Ort zogen
oder als Diener eines Großen besseres Ansehen genossen. Von
dort wurden schon in der Mitte des 16. Jahrhunderts „Instru-
mentisten-Truppen" an die Höfe des Markgrafen von Brandenburg
und des Königs von Dänemark berufen. Im J. 1591 wanderten
englische Künstler, die nicht bloß „Instrumentisten" waren, sondern
wirkliche „Komödien, Tragödien und Historien" spielten, nach den
Niederlanden, von wo ein Theil der Truppe nach Wolfenbüttel
an das vom Herzog Julius von Braunschweig dort errichtete
stabile Theater kam, und zwar wird namentlich ein Schauspieler

Namens Sackville genannt, der an der Braunschweig'schen Hofbühne feste Stellung nahm.

Man bezeichnet diese englischen Komödianten abwechselnd als
„Springer, Instrumentisten und Komödianten", welche Bezeichnung
auch oft einer und derselben Truppe beigelegt wurde, woraus die
vielseitigen künstlerischen Leistungen dieser Leute ermessen werden
können. Thatsächlich aber brachten sie auch die wirkliche Schauspielkunst aus England herüber, wo ja schon 1557 das erste
stehende Theater zu „Blackfriars" eingerichtet worden war und
1578 allein 8 „Theater" in London bestanden. Die Einrichtung
dieses englischen „Theaters" ist bekannt. Das Publicum war im
tief liegenden Parterre, dem „Hofe" oder der „Grube", auf
Stehplätzen, die Vornehmen in den Logen am Proscenium und
auf der Bühne untergebracht, welche letztere wieder im Hintergrunde
zwei übereinander liegende Separaträume enthielt, die je nach
Bedarf verwendet wurden, so daß im unteren Raume z. B. Schlafzimmer, Gruftgewölbe u. s. w. gedacht, im oberen Balconscenen
abgespielt und die üblichen Reden „auf der Festungsmauer" gehalten
wurden. Kyd, Greene und Marlow lieferten das Repertoire für
die alt-englische Bühne, die „Blut- und Rache-Tragödien", die mit
den englischen Komödianten auch auf deutschen Boden verpflanzt
wurden und vom Herzog Julius von Braunschweig (er schrieb
unter dem Namen Hibaldeha, d. h. Henricus Julius Brunsvicensis
Ac Luneburgensis Dux Edidit Hunc Actum) für seine Dramen-
Verfertigung zum Vorbilde genommen wurden. Diese englischen
blutigen Tragödien, namentlich Kyd's „spanische Tragödie", ein mit
Greuelthaten angefülltes, aber erfindungsreich verfertigtes Stück,
Marlows „Tamerlan", die „tragische Historie von Doctor Faust"
und „Der Jude von Malta" blieben lange in willkürlichen Bearbeitungen oder Improvisationen im internationalen Repertoire
der Wandertruppen. Der Herzog von Braunschweig übertrumpfte
in der Hantirung mit Blutthaten noch die Engländer; er behandelte
besonders gern Ehebruchsthemata, die er theilweise aus der italienischen Novellen-Literatur schöpfte (z. B. die Tragödie „von einer
Ehebrecherin", „von einem Buhler und einer Buhlerin") und

räumte auch der lustigen, derb-rohen Person, dem englischen Clown,
einen ersten Platz in seinen Stücken an. Von seiner Mordlust
nur Eine Probe: In der Tragödie „vom ungerathenen Sohne"
schneidet der Titelheld seinem Kinde den Leib auf, trinkt das
Blut und ißt das gebratene Herz seines Kindes; seinem Vater
schlägt er, während dieser schläft, einen Pfriem in den Schädel,
einen schlafenden Neffen erwürgt er, seiner Mutter schneidet er die
Gurgel ab, eine Reihe anderer Personen vergiftet er, bis ihm
zuletzt die Geister aller Opfer erscheinen, daß er vor Schreck
„brüllt wie ein Ochs" und schließlich die Teufel ihren Collegen
zur Hölle schleppen. Diese Stücke wurden jedenfalls auch von der
fürstlichen Hoftruppe aufgeführt; sie und ihre englischen Vorbilder
gewannen weit mehr Terrain als die anderen deutschen (namentlich
Ayrer'schen) Stücke jener Zeit, und das durch Shakespeare sehr
vermehrte englische Repertoire, das sich die Wanderprincipale nach
Belieben, oft bis zur Unkenntlichkeit verzerrt, zurechtlegten, bildete
lange den Grundstock der Vorstellungen englischer und deutscher
Wanderkomödianten in Deutschland.

Rein-englisch waren wohl nicht alle Truppen, welche sich als
„englische Truppen" in Deutschland einführten, geradeso wie die
noch in unserem Jahrhundert vielfach als „englische Reiter" bezeichneten Circusgesellschaften mit England nicht im geringsten
Contacte stehen — das Wort „englisch" bezeichnet eben nur die
Provenienz und den Charakter der betreffenden Spiele. Die
englischen Komödianten vermischten sich, wie das schon bei der
Braunschweig'schen und der Truppe des kunstsinnigen Landgrafen
Moriz von Hessen geschah, vielfach mit deutschen, lernten auch
selbst in der dem Publicum verständlichen deutschen Sprache
agiren; ihre Kunst fand Anklang namentlich bei deutschen Studenten, die oft Musen und Collegien im Stiche ließen und, in
„englische Banden" vereint, mit englischen oder nach englischem
Muster gearbeiteten Stücken im Lande herumzogen. Das steife
Schuldrama mußte capituliren, die freie Komödie mit dem Clown
oder „Jahn Posset" (so nennt Ayrer den von ihm acceptirten
englischen Hanswurst) behauptete das Feld.

Daß in Prag englische Komödianten, d. h. noch wirkliche
und wahrhaftige Engländer erschienen sind, ist gewiß, obwohl die
bisherigen Meldungen über ihr Erscheinen in Böhmen nur auf
Vermuthungen beruhten. Die erste englische Truppe, welche in
Prag erschienen sein könnte, wäre die des Landgrafen Moritz von
Hessen-Kassel. Der Landgraf, welcher selbst lateinische Stücke
geschrieben hat und dieselben von Zöglingen der Ritterschule in
einem eigens erbauten Theater, dem „Ottoneum" (nach seinem
ältesten Sohne so benannt) aufführen ließ, hatte eine eigene englische
Hoftruppe engagirt, derselben Kunstreisen durch Deutschland gestattet
und Empfehlungen auch an seinen Agenten nach Prag mitgegeben.
Seine Truppe führte 1612 in deutscher Sprache in Nürnberg
Tragödien, Komödien „und welsche Tänze mit Springen und
allerlei wunderlichen Verdrehungen" auf; 1613 spielten „englische
Komödianten" des Churfürsten von Brandenburg, welchem anno
1606 Junker Hans v. Stockfisch Komödianten und Springer aus
England besorgen mußte, (die sich aber als ehrliche Deutsche ent-
puppten), um 3—6 Kreuzer Entrée in Nürnberg; 1617 kamen
englische Komödianten nach Mähren, und auch in dem Prag ziemlich
nahen Dresden tauchten zu Anfang des 17. Jahrhunderts englische
Komödianten und Instrumentisten auf. In den Prager Archiven
haben wir trotz der emsigsten Nachforschungen keine bestimmten
Anhaltspunkte über das Erscheinen englischer Komödianten in Prag
in so früher Zeitperiode finden können, wenn auch anzunehmen
ist, daß speciell die hieher empfohlene landgräfl. hessische Hoftruppe
Prag nicht aus ihrer Tour gestrichen hatte.

Allerdings war Prag, wo sich das 17. Jahrhundert bald in
Stürmen und Unruhen ankündigte, und wo bald der dreißigjährige
Krieg mächtig aufflammte, kein verlockendes Reiseziel für eine
Schauspielertruppe. Wurde anderswo, z. B. in Berlin, nach
Ausbruch des Krieges mit Rücksicht auf die schweren Zeiten „alles
Musiciren, Fechtschulen, Gaukelspiel" verboten, so werden in Prag,
am Herde der Kämpfe, auf dem blutüberströmten Boden Böhmens,
solche Lustbarkeiten von selbst aufgehört haben. Im Gubernial-
archiv, das freilich in den kriegerischen Zeitläuften unzweifelhaft

manches Document eingebüßt hat, finden wir keine einzige Conceſſion für wandernde Komöbianten aus der Zeitperiode des breißigjährigen Krieges, ebenſo ſchweigſam iſt das Prager Stabtarchiv hierüber, während bekanntlich die italieniſche Oper am Hofe gerade in den Zwanziger Jahren des 17. Jahrhunderts ihren Einzug hielt und von zeitgenöſſiſchen Chroniſten nicht unbeachtet geblieben iſt. Die einzigen Schriftſtücke über Theaterweſen, welche aus jener Periode des blutigen Waſſenſpiels im Gubernialarchive enthalten ſind, betreffen theatraliſche Aufführungen eines Weihnachtsſpiels durch die Angeſtellten der Kirche „Unſer liebe Frauwen under der Pruggen der kleinen Stabt Prag", worunter wohl die Malteſerkirche zu St. Maria sub catena auf der Kleinſeite zu verſtehen iſt.

Am 17. December 1635 richteten nämlich „die geſambte Kirchenbiener bei Unſer lieben Frauwe under der Pruggen der Kleinen Stabt Prag" folgendes Geſuch an die Statthalterei:

„Hochgeboren, Hochwohlgeborne, Wohlgeboren Graffen und Herrn, Wol Edle geſtrenge Ritter! Würdige hochgebittende Herrn Herrn Ew. Excellenz auf vnſer an bieſelbe in vnderthenigen gehorſamb jüngſt übergeben Supplication, ein von vnß angeſtelte Geiſtliche Comedia vnd verwilligung berſelben zu agiren betreffende gnebig gegebenen Beſchaidt vnd beuel (Befehl), (baß wir ſelbige erſtlichen Ihrer Ehrwürd den Herrn Officiales zum erſehen, ſchriftlich vorweiſen ſollen), ſind wir gehorſamblich nachkhomen; Wann dann Ihre Ehrwürd. hierüber kheine Correctur ſolch vnſerer Comedia vorgenommen, ober auch mißfallen baran haben, noch will weniger Ew. Exc. zur ver-willigung maß vnd ordnung vor Zuſchreiben befuget, Alſ bitten Ew. Exc. wir hiermit nochmahlen ganz vnderthenig vnd gehorſamblich, Sy geruhen in erwegung, es Zur ehre Gottes geraicht, vorig gebetener maſſen vnß dieß Exercitium zur ietzt eingehenden heyl. Zeit zu effectniren, gnebig zu Ver-willigen; dieſe hohe Gnade wollen, umb Ew. Exc. wir gehorſamblich zu verdienen, vnß möglichſtes Fleißes nicht vergeſſen; Ew. Exc. zu behrrlich gnade vnß damit vnderthenig befehleubt. Ew. Exc. vnderthenig gehorſambt die geſambte Kirchenbiener bey vnſer Lieben Frawe under der Pruggen der Kleinen Stabt Prag." *)

Die Statthalterei beſchied dieſes Geſuch abweislich. Mittler-weilen hatten aber die Kirchenbiener ſchon ein zweites Geſuch

---

*) Komöbianten-Acten des k. k. Gubernialarchivs.

abgesandt, worin sie nochmals um Bewilligung ihrer „Comoedia von unserem Neugebornen Christkhindelein GESU" in der Kirchen oder: (die folgende Stelle ist unleserlich, wahrscheinlich baten sie auch um Erlaubniß zur Vorstellung auf der Gasse) ansuchten und wörtlich niederschrieben:

„Da wir dann solch unsere Comedia vorhero der christl. Obrigkeit zur Correctur vorgeleget und hierüber uns mit aller Notturfft und Zugehör — auf welches wir ein Zimbliches spendiret versehen — wann aber von Ew. Exc. noch kheine resolution erfolget und aber die Zeit nun mehr ganz herben, Alß gelange an dieselbe hiemit unser nochmalig underthenig gehor sambes bitten, Sy geruhen in erwegung, daß es Gott dem Almechtigen zu Ehren angestelt, und auch kheine leichtfertigkeit darinnen begriffen oder mit underlaufft, auch wir an denen orthen, da wir die Comedi zu halten willens, oder was unß begert wurdet, nit weniger ob der gassen, unß der gebür nach und ohne klage verhalten wollen, solch unßer vorhaben, gnedig zu ver willigen....." (Hier nennen sich die Supplicanten „Kirchendiener bey Unser lieben Frawe ob der kleinen Seitten".

Ihrem Wunsche wurde nun willfahrt. Unter diesen „Kirchendienern" hat man sich selbstverständlich nicht das dienende Kirchenpersonal nach seinem heutigen Bestande vorzustellen. Bei den Kirchen der früheren Jahrhunderte war eine Masse von Personen in fixer Aufstellung: man zählte eine Menge Cantoren, Präceptoren der Scholaren, Glöckner, Kerzen= und Fahnenträger, Altardiener, Klosterdiener und Knechte; mitunter mochten auch Cleriker und Scholaren selbst unter die „Kirchendiener" gerechnet werden.

Kaum war die Fackel des Krieges verloschen und der westphälische Friede geschlossen, so begannen die Berufskomödianten Prag begehrenswerth zu finden. Im J. 1649 finden wir englische Komödianten in Prag. Als Mitglieder derselben nennt man: Wilhelm Ro, Johann Wayde, Gedeon Gelbus und Robert Rasi. Unter diesen Namen finden wir zwei, welche uns auf die Spur dieser Truppe leiten können; es sind dies die Namen „Gedeon Gelbus und Johann Waydt", welche wohl identisch sein dürften mit den churfächsischen Hofkomödianten „Gideon Gellins und Joh. Bapt. Waydt", deren ersterer (nach Prölß und Fürstenau) 1671 „Exercitienmeister" der aus 8 Personen bestehenden sächsischen

Hofkomödianten-Truppe war, während Waybt oder Waybe (die
damalige Schreibung läßt sehr leicht eine · falsche Lesung des
Schluß-e oder -t zu) als bloßer Komödiant angeführt erscheint.
Sächsische Hoftruppen, welche „aus englischen Komödianten", d. h.
Schauspielern englischer Manier bestanden, hatten in Dresden 1659
und später Bearbeitungen Shakespearescher Stücke („der Mohr von
Venedig", „Wenn ich's sehe, so gefällt mir's wohl"), aber auch
1666 die „Böhmische Historie von Libussa" und „Der siebenjährige
Weiberkrieg" aufgeführt. Es ist möglich, daß die Truppe des
Gelbus oder Gellius in neuer Formirung später nach Dresden
gegangen ist — was sie in Prag gespielt, davon ist nichts zu
erfahren. Die Statthalter erlaubten ihnen, „auf einem gewissen
Orte in der Altstadt Prags mit ihren angekommenen Personen
sowohl Komödien als Tragödien aufzuführen, aber Kaiser Ferdinand III. nahm diesen von seinen Statthaltern ertheilten Consens
übel auf und erließ unterm 12. Juli 1649 folgendes Decret gegen
die in Prag agirenden Engländer:

„Ferdinand der Dritte, von Gottes Gnaden Erwehlter Römischer
Kaysser, auch zu Hungarn und Böheimb König — Hoch und Wohlgeboren,
Würdige, Wolgeborene und gestrenge, liebe getreue. Wir sindt gehorsambst
berichtet worden, Waßgestallt in unserer Königl. Alten Stadt Prag sich
Englische Commedianten befinden, vndt alda Ihre gewöhnliche Kurzweil
exhibiren, vndt ziemlichen zuelauff haben sollen. Wann dann wir bey
ietzigen laufften, mehr dergleichen einzustellen alß nachzuesehen erachten, Alß
befehlen Wir Euch hiemit, gnedigst, daß Ihr diese Schauspiel nicht allein
alsobalden abstellen, sondern auch inskünfftig dergleichen nicht so leicht verstatten sollt; deme Ihr Recht zuthuen, also Unseren gnedigsten willen und
mainung gehorsambist zu erstatten wißen werdet. Geben in Unserer Stadt
Wien, den zwölfften Monatstag July im Sechzehnhundert Neun und Vier-
zigsten, Vnserer Reiche deß Römischen im Dreyzehenden, deß Hungarischen
im Vierundzwainzigisten vnd deß Böheimischen im Zwey vndt zwanzi-
gisten Jahr. ./·

Ferdinand.

Georgius Comes de Martinitz.
Ri Boh. Cancellarius.

Ad mandatum
Sac. & Caes. Maiest.
proprium
Frantz Graf Pötting.

Der Erlaß scheint gewirkt zu haben; denn „englische Komödianten" finden wir einige Zeit nicht in Prag.

Die erste deutsche Komödiantengruppe, welche nachweisbar in
Prag agirt hat, war die des Principals Johannes Schilling.
Im J. 1626 hatte der Freiberger „Springer" Hanns Schilling,
wie Robert Prölß*) erzählt, mit seinem Schwiegersohne, dem
Pickelhäring Lengsfeld, ein Patent erworben, die freie Kunst des
Springens, verbunden mit theatralischen Vorstellungen, im Bereiche
der chursächsischen Lande auszuüben. Seine Gesellschaft setzte sich
nur aus Sachsen zusammen und amusirte auch 1644 und 1646
den Dresdener Hof mit ihren Künsten, welche vielseitig genug
waren: im oberen Schloßsaal tanzten die Freiberger „Springer"
abwechselnd mit Bären, voltigirten auf dem Seil und agirten auf
dem Theater. Speciell gedacht wird eines von ihnen producirten
Tanzes, wie ihn die Engländer beim „reichen Juden von Malta"
ausführten. Die Komödianten waren also Seiltänzer, Bärenführer
und Schauspieler zugleich, Begriffe, die ja noch heute für die
vagirenden „Komödiantenbanden" letzten Ranges in Dörfern und
Märkten gelten. Principal Hanns Schilling nun machte auch die
Prager mit seinen Künsten bekannt. Am 24. Juni 1651 reichte
er, empfohlen durch den wohl berechtigten Titel eines „chursächsischen privilegirten Hofcomoedianten", bei der Prager Statthalterei
folgendes Gesuch ein:

„Hoch und wohlgeb. etc. etc. Ew. Exc. und Gnaden geben wir endes
unterschriebene Supplicando unterthänigst zu vernehmen, welcher gestald wier
bey Ihr. Churfürstl. Durchl. zue Sachßen alß dero Diener und Comoedianten
unß eine Zeit lang licentiam genommen, seind auch nunmehro inwillens,
unß in die Stadt Wien zu Ihr. Kays. May. zu verfügen und unsere Kunst
allda sehen zu lassen. Wann dann Gnädige Herrn Herrn unsere reiße durch
die Präger Städte ist, Alß bitten wir Ewer Exc. und Gnaden demütig,
Sie wollen uns doch die große Gnade erzeigen, und damit wir eine gewiße
Zeit allhier in den Prager Städen Verbleiben, und unsere Comoedien und
Tragoedien, theils geistliche, theils Römische Hystorien, welche zu keines
böses sondern zu Gutes exempoln sein, repraesentiren könnten, die gnädige
bewilligung ertheilen, wir wollen solche große gnade bey Ihr. Churf. Durchl.
von Sachßen zu rühmen wißen, und zu iederzeit und Ew. Excell. und

---

*) Rob. Prölß, Geschichte des Hoftheaters zu Dresden, Wilh. Baensch
Verlagsbuchhandlung.

Gnaden zu verschulden verbunden seyn. Hierinnen wir uns zu gnädiger protection und resolution empfehlen. Ew. Exc. und Gnaden gehorsame und dienstergebene Diener,

Churfürstl. Sächsische Privilegirte Hoff-Comoedianten
Johannes Schilling sambt bei sich habenden personas."

Die Statthalterei beauftragte den Altstädter Magistrat, den Paß und das Verzeichniß der von den Sachsen zu repräsentirenden "Comoedien und Tragödien" einzufordern. Dies erfolgte, und Schilling legte hiebei ein interessantes Repertoire seiner Bande vor, welches uns werthvolle Aufschlüsse über die Art seiner Spiele und seiner Kunst gibt. Er gedachte in Prag aufzuführen: a) folgende Tragödien: 1. "Von der hl. und im christkatholischen Glauben überaus beständigen Jungfrau Dorothea"; 2. "Von dem jämmerlichen und niemals erhörten Mord in Hispania" (also die für jene Zeit epochemachende "spanische Tragödie" von Thomas Kyd aus dem Englischen); 3. "Von Julio Caesare, dem ersten erwählten römischen Kaiser" (das wäre also Shakespeare's "Cäsar" oder wenigstens eine Bearbeitung desselben); 4. "Von dem König von Rhodiß, sonsten genannt die Jungfrauentragoedie" (eine englische Compagnie-Arbeit "the Maids Tragedy"); 5. "Von dem Erz-Zauberer Doctor Fausto" (eine Bearbeitung des Marlowe'schen "Faust"); 6. "Von dem reichen Juden von Maltua" (d. i. Marlowe's "Jude von Malta", wie Kyd's "spanische Tragoedie" eines der beliebtesten Stücke des 17. Jahrhunderts). An Komödien versprach Schilling in seinem (im Prager Gubernial-Archiv aufbewahrten) Repertoire-Verzeichnisse: "Die von der frommen und keuschen Susanna" (vielleicht das gleichnamige Stück von Herzog Julius von Braunschweig oder eine der vielen anderen Komödien von der "keuschen Susanna"), "Von dem König Ahasvero und dem hoffärtigen Aman" (wohl eine Bearbeitung der englischen Komödie "Von der schönen Esther"), "Vom verlorenen Sohne" (könnte mit dem bluttriefenden Stücke dieses Namens vom Herzog von Braunschweig identisch, oder auch eine Bearbeitung nach dem Englischen sein), "Von dem König aus Cypern und dem Fürsten aus Venetia", "Von den zwei streitbaren Rittern Etelmor

und Trauenmor", „Von Orlando Furioso" u. f. w. Es waren
also vielfach englische Bearbeitungen, welche Principal Johannes
Schilling vorführte; ein Band solcher mitunter „schauderhafter
Zurichtungen" war schon 1620 erschienen; er enthielt acht Tragödien
und Komödien, welche, wie der Titel sagte, „dergestalt in Druck
gegeben waren, daß sie leicht darauß spielweiß wiederumb angerichtet und zur Ergeßlichkeit und Erquickung des Gemüths
gehalten werden könnten". Das Buch erlebte bereits 1624 eine
neue Auflage.

Was die von Schilling vorgelegten Stücke betrifft, so fand
der Bürgermeister und Rath der Altstadt darin „nichts dergleichen,
was etwan einem Ehr vndt gutte Sitte liebenden gemüth, bevohrab
der Jugend zu ärgernuß gereichen möcht", und befand, „daß
gedachte Comoedianten solch Jhre angegebene exercitia auf drey
wochen lang kundten verwilliget werden".*)

In den bisher hie und da veröffentlichten Skizzen oder Berichten aus der Geschichte des Prager Theaterwesens war nach
Johannes Schilling eine große Pause eingetreten und nur nach
vagen Aufzeichnungen überhaupt die Existenz von theatralischen
Aufführungen in Prag in den letzten Jahrzehnten des 17. Jahrhunderts constatirt worden. Wir haben nun in den bisher größtentheils ganz unbenützten Actenschatze des Gubernial-Archivs sichere
und genaue Daten über eine ganze Reihe von Banden sehr
verschiedenen künstlerischen Charakters gefunden, welche in dieser
Periode (wie auch später) in Prag spielten, Daten, welche bisher
dunkle Epochen der Prager Theatergeschichte in wünschenswerther
Weise aufhellen.

Unterm 16. April 1654 baten „etliche Commedianten und
Sahlbanzer unter Nicolauß Jacobus von Braunschweig"
unter Berufung auf „unterschiedliche Attestationes sowohl von hohen
Potentaten, wierdiger Officiren und Jnspectores", ihre Künste spielen
zu dürfen. Diese Künste bestanden darin, daß sie „mancherley
Schöne Kurtzweill, Erstlich auf dem unangespannten Lufft-Sail,

---

*) Komödianten-Acten k. k. Gub.-Archiv.

mit schöner, dreffliche Danzer, Springer, Maschkaraden, sowohl in der Tasche als in der Kartte, welcher ihresgleich niemalen gesehen noch erfunden worden unter der lieben Sonne und in ganz Europa, mit Leib und Bluett zu agiren sich unterstehen wollten". Sie klagten, daß sie schon fünf Wochen in Prag „erlägen und wegen der hayl. (Oster=) Zeit sich nicht unterstehen dürfften anzumelden, dahero sie umb Alles verzehret" hätten. Sie baten nun um gnädigsten Consens, damit sie sich wieder ein wenig erholen und ihre Profession wieder aufnehmen könnten.

Am 9. Sept. 1654 berichtete der Altstädter Magistrat der Statthalterei, daß ein gewisser Peter Hoffmann in Prag Kunst=stücke produciren wolle. Diese „Kunststücke" bestanden nach dem Berichte des Magistrats in einer „statua Aethiopi" (Statue eines Negers), die ein Uhrwerk in sich hatte, und in der Vorweisung eines ausgestopften „Luxenthieres" (Luchses), ebenfalls mit einem Uhrwerke. Ging das Werk, so hob der Luchs die Tatze und der Mohr schoß mit Pfeilen. Der Magistrat beantragte, da die Be=sichtigung dieser Kunststücke „nicht um die Müh stehe", Abweisung des „Künstler".

Am 4. October 1655 suchten „arme polnische Tänzer und Bähren=Spieler" um Licenz zur Ausübung ihrer pri=mitiven Kunst an. Sie jammerten, daß sie, „arme polnische Leute, durch feindlichen Einfall vertrieben, vor wenigen Tagen in Prag eingetroffen seien, um ihre wenige Kunst mit zwei Bähren in den Prager Städten zu zeigen", daß sie im Wirthshaus schon viel aufgezehrt hätten und deshalb flehentlich bäten, zum bevorstehenden Jahrmarkt mit besagten zwei Bären und ihrer „wenig erfahrenen Kunst" ihr Stück Brot verdienen könnten. Unterschrieben war die Eingabe von „Johann Liebßky und Stanislau Boko=lowicz, Bährenspielern." Sie wurden mit ihrem Begehren ab=gewiesen. .

Im October 1658 trieben „Luftspringer" in Prag ihr Wesen und scheinen hiebei mit der löbl. Behörde in Conflict gekommen zu sein. Unterm 7. October 1658 richteten wenigstens die beiden Principale dieser „Luftspringer" Adam Aichelmayer von

München aus Bayren und Johan von Kronenburg folgende Eingabe an die Statthalterei:

„Gnädigst und hochgepiettende Herrn Herrn, Ew. Exc. undt Gnaden
thuen wir vns gehorsambst bedanken, das dieselben Vnsere Leut aus dem
gestrigen arrest zuelaßen gnädig anbefohlen haben; ist vns von großen leide,
das die geringste offense vorüber gegangen, wollen vns hiefüro befleißen,
das auf allen seiten gebührende temperament gepflogen werde: Im Übrigen
ist an Ew. Exc. undt Gnaden vnser gehorf. bitten, Sie geruehe in gnade
zu verstatten, damit wir als katholische leute, so sich testimonium omnium
aller ärgernuß enthalten, unsere erlernte Künste exerciren vndt darzu ehrliche
leute durch eine öffentliche Drummelschlag vndt vmbritt (Umritt) invitiren
Dörffen, allermaßen solches vberall vndt vor diesem alle Zeit der vnver-
wehrte gebrauch gewesen; Vns hiermit gehorf. empfehlendt. Ew. Exc. vndt
Gnaden gehorf.

Adam Aichelmayer von München aus Bayren.
Johan von Kronenburg, beyde Lufftspringer.

Einige Jahre später, im December 1666, suchte eine nicht
näher benannte „sambtliche Compagnia Comoedianten" bei den
königl. Statthaltern in Prag an, ihre „Action, so zwar geistlich"
in der Adventszeit fortsetzen zu dürfen. „Die Compagnie" betonte,
daß sie von Sr. Eminenz dem Prager Erzbischof bereits den
Consens hiezu habe *) und fuhr dann fort:

„. . . Alß gelanget an Ew. Exc. und hochgräfl. Gnaden vnser vnter-
thänigstes Flehen vnd Bitten, dieselben geruhen guedigst, vnser Stücklein
Brodt zu gewinnen, weilen wier die Zeithero große Spesen und Vncosten
aufgewandt vnß ihren Consens guedigst zu ertheilen. Solches sind wir hinwiederumb, mit unseren gebet zu den allerhöchsten vmb dero hochgräfl.
Excellenz langes leben und glückliche regierung zu erwidrigen schuldig. . . ."

Aus diesem Gesuch geht hervor, daß in Prag bereits die
geistliche Behörde einen entschiedenen Einfluß auf die Gestattung
des Komödienspieles hatte. Mit Eintritt der Advents- und Fastenzeit
mußten alle Schauspiele eingestellt werden. Die Komödiantenbanden,

---

*) Im J. 1675 belegte der Komödianten-Principal Jacob Kuhlmann
ein Gesuch um einen Spiel-Consens mit einer vom 1. Dec. 1666 datirten
Licenz des fürsterzbischöflichen Consistoriums zur Aufführung von geistlichen
Spielen in der Adventszeit. Es dürfte also die hier nicht näher genannte
Truppe zweifellos mit der Kuhlmann'schen identisch sein.

welche somit ohne Erwerb und Verdienst dagesessen wären, halfen
sich nun damit aus der Verlegenheit, daß sie „geistliche" und
biblische Spiele nach Heiligenlegenden nach dem alten und neuen
Testamente aufführten, wozu das erzbischöfliche Consistorium seine
Einwilligung geben mußte. Erst wenn diese erreicht war, konnte
an die Erlangung der „politischen" Bewilligung gedacht werden.

Im October 1669 agirten in Prag Komödianten aus
Innsbruck. Da ihre Vorgänger lockere und lose Gesellen waren,
erließ die Statthalterei ein eigenes strenges Decret in Komödianten-
Sachen an den Altstädter Magistrat. Es wurde darin mitgetheilt,
daß „etliche Inspruggische allhier unlängst angelangte Comoedianten
um gnädigste Erlaubniß, ihre Comoedien und Tragoedien in der
alten Stadt Prag vor iedermänniglich exhibiren könnten, gebethen
und daß dies petitum bewilliget worden sei"; „nachdeme aber,"
heißt es weiter, „bey denen vorhin allhier gewesten Comoedianten
zimbliche Excessus wider die Ehrbarkeit gespüret worden, thäten
die kgl. Hrn. Statthalter Ihr Exc. vnd Gn. denenselben hiemit
befehlen, daß Sie die Supplicanten, bei Ihren Comedys die
limites honestatis, sub comminatione nit allein der abschaffung,
sondern auch gebührend bestrafung nit zu überschreiten auferlegen,
und damit solches würklich geschehe, hiezu eine gewisse Pärson,
welche hierauf fleißig achtung gebe, deputiren sollen." — Es
wurde also den Vorstellungen gewissermaßen behördliche Assistenz
zugezogen, um den allzu lockeren und losen Streichen Pickelhärings
und Consorten Grenzen zu ziehen. Die Lection wirkte.

Am 13. Jänner 1670 erging ein neues Statthaltereidecret an
den Magistrat wegen dieser „Inspruggischen Comoedianten".
Dieselben hatten nämlich, „da sie in wehrenden Advents= und
hochheil. Zeiten ihre Comedien unterlassen und weilen sie hiedurch
in Vnkosten gerathen, auch der großen Kälte halber abzureisen
ihnen schwer fallen wolle", gebeten „annoch ihre Comoedien pro-
sequiren und auf gewisse Zeiten exhibiren zu dürfen". Die Statthalterei gestattete nun, „weil keine excessus honestatis an ihnen
gespühret worden, daß die Supplicanten ihre Tragoedien und
Comoedien in aller Ehrbarkeit ferner continuiren dürften". Dem

Magistrate wurde anbefohlen, sich dem Decret vom 22. Oct. 1669 gemäß zu verhalten.

Am 28. Nov. desselben Jahres (1670) suchte ein gewisser Gallus Parisant aus Burgund, der „vor wenig Tagen von Dreß= den mit einem Kurzweil=Spiel oder Curiositet=Sach auf Prag selbst dritter angelanget war" an, sein Spiel, das „ein Königl. Spiell genannt werde, aus einem Buch zu sehen ist Vnd gar ein lustig Spill vnd Kurzweil" ausmacht, in Prag „beibringen" zu dürfen. Er wurde abgewiesen.

Die kirchlichen Behörden sahen den Zoten und unmoralischen Excessen, denen die wandernden Komödianten in ihren Spielen mit besonderer Vorliebe huldigten, mit großem Mißvergnügen zu. In den Predigten wurde gegen die Komödianten geeifert, und obwohl die protestantischen Prediger „im Reiche" dies fast noch fleißiger und drastischer thaten, rafften sich doch auch die katholischen geistlichen Behörden mitunter zu energischeren Thaten auf.

Am 9. Jänner 1671 führte Matthäus Ferdinand Erz= bischof von Prag in einer eigenen Zuschrift an die Statthalter Böhmens Beschwerde über das Treiben der damaligen Berufskünstler Prags. Das interessante Schreiben hat folgenden Wortlaut:

Euer Exc. unseren Hochgeehrten und Vielgeliebten Freunden, dieses zu hinterbringen haben Wir der Vnumbgänglichen notturfft zu sein erachtet, wie daß Wir in erfahrung gebracht, Samb wiederumben gewise Comoedianten anhero kommen währen, in willens sich alda ein Zeitlang aufzuhalten, vnd ihre gewöhnliche actiones oder Comoedien zu produciren vnd vorzustellen. Weilen wir aber diesfahls glaubwürdig berichtet worden, wie das erstge= nannte Comoedianten Vnterschiedliche Vugezimmende zu höchsten Scandalo und Ärgernus dero beedes Geschlechts sowohl Jung als alt hauffig hinzu lauffenden Leuthen geraichende repraesentationes produciren vnd Vorstellen, schändliche gestus machen, auch Vnreine und Gottesbelaidigung nach sich ziehende Sprüch vor= vnd anbringen, Wordurch die münbigen in ihrer Boßheit gesterket worden, vnd die ohnedas mehrers zum boßen als guten genaigte Jugendt dabey alles Übel erlähren Thuet, — Dannenhero stellen Wir Ewre Excellenz Vnsern hochgeehrten Herren Vnd Vielgeliebten Freunden hiemit anheimb, ob deroselben belieb= vnd gefällig währe, obbenannten Co= moedianten die producir vnd Vorstellung dergleichen scandalos= vnd ärger= lichen Comoedien entweder ganz Vnd gar einzustellen, oder aber benenselben durch den Altstädter Magistrat, damit Sie bey Excercirung Sothaner ihrer

Comoedien alles dasjenige, waß zu belaydigung Gottes des allmächtigen, dan zu Ärgernuß der auf- vnd zusehenden geraichen, oder wider die gute Sitte seyn möchte, gäntzlichen Vnterlaßen solten, bey gewißer Straff starck einbinden vnd Vntersagen zu laßen. Waßen dann Euer Excellenz, Vnserer hochgeehrt. Herren vnd Vielgeliebte Freunde solchem Vnbeyl Fruchtbarlichen Vorzukommen vnd zu steuern wohlwißen werden. Wir aber nebst beiderseitigen Gottes bewahrsamben Obhuts empfehlung Verbleiben Euer Excellenz Vnseren Hochgeehrten Herren vnd Vielgeliebten Freunden

Dienstwilliger
Matthäus Ferd. Erzbischof.*)

Prag, in Vnser Erzbischöflichen Residenz 9. Januarmy 1671.**)

Ob diese Beschwerdeschrift factische Resultate erzielte, ist nicht bekannt; thatsächlich aber begegnen wir längere Zeit hindurch keinen Klagen über Komödianten-Excesse. Der Hauptverbrecher freilich, „Pickelhäring", lebte lustig und ungenirt weiter.

V.

Wandertruppen.

Die Komödiantenbanden Carl, Möbel, Tall, Jacob Kühlmann, Promauer, Heinrich Martin Wöbbe, Fäßmeyer und Neßler, Joh. v. Göbel, und „Wienerische Komödianten."

Die künstlerischen Genüsse, welche den Pragern durch die vielen Wander-Komödianten zu Theil wurden, die in der zweiten Hälfte des 17. Jahrhunderts Böhmen durchstreiften, waren ziemlich primitiver und „gemischter" Natur. Die Künstlergewerbe der Bärenführer, Seiltänzer, Luftspringer und Tragöden standen damals in inniger Harmonie, und das Kunstprogramm einer und derselben Truppe wurde nur zu oft mehren oder allen diesen Abzweigungen des weiten Begriffs der „Kunst" gerecht. Wie sah eine solche

---

*) Es war dies Erzbischof Matthäus Ferdinand Zoubek v. Bilenberg, geb. zu Roigern in Mähren. Profeß des Braunauer Benedictinerstifts, dann Abt zu St. Nikolaus in Prag und zu St. Johannes unter dem Felsen, 1659 zum ersten Bischof von Königgrätz, 1668 zum Erzbischof von Prag ernannt, als welcher er 1675 im 57. Lebensjahre starb.

**) Kom.-Acten des Gub.-Archiv.

„Bande" oder „Compagnie" wandernder Komödianten aus? Ihren
Kern bildete der Principal mit Familie, welche gewöhnlich reich
an Kopfzahl war und mitunter den ganzen Personalaufwand zu
bestreiten vermochte, mit eventuell noch etlichen nichtverwandten
oder nichtverschwägerten Mitgliedern, verdorbenen Studenten und
anderen Persönlichkeiten dunkler Herkunft. Das Stillleben einer
solchen Truppe und den Einfluß der Frau Principalin, welche bei
manchen Truppen überhaupt die einzige Dame derselben war,
schildert A. E. Brachvogel recht amüsant: „Der Frau Principalin
lagen alle ökonomischen Angelegenheiten ob, aber das hinderte sie
nicht, dabei auch Soubretten, Greisinnen, Heldinnen und — Natur=
burschen sogar darzustellen. Sie malte Decorationen und schlug
Flittern, sie schneiderte Frauenröcke und Männerhosen, schnitt
Butterbrote und schänkte Schnaps. Je nach dem Bedarf des
letzteren stieg oder fiel für den Consumenten die Gunst der Truppen=
königin. Es ist ein sehr umfangreiches Gebiet, auf welchem die
Dame sich bewegte, nicht nur damals, sondern auch bis in unsere
Zeit gewesen: es bezeichnet eben den sogenannten „Meerschweinchen"=
Standpunkt des reisenden Komödiantenthums."

Kam die Truppe in eine Stadt, wie es Prag war, so
lungerte sie eine Zeit lang, in Erwartungen des von der hohen
Behörde angesuchten Spielconsenses, in den Quartieren und Wirths=
häusern herum, häufte Schulden auf Schulden und vermehrte diese
bis in's Unendliche, wenn sie auch während der Norma=Zeiten,
wozu die ganze Advents= und Fastenzeit gehörte, in der Stadt
liegen blieb. Diese tristen Verhältnisse führten zu den schlimmen
und wegwerfenden Urtheilen über die „Künstler" der damaligen
Zeit und zu der niedrigen socialen Stellung, welche von Seiten
der Behörden und Bürgerschaft dem Gros der Komödianten an=
gewiesen wurde: man rangirte sie neben die Landstreicher und
verweigerte ihnen nicht selten namentlich in dem fromm=lutherischen
Norddeutschland Communion und ein christlich Begräbniß.

Es gab freilich auch Ausnahmen, wie wir sie in der berühmten
Velthen'schen Banda — „die berühmte Banda" hieß sie auch
schlechtweg — sehen, welche in churfürstliche Hofdienste getreten

war und die bevorzugte Stellung von „Hof- und Kammerbedienten"
genoß. Die Bestallungsdecrete als solche verpflichteten die Komö=
dianten, welche Gagen von 100—200 Thaler bezogen, „sich an
der churfürstl. Residenz wesentlich aufzuhalten, auch im theatro
beim agiren sich gebrauchen zu lassen und was ihm zu lernen
überreicht wird, dasselbe willigst anzunehmen und hierinnen sich
nicht widerspenstig zu erweisen, sondern jederzeit seinem Vermögen
nach williges gehorsams zu verrichten . . . auch was er bei dieser
seiner Bestallung siehet, biß in sein grab bei sich verschwiegen
bleiben zu lassen und im übrigen sich sonsten allenthalben der=
maßen zu erzeigen, wie einem getreuen Diener gegen seinen Kur=
fürsten und Herren eignet und gebühret". Wenn bei Hofe nichts
zu thun war, durften die Hof=Komödianten auf Gastspielreisen
gehen, und ihr Ansehen war so groß, daß Principal Velthen
z. B. in Breslau, Nürnberg und Berlin von Raths=Deputationen
an der Stadtgrenze begrüßt und bewirthet wurde, wofür er wieder
sich mit einer „Raths=Comödie" revanchirte, wobei dem Rathe
Ehrenplätze zu beiden Seiten des Prosceniums angewiesen wurden.
Das Repertoire dieser „berühmten Banda" war vornehm genug:
Calderon, Corneille, Shakespeare und vornehmlich Molière er=
schienen darin, allerdings nicht in regelrechten Übersetzungen,
sondern in freien, zwanglosen Bearbeitungen nach dem Muster der
englischen Komödianten=Aufführungen, jedoch mit der Verwerthung
der pompösen Opern=Ausstattung und mit der pikanten Einführung
des Damen=Elements auf der Bühne. Nachgerühmt wird Velthen,
daß er auf die natürliche Darstellungsweise hielt im Gegensatze zu
der gespreizten, hohltönigen Manier des Komödianten=Gros.

Mit der Velthen'schen Bande konnten sich wohl die Komö=
dianten, welche in den letzten Decennien des 17. Jahrhunderts
nach Prag kamen, in keiner Hinsicht messen. Sie pflegten — wenn
nicht die edle Seiltanz=Kunst — die rübe Burleske, die gespreizte
Haupt= und Staatsaction; Hanswurst oder Pickelhäring spielte die
Hauptrolle; „regelmäßige" d. h. nichtextemporirte Stücke, unter
welche man z. B. auch die Ayrer'schen Komödien zählt, scheinen
nicht vorgeherrscht zu haben.

Die Compagnien oder Banden kündigten sich pompös durch Austrommeln, Umzüge und reclamehafte Versprechungen an, bettelten in demüthigen „Supplicationen" um den Spielconsens bei Magistrat und Statthalterei und blieben, wenn dieser ausblieb oder verzögert wurde, oft im tiefsten Elend stecken. Die beliebteste Heimstätte der Wandertruppen scheint zunächst das bekannte Haus „zum alten Gericht" am Kohlmarkt (Eck zum Brückel) gewesen zu sein, und hier waren es Seiltänzer, Springer und „hochteutsche Komödianten", welche einander in ihren Kunstleistungen ablösten.

In dem früheren Abschnitte unserer hier zumeist aus den Schätzen des Statthalterei- oder Gubernial-Archivs geschöpften Berichte haben wir Wandertruppen bis zum J. 1671 kennen gelernt, gegen welche der Prager Erzbischof mit Entschiedenheit Beschwerde einlegte. Zwei Jahre später, am 29. Dec. 1673, suchte eine „hochteutsche Komödianten-Compagnie" an, ihre Komödien am letzten December fortsetzen zu dürfen. In ihrem Gesuche priesen sie sich selbst weidlich an und sagten: „Weillen dann die Liebhabers mit solcher annehmlichkeit vergnüget werden sollen, daß sie schwerlich dergleichen Komödien allhier gesehen haben werden, Alß gelanget an Ewer hochgr. Exc. vnd Gn. Unser ganz gehorsambistes Bitten, Sye geruhen vnß die hohe Gnade zu erzeigen, vnd (s. ohne unser demüttigstes maßgeben) auf besagten negst Sontage mit dero Hochansehnliche gegenwarth neben anderen HH. Gawalliren vnßerer Comödien Beyzuwohnen, sich gnädigst gefallen laßen, anbey verbleiben Ew. Exc. vnd Gnaden gehorsambste hochteutsche Komödianten-Compagnie."

Am 8. März 1674 suchte die „Carlische Hochteutsche Komödianten-Compagnie" bei den Statthaltern an, dieselben möchten geruhen, ihnen nach „Jhr Hochw. vnd gnaden (titul) deß Kayß. Residentes am Churfürstl. Sächß. Hoff zu Dreßden für sie gethaner Intercession, die Gnade zu erweisen, zu verwilligen, daß sie nach den heyl. Osterfeyertagen, Vor Abreiß nacher Wien, etwa nur 2 oder 3 Wochen allhier in Prag im „alten Gericht" denen Liebhabenden Zusehern noch etliche schöne Komödien repräsentiren dürften."

Am 5. April 1675 baten Johann und Heinrich von Möbel, ihnen einen „Seil=Tantz" im alten Gericht zu gestatten. Sie wollten am Osterfeiertag 15. April nach Mittag beginnen, weil um diese Zeit „die Handwerker und andere Leuthe ohnedies müssig herumgehen und dahero mehre Spectatores zu verhoffen seien." Sie wurden abgewiesen. Dasselbe Schicksal hatte der Principal Joh. Adam Tholl oder Tall, der am 26. Juni 1675 ein Gesuch an die Statthalterei richtete, aus welchem hervorgeht, daß er schon einige Zeit in Prag, und zwar im „alten Gericht" und „öffentlich" (also wahrscheinlich auf der Gasse) seine Kunst producirt hatte.

„Mit schuldigst dankbarem Gemüth," schreibt er, „erkenne ich unter=thänig die hohe gnade, das Euer Hochgräfl. Exc. vndt Gnaden mir ver=williget, daß Ich mein Spiel in Prag exhibiren möge. Immaßen ich den solches auch bis zu denen heyl. Pfingst=Feuertägen vngehindert genoßen vnd waß mein Spiel mit sich bringt, sowohl in der alten gericht auf der alten Stadt alß auch oefentlich dargewießen, hernachen aber wegen ein=gegangener processionen innegehalten. Damit Ich nun daßjenige, eben auch auf der Kleinen vndt Neuen Stadt Prag (Neustadt und Kleinseite) frey üben vndt exhibiren möge. Dahero bey Euer hochgräfl. Excell. vndt gnaden mich hiemit gehorsambst anmelde vndt vnterthänigst bitten thue, die geruhen dero angebohrene Milde gegen mir bedürfftigen noch ferners erweitern Undt darzue gnädiglich zu verwilligen, Alß dann aber sothane Verwilligung gehöriger orthen insinniren zuelaßen. Worbey Euer Hochgräff. Exc. vndt gnaden, All Ehrfreyliches wohl Ergehen demittig erwinschendt mich zu gne=diger bittgewehrung vnterthönig Empfehle mit Verbleibung

Euer hochgräffl. Exc. vud Gnaden

Vnterthänig gehorsamber

Johann Adam Tall."

Sehr streng und hart ging die Oberbehörde im Jahre 1675 gegen Alles, was Komödiant war, vor. Im März dieses Jahres stellte sich zunächst der in Deutschland und auch in Prag schon bekannte Wanderprincipal Jacob Kühlmann oder Kuhlmann in Prag ein. Er hatte hier mit widrigen Schicksalen, mit Noth und Elend zu kämpfen, schrieb jammernde Bittschriften in Abun=danz, sah seinen completen Ruin hundertmal vor sich und kam dennoch immer und immer wieder nach Prag zurück, ein Factum, das seine himmelschreienden Klagen etwas abschwächt. In seinem am 28. März 1675 eingereichten Gesuch an die Statthalterei, wies er darauf hin, daß er „zu Wien nicht allein von tag zu tag in dem großen Ballhauß sondern auch zu verschiedenen mahlen bey hoff vor Jhro kayf. Mayj. selbjten und anderen hohen Minijtris allerley jchöne Commedien mit der bei sich habenden hochtentschen Compagnia exhibiert habe und das gleiche auch all= hier in der königl. Stadt Prag anno 1666 gethan habe". Er bat, sein Spiel nach den Osterfeiertagen beginnen zu dürfen. Die Documente, auf welche er sich stützte, waren ein Act, womit ihm von der fürsterzbisch. Kanzlei in Prag der Consens zur Aufführung geistlicher Vorstellungen in der Adventszeit 1666 ertheilt wurde,*) und ein Attejt des „Spielgrafen=Ambts" zu Wien, der über die öffent= lichen Schauspiele gesetzten Oberbehörde, das sehr schmeichelhaft lautete.**) Trotzdem erfolgte von Seite der Prager Statthalterei

---

*) Diefer Conjens lautete: „Autoritate archiepiscopale Ordinaria datur in virtute praesentium Jacobo Kuelmann et ejusdem comilitonibus facultas et licentia, ut durante hoc sacro Adventus Dni. tempore quaecunque spi- rituales repraesentationes populo publice, libere et licité proponere possint ac valeant. Ita tamen, ut omnia et singula interludia, seu intercinia, ut pote huic sacro tempori minus convenientia, et ea, quae bonis moribus repugnant, nec non quae vel minimum spectantibus praebere possent scan- dalum omnimode praetereant et omittant secus si fecerint, sciant, ipso facto praesentem licentiam nullam esse. Actam Pragae in Cancellaria Archiepiscopale die 1. Decembris Ao 1666.

Sebastianus Zbraslawowsky   (L. S.)   Henricus Meckenburger
     Officialis.   Assessor et Cancellarius.
(Statth. Archiv T 2.)

**) Das Attejt lautete: „Von der Röm. kayf. auch zu Hungarn vnd Böhaimb Königl. May. Obristen Spilgrafen Ambt über beede Ertzher zogthumer Österreich Ob vnd vnter der Enuß, Seyn hiermit iedermänniglich zu wissen, daß Fürweiser dieses Herr Jacob Kühlmann mitt seiner bey sich habenden hochtentschen Compagnia über ein vierteljahr her nicht allein in dem albiesigen großen Ballhauß zur Himmelporten von tag zu tag sondern auch forderist zu verschiedenen mahlen, gar bey Hoff vor Jhrer Kayf. May. selbjten, auch anderen hohen Minijtris allerley jchöne Comedien jowohlen zu aller höchjt ernennet Jhr. kayf. May. dero Minijtris vnd hohen adels alß auch aller anderer Liebhaber allerseits, allergnädigst, gnädig vnd sattein ablehnender Bescheid. Kühlmann war dadurch auf's Härteste betroffen und reichte ein neues Gesuch ein, worin er flehentlich bat: Die Statthalter möchten geruhen, „in gnädiger ansehung dessen, daß er mit seinen Leuthen den weiten weg gereißet, alles verzehret, auch hier zu Prag so lang schon still gelegen, und daher auch sie einen oder den andern Kreutzer zu Prag lassen möchten, werden sie solchen doch auch zu Prag unter den Bürgern verlassen" — deßhalb ihm zu erlauben, nach den Osterfeiertagen zwei Wochen lang in Prag zu spielen. Auch dies Begehren vom 29. März blieb resultatlos; die Statthalterei entschied, daß es bei der ersten Resolution zu verbleiben habe.

Kühlmann schilderte nun in einem neuen Bittschreiben im kläglichsten Tone den Statthaltern seine und seiner Bande Noth. „Daß Ew. Hochgräfl. Exc. und Gnaden", schrieb er, „mit gegenwärtiger demüthigster Bittschrift ich noch ferner beschwerlich seyn und von deroselben gnaden-Sonne in diesen meinen unglücklichen Zustand in etwas erwärmet zu werden begehren·muß, treibet und zwinget mich die warhafte Noth, in welche ich anizzo unverhofft gerathen, maßen dann ich mich Ihrer Kayl. May. hohen gnade,

sambisten Contento und Wohlgefallen agiret und vorgestellet hatt, allbieweilen er nun vor itzt sich anderer werthß hinzu begeben vorhabenß und derowegen umb glaubwürdiger attestation seines obangezogenen, löblichen Verhältnuß unterthänig gebeten. Alß habe ich ihnen ein solches der warheit zu steier seineß wegeß verweigern können; und gelanget hierüber an alle und jede, alwo sich berührter Kühlmann etwa mitt seiner Compagnia ferner anmelden möchte, mein gehorf. und dienstl. bitten, Sie geruhen denselben in dergleichen und anderen Fällen gnädig vhd großgl. recommandirt vnd befohlen seyn zulaßen, ihme auch allen befürdersamen willen und vorschub zu verzeigen, welches in dergleichen und anderen begebenheiten hinwiderumb verschuldet werden solle. Uhrkund beßen mein eigen hierunter gestelte Handschrift vnd Petschafftß Verfertigung.

Actum Kayl. Obrist Spillgrafen Ambt.

Wien den 21. Februari anno 1675.

Columban Mayer
vnder Spilgraf   (L. S.)
alba

bevorab weilen Selbiger unterschiedlich mahl meinen actionem ein. allergnädigstes aug zu verleihen beliebet, vertröstend, an den Consens nicht gezweifelt, sondern mitt Weib, Kind vnd in 12 Persohnen bestehenden Compagnia in verwichner beschwerlicher Winterß Zeit von Wien anhero gereiset, über 5 Wochen allhier still gelegen, vnd dannenhero in Wirtßhause in schwere Schulden last gerathen, auß welchen ich mich denn nicht zu wikkeln weiß, sondern leider allzugewiß in den eußristen ruin vnd Verderben, ja sogar an bettelstab gebracht werde, wofern Ew. Hochgräffl. Exc. und Gnaden weltbekannte hülffe, mit gnädigster Ertheilung deß benöthigten Consens mich nicht ergezzet vnd erhält. Alß gelanget an Ew. Hochgräfl. Excell. vnd Gnaden mein allerbemithigstes Flehen und Bitten, daß selbige, alß die all Zeit eine Zuflucht der Nothleidenden vnd unglücklichen gewesen, auch solches an mir erweisen, vnd durch abschlagung deß Consens mich nicht vollendß unterdrükken, sondern vielmehr mitt einem gnädigen aug ansehen, vor meinen äußristen untergang vnd verliehrung meines ehrlichen Nahmenß, welchen ich in derzeit noch biß dato erhalten, bewahren vnd mit Ertheilung deß höchstverlangenden Consens zu befeligen sich gnädigst belieben lassen wollen. Wormit ich mich zu dero Gnaden unterthänigst empfehle.

Ew. Hochgräfl. Excell. vnd Gnaden
unterthäniger
Jacob Kühlmann, Comediant."

Auch dieses Jammergesuch wurde abgeschlagen. Die Statthalterei ließ sich nicht erweichen.

Ebenso streng ging man gegen den Seiltänzer-Principal Andreas Promauer vor, obwohl sich derselbe in einer im September 1676 an die Statthalterei gerichteten Vorstellung darauf berief, daß er sein „gantz ehrliches exercitium vnd schauspiel" mit seiner Gemalin und seinem Töchterlein vor dem Erzbischof, dem Oberstburggraffen vnd anderen Cavalieren „mit allseitiger contente" producirt habe. Wenn man ihm seine Vorstellungen schon nicht in der Stadt erlauben wolle, so möge man sie ihm wenigstens in der Judenstadt gestatten.

Eine eigenthümliche Truppe kam im October 1677 in
Prag an. Sie hatte ein Theater oder wie es hieß „ein Standl"
unter den Jahrmarktsbuden am Altstädter Ring aufgerichtet, wo
der Principal Medicamente verkaufte und die Truppe Komödien
agirte. Da der Prager Magistrat der Altstadt die medicinalisch-
theatralischen Vorstellungen einstellte, richtete „Heinrich Martin
Wöbbe, Komödiant" im Namen der „Banda folgendes Gesuch" an
die Statthalter:

„Ew. Hochgräffl. Exc. und Gnaden mit Bußerer Unwürdige Memorial
undterthänigst aufzuwarten, nicht Budterlaßen Können, demnach deroselben
gnädigst bewußt sein wirdt, waß gestaldt wir in ietzigen, in der Königl.
Alten Stadt Prag abgehaltenen Jahrmarkh, ein Staudt oder Theatrum
auf dem Altstädter Rinkh aufgeführet, auf welchem Nebst Verkauffung
Bußeres Principals seiner Medicamenten Unterschiedtliche Comedien agirt
haben. Waun dann ietz durch den Altstädter Magistrat, welches eingestellet
worden, Bußer gemelter Principal aber wegen allhier gehabter etlichen Pa-
cienten, welche er biß daton in seiner Cur hat, ehender Von Prag nicht ab-
reißen kann, Wir aber Budterdeßen in große Verobsaumbuns gerathen
möchten. Gelanget derohalben an Ewer Hochgräffl. Excell. Budt Gnaden
Bußer demuttig gehorsambistes bitten, ditselbe geruhen der gantzen Compagnien der Comediauten die hohe greße gnade erzeigen, Budt in ansehung
deßen, Weilen Viel Vornehme Cavalieren Budt Dameßen, Bußere Comedie
noch anzusehen ein Verlangen tragen, damit wir in dem alten gericht solche
Comedien agiren köudten, etwaun auf 8 tag gnädigste Erlaubnuß Buß ertheilen, Solche hohe gnade hinwiederumb gehorsambst abzudienen, werden
Wir Buß auf alle weiß sich zu befleißen nicht Budterlaßen, Zu welcher
dero gnädigisten resolution wir Buß samentlich demüttigist empfehlen. Ew.
Hochgr. Exc. vndt Gnaden

Budterthänig gehorsambste

Henrich martin wöbbe
Comoediant.

Truppen dieser Art waren übrigens damals keine Seltenheit.
Gewisse Principale rühmten sich eigener Privilegien, wonach ihnen
gestattet wurde, Komödien spielen, Ballette tanzen, Pantomimen,
Marionettenspiele, Seiltänzereien aufführen, und dabei Zähne
reißen, Balsam, Medicamente und Arzneien verkaufen zu dürfen,
also eine Fülle von Künsten, welche diese Charlatans und Quacksalber ihrem Publico boten! In Prag kommen sie auch im weiteren

Verlaufe der Theatergeschichte vor. Gewöhnlich hatten sie eine
Bude am Altstädter Ring zur Marktzeit errichtet, priesen bei
Tage ihre Waaren an und mitunter namentlich des Abends mußte
die „Bauda" zum Gaudium des Publicums mit ihren Künsten
heranrücken.

Das nächste Komödiantengesuch nach dem Erscheinen dieser
„medicinischen" Komödiantenbauda scheint vom 19. Jänner 1679
zu datiren (man könnte übrigens, da die Ziffer 7 in dem betreffenden Documente stark unkenntlich und dasselbe in einem älteren
Fascikel vorkommt, beinahe 1649 lesen). Es hat merkwürdigerweise, im Gegensatze zu fast allen anderen derartigen Documenten
eine Erledigung in čechischer Sprache gefunden. Hiedurch wurde dem
Johann Fäßmayer von Egenburg und Georg Neßler von Würz-
burg, Komödianten, gestattet, vier Wochen vom Tage des Decrets,
auf irgend einem Platze der Prager Städte Komödien frei aufzuführen. — Ein weiteres Gesuch datirt vom 13. Febr. 1685.
Darin bat Johann v. Göbel aus Brüssel, der mit 10 Personen
und 4 Pferden reiste, im alten Gericht sein Spiel mit „Luftspringern und Sailbanßern" exerciren zu dürfen, wobei nur Kinder
von 9 bis 16 Jahren mitwirken würden. Mit Schreck habe er
gehört, daß die Statthalterei alle diese Spiele und Tänze aufgehoben und inhibirt habe, bitte aber um Rücksicht für sich, da er
eine so weite Reise hinter sich und nur Kinder in seiner Truppe
habe. Er wurde kurzweg abgewiesen.

Einer der treuesten Prager Principale war trotz allem Elend
und Jammer, wie schon erwähnt, der Principal Kuehlmann. Er war
fast alle Jahre in Prag. Anno 1689 am 20. Mai schrieb er
wieder eine seiner Jammer-Supplicationen an das Gubernium.
Diesmal hatte ihn eine unvorhergesehene Hoftrauer ruinirt. Er
schilderte seine triste Lage in drastischen Farben. „Ew. Exc. und
Gnaden," schrieb er, „Thun hiermit vor die hohe gnadt vndt
gnädigst ertheilte bewilligung, so daß Ich mit meiner Compagnie
verwichene hayl. Osterfeyertage deren Comedien einen Anfang hatte
machen mögen, unterthänigen, demütigen Danck erstatten. Weillen
aber der Höchst betrüwende Tobtesfall Jhrer Durchl. der Kaßerl.

Erzherzogin dazwischen kommen, Wodurch nit allein der Mufica
vndt andern fröligkeiten fondern auch die comedien biß auf weitere
Allergnädigfte Kayf. Refolution aufgehoben vnd verfchoben worden,
Ich aber in Verläßlicher Hoffnung obengenannten Gnädigften Erlaubnus des Agirens mit meinen Leuthen, gegen 20 Perfhonen
beftehent anhero kommen, zu dato aber noch keinen Anfang machen
dörffen, fondern mit Schweren Vncoften vns fehr kümmerlich auß=
halten, Ja mit Verfetzung Eigener Nothurffts= vnd Comedia= Mobilien Schier gäntzlich verzehren müßten — Solchem allenach
gelanget an Ewer hochgräffl. Exc. vndt Gnaden mein vndt der
gantzen Compagnie gantz unterthänig gehorfambftes anfehen vndt
bitten, die geruhen in Gnädigfter Erwegung Unßers fo großen
Vncoften lafts vndt Schadens, vns die große gnade zu erzeugen
vndt gnädigft zu Erlauben, daß Wier Wenigftens auf dem mit=
leren Pfingftfeyertag zu agiren anfangen dörften. Gehorfambft
Verfichernd, daß biß zu einer fröhlichen Zeit allein dergleichen
anmuthig actionen, die keinen frechen nachklang in fich halten,
vorgeftellet werden folle. Zu gnädigfter Bittgewehrung mich gehorf.
vertröftend Ew. hochgräffl. Exc. vnd Gnaden Gantz unterthänigft
gehorfambfter Jacob Kuhlmann, Principal der Bande Comedianten."

Im Juli 1689 kam ein neuer Klagebrief Kuehlmann's
an. Die Statthalterei hatte namentlich aus Rückfichten der Feuer=
gefährlichkeiten Bedenken gegen die Vorftellungen, und Kuehlmann
reichte wahre Jammergefuche ein, um die Herzen der Geftrengen
zu erweichen.

Am 11. Juni 1689 klagte er, daß ihn im vorigen Jahre
die Hoftrauer in großes Elend geftürzt habe. Er habe fchon über
200 fl. Schulden, die Gläubiger aber hätten nicht allein feine
Sachen, fondern auch ihn und alle feine Leute perföhnlich verarre=
ftiret. „Man möge ihm alfo in feinem gegenwärtigen elenden und
armfeligen Zuftande, der ihn an den Bettelftab bringe, beizuftehen."

„Ich verfpreche," fchrieb er, „nicht allein bey diefer beforg=
lichen Zeit das Feuer fleißig Verwahren und auch die darzu Be=
ftelten Leute auf das ficherfte in Acht zu nehmen, fondern auch
das Liebe Armuth Von dem einkommende Gelde Wöchentlich nach)

möglichkeit zu bedenken." Auf der Statthalterei wurde ihm münd=
lich bedeutet, daß man „billiges Bedenken trüge, bey diesen anjetzo
betrübt und feuergefährlichen Zeiten dem petito zu deferiren, sie
sollten es anderweitig mit exhibirung der Comedien versuchen. —
Am 21. Juli machte Kuehlmann, der sich nun als „Director einer
Bande hochteutscher Comoedianten" zeichnete, einen nochmaligen
letzten Versuch mit einer Bitte um Licenz. Er jammerte, daß seine
Gläubiger nun ihn mit Weib und Kindern und allen seinen Leuten
„scharff verarrestiret und nicht von dannen ziehen laßen". Die
Statthalter möchten sich endlich „eines armen in das größte Un=
glück gestürzten Mannes (welcher schon mit seinem Weibe und
theils unerzogenen kleinen Kindern in dem herbeynahenden ziem=
lichen Alter nach dem Bettelstabe greifen müßte) um Gottes
Barmherzigkeit willen erbarmen und ihm einige Comoedien er=
lauben".

Er werde Gott „mit gebogenen Knien" anflehen, die Statt=
halter hiefür „mit allen Vergnügten Wohlwesen reichlich undt
mildt Vätterlich zu überschitten".

Umsonst! Es blieb bei dem mündlichen ablehnenden Bescheid.

Und vier Jahre später, im November 1693 war Jacob
Kuehlmann, der trotz Noth, Elend und Schulden unverwüstliche
Principal, wieder in Prag. Er und „Christoph Schabuer, Schrifften=
steller", offenbar der Dramaturg der Truppe, brachten am 9. Nov.
ein Gesuch an die Statthalterei ein, worin sie meldeten, sie hätten
im September die Bewilligung zu Vorstellungen in Prag nach
Schlesien, wo sie damals agirten, zugestellt erhalten, sich auch
straks mit „einer wohlexercirten baudt Commoedianten, vndt mit
schönen Kleidern auf die reiß gemacht", wegen des „ungestümen"
Wetters aber sich mit ihren Leuten verspätet, so daß inzwischen
der Platz im „alten Gericht" von einer anderen Truppe besetzt
worden sei. Unter Hinweis darauf, daß er bei einer großen
Feuersbrunst in Prag 100 Reichsthaler Schaden gehabt und auf
seiner Reise in große Unkosten gestürzt worden sei, suchte er an,
auf der Kleinseite oder wenigstens nach der Adventszeit in Prag
spielen zu dürfen.

Das Gesuch wurde bewilligt, und die Concurrenz scheint der im „alten Gericht" spielenden „hochteutschen und Wienerischen Komödianten-Banda" wenig behagt zu haben. Am 16. Nov. klagt diese Truppe wenigstens, daß die neuangekommene Bande (also offenbar die Kuhlmann'sche) an ihren bisherigen zwei Spieltagen, Donnerstag und Sonntag „den anfang mit einer solchen menge zu sehen gemacht habe, daß sie in dißen zweyen Tagen mehr als sie (die Wienerische Truppe) in 14 Tagen bekommen", erlangt hätten. Deshalb stellte die Bande im alten Gerichte die Bitte, nur noch drei oder vier Komödien „ohne der anderen Compagnie" (d. h. also ohne Concurrenz) spielen zu dürfen, damit sie die eigenen Leute, den Zimmermeister und den Platz bezahlen und nach Wien reisen könnten, sonst müßten sie an den Bettelstab gerathen. Dies wurde ihnen abgeschlagen.

Schabner, der „Schrifftsteller" der siegreichen Kuhlmann'schen Bande, bat, auch während der Adventszeit mit geistlichen Komödien die Vorstellungen fortsetzen zu dürfen. Man verwies ihn an die geistliche Behörde.

Kuhlmann spielte noch weiter in Prag, aber aus seinen Schulden kam er sein Lebtag nicht heraus. Im J. 1694 scheint er sein Theater auf der Kleinseite errichtet zu haben, und eine Anzahl von Gläubigern heftete sich ihm dort an die Fersen, um ihn nicht aus dem Auge zu verlieren und eine vorzeitige Abreise zu verhindern. Am 1. Febr. 1694 stellten die Prager Juden Isaac Frischl und Töplitzer das Ansuchen, die Kleinseitner Stadthauptmannschaft möchte die Komödianten, bevor Kuhlmann und seine Eheconsortin Anna Barbara Kuhlmannin nicht die noch seit 1689 schuldigen 139 fl. 48 kr. bezahlt haben würde, nicht nach Dresden abreisen lassen, wohin sie sich begeben wollten. Die Sache ist hoffentlich in Ordnung gebracht und der „Banda" der Abzug gestattet worden.

VI.

Deutsche und wälsche Hanuswürste und Komödianten.

(Fortdauernder Verfall des Schauspiel= und Schauspielerwesens. — Italie=
nische Stegreifpossen. — Comici italiani. — Deutsche Komödianten. —
Erster Streit um das Prager Theater=Privilegium. — Banden im Badsaal.
— Antonius Geisler und Joh. Heinr. Brunius. — Geisler und Rademin.
— Erste privil. Truppe. — Joh. Franz Deppe. — Ital. und engl. Luft=
springer, französische Komödianten. — Joh. Heinr. Brunius allein. —
Wilh. Callebrun. — Tommaso Ristori. — Der Pantalone Leinhas.)

Der Zustand des Schauspielwesens in Prag gegen Ende des
17. und zu Anfang des achtzehnten Jahrhunderts war ein recht
trister, so trist, wie eben die Verhältnisse der dramatischen Dichtung
und Kunst in ganz Deutschland und vielleicht noch etwas schlimmer.
Die Stegreifkomödie und die Haupt= und Staatsaction, ein dra=
matischer Aufbau, in welchem der ernste und vielleicht auch gute
Kern mit allerlei tollen Harlekinaden, mit Effecten, welche aus der
florirenden Oper herübergenommen waren, phantastisch aufgeputzt
war, dominirte. Die „regelmäßigen Stücke" — meist Übersetzungen
französischer Tragödien — welche wenigstens von einzelnen künst=
lerischer denkenden Principalen, namentlich Velthen, in Aufnahme
gebracht worden waren, waren wieder ganz von der wüsten
Burleske und der gespreizten Haupt= und Staatsaction in den
Hintergrund gedrängt worden. Die Improvisation waltete vor;
wenn man auch mitunter die Improvisationen der Schauspieler
zu Papiere brachte und daraus eine Art Dirigirbuch und einen
Behelf für minder improvisationsgeübte Schauspieler bildete, so
war doch in der Hauptsache der Text und die Anordnung der
Stücke der Willkür der Schauspieler überlassen, welche sich die
Sache nach ihrer Weise und dem größtmöglichen Effecte zurecht=
legten. In den Scenen, welche der Possenreißer, der Harlequin,
beherrschte, kannte die Improvisation schon gar keine Grenzen, und
die rohe Zote feierte wilde Orgien. Bei den Haupt= und Staats=
Actionen war wohl der Dialog angedeutet, aber den Acteurs freier
Spielraum zur beliebigen Ausarbeitung gewährt. Was es dabei

für Blödsinn, Rohheit und Geschmacklosigkeiten absetzte, läßt sich
denken. Die Stücke gingen oft völlig aus den Fugen, und die von
den deutschen Dichtern im Stiche gelassenen deutschen Schauspieler
verkamen künstlerisch völlig. Die Spielweise war unnatürlich, ma-
nierirt, zügellos. Die Frauenzimmer, welche nach dem Muster der
italienischen Oper auch in das Schauspiel herübergenommen waren,
mochten zwar geeignet sein, die Zugkraft der Stücke zu erhöhen,
aber den Stand der Schauspieler hoben sie nicht. Sie machten
sich zunächst durch zweideutige, kecke Tracht und Gesten bemerkbar,
zogen das Interesse von der Sache selbst ab, wenn auch wieder
andererseits die Unnatürlichkeit der Verwendung von Knaben für
allerlei Frauenrollen durch diese Einführung des Damenelements
behoben wurde. Der Charakter des Schauspielwesens trug also
allgemeine Verwilderung zur Schau. Bemerkenswerth ist das
immer energischere Vordringen der „lustigen Person". Schon in
den Mysterien und Moralitäten hatte sie nicht gefehlt: dort
trug sie Hörner und Schwanz des Teufels oder sie trat als
Bote und Herold auf. Im Fastnachtsspiel war der „Narr"
mehr Tölpel, Flegel und Schelm als „Hanswurst"; er trug
Eselsohren oder er war die Verkörperung aller Frechheit und
Hinterlist. „Hanswurst", wie später allgemein der deutsche Possenreißer und Narr genannt wurde, hieß er noch nicht, nur ein
„Wursthans" ohne die Eigenschaften des Hanswurst kommt bei
Hans Sachs vor. Der geschmeidige, flinke italienische Arlequino
oder Harlekin und der häßliche, von Arlequino ewig geprügelte
Pulcinella kamen auch schon lange, bevor noch die späteren italienischen Stegreifspiele bei uns gang und gäbe wurden, in Deutschland zur Geltung.

Am meisten Eindruck aber machte der von den Engländern
importirte Clown, die Verkörperung der groben, realistischen Komik
im Gegensatze zu der feineren, witzigen des „Narren". Der englische
Clown, der im Stück und in den Zwischenacten seine Allotria
trieb und zuerst vom Herzog Julius v. Braunschweig als Johann
Bouset oder Johann Clant eingeführt wurde, spielte fast in allen
zeitgenössischen Stücken als „Jahn der Kurzweiler" (Jacob Ayrer

behandelte den Jahn oder Jan mit großer Sorgfalt), Jahn Clam, Jahn Moliter, Jobel, Claus der Narr u. f. w. eine Hauptrolle.

Er war der Possenreißer, Prügelaustheiler und Prügel= Empfänger. Viel niedriger als der englische Clown stand der niederländisch-deutsche „Pickelhäring". Er parodirt die ernste Handlung des Dramas, wie er es z. B. als „Hans Knapkäse" im Drama von der Königin Esther machte, brachte überall, wo es nur halbwegs anging, seine rohen und platten Zoten an, unterstützt alles Schlechte namentlich untreue Weiber. Wollte man ein Stück recht anziehend machen, so durfte auf dem Zettel nicht das Versprechen fehlen: „allhie agiret Pickelhäring".

Eine wesentliche Concurrenz machte dem niederländisch-deutschen Pickelhäring der bereits erwähnte italienische „Arlequino", der mit den italienischen Stegreifspielern nach Deutschland kam. Er war zuerst ebenso wie Pulcinella — bei den Franzosen „Polichinell — ein Maskencharakter und zeichnete sich durch seine bunte Tracht aus, die auch auf den Bajazzo und den deutschen Hannswurst überging. Der französische Pierrot mit seinem weiß übertünchten Gesicht, dem breiten Mund und den carmoisinrothen Backen, der im Circus noch jetzt seine Rolle spielt, ist eine Ver= schmelzung von Arlequin und Pulcinella.

Die italienischen Stegreifspieler wurden den deutschen Truppen bald sehr gefährlich. Sie überschwemmten Deutschland, und die von ihnen importirten Charaktere des Pantalone (der gefoppte Alte), Arlequin (der lustige Hannswurst), Colombine (das kecke, heitere Kammerkätzchen), Brighellas, Leander's, Scapins wurden populäre, stabile Burleskenfiguren. Das gebrochene Deutsch, welches die Italiener sprachen, machte sie in den Augen des Volkes nur noch komischer. Sogar die Witwe Velthen's, welche nach dessen Tode die Prinzipalschaft der „berühmten Bande" weiterführte, sah sich genöthigt, ihr Burlesquen=Repertoire zu itali= anisiren. Arlequin war immer auf der Bühne, persiflirte mit seinen „lazzi" ernste Vorgänge, und sorgte bei den Haupt= und Staats= actionen durch lustige „Nachspiele" dafür, daß das Publicum nach den blutigsten Actionen in rosigster Laune nach Hause ging.

Die erste wälsche Komödiantenbande, deren Erscheinen in
Prag sich actenmäßig sicherstellen läßt, ist die eines gewissen
Giovanni Nannini.

Am 27. Juni 1686 suchten nämlich von Nürnberg aus eine
wälsche Komödianten-Bande („Campania de Comici Italiani"),
welche angab, auch in Diensten des Churfürsten von Baiern
gestanden zu sein, beim Kleinseitner Magistrat um die Erlaubniß
an, während des Margarethen-Markts auf der Kleinseite „publice
ihre actiones exhibiren" zu dürfen. Der Principal nannte sich
Nannini Giovanni, war „von unterschiedlichen Cavalieren und
Kaufleuthen an einige respective hohe Ministros und handelsleuthe"
recommandirt und führte folgenden churbaierischen Paß bei sich.

„Von Gottes Gnaden Wir Maximilian Emanuel in Ober=
und Nieder-Bayern auch der Obern Pfaltz Herzog, Pfaltzgraff
bey Rhein, des hl. Röm. Reichs Ertz-Truchseß und Churfürst,
Landtgraff in Leuchtenberg Entbitten allen und Jeden etc. etc.,
Gruß und gnade zuvor. Demnach gegenwärtiger Joann Nannini
et Cons⁵ Wälsche Commedianten, welche sich eine Zeit lang bey
Unserem Hoff aufgehalten, Von hier nachher Sachßen verreißen.
Als ist: an die auswerthigen Unser gebührendes ersuchen, den unßri=
gen aber befehlen Wir gnädigst gedachte Commoedianten sambt Ihrer
Bagage, aller orthen, Frey., Sicher und ungehindert (zumahlen
in Unsren Landen durch die Gnaden Gottes frisch und gesunter
Lufft ist) passiren zu laßen, auch derselben allen beförderlichen
willen zu erweißen . . . . . . etc. etc. Geben in Unßer Haubt-
und Residenzstadt München 8. Mai anno 1686."

Wir glauben nicht zu irren, wenn wir diesen Giovanni
Nannini mit jenem wälschen Hanswurst identificiren, von dessen
Erscheinen in Prag in einigen älteren und neueren Fragmenten
oder Essais über die Prager Theater-Vergangenheit der Beginn
des Schauspielwesens in Prag überhaupt datirt wird. Man hatte
sich eben nur mit vagen Vermuthungen begnügt und diese zumeist
auf eine anno 1773 erschienene anonyme Brochüre „Über das
Prager Theater" (Prag, in der Mangoldischen Buchhandlung, 1773)
gestützt, welche ganz unzuverlässige, oft gänzlich unrichtige, nach

dem bloßen Hörensagen niedergeschriebene Daten über ältere
Prager Theaterverhältnisse gibt. Diese Brochüre verlegt das Erscheinen des „ersten Histrio", wie sie den wälschen Principal bezeichnet, in das Jahr 1690. Diese Differenz von 4 Jahren
mit dem thatsächlichen Erscheinen des Nannini (1686) kann uns
nach dem Wirrwarr in puncto Jahreszahlen, der auch sonst in
der Brochüre herrscht, nicht beirren.

„Im Jahre 1690," schreibt dieser alte Chronist, „war es,
da der erste Histrio — denn mit dem Namen Schauspieler dürfte
man der Würde des Wortes wohl zu nahe treten — mit geprüftem
Muthe, Melpomenen und sich auf flüchtigen Rädern nach Prag
führte. Aber theurer Mann! Wie klein war Dein Gefolge, wie
niedrig Dein Hofstaat. Der Principal selbst in der erlauchten
Person eines wälschen Hannswurst, sein Diener ein treuer Pierrot,
sein Vater ein ehrwürdiger Pantalon, die Frau Gemalin eine
verschlagene Colombine, eine Hofdame und ein Hofcavalier, die
in dem Hause der ersteren die Küche und den Hausdienst versahen,
dies waren die Priester und Priesterinen, die sich dem Tempel
Thaliens und Melpomenens zuerst (?) in Prag weihten. Unsere
Vorfahren aus der ersten Classe der Menschen fuhren mit wälschen
Ohren in die Schauspielhäuser; die zweite Classe, eine treue Copie
der ersten, trabte neben den Rädern und wiederholte mit herzlichen
Lachen die Späße Harlequins, über die der Weise in der Kutsche
nur lächelte. Der „schwarze Löwe" auf der kleineren Stadt Prag
(heutzutage Nr. 379—III), damals ein Ballhaus, hatte das erste
Mal die Ehre, eine beinahe nicht zu fassende Menge wälscher
Ohren zu vergnügen. Auch ward der Ruf und die Ehre dieses
ersten Helden ein ganzes Jahr lang durch eine belohnende Menge
von Zuschauern unterhalten, bis endlich ein deutscher Charlatan
einen ganzen Haufen deutscher Gaukler auf einem Karren zum
„goldenen Stern" in der Alten Stadt Prag führte . • . . .

Der wälsche Hannswurst hatte also großen Zuspruch in
Prag, was bei der Vorliebe des Adels und der Intelligenz für
alles „Wälsche", Italienisches und Französisches, begreiflich war.
Die italienische Oper war ja schon die Lieblings-Unterhaltung der

Höfe geworden, auch in Prag kannte und schätzte man sie. Die Kenntniß der italienischen Sprache war unter den Vornehmen und Gebildeten sehr verbreitet, so daß schon ca. 1670 die aus Italien stammenden reformirten Franciscaner („Riformati") in ihrem Kloster bei Maria Schnee in Prag unter großer Theilnahme italienische Vorstellungen arrangiren konnten.

Der deutsche Hannswurst, welcher den wälschen von Prag abdrängte, ist von alten Chronisten zu einer gewissen Celebrität gestempelt worden, ohne dass aber ein Wort über seinen eigentlichen Namen und seine Truppe verlautete. Auch die Acten des Gubernial-Archivs zeigen im letzten Jahrzehnt des 17. Jahrhunderts eine auffallende Schweigsamkeit und merkbare Lücken.

Wir haben außer den Acten der Truppe des Jacob Kuehlmann, welche von 1689 bis 1694 mehre Male nach Prag kam und sich längere Zeit hier aufhielt, im Gubernial-Archiv nur noch ein vom 6. März 1690 datirtes Concessionsgesuch einer deutschen Truppe gefunden. Unter diesem Datum reichten nämlich die gesammten fürstl. Eggenberg'schen Comoedianten *) denen ihr Fürst erlaubt hatte eine Zeitlang anderweitig zu agiren, ein, nach den Osterfeiertagen einige Komödien, „so in lauter Ehrbarkeit bestehen und keine ärgernus nach sich ziehen", in Prag produciren zu dürfen. Im Übrigen finden wir aus der Zeit von 1690 bis 1702 nur noch eine Banda, welche sich aber vornehmlich mit Marionetten producirte, was allerdings nicht ein Repertoire mit „lebenden Personen" ausschloß. Italienische Stegreifspieler und auch deutsche Wandertruppen führten ja oft, um in ihre Vorstellungen Abwechslung zu bringen, außer den eigentlichen Schauspielen noch Tänzer, Pantomimiker, Equilibristen und — Marionetten mit, und spielten an dem einen Tage mit Holzpuppen, an dem nächsten mit „lebenden Menschen", deren Actionen aber mitunter den Marionettenspielen nicht gerade vorzuziehen waren.

Die erwähnte Banda mit Marionetten unterstand dem Principal

---

*) 1692 besuchte die fürstl. Eggenberg'sche Komödianten-Compagnie unter dem Principal Joh. Carl Samenhofer auch Wien.

Johann Helferdings.*) Die Stadthauptmannschaft berichtete
unterm 29. Sept. 1698 der Statthalterei über die Vorstellungen des
Helferdings im Kleinseitner Badsaal,**) „daß daselbst mit Klei=
dern ausstaffirte Statuen seien, die sowohl Cavaliers= als Dames=
Personen vorstellen, daß dabey nichts ärgerliches zu sein scheine,
undt ihme, womit Er bei Producirung derselben in Wörtern nichts
scandalöses vorbringet, Von Ambtswegen inhibiret werden kann",
die Statuen seien mit Draht derart eingerichtet, daß sie „ihre
Commotion machen und vivam vocem" (lebende Stimme) von
sich geben.

Man nannte solche Marionettenspiel auch die „kleine opera"
zum Unterschiede von den Actionen lebender Personen.

Ob es eine dieser Truppen, die Kuchlmann'sche, fürstl. Eggen=
berg'sche oder der Helferdings'sche war, die mit derjenigen zu
identificiren ist, von welcher der citirte Theaterchronist berichtet,
muß sehr dahingestellt bleiben. Nach seiner Angabe hätte der be=
rühmte anonyme deutsche Hannswurst sogar Memoiren geschrieben,
deren Inhalt mit den „Memoiren" anderer Hanswürste derart
übereinstimmt, daß man beinahe glauben könnte, er habe in einer
einzelnen, angenommenen Person die ganze Species charakterisiren
wollen.

Zu diesen Memoiren gesteht der deutsche Hannswurst, daß,
„wenn er nicht eine Schellenkappe aufgesetzt, bei der Abkündigung
eine Brille über die Nase gehangen, statt den Zaum den Schweif
des Pferdes in die Hand genommen, geschnarrt, gelispelt oder
durch die Nase geredet, wenn er nicht unter den Pfeilern der
Brückenthore oder auf anderen öffentlichen Plätzen ein gemaltes
Bild ausgehangen, worauf alles das Wunderbare des zu gebenden

---

*) In Eduard Devrient's „Geschichte der deutschen Schauspielkunst"
(1. Band) finden wir zwei Principale des verwandten Namens „Hilverding":
Peter Hilverding aus Salzburg, der 1685 in Wien agirte und Jos. Hilver=
ding, der 1706 mit Jos. Stranitzky associirt war.
**) Marionettenspieler und auch Komödianten benützten am häufigsten
die Ballhäuser der Städte oder eigens erbaute „Buden" zum Schauplatze
für ihre Vorstellungen.

Schauspiels mit lebhaften Farben aufgetragen worden, und wenn
er nicht gedruckte Zettel über die Hälfte mit Rodomontaden aus=
gefüllt, ankleben lassen, sogleich ein merklicher Schaden bei der
Einnahme bemerket worden." „Auch machte" — so fährt unser
Chronist in der lebhaften und drastischen Schilderung des deutschen
„Charlatans" fort — „der Deutsche seiner Jacke nicht wenig Ehre;
alle Zweideutigkeiten, Wortspiele, alle Ausdrücke, die die Sittsam=
keit und Schamhaftigkeit beleidigen konnten, hatte er so völlig in
seiner Gewalt, daß ein wohlangesehener dicker Rathsherrr jener
Zeit, der über beständige Obstructionen klagte und eine Gattung
Gelehrter, die sich über Etymologien und Annalen hypochondrisch
geschrieben, täglich dergestalt erschüttert wurden, daß sie ohne einen
Gesundbrunnen oder sonst eine Leibesbewegung zu Hilfe genommen
zu haben, völlig wiederhergestellt worden. Niemand machte einen
so ansehnlichen Doctor Faust, und Niemand fuhr mit Wagnern so
schnell durch die Luft, als wenn der Herr Principal selbst der
Teufel war. Gewissenhafte und nicht freigeisterisch gesinnte Leute,
die dergleichen Geschichten mit angesehen haben wollen, wo Beelze=
bub ein paar Kinder, die während des Gottesdienstes in der
Kirche die Charte gespielt, zum Fenster hinaus durch die Lüfte
geführt, vorhero aber wohlbedächtlich Blut und Gehirne dieser
Unglücklichen an einen Pfeiler geschleudert und dabei ein Pferde=
huf= und Menschen=Fußtapfen zur lehrreichen Warnung hinter=
lassen haben soll, behaupten, daß außer dem Pferdefuß der Teufel
selbst nicht ärger ausgesehen noch schneller gefahren habe. Nie=
mand als er war so berühmt in Erfindung künstlicher Maschinen
zu den beliebtesten Zauberkomödien und ein beinahe hundert=
jähriger Landmann versicherte mir noch gestern, daß dieser Mensch
etwas mehr als andere gewußt habe. Denn, ohngeachtet er wohl
die Stricke und Menschen gesehen, die die Verwandelungen be=
wirket, so sei doch Alles mit einer so bewunderungswürdigen Ge=
schwindigkeit zugegangen, daß ihm sein Gewissen dergleichen Künste
mit anzusehen nicht mehr gestatten wolle; vor einem Jahre erst
habe er es sich wieder einfallen lassen, einer Zauberkomödie beizu=
wohnen, um sich zu überzeugen, ob es denn wahr sei, daß Künste

und Wissenschaften seit kurzer Zeit in seinem Vaterlande so empor=
gekommen. „Aber das soll eine Zauberkomödie sein!" rief er
wiederholt aus. „Nein, anno 1690, da ich noch ein großer Junge
war, da ich erst anfing zu leben, zu denken, da ich das erstemal
eine Komödie sah, war es zehn, ei, was sage ich, hundertmal
besser!" Von einer so ansehnlichen Beschaffenheit war also das
deutsche Schauspiel unter dem ersten Director desselben. Nach
Regeln gearbeitete Stücke, die man zugleich der Presse übergeben
können, Übersetzungen aus dem Französischen, und alles was man
sich in anderen Provinzen Deutschlands um diese oder der bald
darauf folgenden Zeit zum Vergnügen der Zuschauer bediente,
kannte man in Prag noch gar nicht (?). Da aber beständige Farcen
und ein ewiges Lachen dennoch den Beifall vermindert und das
Publicum ermüdet haben würden, so mußten biblische Geschichten
die Stellen der Dramen und Trauerspiele vertreten, worin aber
dennoch immer Hannswurst die Hauptperson war. Zum 21. Male
ward der verlorene Sohn, ein Drama dieser Art mit allgemeinem
Beifall aufgenommen, und wie konnte er fehlen, da sich die lustige
Person mit einem Heiligen und dem Teufel zugleich im 2. Act
wacker auf den Brettern herumprügelte. Für so ansehnliche Ver=
dienste des deutschen Hannswurst erfolgten auch ansehnliche Beloh=
nungen und es scheint, daß erst nach langer Zeit der so billige
Gedanke, nur den ausländischen Künstler durch Beloh=
nungen anzumuntern, bei unseren Vorfahren Platz ge=
griffen. *) Nachdem er 3 Jahre zur Belustigung aller schönen
Geister beiderlei Geschlechter das Seinige beigetragen, so setzte er
sich hieselbst Ruhm= und Ehrenvoll als ein bemittelter Bürger
zur Ruhe häuslich nieder und hinterließ bei seinem mit allgemeinen
Leidwesen erfolgten Hintritt noch ansehnliche Summen, die er
während der Zeit seiner unumschränkten Herrschaft über diese Art
von Lustbarkeiten ergaukelt. Nach ihm bestrebten sich Wälsche und

*) Eine malitöse Anspielung des Chronisten, welcher im J. 1772 auch
in Prag als Recensent wirkte, auf die im 18. Jahrh. agrassirende Vorliebe
der Deutschen für alles Ausländische, speciell die französische Komödie und
die italienische Oper.

Deutsche in verschiedenen Häusern der Prager Städte gleichen
Ruhm und gleiche Glücksgüter davonzutragen, aber trotz aller
Nachahmungen, Verleumdungen und Verkleinerungen bleibt dieser
Held der böhmisch-theatralischen Geschichte Hanswurst der Große.
Zwar sagt die Theater-Chronik, daß vier Jahr nach ihm sich
einer so sonderlich hervorgethan, daß auch einige dafür gehalten,
er habe noch diesen übertroffen; aber, da ich mir die Mühe gab,
verschiedene Manuscripte und der gelehrten Welt bisher unbekannt
gebliebene Documente nachzuschlagen und sie aus ihrer unleserlichen
Schreibart zu entziffern, fand sich, daß er diesen Ruhm nicht der
vielvermögenden Kraft seines eigenen großen Genies zu verdanken
gehabt, sondern einer wälschen Sängerin, die ihm jederzeit, wenn er
zur Bewunderung auf die Bühne trat, mit einem niedlich spielenden Fuße und buhlerischen Blicke auf das Parterre secundirte...."

Am ehesten könnte es die Jahre hindurch in Prag eingebürgerte
Truppe des Principals Kuchlmann gewesen sein, welche unter
dieser Banda des berühmten Hanswurst verstanden werden könnte;
aber die Angabe der Chronik, daß sich dieser Hanswurst als
behäbiger, wohlhabender Bürger in Prag niedergelassen und der
Kunst entsagt habe, stimmt nicht mit dem Factum des „schulden-
belasteten" Abzugs Kuchlmann's aus Prag.

Das gewöhnliche Schauspielhaus der nach Prag kommenden
Wandertruppen war, wie wir gesehen, das „alte Gericht" am
Eiermarkt. Das hatte sich allmälig zur Regel herausgebildet,
andere Localitäten kamen nur ausnahmsweise in Betracht. Der Magistrat betrachtete nachgerade das der Altstadt Prag gehörige Haus
„zum alten Gericht" als das privilegirte Komödienhaus, und schon
im J. 1702 kam es wegen dieses Privilegiums zu einer großen
Proceßaffaire in Prag.

Eine Komödiantenbande hatte sich statt im „alten Gericht"
in dem Hause „bei drei Kronen" (Rittergasse Nr. 408—I),
dem Bürger Raphael Besolt gehörig, niedergelassen. Der Hausbesitzer hatte das Haus, damals ein Gasthaus, neu herrichten
lassen, darin ein Theater aufgebaut, den Komödianten Costüme
angeschafft, und die Vorstellungen hatten auch unter großem Zulauf

7

des Volks begonnen. Da verbot der Magiſtrat das fernere Spielen und der Bürgermeiſter bedeutete Beſolt perſönlich, die Vorſtellungen hätten in dem privil. „alten Gericht" ſtattzufinden.

Beſolt richtete am 5. Jänner 1702 eine Klageſchrift an die Statthalterei, in welcher er ausführte: „er habe auß einem alten Verwüſten bey drey Cronen genannten, auf der kgl. alten ſtadt Prag gegen den Kotzen herüber ſituirten unbt Thewer erkaufften gaſt= hauß, recht zuſagen einem holtz= und ſtein=hauffen, pro decore der ſtadt Prag wie notoriſch und jeder - männiglich zu ſehen iſt, mit großen Koſten ein bequemes Hauß aufführen laſſen in der Hoffnung, allmälig wieder die Koſten mittelſt jedem Bürger zu führen erlaubter nahrung zu erhalten." Als nun vor einiger Zeit ſich einige Komödianten in ſeinem Hauſe einlogirt, hätte er ihnen ein Theater aufgebaut, Kleider angeſchafft, die Spiele hätten auch Zulauff gefunden, aber auf einmal habe der Magiſtrat die Spiele verboten und der Bürgermeiſter Neumann ſelbſt ihm dies mündlich bedeutet. Er (Beſolt) habe gefordert, man möge ihm das Privi= legium zeigen, wornach bloß im alten Gericht „actus scenici exerciret" werden dürften, in dieſem Falle würde er dem Gebote folgen, „Widrigenſalß aber", führ er fort, „von meiner haußgerech= tigkeit, zumahlen da in dieſen meinem Hauß unbt anderen mehren bürg. Häußern vor viellen Jahren her derley actus publice geübt worden, nicht weichen würde." Ein Privilegium ſei ihm nicht ge= zeigt worden, dagegen müſſe er ſich, um ſeinen „bei dieſem Hauß angewandten ſauren Schweiß" nicht verluſtig zu werden, beſchweren, „als wieder ſeiner Hauß gerechtigkeit nichts attentiren ſollen". „Dahero gelanget an Ew. Ex. und Gnaden meine gehorſambſtes bitten", ſchloß Beſolt ſeine lange Supplication, „die geruhen zu verordnen, womit ich in possessione weder directe noch indirecte, gleichſam mit der Bedrohung des arreſts an den Comoedianten geſchehen iſt, nicht turbiret noch attentiret werden, ſondern bieß zu Ewer. Exc. und gnaden fernerer decision alles in status quo verbleibe, etc. etc."

Die Streitſache nahm immer größere Dimenſionen an. Der Altſtädter Magiſtrat war gegen den Hausbeſitzer Beſolt (auch

„Beßoldt" geschrieben) strenge vorgegangen und hatte die Komö=
dianten, die sich in seinem Hause etablirten, wie Besolt in einer
zweiten Klageschrift vom 16. Jäner an die Statthalterei darlegt,
förmlich in das alte Gericht hinübergezwungen. „Der Herr Bürger=
meister hat," schrieb Besolt, „den Comoedianten zu sich citiret
und ihme iterato sub poena arrestus, daß man ihn auf der
gassen, falls Er bey mir spiellen solte, aufheben würde, daß Spiellen
vntersagt vndt dahin zu bewegen getrachtet, daß Er Von mir
weiche, vndt in daß alte Richthauß sich begebe, auch zu dem endt
würcklich, ihme ein theatrum aufbauen laßen, wie dann derselbe auch
auß forcht des arrests sich dahin begeben wollen, ich aber pro manu-
tenenda possessione mea solches biß hero Verhindern müeßen."

Als Argumente führt Besolt an: „Es ist unleugbar, daß de jure
ordinario ein jeder bürger sein Hauß wansonsten daßelbe hie zufähig, zu
aller Ehrlichen nahrung, führenden ehrlichen exercitiis, zur fecht= reith=
Tantz=schul, comoedien=Spiellen und dergl. elociren Könne und möge, solange
hin wieder ein Special Von Jhro May. einen andern hauße verliehenes
privilegium nicht dociret wirdet, die ordinari Bürgerliche gerechtigkeit hier=
von nicht excludiret seye, dahero fahls Ein altstäbter Magistrat ihren alten
Richthauß oder gemein=häußern eine Specialgerechtigkeit privative ab aliis
neignen will, daßelbe per speciale privilegium von ihnen müeßte behaubtet
werden. Zumahlen notorisch, daß sowohl in meinen bey drey Cronen ge=
nanten hauße alß auch bey den goldenen rath noch vnter den Vorigen
poßeßoren, ehedem daßelbe an die gemeinde verfallen ist, ingleichen bey den
Schwartzen Beren, in den Salomon, bey den weißen Strauß von vndenk=
lichen Jahren her öffentlich commoedien Sayl=Tantzer, fechter und andere
scenicae personae gespiellet haben, und substituiret seye vndt hinwiederum
niemahlen die damahligen Herrn Bürgermeister sich opponiret haben . . .
Ich gestehe gar gern, daß das alte Richthauß privilegiret seye, daß darin
allein zu Jahrmarktszeithen Leingewandt verkauffet werde, aber dieser casus
privilegii ist nicht extra zu extendiren. Undt obgleich in diesen alten Richt=
hauß gemeiniglich derley actus celebriret worden, hieburch ist boch dieseu
hauß kein privilegium erworben, vndt seyn ebenfahls so guth in meinen
alß in bem alten Richthauß biese actus celebriret worden, abson=
berlich weilen baßelbe ein gasthaus ist, gestalten ban auch auf der Klein=
seithen im Baabt alß in einem öffent. gasthauß die comoedien täglich
gespiellet werden, welches hauß ebenfalls stante argumento Ein löbl. Altst.
Magistrat, daß bas alte Richthauß hiezu allein privilegiret wäre, in dieser
gerechtigkeit succumbiren würde . . ."

7*

Besolt suchte deßhalb an, die Statthalterei möge ihn in seinen
Rechten gegen den Magistrat schützen und die Spiele fortsetzen
lassen.*)

Der Magistrat machte in einer Vorstellung (12. Jän. 1702)
an die Stadthauptmannschaft geltend, „daß jede größere Stadt „über
haltende öffentl. Spectacula einige Specialia privilegia" haben
müsse, maßen es als eine polizey-Sach Von selbsten jeden Magistrat zustehen, darüber zu disponiren" und daß diese Spiele
über Erlaubniß der Magistrate allenthalben in von Altersher dazu-
gewidmeten Häusern praesentirt wurden.

„Gestalten denn auch," führte der Magistrat aus, „hier auf
der Altstadt das gemein-Hauß im alten Gericht genandt Von
Altershero darzue gewidmet ist und daselbst solche comoedien gespiellet worden, aller maßen uns auch darüber damit nichts unehrbares oder scandaloses darbey geschehe, genaue Inspection (so durch
unßer Sechs-Männer Amt Versehen wirdt) zuchalten obliegen
Thuet, welches sonsten in denen privathäußern nicht Beobachtet
sondern allerley lasterhafte Muthwilligkeit Verübet werden könnte."
Wäre es jedem gestattet, so hätte Besolt nichts davon, denn dann
könnte ihm jeder die Truppe abwendig machen. Der Stadt-
Magistrat halte sich an sein General-Privileg (Stadtrechte N. A.
3. §. 2) „qua consuetudine firmata sunt, pro lege obser-
vanda esse" (Was durch Gewohnheit eingebürgert ist, ist als
Gesetz zu beobachten.) Wenn bei „drei Cronen" früher gespielt
worden sei, so sei es höchstens während der Marktzeit, wo das
„alte Gericht" occupirt ist, oder bei Anwesenheit mehrer Banden
geschehen. Daß auf der Kleinseite, wohin die Jurisdiction des
Altst. Magistrats nicht reiche, im „Bad" gespielt werde, komme

---

*) Aus dieser Vorstellung lernen wir auch eine Reihe von Prager
Häusern kennen, in denen Komödienspiele ausgeübt wurden. Es waren:
Der Badsaal auf der Kleinseite, den wir schon früher als Komödienhaus
urkundlich festgestellt gesehen, die Häuser „zu drei Kronen" in der Rittergasse,
„beim goldenen Rad" (Rittergasse), beim „Schwarzen Bären" (Teinhof),
beim „Salomon" (Eckhaus Nr. 194—1. am Brücken-, jetzt Kreuzherrenplatz),
beim „weißen Strauß" (Kohlmarkt).

nicht in Betracht — dort sei eben kein taugliches Gemeindehaus
für Schauspiele vorhanden. Aus allen diesen Gründen beantragte
der Magistrat bei der altstädter Stadthauptmannschaft Abweisung
des Gesuch, in welchem Sinne die letztere auch an die Statthal=
terei referirte. Stadthauptmann Graf von Guttenstein bemerkte in
diesem Bericht, daß „nach unmaßgeblicher meinung solche Comoe=
dien oder andere öffentlichen Schauspiele nicht in einem jeden
privathauß sondern in dem alß von Altershero darzu gewidmeten
sogenanten Altengericht zu repräsentiren sei."

Wie die Affaire beigelegt wurde, ist leider aus den Acten
nicht zu ersehen, aber da es auch in der Folge noch manche solcher
Privilegium=Streitigkeiten gab, läßt sich annehmen, daß keine
prinzipielle Entscheidung gefällt wurde.

Von den Truppen, welche in dem ersten Jahrzehent des
18. Jahrhunderts in Prag spielten, mochte die des Friedrich S a r =
t o r i o die bedeutendste sein. Wir haben sie schon in einem früheren
Capitel, welches die älteste Periode der Prager Opern behandelte,
erwähnt, da sie vorwiegend die Oper cultivirte. Wegen der großen
Concurrenz von Seite einer gleichzeitig in Prag agirenden „hoch=
teutschen Comoediantenbande" hatte sich aber Sartorio genöthigt
gesehen, ein Compromiß mit den Rivalen einzugehen, sich mit
ihnen zu verbinden und nun abwechselnd Opern und „Comoedien"
aufzuführen. Er blieb etwa zwei Jahre (1703—1705) in Prag,
mußte aber dann doch der mächtigeren Concurrenz anderer Banden
weichen, über deren Wesen wir leider ohne sichere Nachrichten sind.

Im Gubernial=Archiv findet sich erst aus dem Jahre 1713
wieder ein Gesuch um einen Spiel=Consens, leider aber von einer
nicht namentlich bezeichneten Truppe. Am 12. Juli 1713 bat
nämlich eine „sämtliche Bande hochteutscher Comoedianten", daß
sie, nachdem ihnen der Consens „zur producirung einiger teutscher
Comoedien und zu Contentirung ihrer Creditores" bewilligt worden
sei, nun „in einer stärkeren Banda der sämbtl. Statthalterei mit
einer neuen Haupt=Action demüthigst aufwarten dürften"; sie „offe=
rirten und dedicirten" dieselbe den Statthaltern und hofften, „eine
sämbtliche hoch=löbl. Statthalterei bei ihrer Schaubühne zu sehen".

Sehr wahrscheinlich, daß diese Bande die Geißler-Rademin'sche war, welche sich in einem Gesuche vom 1. März 1714
ausdrücklich auf die im Vorjahre (also 1713) verliehene Concession
berief. Es war die erste Bande, welche ein ausdrückliches Privilegium für Prag erhielt und dieses Vorrecht wohl auch durch ihr
in Deutschland erworbenes Renommée rechtfertigte.

Geißler hatte mit Elenson; Judenbart, Salzhüter, Riese,
Saß, Schiebeler, Hubert, Benke, Stranitzky oder Schernitzky (dem
berühmten Courtisan) zur großen „Velthen'schen Banda", der hervorragendsten Deutschlands, gehört, hatte sich dann mit Judenbart,
Hubert und Elenson davongetrennt und war wahrscheinlich zu der
von Elenson errichteten neuen Banda übergegangen. Als Stranitzky, der große Hannswurst, seine eigene Banda in Wien errichtete, ward Geißler, wenn wir den bezüglichen Berichten glauben
dürfen, Theilnehmer daran. Die Gründung der Stranitzky'schen
stabilen Truppe in Wien im Ballhause der Teinfaltstraße, die
Errichtung eines ersten wahren Volksschauspielhauses in Wien, fällt
in das Jahr 1708, und an diesem Werke hatte auch der Licentiat
Radomin (Rademin?) als begeisterter Kunstfreund den regsten
Antheil. Joseph Stranitzky hat bekanntlich, indem er den wälschen
Harlekin zum alten deutschen Hannswurst zurückformte, die Traditionen des deutschen Fastnachtspiels neu aufleben ließ und die lustige
Person individualisirte, am wirksamsten die italienischen Komiker-
Banden aus dem Felde geschlagen und trotz deren Allmacht seiner
deutschen, wohldisciplinirten, freilich dem derben Volksgeschmacke
angepaßten Truppe das kaiserliche Privilegium erobert.

Ähnliches Glück hatten sein College Antonius Geißler
und dessen Compagnon Heinrich Rademin in Prag, wohin sie
wahrscheinlich 1713 kamen. Die Geißler'sche Banda, wahrscheinlich
aus Elementen der Stranitzky'schen gebildet, wird von Eduard Devrient neben den Truppen des Peter Hilverding (auch Pantalon de
Bisognosi genannt), Tilly, Markus, Brunius und der Witwe Feld
unter jenen genannt, welche hauptsächlich Bayern, Österreich, Salzburg, Steiermark, Mähren und Böhmen bereisten. Urkundlich
finden wir, wie gesagt, das erste Gesuch der Geißler-Rademin'schen

Bande vom 1. März 1714. Sie scheint aber bereits große künstlerische Erfolge in der Hauptstadt Böhmens errungen zu haben,
denn ihr Wunsch geht direct auf ein ausschließendes Privilegium
für Prag. Sie baten zunächst um Confirmirung der vorjährigen
Concession und daß ihnen gestattet werde, nach Ostern die Komödien wieder zu eröffnen. Die Principalen äußerten dann die
Absicht, sich dauernd in Prag niederzulassen und suchten deßhalb
ausdrücklich um ein ausschließliches Privilegium an.

„Und da wir auch," heißt es in ihrem Gesuche, „des willens sind,
wann wir die gnad erhalten könnten, uns nebst denen unsrigen beständig
allhier in Prag zur Bedienung Eines hiesigen hohen Abels aufzuhalten,
Alß gelangen an Ein hochlöbl. Governo unser demüthigstes suchen und bitten,
daßelbe geruhe uns gleich denen anderen Inwohnern nicht allein in dero
hohen schuz und Protection zu nehmen, sondern auch zu Einer special Gnade
uns allein mit praescindirung anderer compagnien die etwan anhero Kommen
und die Comoedien-recitirung sollicitiren mögten, diese gnädigste erlaubnis
ab exemplo derer in Wien wohnenden und beständig bleibenden Comoedianten, welche dieses beneficium auch genußbahr überkommen und zwahr
zu dem Ende, damit das Geld, was allhie Eingenommen wird, auch allhie
verbleiben, und wir nebst unsern Kindern, ob Zwahr müh- und spahrsam
doch ehrlich erhalten mögten, gnädigst zu conferiren, wohingegen wir uns
verpflichten, alle onera und praestanda sowohl wegen des accis alß waß
sonsten erfordert wird, wie vorhin also auch künftighin richtig und ohne
Ausnahme zu entrichten . . ."

Gezeichnet war das Gesuch „Antonius Geißler und Henricus
Rademin, Principalen der hier subsistirenden Comoedianten".

Dies Privilegium wurde in der That gewährt,*) und wie
wir sehen werden, auch mehre Jahre hindurch genau respectirt.

Im J. 1716 kam Antonius Geißler mit einem anderen
Compagnon, dem vorhin erwähnten Brunius, einem der bekanntesten Theaterprincipale Österreichs und Deutschlands.**) In
einem Gesuche vom 23. März 1716 baten nämlich „Antonius

---

*) Ein älterer Bericht verlegt das erste Erscheinen der Geißler-Rade-
min'schen Banda erst in das J. 1817, weiß aber nichts von der Gewährung
des Privilegiums. Diese Annahme hat bezüglich der Jahreszahl Manches
für sich; doch konnten wir einen urkundlichen Anhaltspunkt hiefür nicht finden.
**) Auch ein gewisser Christian Sathler wird als Compagnon genannt.

Geißler, Heinrich Brunius Comoedianten", nach Wieder=
eintritt der „fröhlichen Zeit" ihre gewöhnlichen Schauspiele wieder
aufnehmen zu dürfen. Es wurde ihnen gestattet, „wofern sie nichts
Scandaloses aufführen". Ein Attestat des Feldmarschalls und obristen
Spielgrafen, Max Ludwig Grafen v. Breuner vom 9. März 1715
bestätigte, daß „Joh. Heinrich Prunius nicht nur 1714 in Wien
gespielt, sondern auch nach Ostern 1715 wieder sein Theater er=
öffnen dürfte, da Prunius aber mit seinen Leuten nach Prag
gehen wolle, könne er ihn nur bestens recommandiren".

Am 27. Jänner 1716 berichtete die kgl. Stadthauptmann=
schaft der Kleinseite an die Statthalterei, daß im „Bad" die Ko=
mödianten (offenbar eine andere, nicht privilegirte Bande) wieder
zu spielen angefangen. Da nun aber ohne einen Special=Consens
des Guberniums dies nicht zuläßig sei und ein Consens nicht vor=
liege, frage man sich bei der Statthalterei deßwegen an, ob sie
nicht wegen voreiligen Anfangs „eine gutte Correction verdienet
hätten".

Am 1. März 1717 wurde einer Banda, wahrscheinlich der
Geißler=Rademin'schen, gestattet, die „vorigen Actiones, wann dabey
nichts scandaloses unterlaufe", nach Ostern wieder aufzunehmen.

Am 23. September 1717 meldete Johann Franz Deppe,
ein Principal, der Prag sehr anhänglich bleiben sollte, dem Guberno,
daß „Er, Einer Von denen Wienerischen Comoedianten nebst
anderen seinen Consorten" in Prag angekommen sei, „um Einem
hohen Adel sowohl in Italienischen Marionetten alß auch mit
Lebendigen Personen in Nach=Comoedien zur hochgnüglicher Distrac=
tion, indeme anjetzo nichts anders, dieweil die vorige Trouppe sich
nacher Breßlau gewendet, Einem hochl. Adel zur einiger Lustbahr=
keith aviret wirdt, in Herrn Mannhardtischen, in der Celtnergassen
so gelegenen Hauß, vorzustellen gesonnen" sei. Er bat, ihn wenig=
stens dort so lange spielen zu lassen, bis „die anderen Comoe=
dianten sich anmelden würden". Das Privilegium der Geißler=
Rademin'schen Bande wurde aber beobachtet, denn Deppe erhielt
seine Bewilligung von der Statthalterei nur mit dem Vorbehalt,
„daß er verbunden sein solle, der Geißler= und Rademinischen

Banda, sobaldt selbte wiederumb allhier anlangen wirdt, also gleich
zu weichen, mitten dieser Zeit aber nichts scandaloses aufzuführen
und nicht an freitag und samstag zu agiren".

Zahlreich sind die Nachrichten über Komödiantenbanden diverser
Cualität und Nationalität aus dem Jahre 1718. Die erste Truppe,
welche sich in diesem Jahre um einen Consens bewarb, war jene
des Principals Johann Caspar Haacke (in den Acten wäre auch
„Haade" zu lesen), eine der bedeutendsten Banden Deutschlands.
Joh. Caspar Haacke oder „Haak", wie ihn Devrient schreibt, war
Barbiergeselle in Dresden gewesen, dann als Harlekin zur Elen=
son'schen Banda übertreten, welche nach dem Tode des Principals
Elenson von dessen Witwe, einer schönen Hamburger Bürsten=
binderstochter, geleitet wurde. Die schöne Witwe fand Gefallen an
ihrem Harlekin, heirathete ihn und ihre Truppe nahm nun seinen
Namen an, erwarb das chursächsische und kgl. polnische Privi=
legium und machte der Bande der Witwe Velthen erfolgreiche
Concurrenz. In Frankfurt trafen 1711 bei Carl des IV. Kaiser=
krönung beide Banden zusammen, und die Haacke'sche blieb Sie=
gerin. Ein Bürger hatte ihr ein kostbares Theater bauen lassen,
die Hälfte der Velthen'schen Bande ging zu ihr über und Haacke
soll 22.000 fl. in Frankfurt verdient haben, die er in einer un=
glücklichen Campagne in Danzig wieder zusetzte. Die Haacke'sche
Bande zählte vorzügliche Mitglieder in ihren Reihen: Die Ehe=
paare Lorenz und Neuber, Hoffmann und Kohlhardt, letzterer ein
hochintelligenter Mann, der den „eingebildeten Kranken" zu seinen
Glanzrollen zählte und regelmäßige Stücke mit Vorliebe inscenirte.
In Prag suchte „Joh. Caspar Haacke, Principal von denen kgl. Pohl=
nischen und Churfürstl. Sachsischen Hofcommoedianten" am 3. Jänner
1718 um die Erlaubniß an, zu spielen, jedoch abermals mit dem
ausdrücklichen Vorbehalte, der Rademin=Geißler'schen Banda zu
weichen, falls diese nach Prag käme. Was er hier aufgeführt, da=
von ist uns keine Kunde erhalten, dagegen liegt aber in Ed. De=
vrients „Geschichte der deutschen Schauspielkunst" ein Zettel dieser
Banda aus Hamburg vor, den wir als charakteristisch für das Wesen
der Banda und der damaligen Kunst hier wiedergeben:

„Mit hoher obrigkeitl. Bewilligung werden heute zum ersten mahl die königl. Pohlnischen und Churfürstl. Sächsischen priv. Teutschen Hof-Comödianten denen respectiven Herrn Liebhabern Curieuser Teutscher Schau-Spiele, mit einer sehenswürdigen und Intriguanten Staats-Action aufwarten, genannt:

Nero

der sechste römische Kayser

In den ersten 5 Jahren seiner löblichen Regierung.

Oder

Die Beleidigung aus Liebe.

Mit Arlequin einem intreßirten Hof-Narren.

Spielende Personen sind:

Nero, der sechste römische Kaiser.

Octavia, dessen versprochene Braut.

Tiridates, ein König von Armenien.

Florisane, eine Prinzessin so dem Tiridates in Manns-Kleidern nach Rom gefolget.

Alindo, des Kaisers Liebling.

Paßqvina, eine närrische und verliebte Cammerfrau bei Hofe.

Arlequin, der Florisanen Bedienter.

Ein Knecht.

Etliche Bediente.

Den völligen Beschluß wird machen:

Ein lustiges Nachspiel.

Ter Schauplatz ist auf dem großen Neu-Markt hinter den 2 wilden Männern, in einer mit Dach-Pfannen bedeckten Bude, und ist das Dach reparirt, so daß die respective Zuschauer u. Zuschauerinen nicht mehr naß zu werden fürchten dürfen.

Die Person giebt par Terre 1 Mark, auf dem mittleren Platz u. auf dem letzten 6 Schillinge. Die Logen werden a parte bezahlt.

Haacke starb 1723 „an häuslichem und Directorialverdruß". Sein Nachfolger als Principal und Gatte seiner Witwe wurde der Schauspieler Carl Ludwig Hoffmann; Mad. Haacke selbst starb 1725.

Gleichzeitig mit Haacke spielte auch eine wälsche Bande in Prag.

Am 7. Jäner 1718 suchten nämlich „Cornelius Bonn, Laloß, Antonio Giemi, Annou, Rouphil und Rosidor" alß der italienischen undt englischen Lufft-Sprünger, dann

aus denen italienischen ins französische transferirten Comoedien-
Principalen, unter Berufung darauf, daß sie „in Wien in dem
Schauspielhause auf dem neuen Markt, in dem ganzen hl. röm.
Reiche in Gegenwart vieler König= und Churfürstl. Hofstädten agiret"
hätten, bei der Prager Statthalterei darum an, ihre „sehenswürdigen actiones" in der Faschingszeit aufführen zu dürfen und zwar
versicherten sie, daß ihre Actiones „ohne geringster ärgernus in
aller modestie bestehen, also daß hieburch weder Gott noch der
Nechste beleydigt würde". Sie erhielten die Bewilligung, im Manhartischen Hause spielen zu dürfen, nur nicht an Freitagen und
Samstagen. Rühmliches ist von der Banda gerade nicht zu ver-
melden. Unterm 17. Febr. 1718 wird der Statthalterei von der
Stadthauptmannschaft der Altstadt gemeldet, daß der Stadthauptmann sich veranlaßt gesehen habe, „den Claudium Rosidor, Comoedianten von hiesiger französischer Banda zu handen desselben Mit-
Comoedianten Cornelii Bon, Umb daß der Erste den anderen einen
gefährlichen stoß am Leibt Undt an der linken handt also zugefügt habe, daß Er an derselben Unbrauchbar geworden Ist", pro-
visorio modo et periculo partis" verhaften zu lassen. Rosider mußte
dem Beschädigten 50 Rthlr. und jene Discretion zahlen, die er von
der ganzen Banda wegen „Darleyhung der Comoedien-Kleyder"
prätendirt hatte.

Am 27. Mai 1718 suchte der in Prag schon bekannte Johann
Heinrich Bruniuß (Prunius), der sich jetzt „Comico Principale"
oder „Principal einer Bande hochteutscher Commedianten" unterschrieb und augenscheinlich von Geißler getrennt hatte, an, in der
Adventszeit „biblische Historien ohne einige ärgernus, je vielmehr
zur aufferbauung" geben zu dürfen, da auch in Wien in dieser
Zeit solche „Ehrbare Historien zu produciren" gestattet sei und beß-
halb der Gleichheit wegen, „pro paritate", in Prag ebenfalls gestattet werden möge. — Dies scheint abgelehnt worden zu sein, da
Prunius am 15. Dec. 1718 bittet, ihm die Eröffnung seiner Vorstellungen im Manhart'schen Hause nach Advent gestatten zu wollen.
Und noch eine Banda kommt in den Urkunden des Gub.-Archivs
vom J. 1718 vor.

Am 16. Dec. 1718 bedankte sich nämlich „Wilhelmus Caellebrun avec toute sa troupe" für die „gnädigste erlaubnus" sich „mit seiner ganzen Banda Seil=Tanzer" in seinen exercitiis sehen zu lassen, und bat, daß ihm, weil er in der Adventszeit viel Schaden erlitten, gestattet werde, bis zur Fastenzeit den Seiltanz sehen zu lassen.

Nun tritt in den Urkunden eine mehrjährige Pause ein. Erst im J. 1723 finden wir wieder einen actenmäßigen Beleg für die Anwesenheit einer Truppe, und zwar der renommirten italienischen Compagnie Ristori vor.

Am 12. Juli dieses Jahres wurde nämlich durch Statth.-Decret an die Stadthauptmannschaft dem Tomaso Ristori gestattet, „in dem Manhardischen Hauß die Wällische Comedien zu produciren, wenn derselbe hiebei nichts Unehrbares aufführe". *)

Im J. 1725 agirte der berühmte Principal Johann Leinhas in Prag. Er war einer der berühmtesten Pantalone=Darsteller seiner Zeit, führte auch gemeiniglich nur den Namen „Pantalone" (der Charakter des „komischen Alten" in der italienischen Stegreif=Komödie) und war eine Zeit lang Mitglied der großen Stranitzky'schen Bande. Leinhas=Pantalone machte den Prager Behörden viel zu schaffen, zunächst durch ein bedenkliches Repertoire, dann durch arge Streitigkeiten innerhalb seiner Bande, welche sich um die fatalen Differenzen zwischen deutscher und wälscher Spielart bewegten.

Am 9. October 1725 erließ die Statthalterei ein Decret an den Altstädter Stadthauptmann, worin mit Mißvergnügen bemerkt wurde, „daß in dem Manhartischen Hause von denen Comoedianten eine jüdische Beschneidung Undt ansonsten annoch ärgerliche Actiones produciret werden", was nach Eruirung des thatsächlichen Sachverhalts alsbald abzustellen sei.

Am 18. Oct. 1725 berichtete nun der Altst. Stadthauptmann

*) Tommaso Ristori hatte nach Fürstenau schon unter dem Curfürsten Johann Georg III. in sächsischen Diensten gestanden; seine Truppe soll vernehmlich in der commedia dell arte, dem improvisirten Possenspiel mit Masken, geübt gewesen zu sein. 1715 spielte sie in Dresden.

wegen des inhibirten Stückes „Die jüdische Beschneidung": er habe
von dem Principal die Synopsis des betreffenden Stückes gefordert,
aber nichts Ärgerliches daraus ersehen. Es sei übrigens den
Komödianten scharf „eingebunden und intimiret worden, alle, auch
die geringste ärgernuße in ihren producirenden Comoedien auszulassen".

Im December kamen die Streitigkeiten innerhalb der Leinhas'schen Bande zum offenen Ausbruch. Ein gewisser Marcus
Waldtmann, der vor Leinhas Ankunft bereits eine Concession
erwirkt hatte, dann aber mit seiner Truppe zu Leinhas übertreten
war, stand an der Spitze der Unzufriedenen, deren Erregung durch
einen brutalen Vorfall auf die Spitze getrieben war.

Von den sauberen Zuständen des damaligen Komödianten-
wesens in Prag entwirft die folgende Eingabe Waldtmanns und
der Mitglieder der Leinhas'schen Truppe an die Statthalterei ein
drastisches Bild:

„Ew. Hochgr. Exc. und Gnaden wird noch in gnädigster andenkhß
beruhen, was gestalten ein hochl. Königl. Governo mir Marco Waldtmann
erst jüngst verfloßner Osterferien den gnädigsten Consens ertheillet, Vermittelst einer guten und auserlößenen Compagnie teutscher Comoedianten
auff dem allhiesigen Theatro agiren und Zuforderst einen hohen Adel, dann
auch den bürgerstandt unterthänigst und respective dienstschuldigst bedienen
zu können, als wovor Ew. hochgr. Exc. und Gnaden unterthänig gehorsambste
Dankh erstatte. Wann nun zwar inzwischen der Joann Leinhaas wegen der
damahles allbereiths allhier in bereithschafft gehabten Compagnie biß zu den
Advent seine actiones produciren zu können, die gnädigste erlaubnus erhalten
und anjetzo (sofern er nach den advent hinwiederumb das Theatrum eröffnen
wollbt) nothwendig von Ew. hochg. Exc. und Gnaden einen neuen Consens
auszuwürken schuldig ist, Wür sämbentl. in dieser Compagnie gestandene
Agenten hingegen (obwohl wir mit ihme Leinhaas biß künfftige fastenzeit
contrahiret haben), fernershin unter ihme keineswegs stehen können, anerwogen er bißhiher vermittelst einer unbuldtlichen Brutalitaet unß gar auff
dem öffentl. Theatro mit schlägen und ohrfeigen despotice tractiret, Ja sogar
auff ein und andern von unß das gewehr entblößet und mit demselben Ver-
folget hat, einfolgl. wür bey sothaner der sachen bewandtnuß weder unßeres
lebens versichert wären, und nicht ungegründt zu befürchten haben, daß er
einem oder andern nicht einmahl auff dem öffentl. Theatro bey einige leichtl.
unterlauffen könnende fehler mit dergleichen unmenschlicher Furie den Degen

in den Leib stieße, unnd so Vil mehrers weillen er als ein Italienischer Comoediant unßerer teutschen agirungsahrt nicht Kunbig, einfolgl. in jeder producirung unendtl. streittigkeiten und seine gewöhnl. excessen entspringen, wie dann er auch selbst die Agentin Mariannam Volbrin abgedankht und hiedurch diesen Contract gebrochen hat, Ja Sie auff öffentl. gaßen in gegenwarth Vieles zusambe geloffenen Volks eine S. V. H . . . gescholthen und publice prostituiret, wo wür ohne Verkürtzung unßerer ehren ob er sie gleich mitlerzeit wiederumb auffgenohmen, jedennoch mit ihr nicht agiren können, wie er Leinhaaß ingleichen mit Vorstellung Verschiedener Scandalosen und Einer sowohl hohen Abelichen= als bürgerl. Jugendt ärgerl. Actionum unß sämbentl. nicht wenig prostituiret und in nicht geringes dißrenomie gebracht, daß wär also Von diesen brutalen unnd unfriedtsamben menschen (alsdeme auch dieserthalben der Hr. Von Mauharth selbst hinführohin in sein Hauß daß gewohnl. Theatrum zu Verstadten anstehet) unß abzusondern befuget sein; Dannenhero haben wür sambentl. Ew. hochg. Exc. unnd Gn. unterth. gehorf. bitten sollen, Ein hochlöbl. Königl. Governo geruhe unß die gnädigste erlaubnuß Vor allen anderen mildist zu ertheilen, womit wür in friedtsambe einigkeit unter mir Marco Waldtmanno (als Dero ohne denen hier bey unterhaltung dergleichen Compagnien einen merkhl. schaden erlitten, und damahlen in einen großen schuldenlast verfallen bin) unßere actiones auffführen, und unßre Parthen mit größter lust und Vergnügung obliegen könnten; Die wür einer gnädigsten beferirung gäntl. Vertröstet ersterben.

Ewer. hochgräfl. Excellentz und Gnaden
unterthänig gehorsambste

Marcus Waldtmann

Carl Huber
Johana Maria Braurin
Elisabettah Pipelbergin
Cadharina Huberin
Christian Spiegelberg
Friedr. Wilh. Scultetus
Joh. Christian Gippel
Friedr. Werner
Frantz Jorg Joseph Müller.

Die Statthalterei ordnete an, daß die Stadthauptmannschaft einen Vergleich in Güte anstreben und in diesem Falle dem Leinhas die weitere Licenz ertheilen solle; sollten aber alle Komödianten freiwillig, ohne von Waldtmann „malitiose an sich gezogen zu sein", zu diesem übergehen, so wäre Waldtmann, der ohnedies den Adel „Genüglich bedienet habe", der Consens zu verleihen. — Die Affaire endete in Harmonie; am 14. Jänner 1726 wurde dem

Gubernium berichtet, daß die „zwischen dem Johann Leinhas sonst Pantalon genannt, dann dem Marcus Waldtmann und denen Comedianten-Purschen obgeschwebte mißverständnuß abgethan" und dem Leinhas die Licenz ertheilt worden sei.

Leinhas und Waldtmann waren also wieder einig und vereint, aber froh konnte der Pantalone seiner Prager Wirksamkeit nicht werden, denn ein neues Theater war erstanden, ein Opernhaus, dessen glanzvolle Vorstellungen die Aufführungen seiner Komödiantenbande sehr in Schatten stellte.

VII.

Graf Franz Anton Spork und sein Opernhaus.
(Director Antonio Denzio.)

Der Abel Böhmens spielt eine große Rolle in der Geschichte der Künste dieses Landes, namentlich aber in der Geschichte des Theaters und speciell der Oper. Reiche böhmische Cavaliere versäumten nicht, den Glanz ihrer Hofhaltungen durch selbständige Hofcapellen und selbst Hoftheater zu erhöhen, von denen eines der bedeutendsten das fürstl. Lobkowitz'sche Schloßtheater in Raudnitz wurde, eine Bühne, welche eine Reihe zeitgenössischer Opern zur Aufführung brachte.

Zu jenen Cavalieren, welche maßgebend und epochemachend in die Schicksale des Prager Theater selbst eingegriffen haben, gehörte in erster Linie der edle Graf Franz Anton von Spork, ein Mann, der in jeder Hinsicht Gutes und Schönes, Wissenschaft und Kunst gefördert, einen großen Theil seines Vermögens seiner Humanität und Kunstliebe geopfert hat, ohne vielmehr davon zu ernten als das eigene Bewußtsein, stets das Gute gewollt und viel des Guten erreicht zu haben in seinem dem Wohle der Menschheit geweihten Leben.

Franz Anton Graf v. Spork war der Sohn des berühmten Kriegshelden Johann Grafen v. Spork, der im dreißigjährigen Kriege von der Pike auf gedient, schon in der Schlacht am Weißen

Berge sich hervorgethan, in der Folge als einer der gefürchtesten Türkenbekämpfer sich unsterbliche Verdienste um das Haus Habsburg erworben hatte und als Graf und commandirender General der gesammten kaiserlichen Cavallerie, 80 Jahre alt, verschieden war. Im Gegensatze zu seinem kriegerischem Vater wurde Franz Anton Graf v. Spork ein wahrer Held des Friedens; ein begeisterter Förderer alles Schönen und Guten, der Künste und Wissenschaften. Im Jahre 1668 zu Hermannnestez in Böhmen geboren (seine Mutter war dem mecklenburgischen Hause derer von Fineken entstammt), war er im 8. Lebensjahre in das Kuttenberger Jesuitencollegium, von da im 13. Jahre an die Universität nach Prag gekommen, wo er nach den philosophischen Studien sich auf die Rechtsgelehrtheit warf, aber auch schon frühe den schönsten Künsten seine wärmste Sympathie, den regsten Eifer bezeugte. Im Jahre 1680, nach dem Tode seines Vaters, unternahm er eine große Reise an die berühmtesten europäischen Höfe, um überall die bedeutendsten Kunstwerke zu studiren, alle Kunstcabinete zu besichtigen, allen bedeutenden musicalischen und theatralischen Aufführungen beizuwohnen. Kaum hatte er in Paris das damals eben in Aufnahme gekommene Waldhorn gehört, als er auch schon zwei Leute seines Gefolges, die Böhmen Wenzel Benda und Peter Ralik, im Blasen desselben unterrichten ließ und sie dann gewissermaßen als die Propheten und Apostel des neuen Instruments nach Böhmen zurücksandte.

Sein riesiges Vermögen benützte Graf Spork in wahrhaft verschwenderischer Weise dazu, um seinen eigenen wissenschaftlichen und künstlerischen Neigungen zu genügen und den Sinn für die Künste in seiner Heimath durch Hebung derselben zu wecken.

Kaiser Leopold I., der einen so seltenen Cavalier gern an seinem Hofe gehabt hätte, ernannte ihn zum Kammerherrn und Geheimrath und endlich auf seinen Wunsch zum Statthalter in Böhmen.

Mit den meisten Gelehrten seiner Zeit stand der kunstsinnige Graf im regsten literarischen Verkehre; er hat nicht weniger als 20 Bände von eigenen Brief-Concepten und Antworten berühmter

Gelehrter hinterlassen. In seinen drei großen Bibliotheken zu
Prag, Lissa und Kukus ließ er die bedeutendsten Werke der französischen Literatur aufstellen, und der Gebrauch derselben stand
Liebhabern der Wissenschaft allezeit offen; ja er errichtete in Lissa
eine eigene Buchdruckerei mit einem Fonds von 100.000 fl., wo
moralische und praktische Bücher für das Volk und bedeutende
Werke in künstlerischer Ausstattung gedruckt wurden. Die ersteren
ließ der Graf unter seine Unterthanen vertheilen, die letzteren wurden oft prachtvoll ausgestattet, der berühmte Kupferstecher Renz
mit seiner Familie eigens von Nürnberg nach Kukus berufen, wo
er die in der Buchdrucker- und Gelehrtenwelt schon renommirten
„Spork'schen Auflagen" mit seinen Kupfern ausstattete und eine
Art Pflanzschule für böhmische Kupferstecher begründete. Moralische
französische Werke wurden namentlich von den Comtessen ins Deutsche
übertragen. Der Maler Brandel und der Bildhauer Braun erfreuten sich der besonderen Protection des Grafen, und Braun soll
nicht weniger als 3000 Statuetten, Säulen, Vasen u. s. w. für die
Spork'schen Schlösser, Paläste, Villen, Kirchen und Gärten ange-
fertigt haben. Gäste von hohem Range kamen von weither, um die
Kunstwerke des Grafen und diesen selbst kennen zu lernen. Herzog
Franz von Lothringen (nachmals Kaiser Franz I.), König August
von Polen, der Churfürst von Baiern u. A. nannten sich seine
Freunde, und der Graf stand hinter Keinem von ihnen an Noblesse
und Munificenz zurück. Einmal hatte er im Spiele mit dem Könige
von Polen trotz absichtlicher Unachtsamkeit 20.000 fl. gewonnen,
worüber er wüthend wurde. Um die Summe nicht behalten zu
müssen, schenkte er sie einem distinguirten und herzensguten aber
armen Fräulein als Heirathsgut. Einem böhmischen Edelmann
schenkte er 50.000 fl. zur Bezahlung seiner Schulden. Bei der
großen Hungersnoth anno 1695, wo der Strich Korn 8 fl. kostete,
ließ er 900 Strich unter die Armen vertheilen, auf einer einzigen
Reise nach Karlsbad vertheilte er 3000 fl. an Almosen. In Kukus
gründete er ein Spital mit einem Convente der Barmherzigen
Brüder, dessen Stiftungsfonds von 300.000 fl. auf die Herrschaft
Gradlitz angewiesen wurde und noch heute von seinen Nachkommen

8

verwaltet wird. Zur Vermehrung des Stiftungscapitals für das von
Carl VI. gegründete Invalidenhaus bei Prag widmete er 60.000 fl.
In Lissa stiftete er ein Kloster der Barfüsser = Augustiner, in
Grablitz eines der Cölestinerinen, das später nach Prag (Heinrichs-
gasse) übertragen und 1782 aufgehoben wurde.

Die Trinitarier (Mönche zur Befreiung von Christensclaven)
wurden hauptsächlich durch sein Zuthun und die Camaldulenser=
Einsiedler (auf dem Berge Wysoka oder Belvedere in der Herrschaft Mallesch au) durch ihn in Böhmen eingeführt; für die humanen Zwecke der Trinitarier schenkte er ein Capital von 100.000 fl.

Graf Franz Anton Sporck war auch der Gründer eines der
berühmtesten Jagdordens, des St. Hubertus=Ordens, dessen Mitglieder ein goldenes Jägerhorn mit dem Bilde des Jagdpatrons
St. Hubert in der Mitte als Ordenszeichen trugen. Als Carl VI.
bei Gelegenheit seiner Krönung zum Könige von Böhmen im J.
1723 einen Jagdausflug nach Brandeis unternahm, ließ er sich
selbst mit seiner Gemalin in den St. Hubertus=Orden aufnehmen,
dem auch die Könige von Preußen und Polen, die Churfürsten
von Mainz, Köln und Trier nebst vielen Reichsfürsten angehörten.

Epochemachend war die Wirksamkeit des Grafen als Reformator der Kunst und hauptsächlich als Protector und Förderer
der Musik und Oper in Böhmen. Das Unwesen der Komödianten, die Verwilderung in der Kunst, welche allenthalben eingerissen
war, erfüllten den Cavalier mit Betrübniß; er versuchte es, die
Verhältnisse zu stabilisiren, durch seinen mächtigen Einfluß dem
Ueberwuchern der Zoten und Excesse auf der Bühne zu steuern.
Seine Kraft war leider zu schwach dazu, die Reform zu einer durch-
greifenden und nachdrücklichen zu machen, destomehr aber erreichte
er mit dem Aufgebote seiner pecuniären Mittel, mit seinem Kunst-
sinn und seinen Geschmack als Gründer und oberster Leiter eines
eigenen italienischen Opernhauses in Prag. Die Monstre-Oper (der
eigentliche Ausdruck lautete „Theatral=Fest") „La costanza e, la
fortezza" von Fux, welche anno 1723 unter Theilnahme des musicalischen Europa auf dem Hradschin aufgeführt worden war, hatte
selbstverständlich die Ansprüche der Prager auf das Höchste ge-

steigert, es bedurfte bedeutender Anstrengungen, um diesem Publicum zu genügen, aber das Spork'sche Operntheater hat auch
Außerordentliches gethan, um auf der Höhe der Situation zu bleiben. Das edle Streben des Grafen, seine hohen, reinen Ideen
über Kunst und Theater, hat der von uns schon einmal citirte
Prager Theaterchronist in seiner Brochure vom Jahre 1773 fol-
gendermaßen geschildert:

„Das Herz und die Neigungen der Menschen kennen zu lernen und
ganzen Geschlechtern durch die löblichsten Veranstaltungen wohlzuthun; das
war die große Kunst, zu deren vollkommenen Besitz er sein ganzes Leben
verwendete. Aus dieser Quelle floß der Gedanke, nützliche Bücher auf seine
Kosten auflegen und umsonst vertheilen zu lassen, aus einer eben so lautern:
der Wunsch, den Hang der Menschen zur Freude zu nützen, und die ihnen
schädlich gewordenen Vergnügungen in unschuldige Freuden umzuschmelzen.
Weit entfernt, den strengen Eifer einiger finstern Sittenrichter nachzuahmen,
die mit glühendem Gesicht und heuchelnder Geberde jeden Scherz, jedes
Vergnügen und alle Freuden dem Menschen zur Schande, dem Christen
zur Sünde annehmen, wog er mit einem anständigen Lächeln und mit-
leidsvoller Seele den Schaden, den Leichtsinn, Zoten, der ausgelassenste
Witz, pöbelhafte Ausdrücke, Zweideutigkeiten, Spöttereien und Unsinn bisher
auf der Bühne angerichtet. Alle diese mit Freuden und Kurzweil übertünchten Verführungen zu einer ausschweifenden Lebensart umzuändern,
war sein edler Ehrgeiz. Auf der Bühne die Sitten zu predigen, schien ihm
der bequemste Ort zu sein, und je zahlreicher die Versammlung der Edlen
des Volkes war, je nothwendiger hielt er es, auf diese Art dem Laster die Larve
abzuziehen, die Thorheit über sich selbst lachen zu machen, und die Tugend in
ihrem Glanze, in ihrer ganzen Würde und mit ihrem zahlreichen Gefolge von
Belohnungen zu zeigen. Er kannte das Herz der Menschen überhaupt sowie insbesondere das seiner Mitbürger zu sehr, als daß er auf den Einfall hätte gerathen können, Sentenzen durch den verwachsenen Mund eines Einsiedlers her-
vortönen zu lassen. Die Tugend, sagte er, gefällt der Tänzerin in einem
Domino, dem Jünglinge und der Braut in einem hochzeitlichen Kleide und
dem Ehrgeizigen mit Stern und Orden auf der Brust weit besser als
nackend mit einem dünnen Schleier. Er schaffte auch deshalb die Jacke des
Hanswurst nicht von der Bühne, da er sich selbst zum Director (?) der hiesigen Schauspiele aufwarf. „Wenn diese Jacke den Zorn des Lasterhaften,
der sich von einem anderen nicht ungestraft Wahrheiten sagen lassen würde,
aufhalten und doch der gesuchte Endzweck erreicht werden kann, so ist sie so
heilig als der Bart des Philosophen," war seine Rechtfertigung, wenn man
ihm diese Nachsicht gegen die Schwachheit des menschlichen Herzens vorwarf.

8*

Dieser glückliche Zeitpunkt der Prager Schaubühne verschwand ebenso ge=
schwinde, als er durch den unermüdeten Eifer des Grafen entstanden war.
Die Reize der Neuheit vermochten kaum ein Jahr auf den Pöbel aller
Stände zu wirken, und noch vor Ende desselben legten Dummheit und
Stolz diesem edlen Unternehmen so viel Hindernisse in den Weg, daß
endlich auch der glühendste Eifer für das Beste der Mitbürger diesen Feinden
der Menschheit, ohne kalt zu werden, weichen mußte . . ."

Diese im legendenhaften Style des Chronisten vorgebrachte
Charakterschilderung des Grafen hat selbstverständlich nur dessen
Thätigkeit als Reformator des Komödianten=Wesens im Auge;
über sein Opernhaus weiß der Chronist Nichts zu berichten, wie
überhaupt trotz der großen Bedeutung der Spork'schen Oper für
die Musik= und Theatergeschichte Prags bisher nur flüchtige, ver=
streute Notizen über diese interessante Periode der Prager Oper
vorhanden waren. Graf Spork scheute nicht Mühe und Kosten,
für sein Opernhaus die bedeutendsten künstlerischen Kräfte aus dem
damaligen Eden der Gesangskunst, Italien, zu verschreiben. Die
nominelle und artistische Leitung der Bühne, deren Eigenthümer
und oberster Chef er selbst war, wurde dem italienischen Sänger
Antonio Denzio (auch „Denzi" geschrieben) übertragen.

Denzio, der aus Venedig stammte und auch als Director
seine Sangeskunst unbeschränkt weiter ausübte, entwickelte rasch
eine wahrhaft fieberhafte Thätigkeit.

Das Spork'sche Theater stand am Poříč, wo auch, soweit
man vermuthen kann, schon 1724 die Opernvorstellungen unter
Denzio's Leitung begannen. Aus diesem Jahre nemlich wird über
die Aufführung der italienischen Oper „Orlando furioso" am „gräfl.
Spork'schen Theater" berichtet. Das Original der Oper konnten
wir nicht eruiren, wohl aber zählt Dlabacz eine Reihe von Künstlern
und Künstlerinen auf, welche anno 1724 in dieser Oper mitgewirkt
haben. Wir nennen: Sgra. Barbara Bianchi oder Bianca aus
Mailand in der Rolle des Bradamante, Denzio selbst (Orlando),
Anna Maria Giusti aus Rom (Angelica, Königin von Judien),
Giov. Antonio Guerra aus Rom (Serpillo), Lorenzo Moretti aus
Venedig (Ruggiero, Bräutigam der Bradamante), Anna Catarina

Negri aus Bologna (Zauberin Alcina), Anna Maria Piccinelli aus Venedig (Melissa), Paolo Vida aus Capo d' Istria (Medor, Liebhaber der Angelica). Als Componist der Musik wird Antonio Guerra (Sänger des Serpillo) genannt.

Sichere Kunde haben wir, daß im Fasching 1725 die Saison im Spork'schen Theater bereits im vollen Gange war. Im Museum des Königreichs Böhmen ist nämlich das Libretto einer im Fasching dieses Jahres auf der Spork'schen Bühne aufgeführten italienischen Oper „Lucio Vero" (Lucius Verus *) erhalten, welche Antonio Denzio seinem hohen Gönner Grafen Franz Anton Spork mit folgenden vom 28. Jänner 1725 datirten Worten dedicirte:

„Den Nahmen Euer hochgräfl. Excellenz setze ich in dieser ruhm würdigen Vorstellung zu diesem Ziel und Ende auf dieses erste Blatt hier voran, um der gantzen Welt kundzumachen die große Erkänntlichkeit, welche für so überhäufft empfangene Gnaden Deroselben zu erstatten schuldig bin. Durch diese Darthuung meiner Submission verhoffe, daß dieses Werck eben in dem Löbl. Königreich Böheim deß gnädigen Beyfalls wird gewürdiget werden, welchen selbiges in Venedig, Rom, Padua und Florentz, endlich auch in allen Orthen von Italien sich erworben hat. Dieses bitte anietzo in hochgräfl. Schutz zu nehmen, sich belieben zu lassen, gleichwie mir zu hoffen zustehet, von dem Verdienst seines gelehrten Erfinders und von der allgemeinen hohen Känntnuß Ew. hochgräfl. Exc., durch welche dieselbe allezeit bewogen werden seyn, die Adelichen Ernstigungen mit Dero Hertzens-Eigenschafften, auch überhäufften freigebigkeiten dato zu befördern. Von dieser in Ew. hochgräfl. Exc. wohnenden Tugenden habe die Kühnheit genommen, Deroselben mein Hertz darzureichen, in dieser geschöpften Hoffnung, daß Ew. hochgr. Exc. diese Hertzensbewegungen zum Heyl und Beförderung deßjenigen in Gnaden an- und aufnehmen werden, welcher mit unterthänigen Respect sich die Ehr gibt zu nennen Ew. hochgr. Exc. gehorf. Diener

Antonio Denzio."

---

*) Der Titel der italienisch und deutsch erschienenen Oper lautet: „Lucius Verus". In einer Wällschen Opera an Se. Exc. den hoch- und wohlgebohrnen Herrn Herrn Frantz Antoni Grafen v. Sporck, Herrn auf Gradlitz und Konoged, der Röm. Kayf. und Königl. Cathol. Majestät Geh. Rath, Cammerern und Kön. Statthaltern im Königreich Böheim dedicirt und auf Dero Schaubühne 1725 im Fasching zu Belustigung deß hohen Adels vorgestellet. Mit Erlaubniß Hoher Obrigkeit. Alt-Statt Prag, gedruckt bey Wolffgang Wichart, Ertz Bischofflichen und Landschaffts-Buchdrucker.

Die Musik dieser Oper war „meistentheils", wie sich Denzio ausdrückte, von Tommaso Albinoni (geb. 1674 zu Venedig, gest. 1743 ebendaselbst), einem äußerst fruchtbaren und glücklichen Opern-Componisten, der mit seiner „Zenobia" (aufgeführt 1674 in Venedig) seinen ersten großartigen Erfolg vorrang und dieser noch etwa 41 Opern folgen ließ, welche von Venedig aus ihren Weg über alle italienischen Opernbühnen machten. Die werthvollste war „Didone abbandonata" mit Text von Metastasio. Einige Opern schrieb er, um den Bestellungen prompt zu entsprechen, in Gemeinschaft mit anderen Componisten, und zu diesen scheint auch „Lucio Vero" gehört zu haben. Das Sujet der Oper ist eine Liebes-Intrigue in historischem Gewande. Kaiser Marc Aurel sendet den Verlobten seiner Tochter Lucilla, Lucius Antonius Verus, den er zum Mitregenten und Thronfolger gemacht hat, gegen den Partherkönig Vologesus, den Bräutigam der armenischen Königin Berenice. Lucius besiegt den Parther, der als todt am Schlachtfelde bleibt, und nimmt Berenice gefangen, verliebt sich aber in diese und will Lucilla untreu werden. Aber Lucilla weiß sich den Bräutigam wieder zu erringen, Lucius bereut seine Treulosigkeit und gibt Berenice sammt ihrem Bräutigam, dem nicht getödteten, sondern nur schwer verwundeten Vologesus frei. Die Oper hatte drei Acte, die Scenen, „erfunden von Sgr. Innocente Bellavite, einem Maler und Ingenieur aus Verona", stellten u. A. ein römisches Theater mit versammeltem Volk, ein römisches Lager und einen prachtvollen Kaisersaal vor. Den Lucius Verus gab Sgr. Paolo Vita, ein „Virtuose von S. Marco in Venedig", wie er hier genannt wird, die Lucilla Sgra. Maria Catarina Negri, den Vologeso Sgr. Antonio Denzio selbst, die Berenice Sgra. Barbara Bianca, den Aniceto (einen Favoriten von Lucio, der auch in Lucilla verliebt war) Sgr. Laurenzo Moreti, den Claudio (Geheimrath des Marc Aurel und Großvater der Lucilla) Sgr. Matthaeo Lauro aus Urbino, den Niso, Freigelassenen des Lucius, Sgra. Anna Piccinelli aus Venedig.

Ebenfalls im Fasching des Jahres 1725 brachte Denzio die Oper „L' Innocenza giustificata" — „Die gerechtfertigte Un-

schuld"*) zur Aufführung, welche er dem Grafen Johann Joseph
Wrtby mit der zierlichen Hoffnung widmete, daß er in Ansehung
dieser Widmung „wenigstens wie ein schlechtes Schlachtopfer um der
Verehrung willen geachtet werden möge, welche demjenigen Götzen
gebühre, auf dessen Altar es geleget worden". Die Musik war
größtentheils von Sgr. Fioré,**) zwei Scenen von Sgr. Bioni.***)
Unter den Mitwirkenden waren Denzio, Vita, Guerra und
Moretti, die Damen Bianchi (Bianca), Negri, Pizzinelli und
Anna Maria Giusti.†) Das Sujet der Oper hatte wieder einen

---

*) Das Titelblatt des Libretto lautet in deutscher Uebertragung.
„Die Gerechtfertigte Unschuld, In einer Wällischen Opera vorgestellet auff
der Schaubinne Sr. hochgräffl. Exc. deß Graffen von Sporck Im Fasching
des 1725igsten Jahres. An Se. Exc. dem hoch- und wohlgeb. H. H. Joh.
Jos. deß hl. Röm. Reichs Graffen von Wrttby, Herrn auf Konopischt,
Beneschau etc. etc. Rittern des gold. Bließes, der Röm. kayf. und kön.
Cath. Maj. würkl. geh. Rath, Cammerern, vornehmst kgl. Statthaltern, deß
grösseren Landrechts-Beysitzern, Erb-Schatzmeistern im Königreich Böheimb
und Obristen Burggraffen zu Prag, wie auch der hochlöbl. Ausschuß-Com-
mission-Directori Gehorsambst Dediciret. Cum Permissu Superiorum. Gedruckt zu Prag bei Joh. Wentzl Helm 1725."

**) Den Namen Fiore führten mehre bedeutende italienische Ton-
künstler. Angelo Maria F. lebte 1700 in Turin, war hauptsächlich Cellist
und Cello-Componist; Stefano A. F., 1726 kgl. sardin. Capellmeister in
Turin, hat auch Opern componirt.

***) Antonio Bioni, geb. 1698 in Venedig, war ein fruchtbarer, be-
liebter ital. Operncomponist; 1726 war er Operncapellmeister in Breslau
und hat dort innerhalb 9 Jahren 21 Opern componirt. 1730 bis 33 leitete
er selbst die italienische Oper in Breslau.

†) Das Personenverzeichniß der Oper lautet: Judith, Wittib deß
Kaysers Ludovici Pii — La Sgra. Anna Maria Giusti Romanina, genannte
Kammer-Virtuosa der gewesenen Königin in Polen; Lotharino, der Kaiser,
ein Sohn Ludovici Pii — Il Sgr. Antonio Denzio, ein Venetianer; Gildippe,
eine Tochter Judithae aus der ersten Ehe von einem König aus Schweden,
Liebhaberin und versprochene Braut Adalgisi — La Sgra. Barbara Bianchi
di Milano; Adalgisus, ein Sohn Lotharii und versprochener Bräutigam der
Gildippe — La Sig. Maria Catharina Negri di Bolognia; Asprandus, ein
Hoff-Cavalier der Judith — il Sig. Pavolo Vida von Capo de Istria oder
Justinopel, Virtuoser von S. Marco in Venedig; Bernhard, ein spanischer
Fürst und Herzog zu Septimanien, ein Vertheidiger der Judith — Il Sig.

„historischen" Charakter. Die Oper spielt in der Zeit der Carolinger und behandelt in freier Bearbeitung die Erbschaftswirren unter den drei Söhnen Ludwig des Frommen aus dessen erster Ehe mit Irmgard und dem Sohne aus zweiter Ehe mit Judith, der Tochter des Grafen Welf, Karl dem Kahlen. Judith, die Heldin der Oper, wird hier unhistorisch als Witwe eines „Schwedenkönigs" bezeichnet, nach dessen Tode sie erst Ludwig den Frommen geheiratet hätte. Auch wird ihr eine Tochter aus dieser ersten, „schwedischen" Ehe, eine gewisse Gilbippe, erdichtet, welche als Braut eines Sohnes Lothars mit Namen Adalgisus fungirt. In dem Inhaltsverzeichniß des Textbuches fühlt sich Denzio, um sein Renommée als gut-katholischer Christ zu retten, zu folgender Schlußbemerkung veranlaßt: „Was sonsten hier enthalten ist, besonders die Wörter Gottheit, Anbethung, Schick-Saall, so seynd nur gewöhnliche Poetische Expressiones, keines Weeges aber ware Meynung eines Christ-Catholischen Hertzens . . . ."

Im Frühling 1725 kam auf dem Spork'schen Theater u. A. die Oper „La fortunata sventura" (Das glückliche Unglück) zur Aufführung, eine äußerst verwickelte und verwirrte Arbeit, für welche Denzio in seinem Widmungs-Vorwort inständig um Nach-

---

Lorenzo Morotti von Venedig; Carolus, ein kleines unmündiges Kind, ein Bruder Lotharii und ein Sohn Judithae auß der anderen Ehe, welcher nichts redet. — Die Mittelspiele (Intramezzi) werden vorgestellet werden von der Sig. Anna Piccinelli ein Venetianerin und dem Herrn Giovanni Antonio Guerra einen Römer." — Decorationen („Veränderungen der Schaubühne") waren u. A. „eine Landschafft, welche der Rheinstrohm benetzet, an dessen Ufer die Stadt Aachen mit einer prächtigen Brücken, welche zur Communication dienet, zu sehen, das Stadtthor von einer Seithen und auff dem Fluß ein Majestätisches Schiff, auß welchem Lotharius herauß steiget mit seinem Gefolg und an Ufer von seinem Sohn Adalgiso empfangen wird, ein ergötzlicher Garten mit zubereither großer Königlicher Taffel, an dessen hangenden Seithen reiche Schänk-Tische mit goldenen und silbernen Geschirr zu sehen, ein majestätischer Saal, von vergoldeten Riesen unterstützet, mit einem Thron auf einer Seithen, durch und durch mit reichen Tapezereyen auf Befehl der Judith ausgezieret. „Alle diese Eintritt," sagt das Buch, „seynd erfunden worden von Herrn Innozente Bellavitae, einem Mahler und Ingenieur von Verona."

ſicht ſteht. Diesmal iſt die Widmung an den Grafen Franz Joſeph Czernin gerichtet;*) wir erfahren daraus, daß die Oper ziemlich raſch, wahrſcheinlich zu einer beſonderen Gelegenheit auf die Scene mußte; denn Denzio bringt in aller Devotion folgende bang-weh-muthsvolle Phraſen vor:

„Zumalen nun ich in Gegenwart einer in allhieſiger Kgl. Hauptſtadt auß dem fürnehmen Adel und außerleſueſten Vernunfft verſammelten kleinen Welt, mit einer in Zeit von wenig mehr als 24 Stunden zuſammen getra-genen Opera erſcheinen und ſolche trotz ſo vieler erlitten und mehr noch als zu wohl bekannten Verfolgungen auffführen ſoll; mit was Forcht und Zittern wurde ich mich deſſen wohl unterfangen müſſen, wann ich nicht einiges Geſtirn anzuruffen hätte, welches durch ſeine gütigen Strahlen dieſelbe zu zieren ſich würdigen möchte. Zwar bin ich dvon meiner ſchuldigen Ehrer bietung hieran in etwas zurückgehalten, jedoch endlich auß Forcht angetrieben und gezwungen worden, das Hertz zu faſſen, Ew. Hochgräfl. Exc. dieſes geringfertige Werck in aller Unterthänigkeit zuzuſchreiben in der ſicheren Zu verſicht, daß wann ſelbes die Zierde einer gnädigen Genehmhaltung, welche von Dero angeſtammten Gütigkeit ich mir verſpreche, zu erlangen die Ehr wird haben können, es ſodann auch mit beſto gröſſern Fug an dem Stirn-blatt den Titul deß glücklichen Unglücks führen wird: deß Unglücks zwar, weilen es in allen ſeinen Umſtänden allzu mangelhafft iſt, deß Glückli-ch en hingegen, wann es von Ew. hochgräfl. Exc. Milde gnädig wird an und auffgenommen werden . . . .‟

Die Handlung war ungefähr folgende: Als Amurat den Thron zu Konſtantinopel beſtiegen hatte, befahl er dem Verſchnittenen Acomat, ſeinen vom Volke allzu vergötterten jungen Enkel im Meere zu ertränken. Acomat that ſo, als vollführe er den Auf-

*) Das Titelblatt des im böhm. Muſeum aufbewahrten Textbuches lautet zu deutſch: „Das glückliche Unglück, welches in einer Opera auf dem hoch-Reichs-Gräfl. Sporckiſchen Theatro zu Prag im Frühling des 1725. Jahrs aufgeführt und Ihro Exc. dem Hoch- und Wohlgeb. Hrn. Gr. Frantz Joſeph Deß hl. röm. Reichs Grafen Tſcheruin von und zu Chudenitz, Re-gierern deß Hauſes Neuhauß und Chudenitz ꝛc. ꝛc. Obriſten Erb-Scheucken im Königreich Böheim, der Röm. Kayſerl. und Kgl. Cathol. Maj. Würck. Geh. Rath, Cammerern, gröſſern Landrechtsbeyſitzern, Kgl. Statthaltern und Obriſten Hoff-Lehen-Richtern, wie auch deß hochlöbl. kgl. Commercien-Col legii Rath im Königreich Böheim dediciret worden iſt. Mit Erlaubniß hoher Obrigkeit. Alt-Statt Prag, gedruckt bey Wolffgang Wickhardt, Ertz-Biſchoffl. u. Landſchaffts-Buchdrucker.‟

trag, übergab aber das Kind einem griechischen Kaufmann, der es
in Griechenland unter dem Namen Aldimiro erziehen ließ. Aldimiro machte als junger Mann Reisen in Europa, verliebte sich
in Heidelberg in ein adeliges Fräulein Climene, mit der er nach
Deutschland entfliehen wollte, wobei das Paar aber von algierischen Seeräubern aufgefangen wurde. Die Liebenden hatten nun
eine ganze Reihe von Zufällen zu überstehen, bis Aldimiro endlich
glücklich nach Konstantinopel kam, dort als Thronfolger erkannt
und auf den Thron erhoben wurde. Die Personen des Stückes
waren: Aladin, König zu Algier (Sgr. Matthaeo Lonzi), Aldimiro, „ein Fremder in Algier, so nachgehends erwehlter Kayser
von Konstantinopel wird, Liebhaber der Climene" (Sgr. Denzio),
Climene, „Liebhaberin und nachgehends Braut des Aldimiro und
Kayserin" (Sgra. Bianchi), Fatime, „Sclavin im Seraglio und
die erste, so das Aladini Gunst und Lieb geniesset" (Sgra. Negri),
Acomat, Haupt der algierischen Seeräuber (Sgr. Moretti).

Die Intermezzi (auch „lustigen Spiele" genannt) wurden
von Sgr. Guerra und Sgra. Piccinelli vorgestellt. Von der blu-
menreichen Sprache, welche mitunter in solchen Opern herrschte,
mögen einige Scenen des I. Acts von „La fortunata sventura"
zeugen. Die 4. Scene spielt in den „porcelanenen Gemächern
des Serails in Algier" und zeigt Fatime, die Favoritin des „al-
gerischen Königs" Aladin in ihrem Boudoir. Sie steht vor dem
Spiegel, putzt sich und sagt:

Italienisch:	Deutsche Übersetzung.
Come che al labro toglie	Wiewohl die bleiche Farb der Leff-
Molto di vezzo il palido colore!	zen der Annehmlichkeit des Gesichtes
D'Aladino l'amore	ein vieles benichmt, so wird doch
Non sia però intepidisca; all'opora!	die Liebe bey Aladino dessentwegen
Done manca natura,	nicht laulicht: Fort zum Werk, wo
Tu perita mia destra ogni arte	die Natur einen Mangel hat, solchen
adopta.	thue Du, meine erfahrne Hand, mit
Ecco il Rè.	aller Kunst ersetzen. Siehe da, der
	König!

Aladino.	Aladino.
Mia diletta!	Meine Geliebte!

Fatime.
Or l'ago prendo.

Aladino.
Ciò che dica il mio ben, curioso
attendo

Fatime.
Sottil filo in aria uolge,
Ettessendo Arague va.

Aladino.
E tù lacci al mio cor vaga beltà

Fatime.
Qual voce d' Vom? Voi qui, mio
Rè, mio Nume.?

Aladino.
Al fulgor de tuoi raitorno, ò mia
bella.

Fatime.
Anzi a questo sembiante
Voi, che siete il mio sol, uoi li re-
cate.

Aladino.
E uoi siete mie stelle, ò luci amate.

Scena V.

Aladin.
Venga il Bassa! che arrechi?

Acomat.
Signor, uolai della Trinacria in
riva; Calpestai del Tirren l'onde
superbe; Turbai delle Sirene Gli
ondosi alberghi, e sotto al peso
inuitto

Fatime.
Nun nehme ich die Nadel.

Aladin.
Ich bin begierig, was meine
Schöne sagen wird.

Fatime.
Der zarte Faden pflegt sich in der
Luft zu brechen,
Biß auß dem Weben man kan eine
Spinne sehen.

Aladin.
O, du, o anmuthige Schönheit,
verstrickst mein Herz!

Fatime.
Was hör' ich vor eines Mannes
Stimm? Seyd ihr allhier, mein
König, meine Gottheit?

Aladin.
Ich komm zurück zu dem Glantz
deiner Strahlen, O meine Schöne!

Fatime.
Vielmehr ihr, die ihr meine Sonne
seid, theilet die Strahlen diesem Au-
gesicht mit.

Aladin.
Und ihr seid meine Sterne, o lieb-
reiche Augen.

Fünfter Auftritt
Acomat, der Corsar, kommt mit der
gefangenen Climene.

Aladin.
Der Bassa kommt. Was bringst
Du?

Acomat.
Großer Herr, ich hab an denen
Sicilianischen Küsten meine Segel
streichen lassen, ich hab die aufge-
blasenen Meerwellen unter meine
Füße getretten, ich hab die Wasser-

Delle prore africane Gemè in grembo
à Nettun d' Europa il Toro.
Costei, cui cento amori Scherzan
d'intorno, ananzo
Di naufraggio crudel Signor in dono
T' offro non uil tributo a piè del
Trono.

reiche Wohnungen derer Sternen in
Verwirrung gebracht und unter der
unüberwindlichen Last der Afrikani-
schen Schiffsflotte hat der Europäische
Stier in der Schooß des Meergotts
gesenkket. Diejenige hier, an welcher
hunderterlei Anmuthungen hervor-
spielen, ist von dem erbärmlichen
Schiffbruch übrig geblieben, welche ich
Dir, O grosser Herr, vor Deinem
Thron als eine nicht schlechte Schat-
zung zum Geschenke darbiete.

Aladino.

Accomate; mi è caro Il dono, che
mi fai; Edegna ricompensa anche
ne aurai.
Donna qual sei?

Aladin.

Das Geschenk ist mir nicht unangenehm, wie du dann auch eine
nicht unwürdige Belohnung dafür
haben sollst. Frauenbild, wer bist
Du?

Climene.

Sul' Vago Rheno io bebbi.
L'aure primiere in degne fasce
auolta.
Col nome di Climene mi consegnò
fortuna al mio dolore.

Climene.

An dem Schiffreichen Rheinfluß
hab ich in nicht verächtlichen Win-
deln eingewickelt die erste Lufft ge-
schöpfet und mit dem Nahmen Climene hat mich das Glück meinem
Schmerz übergeben.

Fatime.

Inuidi a e gelosia mi sento al core.

Fatime (beiseits).

Neid und Eyffersucht erregen sich
in meinem Herzen.

(Der König nimmt die neue Dame liebreich auf, versichert aber auch
Fatime, daß er „durch ihre holdselige Gestalt allbereit in Liebe gefesselt sei",
es folgt sodann):

Aria.

Serenatenl luci amorose
Chiare stelle del Cielo d'amor.
Non oltraggi. ò pupille uezzose
Si bel lume crudele dolor.

Aria.

Ihr reizende Sternen erheitert den
Schein,
Die ihr an dem Himmel der Liebe
noch schimmert,
Damit nicht der Schmerz, die quä-
lende Peyn
Die Creyse der lieblichsten Augen
zertrümmert.

(Fatime sucht nun zu ergründen, wie sich die neue Mit-Favorite den Zärtlichkeiten Aladins gegenüber verhalten würde und erhält folgende tröstliche Versicherungen):

Fatime.

Se Aladino idolatrasse il tuo diuin
               sembiante?

Fatime.

Sofern Aladino deine göttliche Gestalt anbethen solte?

Climene.

Calpesterei superba
Del suo cor l'olocausto.

Climene.

Ich wolte das Opfer seines Herzens hochmüthig mit Füssen treten.

Fatime.

S'ei dentasse
D' ammolir ti col pianto.

Fatime.

Wann er aber mit Bitten und Weynen dich zu erweichen versuchen sollte?

Climene.

Beverebbe
Sue lagrime l'arena.

Climene.

Es würde der Sand seine Thränen einschlucken.

Fatime.

E i suoi sospiri?

Fatime.

Was dann seine Seuffzer?

Climenó.

Al uento andrian dispersi.

Climene.

Diese würden in der Luft hin und wieder verschwinden.

Fatime

Ne mai quellpue pietà·

Fatime.

Sollst du dann dich niemahl mitleydend erzeigen?

Climene,

Pieta non sento
Per le piaghe d'amor.

Climene.

Um der Wunde der Liebe willen empfinde ich kein Mitleid.

Fatime.

Ne meno un baccio?
Vn sorriso, un sospir, un guardo?

Fatime.

Weder zum wenigsten ein Kuß, ein Lächeln, ein Seufzer, ein Anblick?

Climene.

Sguardi, Ne sorrisi o sospiri aura,
               ne bacci.
Inflessibile io son.

Climene.

Er würde weder Gegenblick, noch Anlächlung oder Seuffzer noch Kuß bekommen. Ich bin nicht zu bewegen.

Fatime.

Cosi mi piace.
Vna fierezza ostenti
Cui dell' Africa, altrui la chiama
vanto;
E pure ad' ammoliirmi non fù d'
uopo,
Ben che Africano io sia, do prieghi
ò pianto.
Cara Climene: io uoglio
Ch'entro ai Bagni reali entramo
assieme.

Aria.

Bagnerem le nostre rose
Con le lacrime de cuori.
E in mirar le membra a
scose
Languiran d'amor gli amori.

Fatime.

So gefällſt Du mir. Du erwei=
ſeſt eine Grauſamkeit, welche ſonſten
dem allgemeinen Wahn nach denen
auß Afrika als eine Heldenmäſſige
That eygenthümlich iſt. Und dannoch
ungeachtet ich eine Afrikanerin bin,
iſt, mich zu erweichen, weder Bitten
noch Weynen vonnöthen geweſen.
Ich will, daß wir miteinander in
die kgl. Bäder gehen.

Aria.

Laſſt unſern Roſen vnß den Zähren
Deß Hertzens hier ein Baud gewähren,
Bey dieſem wunderſchönen Triebe,
Stirbt faſt die Liebe ſelbſt vor Liebe.

Das Spork'ſche Opernhaus begegnete dem allgemeinſten In=
tereſſe, und namentlich der Adel, welchem der Beſuch der italieniſchen
Oper Modeſache war, widmete dem Inſtitute alle Aufmerkſamkeit.
Die deutſchen Komödianten empfanden die Concurrenz wohl, und
am 20. Sept. 1725 ſuchte Principal Leinhas vulgo Pantalone an,
auch Freitag und Samstag, wenn auf dieſe Tage Feiertage fallen,
agiren zu dürfen, zumal er durch die g l e i ch z e i t i g ſ p i e l e n d e n
O p e r i ſ t e n b e d e u t e n d e n S ch a d e n e r l e i d e. Es wurde
bewilligt.

Graf Spork hatte ſich, um den Anforderungen an eine große
Opernbühne ganz zu entſprechen, im Sommer dieſes Jahres zum
Baue eines neuen großen Theatergebäudes entſchloſſen. Die bloße
Kunde hievon rief aber ſchon Oppoſition bei den Nachbarn hervor
und die Behörden thaten nicht weniger als heutzutage, um den
Neubau gegen Feuersgefahr möglichſt zu ſalviren.

Unterm 10. Sept. 1725 richtete eine Anzahl von Bürgern
eine Vorſtellung an die Statthalterei dagegen, daß Graf Spork ſein
„auf dem Porſchitz (Poříc) hart an der Einem gewießen bürgerl.
Meiſter ſchmidt zugehörige behauſung ſituirtes Comoediant-Hauß

völlig einreißen undt ein anderes Neues Viel Klafter höheres- auch)
weith breitheres Von lauther Holzwerth aufführen laßet". Man
möge diesen feuergefährlichen Bau der „hölzernen Maschina" um
der ganzen Nachbarschaft willen verbieten. Zehn Tage später lief
eine neue Massenpetition gleichen Inhalts ein, worauf die Statthalterei eine genaue Besichtigung des Baues anordnete. Die
Commission, welche am 1. Oct. amtirte, fand, daß Denzio, um die
ärgste Feuergefährlichkeit zu paralysiren, die Holzmauern 1½ Klft.
mit Ziegeln füttern und die Vorderfaçade überhaupt solle mauern
lassen. Die „Eltest-Geschworenen Zimmermeister der kgl. Neuen
Stadt Prag" gaben ihr Gutachten dahin ab, daß das neue Haus
um 2 Ellen und ⅔ höher und 4 Ellen länger als früher geworden
und das Bundwerk sehr schlecht sei. Die Commission unter Prä-
sidium des Grafen Leopold Waldstein beantragte, da Denzio versprochen habe, den Bau „in perfectionirten Zustand zu setzen und
vor Gefahr zu spondiren", eine nochmalige spätere Besichtigung.

Denzio bemerkte in einer Eingabe vom 12. Oct. 1725
bezüglich der ihm aufgetragenen Bauänderungen, daß „das Theater-
gebäu Ihro Exc. Hrn. Graffen v. Sporck als proprietarium
(Eigenthum), welcher hiezu die meisten Ausgaben hergiebt, angehe,
er aber Darbey intuitu (rücksichtlich) der ihm noch auf daß Künfftige
Jahr gnädig ertheilten Erlaubnuß die operen zu produciren, nur
seine Arbeith und einen Theil der Unkosten, beitrage". Er wolle
9 Monat spielen, werde sich deßhalb nicht in solche Unkosten
stürzen und Bauten aufführen, die innerhalb zwei bis drei Wochen,
bis zu welcher Zeit er seine Opernvorstellungen anfangen werde,
unmöglich beendigt sein könnten. Auch seien die beanständeten Dinge
schon bei dem früheren Bau vor 20 Jahren vorhanden gewesen,
nun sei das Theater bloß in eine „bessere Form gebracht und
erhöht". Um aber sicher zu gehen, habe er den Bau durch den
kais. Hofbaumeister Canavali untersuchen und auf dessen Anrathen
die Unterbauung der Hauptsäulen mit Ziegeln angeordnet, ferner
zu größerer Feuersicherheit statt eines Ausgangs drei machen und
die engen Gänge erbreitern lassen. Schließlich bittet Antonio Denzio,
es bei dem ihm bis Mai 1726 ertheilten Consens zu belassen.

Es wurde eine neue Commission abgeordnet, worin auch der Neustädter Magistrat mit dem Vice-Primator Sebeler, Rathsverwandten Czerny und drei Baumeister waren, welche fand, daß allerdings Denzio mehre der angeordneten und versprochenen Schutzmaßregeln ausgeführt habe oder ausführe. Auch werde derselbe stets acht volle Wasserfässer aufstellen und vier Spritzen mit eigener Bedienungsmannschaft anschaffen. Endlich scheint das Haus doch genügt zu haben, und die Vorstellungen begannen.

Die erste große Oper, welche in der neuen Saison, im November 1725, auf dem Spork'schen Opernntheater aufgeführt wurde, resp. von deren Aufführung wir Kunde haben, ist „Armida abbandonata", Musik von Bioni. Das Titelblatt des Librettos *) sagt ausdrücklich, daß die Oper für das „neu errichtete" Theater des Grafen Franz Anton v. Spork bestimmt war. Denzio hatte diese Oper dem Adel Prags gewidmet als Dank für das „gütige Wohlgefallen, so derselbe denen vorigen Music-Spielen habe geneygt verspühren lassen". Er bittet in der Widmung, seine „geringe Schweiß- und Gedanken-volle Gaabe nicht ungütig aufzunehmen". Aus der dem Buche vorgedruckten Inhaltsangabe erfahren wir, daß die Handlung der Oper aus Tassos „Befreitem Jerusalem" entnommen war; die Oper beginnt mit der Scene, da Tancred die schlafende Erminia in der Zauberburg der Armida trifft, und schließt mit der Scene, da Armida verzweifelt am Meeresrande dem absegelnden Schiffe nachblickt, das den geliebten Rinaldo ihrem Zauberbann entrückt. Zum Schlusse steigt aus dem Abgrund ein von zwei Drachen gezogener Wagen hervor, der Hügel sammt dem Palast der Armida versinkt unter „Feuersflammen" in's Meer, ein Platz-

*) Das Titelblatt lautet: „Armida abbandonata", Drama per musica, da rappresentarsi nel teatro nouissimo di sua Eccelenza il signor conte Francesco Antonio di Spork. Consecrata alla generosità, e merito sempre grande delle nobilissime Dame e Cauaglieri di Praga". — „Die verlassene Armida, Theatralisches Musikspiel, welches in dem neu-errichteten Theatro Sr. Exc. Hrn. Grafen Frantz Antoni von Spork vorgestellet: und Einem allzeit Großmüthig-Würdig-Pragerischen hohen Adel Sowohl Damen als Cavalieren Auffgeopfert wird. Mit Erlaubnus hoher Obrigkeit. Prag, gedruckt bei Wolffgang Wickhardt, Ertzbischoffl. und Landschaffts-Buchdrucker".

regen und Ungewitter erhebt sich, Armida fährt auf dem Drachen-wagen durch die Luft davon. Die Oper erforderte einen bedeutenden Decorationsaufwand. Im ersten Acte sah man die „bezauberte Burg der Armida", einen „sehr angenehmen Garten in dem Mittel-punkte eines runden Majestätischen Pallasts, mit einem Teich in der Mitte, auff welchem ein zierlich vergoldetes Schiff zur Lust und Ergötzung der Armida ist"; im zweiten Acte: „ein schatticht mit Myrthenbäumern besetzt und dem Liebes-Gott geweyhtes Lust-Wäldlein mit dessen Bildnuß in der Mitte, einen von Grotten-werck gemachten Vorhoff mit einer Kuppel in der Mitte; um und um Sitze mit Muscheln, mit Statuen und Wasser-Kunsten"; — endlich im dritten Act: „ein sehr dickes Gehöltz mit einem grossen Baum in der Mitte, an wessen Aeste deß Rinaldo Schwert und Helm auffgeheuckt seynd: Welches ganze Gehöltz in einen erschröcklich und feurigen Wald und ungeheuer wilde den Tancredi anzufallen auf dem Sprung stehende Thier verwandelt wird, welche aber alle auff einen Winck deß Ubaldo verschwinden, worauff das vorige Gehöltz wieder herfürkommt und der grosse Baum die Aeste herunter sincken lasset, dem Rinaldo seine Waffen zurück-zustellen"; die Schlußscene zeigte „eine öde mit Schne bedeckte, und vom Meer befeuchte Landschafft, worauff ein sonnechtig-fruchtbarer Hügel mit einem zu oberst befindlichen Majestätischen Pallast, so auf ein von Armida gegebenes Zeichen unter Feuer-Flammen ins Meer stürzet" (s. oben). Alle diese „Veränderungen" waren von Innocente Bellavite. Die Hauptrollen der Oper hatten die Damen Teresa Peruzzi genannt Denzia, Negri, Bianchi und Diamante Maria Gualandi, die Hrn. Denzio und Moretti inne.*)

*) Das vollständige Personenverzeichniß lautete: Armida, Idraott deß Königs zu Damasco Bruders Tochter, Geliebte und Liebhaberin deß Rinaldo — La Sgra. Teresa Peruzzi detta la Denzia; Rinaldo Printz von Esté, einer von denen Feld-Obristen des Christlichen Heer-Lagers, Geliebter und Lieb-haber der Armida — La Sig. Maria Cattorina Negri; Rambaldo auß Gasconien, einer deren Feld-Obristen obbesagten Heers, welcher vom Glauben und von Godefrido abgefallen, um der Armida zu gefallen, für welche er

Am Schlusse der Inhaltsangabe sagt Denzio: „Den fernern Verlauff wird dir die Durchlesung gegenwärtiger Opera kund machen, als wessen Begrieff gezogen worden auß dem so betitelten Gierusalemme Liberata oder ‚Das erlößte Jerusalem‘, so da ein unsterbliches Werck ist deß grossen Torquato Tasso, eines Fürstens derer Wällschen Gedicht=Schreibern. Du geneigter Leser, komme, siehe und würdige solches deiner Gutheissung, welches die Eygenschafft deiner Höfflichkeit ist, und lebe übrigens glückseelig biß in Nestors Jahre."

Mit grossem Erfolge wurde im Fasching 1726 die Oper „La tirannia gastigata" (die bestraffte Tyranney) aufgeführt, deren Arien durchgehends von Antonio Vivaldi, einem der bedeutendsten italienischen Componisten aus der zweiten Hälfte des 17. und ersten des 18. Jahrhunderts *), componirt waren, während die Recitative von Sgr. Guerra aus der Spork'schen Operngesellschaft stammten. Das Sujet der Oper waren die Grausamkeiten

---

streitet, sie liebet und doch von ihr verspottet wird — Il Sig. Antonio Denzio; Erminia, die nicht geliebte Liebhaberin deß Tancredi — La Sig. Barbara Maria Bianchi; Tancredi, ein anderer von denen Feld=Obristen obbesagten Lagers — Il Sig. Lorenzo Moretti; Ubaldo noch ein anderer Feld=Obrister, ein verstellter Liebhaber der Armida, zu welcher er von Godefredo abgesandt worden ist, den Rinaldo ins Lager zurückzuholen — La Sig. Diamante Maria Gualandi .... Die Music hat componirt il Sig. M. e Antonio Bioni. — Stumme Personen: Mahometanische Soldaten mit der Armida, Gasconische mit dem Rambaldo abgefallene Soldaten. Unterschiedliche Ungeheur oder wilde Thier, welche in der Armida bezauberten Wald deß Rinaldo Waffen bewachen.

*) Abbé Antonio Vivaldi mit dem Beinamen „il prete rosso" (wegen seiner rothen Haare) war in Venedig geboren, als Violinist in Deutschland und Italien berühmt. Goldoni sagt, B. habe in Rom durch eine seiner Opern den „lombardischen Geschmack" (hauptsächlich mit dem tempo rubato) eingeführt und herrschend gemacht. Kam ihm ein musikalischer Gedanke, so brach er sogar mitten im Messelesen ab und schrieb ihn in der Sacristei auf, so daß ihm das Messelesen verboten wurde. Vivaldi hat 26 Opern geschrieben, darunter „L' Orlando finto pazzo", „Armida al campo d' Egitto", „L' Orlando furioso", „Semiramide", „Montezuma" u. s. w. „La tirannia gastignta" finden wir weniger oft erwähnt.

und der Untergang des Nero, die Handlung selbst aber war ziemlich
confus und wunderlich zusammengetragen. Nero verstößt seine
Gattin Statilia, um Oronta, die gefangene Gemalin des Königs
von Pontus, Mithridates, für sich zu gewinnen, aber auch die
Witwe des Brittanicus, Flavia, zu heiraten. Mithridates schleicht
sich als Mohr unter dem Namen Ismeno in Rom ein, um über
seine Gattin und sein Töchterchen Berenice zu wachen und sie
dem kaiserlichen Wütherich Nero zu entreißen. Dieser wüthet drei
Acte hindurch in Liebe und Mordlust. In der Schlußscene der
Oper geht es geradezu gräßlich zu. Nero verurtheilt Oronta,
ihrem Gemahl Mithridates mit einem scharfen Schwerte das Haupt
abzuschlagen, widrigenfalls er selbst ihrem Töchterlein Berenice den
Garaus machen würde. Ferner verurtheilt er den Feldherrn Plancio,
einen Liebhaber der Flavia dazu, von Mithridates sich anfallen
zu lassen; wenn Plancio den Pontus-König besiege, so solle er
(Plancio) erst nächsten Tag sterben. Endlich wird es den Römern
doch zu bunt, die Armee fällt von Nero ab; derselbe muß einen
ihm von der verstoßenen Statilia gereichten Giftbecher trinken und
stirbt unter verzweiflungsvollem Todeskampf, wobei ihm alle blutigen Opfer seiner Grausamkeit erscheinen. Mithridates erhält
wieder die Krone von Pontus, Galba wird römischer Kaiser. So
weit die Skizze des Librettos,*) das Antonio Denzio der Gräfin
Philippine Thun widmete. In dem Widmungs-Vorwort ist Denzio
so galant, zu sagen: er widme dieses Werklein von dem grausamen

---

*) Auf dem Titelblatte ist zu lesen: „La tirannia gastigata. Drama
per musica; da rappresentarsi nel teatro di sua Eccellenza il Signor
Francesco Antonio conte di Sporck. E dedicato All' illustrissima signora,
La signora Filippina, vedova contessa di Thun, nata contessa di Harrach.
Nell' carnovale dell' anno 1726.“ — „Die bestraffte Tyranney. Musica-
lisches Schauspiel auff Seiner Excellenz Herrn Herrn Frantz Antoni
Graffens von Sporck, Theatro vorgestellet und der Hoch- und wohlgebornen
Frauen Frauen Philippina, verwittibten Gräffin von Thunn, gebohrnen
Gräffin von Harrach gehorsamst dedicirt und auffgeopffert. In dem Fasching
deß 1726. Jahrs. Mit Erlaubnuß Hoher Obrigkeit. Prag, gedruckt bey
Wolffgang Wickhart, Ertz-Bisch. und Landschaffts-Buchdrucker im König-
reich Böheim 1726. (Museum des Königr. Böhmen.)

Nero gewiſſermaßen „dem reinſten Spiegel, welcher von keinem
Fürwurff, ſo erſchröklich und ſchändlich ſolcher immer ſeyn mag,
nicht den geringſten Mackel annehmen, ſondern lediglich die Mängel,
um ſolche zu verbeſſern, zeigen kann, wie dann ein jeder, welcher
nur einen einzigen Blick auff Euer Hochgräfflichen Gnaden Tugend=
wandel werffen wird, die Hoffart, den Geitz des Nerons in dem=
ſelben Augenblick verfluchen, derentwegen aber an Deroſelben wie
die Herrlichkeit ſo die Holdſeeligkeit, Großmuth und Freundlichkeit
in aller Vollkommenheit bewundern und bekennen werde müſſen.“
Auch verſicherte Denzio, daß in der Oper vorkommenden „in einem
chriſtlichen Mund nicht allerdings wohllautende Wörter nach der
Redensart derer damahls Abgötteriſchen Perſonen, keineswegs aber
aus dem Hertzen deßjenigen, der ſolche geſchrieben, hervorgefloſſen
ſeynd.“ In dem Perſonenverzeichniſſe der Oper *) finden wir neu
den Sgr. Matteo Luchini von Venedig, „bey dem Königl. Pohl=
niſchen und Churſächſiſchen Hoff würcklich in Dienſten,“ als Mi=
thridates, außerdem waren Denzio, Gaspari, die Damen Bianchi,
Gualandi, Negri, Peruzzi beſchäftigt.

Matteo Luchini war (nach dem Dresdner Hof= und Staats=

---

*) Das Verzeichniß lautet: „Aufftrettende Perſonen Von
Seyten deren Römern: Nero, römiſcher Kayſer — Il Sig. Antonio
Denzio von Venedig; Statilia, deß Nerons Gemahlin — La Sig. Diamante
Gualandi von Bologna; Flavia, deß Britannici Wittib und Liebhaberin deß
Plancio — La Sig. Barbara Bianchi auß Mayland; Plancio, ein Feld=Herr
deß Römiſchen Kriegs=Heers und Liebhaber der Flavia — Il Sig. Cav.
Antonio Gaspari von Venedig; Cilon, ehemahls geweſter Landvogt in Asia —
La Sig. Mar. Catharina Negri von Bologna. — Aufftrettende Per=
ſonen von Seyten deren auß Aſien: Mithridates, König auß Ponto,
unter dem Namen Ismeno, ein Mohr — Il Sig. Matteo Luchini von
Venedig, bey dem Königl. Pohlniſchen und Chur=Sächſiſchen Hoff würcklich
in Dienſten; Oronta, deß Mithridates Gemahlin und deß Nerons Gefangene
— La Sig. Theresa Peruzzi von Venedig, genannt Denzia; Berenice, ihr
Töchterlein. Alle Arien ſeynd von dem allzeit berühmten Meiſter Il Sig.
D. Antonio Vivaldi von Venedig. Das Recitativ aber durchgehends von
dem Sig. Giov. Antonio Guerra von Rom. Die Veränderungen ſeyend
gemahlet von Sig. Vincenzo dal Buono, einem Bologneſer, der bei dem
berühmten Sig. Ferdinando Bibienna gelernet.

kalender) noch 1729 Tenorist bei der kgl. Capelle und Kammer=
musik.*) Nach Dlabacz hatte er 1726 eine Reise nach Prag gemacht,
wo er dann auf dem Spork'schen Theater blos in der Rolle des
Mithridates auftrat. Dies scheint jedoch irrig, da Luchini auch
1728 gewiß in Prag wirkte.

Es ist uns selbstverständlich unmöglich, aller Opern ein=
gehender zu gedenken, welche Denzio zur Aufführung brachte —
es waren deren innerhalb der Zeit seiner Direction mehr als 57 —
wir beschränken uns, um an Beispielen die Sache selbst zu erläu=
tern, auf jene, deren Bücher uns vorgelegen haben und deren
Aufführung ausdrücklich constatirt ist.

Aus dem Jahre 1728 liegen uns zwei solcher Opernbücher
vor, „La constanza combattuta in amore" („Die in der Liebe
bestrittene Standhaftigkeit") und „Astarto", beide im Herbst auf=
geführt. „La costanza combattuta in amore"**) ist ein be=

---

*) „La costanza combattuta in amore. Drama per musica di Antonio
Denzio. Da rappresentarsi nel teatro di sua Ecc. il signor Francesco An-
tonio conte di Sporck. L'autunno dell' anno 1728." „Die in der Lieb be=
strittene Standhaftigkeit. Musicalische Opera deß Antonii Denzii. Welche
auf dem Ihro hochgr. Exc. Hrn. Hrn. Frantz Antoni Graffen von Sporck
zugehörigen Theatro in dem Herbst deß 1728ten Jahrs repraesentirt wird.
Mit Erlaubniß hoher Obrigkeit. Prag, gedruckt im Königshoff bey Matthia
Adam Höger, Hochfürstl. Ertz=Bischöffl. Buchdrucker." (Mus. d. Königr.
Böhmen.)
**) „Auftrettende Personen: Barsina, ein Weib von schlechtem Herkom-
men, deß Aloxandri Wittibe, eine von Leonato nicht entgegen geliebte, von
Cassandro aber sehr eyffrig gebuhlte Liebhaberin — Die Frau Marga-
retha Gualandi, sonsten Campioli, Virtuosin Ihro Hoh. Fürstens v. Hessen-
Darmstadt; Statira, deß Persischen Königs Darii Tochter, eben auch Alexandri
des Grossen hinterlassene Wittib, eine sowohl von dem Leonato als dem
Perdica gesuchte Liebhaberin — Die Frau Angela Capoana; Leonato, ein
Printz von Königl. Macedonischen Geblüth und einer von deß Alexanders
Generalen, ein nicht verhaßter Liebhaber der Statira wie nicht weniger der
Barsina — Der Herr Matthaeus Luchini, bey den kgl. Pohln. und Chur=
Sächsischen Hoff Virtuosen; Perdica, deren macedonischen zu Babylon be=
lagerten Generalen einer und der Statira verhaßter Liebhaber — Der
Herr Antonius Denzius; Cassander, ein Sohn des Antipatris, Statthalters
in Macedonien, einer von deß Alexanders Generalen, ein verhaßter Lieb=

fannteres Werk von Giovanni Porta, der zuerst als Musikdirector des Cardinals Ottoboni, seit 1716 zwanzig Jahre als Professor am Conservatorium la Pietà in Venedig gewirkt hatte und 1740 als Capellmeister des Churfürsten von Baiern in München (wo er drei Jahre angestellt war) gestorben ist. Bekannt von ihm sind 17 Opern; nach Mendel-Reißmann's „Musikal. Conversations-lexikon" war „La costanza combattuta in amore", Porta's erste Oper, 1776 (?) in Venedig aufgeführt worden; die Prager Auf-führung aus dem Jahre 1728 scheint bisher unbekannt gewesen zu sein. (Zwei andere Opern: „Numidor" und „Artaserse", wurden 1738 und 1739, erstere in London, letztere in München aufge-führt.) Inhalt und Charactere des musikalischen Dramas „La costanza combattuta in amore" waren, wie der „Inhalt" („argo-mento") besagt, „von Monsieur Pradon entlehnet", doch sei, um das Stück „dem wällschen musikalischen theatro zu accomodiren, dessen Tragödie in andere Scenen abgetheilet worden". „Dieses Drama," heißt es im „Argomento", „hat zwölf Jahre nach seiner Geburt mit deß Authoris Beschämung das Glück gehabt, auf meh-reren italiaenischen Theatris zu erscheinen, nun aber langet es zum ersten Male in Teutschland an. Die bishero allzeit erhaltene Ge-nehmhaltung seiner schreibet es dem Herrn Johann Porta zu, dahero es auch in dessen Begleitung sich ungescheuet auf dem hie-sigen Theatro erblicken lasset und verhoffet, von deiner Genehm-haltung einen nicht minder glückseeligen Fortgang als es anderwerts angetroffen, zu gewinnen."

Das Sujet war ein Eifersuchtsstreit zweier Witwen Alexander des Großen, Barsina und Statira, welche sich wie zu Alexanders

haber wie auch ein Gönner der Barsina — Der Herr Laurentius Moretti; Eumenos, welchen der belagernde Feind um die Theilung der erworbenen Beuten abzuhandeln geschickt — Die Frau Clara Constantini; Alexander, deß Macedonischen Alexandri und der Barsina unmündiges Kind; Arbates, ein Wachthauptmann und der Barsina Vertrauter. Die Music ist deß be-rühmten Herrn Johann Porta in Venedig. Alle Veränderungen seynd deß Herrn Vincentii del Buono, vormaligen Schüler deß Herrn Ferdinandi Galli Bibiennä, eygene Erfindungen und Gemählde.

Lebzeiten so nach dessen Tode wegen eines anderen Mannes, des „macedonischen Prinzen und Generalen Leonatus", befehdeten. Barsina ist die grausame, böse, Statira die sanfte, geopferte aber zum Schluße triumphirende Rivalin. In dem Personenverzeichniß[*] finden wir neu Sgra. Margarita Gualandi-Campioli, spätere Frau Moretti, dann Sgra. Angela Capoana und Sgra. Clara Constantini.

Die Oper „Astarto", welche ebenfalls im Herbst 1728 auf dem Spork'schen Theater gegeben wurde,[*] war wieder dem „hohen Pragerischen Adel" gewidmet. Die in gewundenen, demuthsvollen Phrasen gehaltene Widmung war vom 19. October datirt und von Denzio gefertigt. Die Musik stammt von Tommaso Albinoni, das darstellende Personale[**] weist nur Einen neuen Namen auf, den des Sigr. Sebastiano Zane. Held der Handlung war Astarto,

---

[*] „Astarto, drama per musica, da rappresentarsi nel teatro di Sua Ecc. il Signor Francesco Antonio conte di Sporck. L'autunno dell' anno 1728. Consacrato alla Nobiltà sempre eccelsa della regia città di Praga." — Astarto, Musicalische Opera. Welche auf dem Ihro Hochgräfl. Exc. Hrn. Hrn. Frantz Antoni Graffen von Spork zugehörigen Theatro im Herbst deß 1728ten Jahrs vorgestellet und einem hohen Pragerischen Adel dediciret wird. Mit Erlaubnuß hoher Obrigkeit. Prag, gedruckt im Königshoff bey Matthia Adam Höger, Hochfürstl. Ertz-Bisch. Buchdrucker." (Mus. d. Kgr. Böhmen).

[**] Elisa, Königin in Tyro, eine Tochter deß gewesten Wütterichs Sicheo, verliebt in den Clearco — La Sgra. Margherita Gualandi, detta Campioli, Virtuosa di S. A. S. il Principe d' Hassia Darmstadt; Astarto, ein Sohn des Abdastarto, gewesten Königs in Tyro, vermeynter Sohn des Fenicio, unter dem Nahmen des Clearco, verliebet in die Elisa — Il Sig. Matteo Luchini, Virtuoso della corte Reale di Polonia ed Elettorale di Sassonia; Sidonia, eine Schwester deß Agenore, ingeheim in den Clearco, auf den Schein aber in den Nino verliebet — La Sig. Angela Capoana; Fenicio, ein Grosser des Reichs, vermeynter Vatter deß Clearco und heimlicher Feind der Elisa — Il Sig. Antonio Denzio; Nino, ein Grosser des Reichs, Freund des Agenore, und in die Sidonia verliebet — La Sig. Chiara Constantini; Agenore, ein Grosser des Reichs, verliebet in die Elisa — Il Sig. Lorenzo Moretti; Gerouzio, Hauptmann der Leibwacht der Elisa und geheimer Vertrauter deß Fenicio — Il Sig. Sebastiano Zane. Die Music ist deß berühmten Herrn Thomaso Albinoni von Venedig.

der Sohn des Königs „Abdastartus" von Tyrus, der nach neun-
jähriger Regierung von seinem Milchbruder Sicheus ermordet
worden war, worauf dieser den Thron bestieg und denselben nach
zwölfjähriger Regierung des Reiches seiner Tochter Elisa hinterließ.
Astarto war unterdeß in Verborgenheit von einem Fürsten des
Reichs unter dem Namen „Clearco" erzogen worden, hatte sich
durch Tapferkeit zum obersten Feldherrn des Reichs emporgeschwungen und die Liebe der Königin Elisa erworben, die er auch trotz
aller von Gut- und Uebelgesinnten gegen diese Verbindung ge-
sponnener Intriguen heiratete. Ueber den Ursprung und den Text
des Dramas gibt das „Argomento" folgenden Aufschluß: „Was
hierinnen von den wahren Geschichten angeführet wird, ist auß
dem zehenden Buch deß Josephi wider den Appionem entlehnet
worden: Zu denen erdichteten Zufällen aber hat der französische
Tragoedien-Schreiber Quinault in seinen der Astarto und Amala-
sunta betitulten Trauerspielen einigen Anlaß gegeben." Die
Handlung wäre also nach Josephus Flavius (und zwar aus der
Schrift „Gegen Apion") und nach Quinault gearbeitet, welch
Letzterer, geb. 1635, eine Menge von Tragödien, Komödien und
Operntexten (meist von Lully componirt) geschrieben hatte.

Ueber das Opernrepertoire des Sporck'schen Theaters in den
Jahren 1729 und 1730 finden wir keine positiven Nachrichten
oder Documente vor.*)

Erst aus dem Jahre 1731 liegt wieder als Document einer
Opernvorstellung ein Textbuch, und zwar jenes der Oper „Hypermnestra"**) vor, eine Composition von Antonio Constantini.

---

*) Dlabacz's Künstlerlexikon erwähnt außer einigen der hier mitgetheilten
Opern noch die Oper „Arenione", welche 1726 unter Mitwirkung von
Denzio, Sgra. Negri (Merope), Sgr. Rovello (Amilcar), Sgra. Peruzzi
(Linceste), Sgr. Biba (Aquilio) aufgeführt wurde.

**) „Ipermnestra, drama per musica, da rappresentarsi nel teatro di
sua Ecc. Il Sig Francesco Antonio conte di Sporck, L' Autunno dell'
anno 1731." — „Hypermnestra, musicalisches Schauspiel, welches in Prag
auff dem Ihro Hochgräffl. Excellentz (tit. pl.) Herrn Herrn Frantz Antoni
des hl. röm. Reichs Graffen von Sporck zugehörigen Theatro in dem Herbst
des 1731. Jahrs soll repraesentirt werden. Prag, gedruckt in Carolin bey

Die Handlung spielt in Griechenland. Der Egypter-König Belus hatte einen Sohn Namens Danaus, der sich vor den Verfolgungen seines Bruders Aegisthus nach Argos rettet und dort den Thron an sich reißt. Ein Orakel weissagt ihm, daß er von einem seiner hundert Neffen ermordet werden würde; um diesem Spruche zu trotzen, vermälte er alle seine hundert Töchter mit seinen hundert Neffen, befahl aber jeder seiner Töchter eindringlich, in der Brautnacht ihren Bräutigam umzubringen. Alle Töchter, die einzige Hypermnestra ausgenommen, thaten so; Hypermnestra aber liebte ihren Gemal Lyncaeus viel zu sehr, schonte ihn, und Lyncaeus rächte die Zahl der Blutopfer des Danaus, indem er diesen ermordete und dadurch den Spruch des Orakels erfüllte. In der Oper waren übrigens die Blutthaten möglichst vermieden worden. Constantini ließ die Verlobung der Hypermnestra mit Lyncaeus schon vor der Weissagung des Orakels vor sich gehen; Danaus weigert sich nun, die Heirat zu vollziehen und wird von Lyncaeus in Argos belagert. Die in Argos gefangene Myrtena, Schwester des Lyncaeus, vermittelt den Frieden, aber Danaus bricht denselben und sucht Hypermnestra zum Morde des Gatten zu bewegen. Sie verspricht es, gesteht jedoch Lyncaeus Alles, worauf dieser Danaus neuerdings entgegentritt, ihn besiegt, aber sich edel rächt, indem er ihn wieder auf den Thron von Argos setzt und ihm noch überdies seine Schwester Myrtena zur Frau gibt. So wird zwar die Weissagung des Orakels nicht zur Wahrheit, aber ein gräßliches Blutbad bleibt ungeschehen auf der Bühne.

Im Personenverzeichniß finden wir mehre neue Mitglieder der Sporl'schen Oper: die Sgra. Hyacintha Constantini-Spinola, Sgra. Anna Cosimi, modenesische Hof-Virtuosin und Sgra. Margarita Flora. *)

---

denen Labaunischen Erben, durch Adalbert Wilhelm Wessely factorem." (Muf. d. Kgr. B.)

*) „Auftretende Personen: Danaus, König zu Argos, Hipermnestrae Vatter — Der Hr. Antonius Denzius; Hipermnestra, verheissete Braut Lincaei — Die Frau Hiacintha Constantini, Spinola; Mirtena, eine Gefangene zu Argos und Schwester Lincaei — Die Frau Anna Cosimi. Ihre

Die Denzio'schen oder Spork'sche Oper befand sich übrigens um diese Zeit gewaltig im Niedergange. Der edle Graf von Spork hatte viel von dem bekannten und berüchtigten Undank der Welt erfahren. Schon im J. 1720 war er in einem Rechtsstreite mit seinen Verwandten und früheren Vormündern unterlegen, sogar auf seinem Schlosse Lissa unvermuthet überfallen und in den sogenannten „weißen Thurm" Daliborka nach Prag als Ge= fangener abgeführt worden, so daß er schwer krank wurde, sich auch nach seiner völligen Rehabilitation von den öffentlichen Ge= schäften zurückzog und ganz den Musen und der Kunst widmete. Aber auch in dieser Hinsicht ließ man ihn nicht unbehelligt. Im Jahre 1729 wurde beim bischöflichen Consistorium in Königgrätz wider ihn die Anklage erhoben, daß er in seiner Bibliothek zu Kukus eine große Anzahl verbotener Bücher besitze und verbreiten lasse, daß die Buchdruckerei in Lissa verbotene Werke drucke u. dgl. Die Untersuchungscommission erschien unter starker Cavallerie= Escorte bei Nacht auf dem gräflichen Schlosse in Kukus, ließ alle Ausgänge besetzen und den ganzen kostbaren Bücherschatz, an 30.000 Bände, nach Königgrätz abführen. Sieben Jahre dauerte der Proceß, sieben Jahre suchte man einen edlen, groß= müthigen Mann auf alle mögliche Weise zu chicaniren und herab= zudrücken, und erst dann erfolgte der Befehl, den Grafen als unschuldig zu erklären, die Bücher wieder nach Kukus zurück= zuführen, die ebenfalls eingestellte Buchdruckerei in Lissa wieder zu öffnen. Ein klarer Beweis dessen, daß der Graf, dessen religiöses Gefühl ja durch eine große Reihe von geistlichen Stiftungen deutlich erwiesen war, vollkommen unschuldig angeklagt war, war wohl der Umstand, daß der Erzbischof von Prag um 12.000 fl. die in Prag und Lissa gedruckten Spork'schen Auflagen ankaufen und in seiner Erzdiöcese austheilen ließ.

Daß der Graf sich im Laufe dieser fatalen Proceßjahre

Hochheit des Erbprinzens von Modena Virtuosin; Lincaeus, ein Fürst im Egypten Land, ein verheissster Bräutigam Hipermnestrae — Die Frau Margarita Flora. — Sambt einen Zwischenspiel. Derer Music wie auch die mehriste deß Dramatis ist deß Herrn Antonii Constantini.

weniger um seine Bühne zu sorgen in der Lage war, ist begreiflich.
Denzio scheint mit der Zeit ziemlich selbständig geworden zu sein
und das Directionsgeschäft ganz auf eigene Rechnung geführt zu
haben. Nach übrigens unerwiesenen Angaben, für welche auch wir
keinen positiven Anhaltspunkt zu gewinnen vermochten, wäre Denzio
schon 1727 zum selbständigen Director ernannt worden. Da seine
kostspielige und luxuriöse Leitung den Grafen Spork in übermäßige
Auslagen stürzte und in seinem Vermögen schädigte, habe Denzio
das Institut auch finanziell selbständig übernommen und in dem
bisherigen Style weitergeleitet. Daß es ihm dabei 1731 schon
knapp ging, davon haben wir in den Acten des Gub.-Archivs
deutliche Beweise gefunden. Es kam zu allerlei kleineren und
größeren Klagen gegen Denzio, selbst Klagen über mangelhafte
künstlerische Leistungen fehlten nicht, und Denzio seinerseits klagte
wieder über schwachen Theaterbesuch.

Am 29. Nov. 1731 bat Antonio Denzio daß er die Opernvorstellungen „während der Adventszeit bis zur novena und in
der Fasten bis zum Sonntag Judica" fortsetzen könne, da sich nach
Ostern der Adel von Prag wegbegebe und er, da Fasten und
Advent abzurechnen sei, bei seinen großen Kosten kaum drei Monate
des Jahres mit Erfolg spielen könne.

Am 31. Dec. 1731 beschwerte sich der Stadthauptmann der
Neustadt, daß Denzio für die täglich Wachthabenden 4 oder 5
Stadtsoldaten den Lohn (pro Mann 15 kr.) nicht mehr zahlen
wolle, weil er zu wenig Logen habe. Da nun aber zwischen
den vor dem Theater wartenden Bedienten und anderem Volke
es oft zu Excessen komme, die Wache also einerseits unentbehrlich
sei, andererseits bei geringerer oder gar keiner Gratification sich
nicht einmal die Montursschäden ersetzen ließen, möge auf Einhaltung dieser Verpflichtung von Seite des Denzio gedrungen
werden. Auch wurde von ihm der restirende Musicalimpost und
von einigen Gläubigern die schuldigen Beträge eingefordert. Der
Adel erklärte, alle Logen würden schon Miether finden, wenn nur
Denzio die Opern mit tauglichen Virtuosen besetzen
würde.

Wegen der Wache berichtete der Neustädter Stadtwachtmeister, dieselbe sei umso nothwendiger, als schon wiederholt „vnterschiedtliche Leuth auf das Opernhaus nicht allein gefährlich mit Steinen geworffen, die Bretter abgerissen, ja sogahr gedroht hätten, d a s Haus anzuzünden". Die Motive solcher Bosheiten sind nicht recht einzusehen.

Denzios Bitte, zu den üblichen Terminen während Advent und Fasten spielen zu dürfen, wurde bewilligt, weil er auch versprach „ein geistliches Theatral=Oratorium zu geben", nur sollten Mittwoch, Freitag und Samstag keine Spieltage sein.

Unterm 5. Dec. 1731 beschwerte sich dagegen der fürsterzb. Generalvicar darüber, daß Denzio ohne vorher bei der geistl. Behörde anzusuchen, den Consens für Vorstellungen in der Advents= und Fastenzeit nur bei der polit. Behörde erbeten habe; übrigens würde sich das Generalvicariat hierüber nicht im Gegensatz zur polit. Behörde setzen; nur habe sie der Statthalterei zu notificiren, daß auch im Manhardt'schen Hause eine Truppe ohne kirchlichen und politischen Consens spiele, was der kirchl. Behörde umso weniger angenehm sein könne, als „gemeiniglich in denen Nachspielen etwas unanständig vnbt ungebührliches mit zu Unterlauffen pfleget", weßhalb solche „actiones bey dießer wehrenden Adventszeit" gäntzlichen eingestellt werden sollten."

Einen hohen Grad hatten die Geldverlegenheiten Denzios bereits im Jahre 1732 erreicht, so daß er sogar im Verdachte des „Durchbrennens" stand und alle seine Gläubiger sich beeilten, so viel als möglich aus diesem Schiffbruche zu retten.

Am 29. Aug. 1732 wurde von den Prager Stadtvertretungen geklagt, daß die an diesem Tage bereits zur Abreise gerüstete „Operisten" den Musicalimpost von 156 fl. noch schuldig seien, weßhalb „ob periculum in mora" Execution gegen sie verordnet werden solle. Die Statthalterei ordnete an, daß über Denzio, falls er „de fuga suspectus" (fluchtverdächtig) wäre, ein Hausarrest zu verhängen oder ihm eine geeignete Caution anzutragen wäre, schlimmstenfalls seine Effecten zu confisciren seien, bis der Musicalimpost erlegt sei. Auch meldete sich ein Bürger Namens Paulo

Spagnolo, dem Denzio 61 fl. schuldig war, und der fürchtete, von dem „fluchtverdächtigen" Denzio nicht bezahlt zu werden und deßhalb ansuchte, dem Denzio Arrest bis zur Bezahlung zu dictiren. Die Statthalterei wollte Denzio aufhelfen, forderte eine Specifi cation seiner Schulden und des von ihm projectirten Zahlungs modus und beauftragte die Neustädter Stadthauptmannschaft ein gütliches Uebereinkommen mit den Gläubigern herbeizuführen.

Denzio hatte sich eben durch die Bemühung, das Großartigste zu bieten, immer tiefer in Schulden gestürzt, er hatte sogar die große Fux'sche Festoper „La constanza e fortezza" zur Wieder holung gebracht*) und im Ausstattungsluxus das Allermöglichste

*) In der Museumsbibliothek des Königr. Böhmen findet sich eine deutsche Uebersetzung des Textbuchs dieser denkwürdigen, in einem früheren Capitel bereits eingehend besprochenen Oper. Das Titelblatt lautet: „Die Stärke und Beständigkeit, Theatralfest, an dem glorwürdigsten Geburts Tag der Römisch-Kaiserlich- wie auch Königl. Spanisch. Catholischen Majestät Elisabethae Christinae, auf allergnädigsten Befehl Ihrer Römisch Kaiserlich- wie auch Königlich-Spanisch Catholischen Majestät Caroli des Sechsten auf Dero Königl. Schloß zu Prag welsch gesungener vorgestellet. Im Jahr 1723. Poesie des Herrn Pariati, der Röm. Kais.- wie auch Königl. Span. Cathol. Maj. Poëten. Von dem Hrn. Joh. Jos. Fux, der Röm.- Kaiserl. wie auch Königl. Spanisch. Cathol. Maj. Capell Meistern in der Music verfasset. In das Teutsche von dem Herrn Prokoff, der Röm. Kais. und Kön. Spanisch. Cathol. Maj. Poëten übersetzet. Gedruckt zu Wien, bey Hrn. Peter Van Ghelen, Ihro Röm. Kaiser. Kgl. Cath. Maj. Hof Buch druckern gegen dem Hof Ball Haus über." — Die „Beurlaubung", welche hinter dem Operntexte gedruckt ist, bringt folgende Apostrophen:

„Gedulde, edles Böhmerland, daß ich unter dem alten Latio und mit dem Namen Rom dich anheut vorstelle und durch anderwertiges Gepränge deine Rühmlichkeiten verehre. Genieße Löbliches Königreich, die hohe Glück seligkeit, der du würdig, und prange gegen deine Götter mit einem also unsterblichen Eifer, gleichwie der Ruf deiner Glorie unsterblich; Du aber, große Königin: und Allerdurchleuchtigste Kaiserin, die du über die Höhe deren Göttinen durch die Größe deiner Tugenden erhöhet! indeme deine Verdienste alle Lob Sprüche übersteigen, erlaube, daß ich zu deinem hell leuchtenden Glanz mich wendend in etwas denselben verdunkele.

„Und daß durch diesen Aufenthalt, womit ich Bestam preise,
Auf Dich, großmächtigste Elisabeth, hier weise.

geleiſtet. Anno 1732 ſcheint es übrigens gelungen zu ſein, ihn zu retten, und im Jahre 1734 führte er einen großen Coup aus,

Höher biſt du zu erheben,
Als dir Lobſpruch kunte geben
Aller Witz und menſchlicher Sinn;
Du aber dich einer Göttin vergleiche,
Beſtens ich das Ziel erreiche,
Und mein Lob iſt weniger kühn.

Höher biſt ꝛc.

Alle.

Groſſe Königin deinen unſterblichen Tag zu begehen,
Setzet Rom Pforten und Tropheen
Und die uns beſchützenden Götter
Laſſen ihre Frolockung hier ſehen.
(Die Schutzgötter fangen ihren Tanz an zu Tanzen.)

Chor dieſer Haus- und Schutz-Götter.

O was für Freud,
Den Weſt-Wind zu genieſſen
Und allen Streit
Weit abgeſondert wiſſen,
O was für Freud.

Theil des Chores.

Mit Oelzweigen des Friedens
Marten ſich ſehen zieren,
Kein Waffen mehr berühren,
O was für Freud.

O was ꝛc.

Der ganze Chor.

Rom wird uns Götter
Nicht mehr zerſtöhrter
Hinfort anſehen.
In ſüſſen Wolſtand
Wird das Geſchicke
Durch halbe Blicke
Dein Thron erhöhen.

Rom wird ꝛc.

(Hierüber komt auch die Lieb des Friedens, mit der allgemeinen Glückſeligkeit, ſich bei der Hand haltend, ſo Anfangs mit einander und nachdem jede allein tanzet.)

um sich pecuniär völlig zu rangiren. Er griff nämlich das natio-
nale Thema der Libuša-Sage, das schon Prinzipal Sartorio mit
Glück verwerthet hatte, auf, verarbeitete es zu einer Oper, die
unter dem Titel „Praga nascente di Libussa e Primislao" mit
glänzendem Erfolge auf dem Sport'schen Theater aufgeführt wurde.

In den Haupt-Rollen waren Sgra. Margarita Campioli-
Moretti (Herzog Przemysl), Anna Cosimi (Herzogin Libuša),
Antonio Denzio (Ctirad), Marina Denzia (Gustav, ausländischer
Fürst), Rosalia Fantasia (Lesbino, Edelknabe des Gustav), Maria
Monza (Wlasta), Lorenzo Moretti (Chlodomir, Liebhaber der
Libuša) mit besonderem Erfolge beschäftigt. Die pecuniären Re-
sultate dieses geschickten Unternehmens Denzios, der zahlreiche
Besuch der Vorstellungen dieser dem Adel Böhmens gewidmeten
Oper, half dem bedrängten Impresario einigermaßen wieder auf,
er konnte nicht nur seine Schulden bezahlen, sondern soll auch
einen Theil seines Vermögens wieder hereingebracht haben.

Das Jahr 1734 scheint übrigens das Schlußjahr der künstlerischen Thätigkeit Denzios gewesen zu sein, und merkwürdig! —
über das fernere Schicksal dieses für die Theatergeschichte Prags

Chor deren Römern.

Freu dich Rom, indem zugleich
Auch zu dir die Lieb des Friedens
Kommt und die Glückseligkeit.
Vesta macht dich also reich
Durch die Gnadenvolle Gaben,
Ihrer Lieb und Gütigkeit.
(Die Schutzgötter fangen wieder ihren Tanz an und enden denselben.)

Alle.

Vestam verehren die Zungen,
Dich Elisabetham preiset das Herz,
Für Rom wird Lob gesungen,
Prag aber, so deine Gegenwart
Und anheut dein holder Geburtstag ziert,
Weit höheres Lob gebührt.
Vestam verehren die Zungen,
Dich, Elisabeth preiset das Herz!

so bedeutenden Mannes sind keinerlei positive Daten zu eruiren. Das Textbuch einer im Frühling 1735 „im neuen Theatro in der Königlichen Kleineren Stadt Prag" (wahrscheinlich das Hrad= schiner Theater, wo Fux' Fest=Oper aufgeführt worden war) auf= geführten Oper „L' Olympiade" von Metastasio *) zeigt in seinem Personenverzeichnisse in der Mehrzahl noch Künstler und Künstlerinnen der Denzio'schen Gesellschaft, aber den Namen des= selben vermissen wir zum ersten Male.

Die Scene dieser Oper stellte die elidischen Felder dar. Es handelte sich um einen Orakelspruch, der dem König Clisthenes den Tod von der Hand seines Sohnes Philinthus verkündete. Philinth wurde ausgesetzt und kam durch wunderbare Zufälle nach Creta, wo er sich mit einem gewissen Megacles, Sieger bei den olym=

*) „L' Olimpiade, drama per musica, da rappresentari nel nuovo teatro della Città Piccola nella Primauera dell' anno 1735. Poësia del Signor Abbate Metastasi, Poëta di S. M. C. e C." — „Die nach jeden vier Jahren zu Olympia gehaltene Kampff Spiele. Musicalisches Drama und Dichtkunst des weltberühmten Herrn Abbate Metastasi, Jhro Röm. Kays. u. Kgl. Cath. Maj. Poëten, welches auf das Frühjahr des 1735. Jahres in der Königl. Kleineren Stadt Prag, auf dem neuen Theatro wird repraesentiret. Mit Bewilligung der Obrigkeit. (Gedruckt zu Prag, bey Johann Norbert Fitzky." — Personen des Singspiels: Clisthones der Sicioner König, der Aristhea Vatter — Der Herr Lorentz Moretti; Aristhea, dessen Tochter und Liebhaberin Megaclis — Die Frau Margaretha Moretti-Cam- pioli, Jhro Hoh. des Prinzen Philipp Land-Grafen zu Hessen v. Darm- stadt; Argonos, eine cretensische Dame, als ein Hirten Mägdlein ge- kleidet, unter dem Namen Licoris, des Licidas Liebhaberin, — Die Frau Maria Mons (Monza?); Licidas, ein für den Sohn des Königs in Creta gehaltener, der Liebhaber der Aristhea und der beste Freund Megaclis — Die Frau Margaretha Perini, Jhro Hoh. des Herrn Prinzens Philipp Land Graffen zu Hessen v. Darmstadt; Megacles, Liebhaber der Aristea und des Licias innerster Freund — Der Herr Matthaeus Lukini (Lucchini); Am'nthas, des Licidas Hofmeister.... Metastasio, der Dichter der Oper war 1698 zu Assisi geboren, hieß eigentlich Trappasso, übersetzte schon im 12. Jahre den ganzen Homer ins Italienische, und schon im 14. Jahre schrieb er seinen ersten Operntext „Il Giustino". Auch in der Composition war er bewandert und deßhalb einer der besten italienischen Librettisten. Von 1729 bis 1782 (seinem Todesjahre) war er Hofpoet in Wien.

pischen Kampfspielen und Verehrer der Zwillingsschwester des
Philinthus, Aristea, in inniger Freundschaft zusammenfindet. Zugleich
verliebte sich Philinth, der in Creta den Namen Licidas trug, in
die Cretenserin Argenes, die aber wegen dieses Liebesverhältnisses
dem Zorne des Königs von Creta entfliehen mußte und sich auf
den Feldern von Elis als Schäferin niederließ. Licidas reiste ihr
nach, um auch gleichzeitig den olympischen Spielen beizuwohnen.
In Elis verliebte sich aber der wankelmüthige Licidas in seine
eigene (ihm unbekannte) Zwillingsschwester Aristea, deren Hand
König Clisthenes dem Sieger in den Spielen als Preis ausgesetzt hatte. Philinthus-Licidas kommt nun auf die Idee, die Hand
der Aristea durch Megacles, der unter seinem Namen auftreten
sollte und durch seine früheren olympischen Siege die besten Aussichten hatte, für sich gewinnen zu lassen. Von der Liebe des
Megacles zu Aristea hatte Licidas keine Ahnung. Megacles vollbringt wirklich dieses aufopfernde Freundeswerk, aber zum Schluß
klärt sich Alles auf, Licidas wird als Philinthus erkannt, heiratet
seine getreue Argenes, und seine Zwillingsschwester Aristea, für
die er ebenfalls in Liebe entbrannt war, bekommt ihren treuen
Anbeter Megacles. Die Oper selbst behandelt übrigens nur die
Vorgänge bei den olympischen Spielen und beginnt mit dem
Eintreffen des Megacles in Elis. Das Andere ist Voraussetzung.

Ob diese Oper noch unter Denzio aufgeführt wurde, ist, wie
gesagt, unbekannt. Sein Namen wird seit 1734 nicht mehr genannt. Im J. 1738 starb der Begründer und Eigenthümer der
Spork'schen Bühne, Graf Franz Anton v. Spork. Die Leiche des
merkwürdigen, edlen Mannes wurde in der Tobtencapelle zu Kukus
beigesetzt. Er hinterließ nur zwei Töchter, deren ältere, Eleonore,
Oberin des von ihrem Vater gestifteten Coelestinerinen-Conventes
in Grablitz wurde, während sich die jüngere mit einem Freiherrn
v. Sweerts, einem Verwandten ihrer derselben Familie angehörigen Mutter vermälte. Die Nachkommen dieser Tochter, die
Grafen v. Sweerts-Spork, sind noch heute Patrone der gräfl.
Spork'schen, resp. Sweerts-Spork'schen Stiftungsherrschaft Grablitz
und setzen damit die humanen, aufopfernden Bestrebungen ihres

Ahnen mit redlichem Eifer fort. Eine andere Linie des Geschlechtes, die Grafen von Sporck, bewähren auch in der Gegenwart einen regen und ernsten Sinn für die Kunst, wie der in der Culturge- schichte Böhmens unvergeßliche Graf Franz Anton v. Sporck. *)

Das gräfl. Sporck'sche Opernhaus war nach Denzios Rück- tritte, wie wir sehen werden, nur mehr kurze Zeit in Activität.

VIII.

Komödianten-Truppen während des Bestandes des Sporck'- schen Opernhauses bis zur Gründung des Kotzentheaters.

(1725 bis 1737.)

(Franzosen unter Dubuisson. — Principal Felix Kurz und sein Concurrenz kampf mit dem Arzneikrämer und Komödianten-Principal Balthasar Kohn.)

Daß die Errichtung der ständigen Opernbühne im Sporck'schen Theater den Wandertruppen eine nachdrückliche und fühlbare Con- currenz bereitete, ist schon betont worden. Principal Leinhas, der berühmte Pantalone, hatte dies bereits bitter empfunden; denn der hohe Adel und die Intelligenz wandten sich der Oper zu und ließen die Komödianten zumeist bei Seite liegen, ein Umstand, den wohl die miserablen künstlerischen Leistungen derselben redlich mit herbeiführen halfen. Dazu kam noch die Concurrenz franzö- sischer Truppen, welche den deutschen Banden vollends das Terrain streitig machten.

An den Höfen erfreuten sich die französischen Truppen be- sonderer Gunst und Protection. Der französische Principal de Rocher erhielt 1706 in Berlin 2000 Thaler Reisekosten-Entschä- bigung und 6000 Thaler Jahres-Subvention. Das französische Drama hatte ja mit Corneille und Racine bereits seinen Höhe-

---

*) Graf Franz Anton Sporck hatte auch, nachdem er sein glänzendes Operntheater aufgegeben, seiner Kunstliebe nach wie vor Ausdruck gegeben. Theils auf seinen Gütern, theils in einem Gartenhause seines Prager Palais ließ er von Hausbedienten Privatvorstellungen für den Adel geben.

punkt erklommen, während in Deutschland das Komödienwesen im
Argen lag und die Haupt= und Staats=Actionen mit den Harle=
kinaden neben den Opern mit ihren miserablen Texten, ihren
Ballets und Decorationskünsten ein elendes Dasein fristeten. In
Dresden führten im Jahre 1719 französische Schauspieler u. A.·
„Andromaque“, „Bajazet“, „Alexandre“, „Phèdre“ von Racine,
„Le Cid“, „Polyeucte“, „Cinna“ von P. Corneille, „Ariadne“
von P. Corneille, „Electre“ und „Radamiste“ von Crebillon
sen., „Tartuffe“ und „Le Misanthrope“ von Molière, „Le
jaloux désabusé“ von Campistron, „Esope à la Cour“ von
Boursault, „Le colin maillard“ von Dancourt u. s. w. auf.
Auch Operetten von Lully wurden häufig von französischen Truppen
in Deutschland gegeben. In Prag suchte am 1. Dec. 1727 „Dubuisson an nom de sa Troupe“ an, seine kürzlich angefangenen
Komödien auch während der Abventzeit fortsetzen zu dürfen, um
die bereits gemachten Schulden bezahlen zu können. Mit diesem
Begehren wurde Dubuisson abgewiesen. Was diese französische Truppe
in ihrem Repertoire führte, und überhaupt nähere Anbeutungen
über ihre Anwesenheit hier fehlen vollständig.

Die nächste Bande, über welche wir sichere und actenmäßige
Daten vorfinden, ist eine deutsche, und zwar die des bekannteren
deutschen Wanberprincipals Felix Kurz, der zum ersten Male
im Jahre 1734 nach Prag kam und diesen Besuch in der Folge
oft wiederholte. Am 15. Februar 1734 dankte Felix Kurz für
die Bewilligung zu spielen, klagte aber auch, daß er, weil in der
Fastenzeit nicht gespielt werden durfte und im Fasching die Leute
anderen Vergnügungen (Bällen u. s. w.) nachgehen, wenig Ein=
kommen gehabt und Schulden gemacht habe. Er bat deshalb, in
der Fastenzeit spielen zu dürfen, wie es ja auch den „Operisten“
seit vorigem Jahre erlaubt worden sei. Er berief sich darauf, daß
er sich „auf gutt geistliche und moralisch ausgearbeitete Comoedien
befliffen, in welchen nicht alleins das minbeste wider gutte Sitten
nicht begriffen sondern auch anferbauliche Christl. Vorstellung
Enthalten, seine sämmtlichen Actores auch der christ-kathol. Religion
ergeben seien.“ Sein beigelegtes Repertoire enthielt „Die selige

Genoveva", „Das leben und todt St. Sebastiani", „Das Leben
und Martirium S. Joannis vom Nepomuk", „Die Verfolgung
des Absolons gegen seinen Vater David", „Daniels Erhaltung in
der Löwengrube", „Die Bekehrung S. Egydii", „Der wegen der
Ehescheidung (König Heinrich VIII. v. England) enthaubte Thomas
Marcus (Moore)", „Der israelitische Richter Samson", „Die
Opferung Abrahams mit seinem Sohne Isaac", also eine stattliche
Reihe geistlicher Spiele, wie sie damals gegeben wurden, um die
Theatersperre in der Fasten- und Adventzeit zu umgehen.

Am 8. Febr. 1735 suchte Kurz, da es ihm wegen der nahen
Fasten um Lebensmittel für sein Weib, seine sieben kleine Kinder
und die gesammte Banda bange sei, an, am Faschingssamstag (der
Samstag war bekanntlich Normatag) „eine gute und moralische
Action" vorstellen zu dürfen. Der Erzbischof und die Statthalterei
machten für dies Eine Mal eine gnädige Ausnahme.

Im Herbste desselben Jahres sah sich Filix Kurz in einen er-
bitterten Kmpf mit einem glücklichen und klugen Rivalen, einem
der damals nicht seltenen Wander-Aerzte, Marktschreier, Operateure
und Komödien-Principale, verwickelt, welche namentlich zur Jahr-
marktzeit ihre Arzneikrambuden auf den öffentlichen Plätzen auf-
schlugen und des Abends durch eigene Komödiantentruppen Vorstellungen sehr heiteren Inhalts aufführen ließen. Einen dieser
medicinischen Komödianten-Principale haben wir schon im Jahre
1677 in Prag kennen gelernt; der Concurrent des Felix Kurz hieß
Balthasar Kohn und hatte am Altstädter Ringe seine Arznei-
und Komödien-Bude errichtet.

Felix Kurz setzte nun Himmel und Erde in Bewegung, um diesen
Rivalen, dem die Leute massenhaft zuströmten, aus dem Wege zu
räumen. Er überfluthete die Statthalterei mit Klagen und Bittschriften, führte alle möglichen, künstlerischen und religiösen Argumente gegen Kohn ins Treffen, und suchte namentlich den Adel
von dem Marktschreier durch alle möglichen Denunciationen abzuziehen.

In einer Beschwerde aus Gubernium vom 10. Oct. 1735
führte er als gravirend gegen Kohn an, daß derselbe und seine Leute

Abends während des Gebetläutens von der Teinkirche aus nicht
den Hut abnehmen, daß durch seine Vorstellungen 3 bis 4000
Personen am Beten verhindert würden, durch das nächtliche Zu-
sammenströmen von Manns= und Weibspersonen Anlaß zu vielen
Lastern gegeben werde und durch das Aufgebot von reichlivrirten
Mohren, Heiduken und Laufern von Seite des „Zahnarzts" Kohn
der hohe Adel nachgeäfft werde. „Auch sei das Spielen am Freitag,
Samstag und Sonntag aus christkatholischer Pietät in Prag nie
ohne scandalo gelitten worden."

Schließlich wies Kurz auf den großen Schaden hin, den er
hiedurch erleide, da der Arzt umsonst, er aber gegen Geld agire,
und bat, die Vorstellungen seines Concurrenten zu inhibiren.

Auch bei der Kirchenbehörde verklagte er den Rivalen, und
unterm 12. October 1735 beschwerte sich richtig das erzbischöfl.
Consistorium, daß Kohn auch „an Freitagen, Samstagen und Sonn=
tagen unter großem Zulaufe bis in die späte Nacht hinein zum
Aergerniß des kathol. und des wegen des Markts anwesenden un=
kathol. Volks seine Actiones producire."

Die Statthalterei selbst fühlte sich durch Kohn übergangen,
weil derselbe sich bei ihr um keinen Spiel=Consens beworben,
sondern seine Vorstellung blos im Einvernehmen mit dem Altstädter
Magistrat begonnen hatte. Deshalb erließ sie unterm 12. Oct. 1735
ein Decret an den Neustädter Stadthauptmann in Vertretung des
Altstädter, worin sie mit Mißvergnügen bemerkt, „daß der Arzneikrämer und Comoediant Kohn ohne ihr Vorwissen mit bloßer
Bewilligung des Altstädter Magistrats spiele, daß er auf dem
Wenceslai=Markt auf dem Altstädter Ring hart gegen der Thein
Kirchen publice in theatralischen Kleydern, nicht etwa die gewöhnlichen Nachspiele sondern ordentliche Comoedien mit untermischten
ärgerlichen Zotten Abends bis 8 und 9 Uhr bei dem Lichte, allwohin
aus allen drey Prager Städten die leuthe zusammenlauffen, agire,
hiedurch aber unter den Mann= und Weibspersohnen nächtlicher=
weyle der anlaß zu vielen lastern gegeben werde, und zwar gleichfalls
an Frey= und Sambst= und Sontag nicht nur producire, sondern

auch einen großen Staab mit vielen in reichportirter livrey bei
sich habenden laguayen, denn Mohren, Heyduken, und Lauffern
führen thue". „Wie nun" — fährt das Decret fort, — „derlei
theatr-productiones zum nicht geringen ärger, uns sowohl des
Catholischen als auch besonders bei gegenwart. Jahrmarktszeit
acatholischen Leuthen allerdings gereichet, das catholische Volk
auch von ihrer andacht abstrahiret wirbt", so solle der Neustädter
Stadthauptmann den Marktschreier zu sich bescheiden, seine Perso-
nalien und etwaige Privilegien feststellen, seine Productionen
sofort inhibiren, den Altstädter Magistrat, der sie eigenmächtig
erlaubt, zur Verantwortung ziehen und anbefehlen, daß er in
Hinkunft derartige Eigenmächtigkeiten unterlasse.

Unterm 17. Oct. 1735 berichtete der Altstädter Magistrat an
den zur Untersuchung abgeordneten Neustädter Stadthauptmann,
daß Kohn nicht gegen die Teinkirche, sondern gegen das bürgerliche
ehemals Merklische oder Kuczerische Haus zu im gewöhnlichen
Theater agire, daß der Magistrat resp. das Sechsherrenamt, dem
seit „uraltem Herkommen die Admittir-, Regulir- und Postirung
deren zur Jahrmarktszeit ankommenden sowohl handelsleuthen,
ärzten und handwerkern" übertragen sei, dem Kohn auf Grund
seines umfassenden Kais.-Privilegiums die Spiel-Bewilligung ertheilt
habe; auch sei „in den theatralactionibus des Feldarzten nichts,
was ausser der insgemein frequentirten comedianten arth aus-
schlagete, produciret worden, ferner sei bekannt, daß von anderen
vorhergegangenen und nicht so hoch approbirten Markts-ärzten
nicht nur allein die von denen Comedianten sogenannten nachspiele, sondern auch wahrhaffte comicae actiones auf dem öff.
Markt und zwar durch die von Ärzten assumirt dan bezahlten
persones der comedianten selbsten nicht nur allein bey dem tag,
sondern auch, weilen die beede Altstädter Jahrmärkte in kurtze tage
einfallen, bey Kertzen- und Pechfackl-lichtern exerciret worden".
Im ferneren Verlaufe ging der Bericht des Magistrats, welcher
vom Bürgermeister und Rath der Altstadt gefertigt war, auch dem
Principal Felix Kurtz, der im Manhartischen Hause spielte, hart
zu Leibe. „Dannach", hieß es darin, „keiner alß der jetzige im Mann-

hartiſchen privat-hauß zum abbruch deß gemeinen nutzens unter dem nahmen Hanß Wurſt agirende Kurtz deſſen ſich erkühnet, daß er unprivilegirter, deß privilegirten artztes Theatral. Actiones auch ſeine Perſohn in öffentlich ausgeſtreuten comedien- Zettelngeſchimpſet, wodurch, wan dieſes ungeanether bleibende, künftighin andere dergl. approbirte Feld- Zahn- und Wunbärtzte mit biminuirung der ohnedem in anderen paſſibus geringerten Marktsfreyheit ein abſchen nehmen dürfften. Welches wir den hiemit zu gehorſamer befolgung des hochvermelten gnädig Statthalterl. Decreti ex relatione untergebenen Sechsherrenambts nicht bergen, zugleich aber umb aſſiſtenzleiſtung mit Euer gnaden gutachtl. bericht zu manutenirung der Stadt Jahr Marckhts Freyheit gehorſ. Bitten ſollen".

Der Neuſtädter Stabthauptmann ſelbſt berichtet unterm 19. October 1735, daß Kohn entſchieden leugne, ſeinen Spielen Zoten untermiſcht und länger als bis ¹⁄₂8 Uhr geſpielt zu haben. Er und ſeine Leute ſeien gute katholiſche Chriſten, er ein churpfälz. Unterthan, mit einem Landgute und einem Hauſe in der Reſidenz geſegnet; die Livreen, welche ſeine Leute anhaben, ſeien vor 5 Jahren in Mannheim verfertigt, und die Leute, die ſie anziehen, ſeien keine Lackaien ſondern Muſikanten, die pro splendore mayori theatri" (zum größeren Glanze des Theaters) ſo angezogen würden, ſonſt aber „in glatten Kleidern" gingen. Zur Bedienung hätte er keinen Laufer, ſondern nur einen Mohren und Heyduken, die zu ſeiner perſönlichen Suite gehörten, die er aber, wenn dies dem hohen Adel anſtößig ſchiene, nicht mehr gebrauchen würde. Auch falle das kaiſ. Privilegium des Kohn ins Gewicht.

Dieſes Privilegium war allerdings ein umfaſſendes und bedeutſames, dem gegenüber ein nicht privilegirter Komödiant wie Felix Kurz nicht aufkommen konnte.

Balthaſar Kohn legitimirte ſich als factiſcher kaiſ. Feldarzt, diplomirter Arzt und Operateur und erwies zugleich, daß ſeine Conceſſion für Schauſpielvorſtellungen, als vom Kaiſer ſelbſt ausgeſtellt, nicht angefochten werden könne.

Balthaſar Kohn bezeichnete in ſeiner ausführlichen Rechtfertigungsſchrift alle gegen ihn erhobenen Vorwürfe „als eine Folge von Denuntiationen ſeiner „unwiſſenden Feinde", beſtritt, daß er mit ſechs Pferden gefahren ſei wie ausgeſtreut werde, und

daß seine Actiones scandalos seien (was ja auch Viele „hohe adels-
perjohnen" bezeugen könnten). Daß er nicht bei der Statthalterei
sondern nur beim Magistrat um Licenz angesucht habe, bat er, ihm
als Frembling zu verzeihen; zugleich wies er ein umfangreiches von
Kaiser Karl VI. unterm 13. Aug. 1735 ausgestelltes Privilegium vor.

Dieses kais. Privilegium besagte: Johann Balthasar Karl
Kohn habe „die Kunst eines oculisten, Stein-, Bruch- und
Wundartzten gebührend erlehrnet und mit eigenen Händen prak-
ticiret, was von unterschiedlichen chur- und fürstl. Regierungen
und Collegiis Medicorum bezeuget worden sei, namentlich sei er
am 19. Mai 1724 von der medicinischen Facultät in Ingolstadt
„alles Ernst, fleißig und scharff examiniret worden und habe mit
Ruhm bestanden". Durch glaubwürdige Zeugnisse sei ferner
erwiesen, daß er „mittelst sonderbahren Beystandt des Allerhöchsten Viel mangel- und Schadhafte Leuthe mit Besichtigung
des Urins und Verschreibung allerhand inner- und äußerl. Re-
cepten an unterschiedlichen gefährlich- und tödtlichen Gebrechen,
sowohl innerlich- als äußerlichen unheylsamen Zuständen durch
seine Kunst und wissenschaft glücklich curiret; deßwegen" —
heißt es in dem kais. Privilegium — „haben Wir mit wohlbedachtem Muth,
Gutem Rath und rechtem Wissen ihme Joh. Balth. Carl Kohn in ansehung seiner vortrefflichen Fähigkeit und Erfahrenheit diese besondere kays.
Gnade gethan und ihn zu Unserem kays. Feldartzten allermildest ernannt,
ihme auch unsere kays. Freyheit dergestalten ertheilet, daß er zehen Jahr
hindurch von dato dieses unseres kais. Gnadenbrieffs mit seinen Bedienten,
Pferdten und Wägen, wie auch allen notürftigen Waaren und Artzneyen,
zur kays. Armée in Italien, durch Tyrol und am Rhein-Strohm sowohl
als auch durch das gantze römische Reich und Unsere Erbkönigreiche, Fürsten-
thümer und Länder ziehen und ohnangefochten hin- und wiederreisen, auch
seine wohlerlehrnte und an Vielen Menschen beylsamlich und glücklich practi-
cirte Kunst und Medicin an allen orten und Enden sowohl im hl. röm.
Reich als auch unseren Erb-Königreichen, Fürstenthumen und Landen, in
Städten, Marchtflecken und Dörffern, inn- und außerhalb der freyen Messen,
Jahr- und Wochenmärchten sowohlen Sonn- und Feyer- als werck-Tägen
öffentl. und im Hauß innerliche und äußerl. remedia, auch alle von ihm
erfundene artzneyen und zu seiner erlehrnten Kunst gehörigen Medicamenta
ohne alle Verhinderung frey offentl. Verkauffen, führen und gebrauchen
möge, ihme auch in Übung seiner Kunst und wissenschaft mit inner- und

äufferl. Hülffs-Mitteln von Niemand, wer der auch seye, innerhalb obbe-
stimbten zehen Jahren ein Eintrag oder Verhindernus zugefügt werden solle.
Und weillen sich bishero öfters Begeben, daß auf denen Jahr-Märcken
Viele der artzney unerfahrne Winckelärzte ihre Kramerey fälschlich herfür-
ziehen, welche dan ihme Joh. Balth. Carl Kohn an seinem guten Nahmen
und Profession zu mercklichen Abbruch und denen armen Preß- und mangel-
hafften Patienten zu großem Nachtheil und Schaden gereichen thätte, So
haben Wir ihme auch diese gnade gethan und Verwilliget, daß er dergleichen
Stimpler und Winckelärzte, so ihrer Kunst halber durch ordentl. Medicos
nicht examiniret und approbiret worden, und ihre gewöhnliche Lehrbrieffe
nicht außgewiesen haben, wo oder welcher Ortten sie betretten, durch ge-
bührliche Hülff jedes orts obrigkeit abschaffen möge, ihnen auch, da sie
darüber noch ferner betretten, ihre waaren auff sein Joh. Balth. Carl
Kohns Anmelden durch die Obrigkeit hinwegnehmen und ihre hanthirung
gäntzlichen verwehren und niedergeleget werden sollen. — Gebietten darauf
Allen und Jeden, Churfürsten, Fürsten, Geist- und Weltlichen, Praelaten,
Grafen, Freyherren, Rittern, Knechten, Land-Marschallen, Lands Haupt-
leuthen, Land-Vögten, Hauptleuthen, Pflegern, Verwesern, ambtleuthen,
Land-Richtern, Schultheissen, Bürgermeistern, Richtern, Räthen, Bürgern,
Gemeinden und sonst allen andern, unsern und des Reichs als auch unserm
Erb Königreich-Fürstenthumb und Landen, Unterthanen und Getreuen, Was
Würden stands oder wesens sie seyend, in sonderheit auch allen privilegirten
Doctoren, Apothekern, Chirurgen, Barbiren und Badern bey Vermeidung
nachgesetzter Straff ernst- und Vestiglich mit diesem Brieff und wollen, daß
sie mehrgedachten Joh. Balth. Carl Kohn unserm kayl. Feldartzten sambt
seinen leuthen, Pferdten, Wägen u. s. w. nicht allein aller orten und Enden
zu Wasser und zu Land in obbemelter zehen Jahresfrist, sicher und ohnangefochten durchkommen, paß- und repassiren lassen, sondern ihme auch bey
dieser unserer demselben ertheilten Gnadt und Freyheit als unserem kayl.
Feldartzten ruhiglich Verbleiben, seiner Gelegenheit nach; auff oder ohne
dem theatro frey und ohngehindert gebrauchen und geniessen lassen, dar-
wieder nicht beschwehren, noch das jemand anderer zu thuen gestatten, in
Keiner Weiß noch weg, als Lieb einem jeden seye, unsere und des Reichs
Schwere Ungnade und Straff und darzu eine Poen nemblich Sechzig Marckh
löthiges Goldes zu Vermeiden, die ein Jeder, so oft er freventlich hiewieder
thäte, Uns halb in Unseren und des Reichs-Cammer, und den anderen
halben Theil Vielbesagtem Joh. Balth. Carl Kohn unerläßlich zu bezahlen
verfallen seyn solle. Mit Urkundt dieses Brieffs Besiegelt mit unserem kayl.
anhangenden Innsiegel, der geben ist in unser Stadt Wienn den dreyzehen-
henden Tag Monnaths Augusti nach Christi Unseres Lieben Herrn und
Seligmacher Gnadenreicher Geburth im Siebenzehen Hundert fünf- und
Treyssigsten, Unserer Reiche des Römischen im Vier- und zwainzigsten, des

Hispanischen im zwey und dreyssigsten, des Hungarisch und Böheimischen aber im fünf- und zwainzigsten Jahre.

(Gub.-Arch.)   Carl."

Besser als mit diesem Privilegium des Kaisers konnte sich Kohn wohl nicht ausweisen. Er suchte um Gestattung fernerer Vorstellungen und um Bestrafung seiner Widersacher an. Die Statthalterei nahm auch alsbald einen concilianten Ton gegen den wandernden Arzt an, konnte es sich jedoch nicht versagen, dem Altstädter Magistrat wegen seiner eigenmächtigen Concessionsertheilung und dem Felix Kurz wegen seiner Denunciationen entsprechende Verweise zu ertheilen. Unterm 21. Oct. 1735 erließ nämlich die Statthalterei ein Decret an den Altst. Stadthauptmann des Inhalts, daß dem Arzt Kohn in Erwägung der zu seiner Entschuldigung vorgebrachten Gründe erlaubt werde, während des Wenceslai-Markts, auch an Sonn- und Feiertagen post divina (nach dem Gottesdienste) sein Spiel zu produciren, jedoch an Frei- und Samstagen nur seine Medicamente zu verkaufen; der Kurzischen Komödiantenbande im Mannhartschen Hause sei zu verbieten, wider besagten Arzt „etwas wüdriges" zu produciren, dem Altst. Magistrat aber sei seine in dieser Sache an den Tag getretene „Arroganz" streng zu verheben.

Felix Kurz war übrigens noch lange nicht befriedigt. Die Lorbeeren Balthasar Kohns ließen ihn nicht schlafen, und am 22. Nov. 1735 brachte er eine neue Beschwerde gegen den glücklichen Rivalen ein. Er beschwerte sich neuerdings darüber, daß Kohn des Abends, wenn seine „Marktschreierei" vorüber war, in seiner Bude auf dem Altstädter Ring Komödien aufführen ließ. Kurz sah sich dadurch arg bedroht und schrieb: „Da sich nun ereignet, daß der auf der öffentl. Jahrmarkts-Binne seiner artzney Verkauffender operatenr Baltaßar Konn Nahmens nach der vollbrachten tägl. Marktschreyerey jedesmahl eine mit Theatralischen Kleidern bezierhte Comoedie Vorgestellet undt mit sothaner bis in den Späten Abendt nemblich bis umb 7 auch 8 uhr continuiret folglich eine sichere gelegenheit zur versplitterung undt außbleibung meines auditorii und hierburch die gantze zeit seiner anwesenheit einen nahmhafften,

ja zuſagen, bey ſich herbeynahenden heyligen Adventszeith uner=
ſchwinglichen Schaden (anerwogen ich öfftermahls 5, 10 undt höchſtens
15 zur beſtreittung meiner tägl. Actiones außgaaben gantz unzu=
längl. Perſohnen mit der Comoedie bewürcken müſten), veranleuttet,
Ich hingegen, umb das Vergnüg, undt meinen anfrigen zu unter=
thänigſten Dienſten ſacrificirenden willen zu erzeugen, je bennoch
actionirt und Theatraliſch die Comoebial=Hiſtorien mit klar anfallenden
Schaden vorgeſtellet, woburch denn auch meinen volligen untergang
vor augen ſehen" — deßhalb, ſchloß er, möge man ihm im Advent
geiſtliche Vorſtellungen im Manhardt'ſchen Hauſe erlauben.

Ende Nov. 1735 klagte Felix Kurz, daß der Operateur und
Komödienprincipal Baltaßar Kohn, obwohl die Jahrmarktszeit
ſchon vorüber ſei, noch keine Miene mache, ſein Spiel abzubrechen,
ſondern mit immer größerem Zulauf weiter ſpiele, während er (Kurz)
im Manhardſchen Hauſe bei einem Verluſt von 500 fl. bereits
mit größtem Mangel am Perſonale zu kämpfen habe und immer
mehr herabkomme. Man möge, um ihn zu retten, die Vorſtellungen
des Arzneikrämers einſtellen und ihm erlauben, auch an Samſtagen
im Manhardtſchen Hauſe zu agiren.

Endlich ging aber dieſer Kelch an Kurz doch wohl vorüber,
aber der vielgeplagte Principal konnte ſich im Manhardtſchen Hauſe
nicht mehr wohl fühlen. Auch machte die Behörde den Komödianten
das Leben ſauer. Die Zoten und Allotria der Komöbiantin hatten
das Zartgefühl der hohen Obrigkeit verletzt, und die Polizei erhielt
ſtrenge Orde, dem Unweſen thunlichſt zu ſteuern.

Am 11. Oct. 1736 erging an den Alt= und Neuſtädter
Stabthauptmann ein ſtrenges Statthaltereidecret, „die Comoedien,
woſelbſt ſie ohnedies eine logie gratis participiren, öfters zu
frequentiren, in ihrer Abweſenheit aber andere Leute dahin zu
beſtellen, damit fallß etwas ungebührliches produciret würde, die
Comoedianten dem Befund nach ernſtlich beſtraffet werden könnten."

„Gleichwie" heißt es weiter, „glaubwürdig hervorkommt, ſamb
gleichwohl von denen im Manhartiſchen Hauß agirenden Comoedianten
einige mit ſcandaloſen liebes=intriguen angefüllte Komoedien nicht
nur aufgeführet ſondern auch ſonſten ander zur ärgernus gereichende

Zotten mit untermüſchet wurden, alß werden Sie kgl. Herrn
Stabthauptleuthe die Comoedianten-Banda *) ſowohl deſſentwegen
conſtituiren alß auch dergleichen unzuläßigkeiten Ihnen genugſamben
nachdrücklich unterſagen, auch auf deſſen genaue Beobachtung nicht
nur Selbſten ſondern auch in abſentia durch andere beſtellte Leuthe
invigiliren laſſen, im wüdrigen Fall aber, da wieder Verhoffen
annoch etwas ungebührliches produciret werden ſollte, unerwarthend
einer ferneren Verordnung ſothane Comoedien alſogleich einſtellen."

Am 7. Dec. 1736 beſchwerte ſich der Erzbiſchof Moriz, daß
die Comoedianten ihn nicht um Conſens erſucht, im Advent ſpielen
zu dürfen, weßhalb dieſe Spiele ſolange zu unterſagen ſeien, bis
der kirchliche Conſens eingeholt wäre. Die politiſche Behörde hatte
die drei erſten Adventwochen für Spiele freigegeben.

Uebrigens ſcheint denn doch eine gewiſſe Rückſicht für Komöbianten und Operiſten gegenüber ſonſtigen fahrenden „Künſtlern"
und Schauſtellern geherrſcht zu haben. Die Behörde hielt namentlich
darauf, daß während der Vorſtellungen der Komödianten (im
Manhardtſchen Hauſe) und der Operiſten (im Spork'ſchen Theater)
keinerlei andere Productionen ſtattfinden. So fanden ſich z. B.
am 29. Dec. 1738 zwei Italiener Antonio Taroni und Antonio
Tachi mit „mathematiſchen Statuen" in Prag ein, welche von
einem römiſchen Jeſuitenpater erfunden waren. Der Altſtädter Stadthauptmann beantragte, daß ſie während der Vorſtellungen der
Operiſten und Comödianten immer die ihrigen im Platteis abgehaltenen unterbrechen. In demſelben Jahre wurde aber zur
Stabiliſirung der Prager Theaterverhältniſſe noch ein weiterer,
bedeutender Schritt gethan durch — Gründung des ſtädtiſchen
Theaters im Kozengebäude.

---

*) Ob dies noch die Kurz'ſche Banda war iſt ungewiß, denn in einem
von Felix Kurz in ſpäteren Jahren eingereichten neuen Conceſſionsgeſuche
ſagt er, er ſei ſeinerzeit von dem Arzneikrämer Kohn „verbrängt worden,"
alſo wahrſcheinlich abgezogen.

IX.

Die Gründung und die ersten Jahre des Roßentheaters.

(Principal Santo Lapis im Spork'schen Theater. — Gründung des Roßen-
theaters und Proteste der Carmeliter gegen den Theaterbau. — Santo
Lapis im Roßentheater. — Kriegsläufte. — Ein Anbot Pietro Mingotti's.
Principal Deppe. — Neue Proteste gegen das Roßentheater. — Principal
Felix Kurz.)

Als Denzio vom Schauplaße seiner Thätigkeit in Prag abging,
war es der Operisten-Principal Santo Lapis, der seinen Plaß,
zunächst im Spork'schen Theater, auszufüllen unternahm. Santo
Lapis war ein italienischer Gesang- und Mandolinenlehrer, der
von Laborde auch unter die guten Componisten seiner Zeit gerechnet
wird. Er war zu Anfang des 18. Jahrhunderts zu Bologna
geboren und hatte Anfangs in Venedig gewirkt, wo auch 1729
und 1730 zwei seiner Opern, „La generosità di Tiboro" und
„La Fede in cimento" aufgeführt worden. In den Dreißiger
Jahren des 18. Jahrhunderts verschlechterten sich seine Existenz-
verhältnisse derart, daß er beschloß, wie so viele seiner Landsleute
eine Opern-Tournée in Deutschland zu unternehmen. Auf diesen
Reisen mit einer Opern-Compagnie kam er auch nach Prag zu
einer Zeit, wo das Spork'sche Theater von Denzio verlassen und
auch in Folge des trüben Geschicks seines Gründers und Eigen-
thümers bereits dem Untergange geweiht war. Daß er trotzdem
noch in diesem Theater seine Vorstellungen begonnen, davon zeugt
das im böhmischen Museum vorhandene Textbuch einer Oper
„Semiramide", welche, wie der Titel besagt, „auf dem sogenannten (also nicht mehr wirklich) Graf Spork'schen Theater
repräsentirt" werden sollte.*)

*) „La Semiramide, drama per musica. Da rappresentarsi in Praga nel
Theatro detto de Conte Sporck. Consecrato a sua Eccellenza il Sign.
Sign. conte Giov. Ernesto Antonio Schaffgotsch." — „Semiramis, musicalisches
Drama, welches zu Prag auf dem sogenannten Graf-Spork'schen Theater
wird repraesentiret werden und Ihro Hoch-Reichsgräfl. Exc. dem Hoch- und

Die Widmungs-Einleitung an den Grafen Johann Ernst
Anton Schaffgotsch*) ist von Santo Lapis gefertigt. Die Oper
selbst war, wie das Buch besagt, „von verschiedenen Autoren"
(eine „Semiramide" von Metastasio und Hasse wurde 1747 am
Hoftheater in Dresden aufgeführt), die Ballets von Karl Stockinger.

Die Decorationen, die Ausstattung der Oper scheint glänzend
und complicirt gewesen zu sein. Im ersten Acte stellte die Schaubühne „ein verheertes Lager mit zertrümmerten Wägen und nie-
dergerissenen Zelten, von weiten die Stadt Babylon mit hohen
Thürmen, den Mond im Niedergehen bey anbrechendem Tage",
dann einen „herrlichen Vorhof mit einem zur Crönung der Semiramis bereiteten Thron, von weitem den Hof des Königl. Pallasts"
vor, im zweiten Acte sah man „ein angenehmes Lust-Wäldlein mit
Brunnen, unter denen hauptsächlich der Sonnenbrunn entdecket
wird", im dritten endlich den herrlichen Thronsaal. Als der Vor-

---

Wohlgeb. H. H. Johann Ernst Antoni Schaffgotsch, des hl. Röm. Reichs-
Grafen und Herrn von Kunast und Greiffenstein, Herrn der Herrschaften
Kundtschitz, Sadowa, Weiß-Trzemeschna, Biellohrad, Altenbuch, Marschen-
dorff und Dobalitz, der Röm. Kays. und Königl. Cathol. Maj. Würkl.
Geh. Rath Cammerern, Vornehmsten kgl. Statthaltern, Grösseren Land-
Rechts-Beysitzern und Obristen Burggrafen zu Prag, wie auch des Hochlöbl.
Landesausschußes und Rectifications-Haubt-Commissions-Directorn, Majo-
rats-Herrn dediciret wird. Gedruckt zu Prag, bei Joh. Norbert Fitzky, auf
dem Bergstein."

*) „Indem ich Jhro Hoch-Reichsgräfl. Exc. dieses mein die in Aegypten
regierende Semiramis betitulte Drama in tieffester Submission dedicire,
werde ich veranlasset, sowohl Jhro Hoch-Reichsgräfl. Exc. als Deroselben
Ruhmwürdigsten Urahnen unvergleichliche Meriten, wodurch Sie Jhnen
Grosser Häupter-Gunst und Jedermanns Hochschätzung gewonnen haben, in
Dero Gedächtnuß zu führen: Und in denen eben davon in mir jene Hoch-
schätzende unterthänigste Respectirung, mit welcher ich Dero mir geneigten
Clemenz versicherter, dieses Drama Selbten eygen zu machen unterfange,
lebhafft erwecket wird, lebe der Hoffnung, es werde auf dem Theatro dieser
berühmten Stadt mit dem Glantz Dero Hohen Protection angeschienen auf-
zutretten därffen, mit Kundmachung, ich seye, und verbleibe unter allen
tieff demüthigsten Jhro Hoch-Reichsgräfl. Excellenz Unterthänigst ergebenster
Diener Santo Lapis.

hang zum erſten Acte aufgezogen wurde, ſah man die Bactrianer
und Meder in voller Flucht begriffen, Semiramis in Kriegs-Rüſtung
als Siegerin, ihren Gatten Attalus der Feſſeln entledigend. Semiramis wird von Attalus die Allein-Herrſchaft auf Einen Tag
übertragen, den ſie dazu benützt, um Attalus gefangen zu ſetzen
und dieſe Herrſchaft in vollen Zügen nach ihrem Belieben zu genießen und ihren Thron für ſich allein zu erhalten. Schließlich
wird Attalus durch ſeinen und der Semiramis Sohn aus dem
Kerker befreit, Semiramis aber wird von dem wieder herrſchenden
Könige begnadigt und nimmt wieder ihren Platz als liebende
Gattin an ſeiner Seite ein. Das Perſonal des Stückes*) weiſt
durchwegs neue Namen auf, welche uns in der Spork-Denzio'ſchen
Aera nicht vorgekommen ſind, die Damen Giovanna Gasparini,
Catharina Persone, Veneranda Danese und Teresina Gerar-
dini, die Herren Giuseppe Mazzioli und Domenico Tasseli.
Dlabacz erwähnt auch der Aufführung der Oper „Tigrane" im
Jahre 1738 auf dem Spork'ſchen Theater. Die Beſetzung dieſer
Oper mit Sgra. Giovanna Gasparini (Cleopatra, Tochter des
Mithridates), Giuseppe Mazzioli (Orontes, Bruder der Apamia
und Liebhaber der Cleopatra), Catterina Persone (Apamia, pon-
tiſche Dame) und Domenico Tasselli (Mithridates, König von
Pontus, Vater der Cleopatra und Liebhaber der Apamia) deutet
darauf hin, daß es das Perſonal der Santo Lapis'ſchen Oper
war, welches „Tigrane" aufführte.

Im Jahre 1738 hatte übrigens ſchon eine neue ſtändige

---

*) Auftretende Perſonen: Semiramis Königin zu Aegypten — Die
Frau Johanna Gasparini; Attalus, König in Aegypten und Semiramidis
Eheherr — Der Herr Joseph Mazzioli; Ninus, Attali Sohn und Liebhaber
Zomirae — Der Herr Dominicus Tasseli; Zomira, eine Bactrianiſche Prin-
zeſſin, die Liebhaberin Nini, nachmals des Hidaspes Braut — Die Frau
Catharina Persone; Hidaspes, Königl. Prinz der Medier, Liebhaber und
Bräutigam Zomirae — Die Frau Veneranda Danese; Arbaces, ein Haubt-
mann und Vertrauter der Semiramis, aber des Attali Partey haltender —
Die Frau Theresia Gerardini. — Die Music verſchiedener Authoren. —
Die Tänze ſeyn eine Erfindung der Herrn Carl Stockinger.

Bühne in Prag, das Kotzengebäude, seine Wirksamkeit begonnen.
Bisher hatten zwar gewisse Prager Gemeinde= und Privathäuser den
Wandertruppen als gewöhnliche Schauplätze für ihre Vorstellungen
gedient, die Oper hatte in dem großen Festtheatergebäude auf dem
Hradschin und im Spork'schen Theater zeitweilig ein glänzendes Heim
gefunden, aber ein wirkliches stabiles Theater hatte es in Prag
nicht gegeben. Das Bedürfniß eines solchen machte sich offenbar
zu einer Zeit, wo der Niedergang und das Ende der Spork'schen
Bühne in Folge des Geschickes ihres früheren Besitzers und
Denzio's vor Augen standen, besonders fühlbar, und der Magistrat
der Altstadt Prag beschloß im Jahre 1737, „auf oftmaliges In=
sistiren und en faveur der allhiesig hohen Noblesse und des ganzen
publici civitatis" die Sache selbst in die Hand zu nehmen und
auf Gemeindekosten ein neues stabiles Theater in den sogenannten
„Kotzen" neben dem Gallikloster, einer ehemaligen Art „Bazar", zu
erbauen. Der Bauaufwand betrug 15.000 fl., wozu die Gemalin
des damaligen Prager Primators Prandt, eine große Theater=
freundin, selbst 1000 fl. beitrug. Das Theater war hauptsächlich
für Opernaufführungen bestimmt und wurde auch lange mit Vor=
liebe „Opera=Hauß" genannt, doch erhielten allmälig auch Schauspiel=
Truppen besserer Art die Erlaubniß, darin zu spielen. Die im
Kotzentheater spielende Truppe galt immer als die Haupt=Truppe
von Prag, und die Altstadt machte alle möglichen Anstrengungen,
diesem ihren Theater ein ausschließliches Privilegium zu erwerben.
Aber auch ohne dies Privilegium wußte das Kotzentheater, das
allmälig die Bezeichnung „Kgl. Nationaltheater" annahm, den ersten
Rang unter den Prager Theaterlocalen zu bewahren. Da seine
Directoren stets im Pacht=Verhältnisse zu der Altstädter Stadt=
gemeinde, daher in einer gewissen Abhängigkeit von derselben war,
mußte die Bühne auch stets einen gewissen, halbwegs besseren
künstlerischen Charakter zeigen und war der besonderen Rücksicht
der Staatsbehörden um so sicherer, als sie thatsächlich lange die
einzige stabile Bühne in Prag blieb.

Der erste Director des Kotzentheaters war Santo Lapis.
Daß er sich dabei wohlbefunden, ist nicht gerade gewiß, denn schon

im Jäner 1738 richtete er eine Klage-Epistel an die Statthalterei, welche nicht nur von den bedrängten Verhältnissen des Principals, den 1400 fl. Zins arg drückten, sondern auch von der geringen socialen Stellung der Juden im vorigen Jahrhundert drastisches Zeugniß gibt. Santo Lapis wußte den Werth der Juden als Theaterpublicum zu schätzen und bemühte sich, dieses Element, welchem die damaligen Verhältnisse den normalen Theaterbesuch unmöglich machten, auf abnormale Weise zu seiner Rettung heranzuziehen. Sein vom 5. Jäner 1738 datirtes Gesuch an das Gubernium lautet:

Ew. Hochgr. Exc. und Gnaden Jedoch mit bero gnädigsten Erlaubnuß gehorsambst eröffne, was gestalten des in conducto inhabenden neuen theatri all Jährigen Einen löbl. Alt Städter Magistrat zu entrichtenden Zins Sambt Musicalien-post und pflastergeld gegen die 1400 fl., deren zu denen Operen und Comoedien aber Benöthigten Leuthen gebührendes Salarium das Jahr hindurch sich auff noch Viel mehr belauffen wird, daß ich Bey diesen gelb-klemen' und Schwären Zeithen, in welchen ich Leyder Dies auf diese zeit her von den meinigen mühesamb erworbenen schon Bereits 2000 fl. zugesetzet, mich kümmerlich Besorge hin führo etwann in einen weit größeren Schaden zu verfallen; Wann nun aber der Von mir erlittene Schaden in etwas ersetzet, der impendirende aber Verhindert werden könnte, wann mir gnädigst erlaubet wäre, daß die allhiesige Juden, wie es bey einigen vorhero allhier gewesten comedianten geschehen, Sothane Comoedien an einen Sonderlich für Sie bestirrten Orth, Von welchen Sie sodann nach enbigung der Comoedie umb Verhüttung einig-sich etwan ereignen mögenden unheyls nacher Hauß mit der wacht Begleidet werden möchten, frequentiren dörfften, Solchennach gelanget an Ew. Exc. u. Gnaden mein unterthänigst-flehentliches Bitten, Hoch-Selbegeruhen in Behertzigung des Von mir schon erlittenen und hinführo ohnfehlbar erleydenden großen Schadens, auch deren anjetzo schwebenden mühsambe- und Schwären Zeithen denen mir ertheilten hohen Gnaden noch diese Beysetzen und mir für die Juden die comoebien Frequentiren zu dürfen die gnädigste Licenz mildreichst zu ertheilen, welcher gnädigsten deferirung ich mich gehorsambst getröste und in unterthänigsten Respect ersterbe Euren Hoch-Reichs-Gräffle. Excellenzien und Gnaden

unterthänigst-gehorsambster

Santo Lapis
Principal.

11

als auch mit sehr impetuosen und dann und wann auch in scandalösen
wörtern Bestehendes geschreu, so unaußweichlich in Unseren Gotteshauß
durantibus divinis erschallete, nicht nur allein turbiret wurden, sondern
auch, da uns ohnedem den Tag wichtige geistl. functionen zu verrichten ob-
lieget, wofern wir auch bis in die späthe nacht keine Ruhe genießeten, Bey
so gestalten sachen in die Metten aufzustehen, Viel weniger Unßerer Regl
gemäß Jene vollzuziehen fähig wären, wo doch, da Unßere Vorfahrer dieße
Closter-Stellen Von dem glorwürdigsten Fundatore Seeligster gedächtnuß
Ferdinando IIdo außgewießener empfangen haben, daß dieselben in Ihren
geistl. functionen von Niemonden perturbiret werden sollen, Besage das in
dem goldgrünen Quatern Anno 1665 den 18. Sept. einverleibten Fundations
Instrumenti allerdings versichert worden, und ansonsten an deme genug
daß dergleichen perturbationen ein vor allemahl prohibitione Futurorum die
allerhöchst angezogene kayf. Rescripte außdrückl. inhibiren.

Solchen nach gelanget an Euer Hochgräfl. Exc. und Gnaden unßer
demüthigstes Bitten, Selbe geruhen dießes von rementionirten Löbl. Altstädter Magistrat angesinntes Neue gebeü auß gnädiger Beherzigung oban
geregten motiven ins werk zustellen und so mehr gnädiger zu inhibiren, als
wofern doch hierdurch einiges emolumentum der gemeinde zuwachßen möchte,
und die vorhändige Mitteln nirgends anderst ersprießlicher als hierzu an-
gewendet werden könten, ein anderer platz zu sothanen werck auf der anderen
seithen der gaßen vorhanden seye. Einer gnädigen deferirung und getrösten
und Salvis quibuscunque Salvandis verbl. Ew. Hochgr. Exc. u. Gnaden

demüthigste Diener

Fr. Norbertus a S. Ludmilla, Sac. Ord. Carmelit. Prior
Fr. Daniel a S. Andrea, Supprior Nomine Conventus.

Die Statthalterei beauftragte den Altstädter Stadthauptmann,
sich „ad locum quaestionis" in das Kotzengebände zu verfügen,
„daselbst sowohl deren geistlichen als des Mgstts. motiva mit Beobachtung deren Fundations-Instrumentorum und produciret
werden mögenden Documentorum genau untersuchen und Com-
biniren, in folglich in dieser angelegenheit eine solche veranstaltung
treffen, damit die geistl. supplicanten in ihren divinis nicht etwa
turbiret werden mögen."

Der Carmeliterconvent hatte auch eine umfassende Beschwerdeschrift an das fürsterzb. Consistorium gerichtet und darin vorgestellt, welche Gefahren und Ungelegenheiten die unmittelbare Nähe
eines Theaters dem Kloster eines strengen Ordens, der Kirche und

den Gläubigen bringen müsse, daß, während in der Kirche gottes=
dienstliche Handlungen vorgenommen wurden, im Komödienhaus
(in scenica domo) andere Feste gefeiert würden, daß die kathol.
Festtage von den Komödianten, die zumeist Ketzer seien, nicht
respectirt werden würden u. s. w. Das fürsterzbisch. Consistorium
machte sich auch selbst zum Dolmetsch dieser Klagen bei der Statt=
halterei und ersuchte, daß man dem Altst. Magistrat den Theater=
bau einstellen möge.

Der Altstädter Stadthauptmann wurde nun beauftragt, die
Angelegenheit genau zu untersuchen und darüber zu berichten. In
seinem eingehenden Referate meldete der Stadthauptmann, der Bau=
meister habe ihm in Anwesenheit des Priors und Subpriors des
Carmeliter=Convents und eines Magistrats=Repräsentanten dar=
gelegt, daß vom S. Galliklofter bis zu dem Schwibbogen, wo ein
Garderobezimmer situirt werden solle, 16 Ellen Distanz sein werde,
von diesem Zimmer erst nehme das Theater in der Länge von
30 Ellen seinen Anfang, dann komme das Orchester, 4 Ellen lang
u. s. w., so daß im Ganzen vom Kloster bis zur Theater=Durch=
fahrt 99 Ellen 10 Zoll Entfernung sei. Auch sei den Mönchen
bemerkt worden, daß die Opern um sechs Uhr Abends anfangen
und bis 9 Uhr dauern, also sie nicht in der Nachtruhe gestört
würden. Aber die Carmeliter blieben standhaft, wiesen darauf hin,
daß, wenn in der Klosterkirche das Allerheiligste ausgesetzt wäre,
die zum Theater fahrenden Kutscher durch ihr Lärmen die Andacht
stören, die Kirchenmauer — sit venia verbis — verunsäubern
und am Judentandelmarkt noch mehr Anlaß zum Ueblen gegeben
werde, daß die Nähe eines Theaters bei der Kirche die Andächtigen
beirren werde u. s. w.

Der Magistrat replicirte: die Wägen und Bedienten würden
die Mönche, die sich ja niemals über den Lärm und die Musik
beim „goldenen Rad" beschwert hätten, umsoweniger geniren, als
ja die meisten Zellen in den Klostergarten hinausgingen. An dem
Feste der hl. Theresia, der ersten Heiligen des Carmeliterordens,
und in der Octav des Kirchenpatrons S. Gallus würden sich die
Operisten ihrer Vorstellungen zu enthalten haben; auch würde

während der Vorstellungen am Kirchenplatz von der einen Ecke
der Kotzen am Militärwachthaus bis zur Ecke des jüdischen Tan-
delmarkts ein starkes Seil gezogen werden, um die Wägen von
der Kirche in Distanz zu erhalten und eine Bürgerwache würde
überdies dabei postirt werden. Da nun der Magistrat alles Mögliche versprach, um den Beschwerden und Befürchtungen der Car-
meliter-Mönche die Spitze abzubrechen, da man ihnen überdies
versicherte, nicht Komödianten, vor deren feuergefährlichem
Schießen die Carmeliter die größte Besorgniß äußerten, sondern
Operisten würden in das neue Gebäude einziehen, ließen sich die
Patres begütigen und suchten sich mit der neuen lockeren Nachbarschaft, deren weltliche Gesänge freilich recht sonderbar mit dem
ernsten Chorgebet der Carmeliter contrastiren mochten, zu vertragen.

Impresario Santo Lapis spielte 1739 noch in den „Kotzen".
Am 3. Febr. dieses Jahres suchte er an, während der Fastenzeit
in den Kotzen „geistliche Operen und Comoedien aufführen zu
dürfen". Die Statthalterei hatte ex parte politici nichts dagegen,
doch sollten die Vorstellungen „ohne inmischung einiger etwan zur
ärgernus gereichen mögenden lustbahrkeiten Abends nach endigung
deren gewöhnl. Andachten producirt werden", die „Opernbüchel"
aber seien der Censurcommission zu exhibiren.

Sogar über einen Theaterscandal wird schon vom J. 1739
berichtet.

Santo Lapis fand sich 31. Febr. bewogen, gegen eine seiner
Damen, welche einen sonderbaren Theaterexceß verursacht hatte,
indem sie sich als Mohrin coram publico die Farbe weggethan hatte,
flagbar aufzutreten.

Die originelle Klage lautet:

„Ew. Hochreichsgräfl. Exc. u. Gnaden solle in tiefester Unterthänigkeit
nicht verhalten, welchergestalten die in meinen Sold genohmene cantatrice
Benedetta Mulconi bey der neu, den 29. curr. gehaltenen opera, zu nicht
geringen affront Sr. des Hrn. Frantz Ernst Grafens von Waldstein Exc., als
welchem sothane opera in tiefester Submission dediciret worden, und meiner
qua Principalis höchsten prostitution sich gelüsten lassen habe, die Ihrer
Persohn vermög der opera zugesinnte schwartze Farb, inmitten theatri ab-
zuthuen sich unterstanden. Wann nun groß und hochgebietende Herrn, Herrn!

hochgedacht Sr. des Hrn. Grafen v. Waldstein Exc. ein solches zu beleydigten Gemüth allbereits ziehen, von uns aber hinlängliche satisfaction absordern thuet, und Ich dahero Sie zwar allbereits umb somehr zur schuldig satisfaction von mir entlassen und das theatrum nimmer zu betretten ein gebunden habe; dabey aber besorgt bin, daß mir ein- oder ander verhinderuns aus rachgierigkeit nicht beschehe, oder ein fernerweithige prostitution wiederfahren möge. — Gelanget dahero an Ew. Hoch-Reichsgräfl. Exc. und Gnaden mein unterthänigst Bitten: hoch Selbte geruhen durch die Behörde dahin gnädigst zu verordnen, womit Selbte sich künftighin nimmermehr auf dem theatro sehen noch weniger einige verhinderuns quoquo modo mir verursachen und darneben non offendendo nec per so, nec per alium, mich und die meinigen zu versichern allerdings angehalten werden möchte."

Die Statthalterei sprach den Wunsch aus, daß sich Graf Waldstein der Satisfaction begebe, da ja die Opern nicht für Einzelne, sondern für die ganze Communität zur Unterhaltung bewilligt seien. Santo Lapis wurde es freigestellt, die extravagante Sängerin zu entlassen oder wiederanzunehmen, der Stadthauptmann sollte der Vorstellung beiwohnen und jeder excedirenden Person „sine distinctione" den Hausarrest in distanti andictiren.

Das dürfte auf die fernere Bewahrung des Anstands auf der Bühne wesentlich eingewirkt haben.

Die künstlerische Wirksamkeit des Impresario Santo Lapis im Kotzentheater läßt sich leider nur nach einigen Documenten beurtheilen. Eines derselben ist das Textbuch einer Oper „La Ginovra", welche Santo Lapis selbst componirt und dem Grafen Franz Anton von Königseck dedicirt hatte.*) Die dem Ariost ent-

---

*) „La Ginovra, drama per musica, da rappresentarsi nel nuovo toatro della communità della Rel. Città Vecchia di Praga nel loco detto Kotzen; consecrato a sua Ecc. sign. sign. Francesco Antonio Giuseppe Del S. R. J. conto di Königseck e Rothenfels." — „Ginovra, musicalisches Schauspiel, vorgestellet auf dem neuen der Löbl. Gemeinde der Kgl. Altstadt gehörigen Theatro sonsten Kotzen genannt. Dediciret Ihro Hoch-Reichsgräfl. Ex. dem Hochwürdigst Hoch- u. Wohlgebornen Hrn. Hrn. Francisco Antonio Josepho des hl. röm. Reichs Grafen von Königseck und Rothenfelß, Herrn auf Aulendorff und Strauffen, des Hoch-Ritterl. Ordens S. Joannis Hierosolymitani Ritter und Grand Prior durch Böheimb, Mähren, Schlesien, Pohlen, Cärndten, Steyer, Tyrol und Oesterreich; Herrn auf Strado-

nommene Handlung ist in einem dem Buche vorgedruckten avis an lecteur skizzirt. „Polinesso, Herzog von Albanien war mehr verliebt in das Königreich Schottland und der Ginevra Reichthum als in dieser Königlichen Prinzeß Schönheit. Um selbige nun den Prinzen Ariodante, welchen sie von dem Vatter Donardo versprochen war, wegzunehmen, bediente er sich des Beystandes der Dalinden, welche in ihm verliebt war; zu seinem Zweck aber zu gelangen, brachte er die Ginevra bey dem Printzen in den Verdacht, als ob sie ihre Keuschheit verletzet hätte. Damit aber nachgehends diese Gottlosigkeit möchte verborgen bleiben, trachtete er Dalinden ermorden zu lassen, welche aber von Ariobanten errettet ward. Dieser wird von der Ginevra Unschuld überführt; der Verräther Polinesso aber wird bestraffet und von dem Ankläger der Ginevra, Lurcanio, so sich vor Ariobantens Bruder ausgiebet, umgebracht. Das Schauspiel endiget sich mit Vermählung der Verlobten." — Die Balletpracht, welche damals z. B. schon an der nachbarlichen Hofbühne in Dresden herrschte, wurde auch in Prag nicht vermißt. In Santo Lapis' Oper „Ginevra" wurden „zwey extra sehens-würdige Balletts" von Karl Stockinger, dem damaligen Balletmeister der Prager Operngesellschaft, besonders bewundert. „Das erste repraesentiret" — so sagt die Ankündigung — „die vier Theile der Welt, welche nebst Aeolo, dem Hütter der Winde, schlaffen; dahero weil die Pforte der Welt nicht wohl verschlossen, die Winde mit einem Geräusche das Thor auffsprengen und nebst denen vier Elementen heraußkommen; da dann die Sonne die vier Theile der Welt aufwecket und mit denen vier Winden und vier Elementen einen Tantz formiret; das andre (Ballet) bestehet auß Gärtnern, welche anfänglich eine Allee formiren, nachgehends sich erlustigen, da dann ein kleiner Knabe zweyen Verliebten einen Blumen-Strauß verehret, dessen Geruch aber den Verliebten gantz

nit, Oberliebich, Warwaschau und Brrzezniowes, Commendator zu Lossen und Strigau, der röm. Kays. und Kgl. Cathol. Maj. Würklichen Geheimen Rath, Cammerer, auch besagten Hohen Ritter-Ordens Ministro Plenipotentiario am Kays. Hof- und Kgl. Statthalter im Königreich Böheimb. Altstadt Prag, gedruckt bey Johann Norbert Fitzky, Ertz-Bisch. Buchdrucker."

desperat und verwirret machet, welcher doch aber am Ende wieder
zu sich selbst kommet."

Aufbau und Styl der Oper hielten sich in der normalen
italienischen Art. Im Personenverzeichniß*) finden sich als neue
Mitglieder Giovanni Cesari, Dominica Casarini und Benedetta
Molteni, „die Poladin" genannt, eine der vorzüglichsten Sängerinen
ihrer Zeit (Brachvogel nennt sie unter den hervorragendsten Mitgliedern der Berliner kgl. Oper von 1743).**)

Eine andere Oper, welche Santo Lapis zur Aufführung brachte,
war „La Fede tradita e vendicata", von dem Impresario dem
kgl. Statthalter Grafen Joseph Sereni gewidmet,***) deren Action

---

) Das Personenverzeichniß der „Ginevra" im Jahre 1739 sah folgen-
dermaßen aus:

Attori.	Auftretende Personen.
Donaldo, Rè di Scozia. — Il Sig. Gioanne Cesari.	Donaldo, König in Schottland. Herr Johann Cesari.
Ginevra, sua Figlia, Amante di Ariodante e promessa sua sposa. La Signora Benedetta Molteni, detta la Polachina.	Ginevra, dessen Tochter, Liebha-berin des Ariobante und dessen verlobte Braut. — Benedicta Mol-teni, sonst die Poladin genannt.
Dalinda, Principessa di Corte, Amante di Polinesso. — La Sig. Catterina Persone.	Dalinda, Prinzessin bei Hofe, Liebhaberin des Polinesso. — Ca-tharina Personne.
Ariodante, Amante di Ginevra. Il Signor Domenico Tasselli.	Ariodante, Liebhaber der Gi-nevra. — Herr Dominicus Tasselli.
Polinesso, Duca d' Albania. — La Sig. Domenica Casarini.	Polinesso, Herzog v. Albanien. Dominica Caesarini.
Lurcanio, fratello d' Ariodante. Il Sig. Giuseppe Mazioli.	Lurcanio, Bruder des Ariobante. Herr Joseph Mazioli.
La Musica è del Signor Santo Lapis tolto ne alcune Arie.	Die Composition der Music ist von Herrn Santo Lapis auffer einigen Arien.
Li Ballisono d' Invenzione e di-rezione del Signor Carlo Stockinger di Vienna.	Die Ballets inventiret und diri-giret Herr Carl Stockinger aus Wien.

**) Es ist offenbar dieselbe Sängerin, gegen welche Santo Lapis im
Februar 1739 eines Theater-Excesses wegen klagbar aufgetreten war.

***) La Fede tradita e vendicata. Drama per musica. Da rappresentari
nel Teatro nuovo detto Kotzen, dedicato a sua Eccolenza Signore Signore

in Scandinavien spielt und die Treulosigkeit eines Gothenfürsten
gegen einen Norwegerkönig behandelt, mit dem er ein enges
Bündniß eingegangen war, dessen Bedingungen er hinterher nicht
erfüllte. Die Liebesepisode bildete der Herzensroman des „dänischen
Prinzen Vitigis mit Ernelinda, Tochter des Norwegerfürsten Rodoaldus". Die Besetzung zeigte das bereits bekannte Opernpersonal
der Sante Lapis'schen Gesellschaft, die „Poladin" Benedicta
Amalia Molteni aus Modena, Caterina Persone aus Venedig,
Dominica Casarini aus Venedig, Domenico Tasselli aus Pistoja,
Antonio Cesari aus Bologna, Giuseppe Mozzioli aus Venedig
in Thätigkeit.*)

Was uns in dem Personenverzeichniß zu dieser Oper auffällt,
ist die Titulirung der Damen mit „Jungfrau". Auch diese Titu-
laturen haben ihre Geschichte, und es war noch ein weiter Zeitraum
durchzumachen, ehe man von dem Titel „Jungfrau" zu dem
heutigen „Fräulein" auf dem Theaterzettel gelangte.

Sante Lapis' Oper selbst scheint bis 1740 in Prag activ
gewesen zu sein. In diesem Jahre spielte die Truppe des schon
bekannten Komödianten-Principals Deppe oder Töppe in Prag;
doch verlautet nichts Näheres über ihre Thätigkeit in diesem Jahre.

Das nächste Jahr, 1741, bedeutete den Anbruch einer trau-

Giuseppe de S. R. J. Conte de Sereni, Signore de Blatna e Scachuoreti,
Cavagliere dell' Ordine di S. Giacomo della Spada, intimo Consigliere e
Cameriere di S. C. R. Reggio Luogotenente, e Presidente della Commis-
sione Pupillare nel Regno di Boemia. Appresso Giovanne Norberto Fitzky,
Arci-Vescovale Stampatore.

*) Agirende Personen: Ricimenus, König der Gothen, Hedwigis,
zugedachter Bräutigam und Liebhaber der Ernelinda — Sr. Domenico
Tasselli von Pistoja: Rodoaldus, König von Norwegen, Vatter der Ernelinda — Hr. Antonius Cesari von Bolonien: Ernelinda, Tochter des Ro-
doaldi und Liebhaberin des Vitigis. — Die Jungfrau Benedicta Amalia
Molteni, die Poladin genannt, von Modena: Hedwigis, Tochter des Gri-
moaldi, des Ricimeri zugedachte Braut — Die Jungfrau Caterina Persone
von Venedig: Vitiges, Königl. Prinz von Dännemark und Liebhaber der
Ernelinda — Die Jungfrau Dominica Casarini von Venedig: Edelbertus,
Kgl. Prinz aus Böhmen und Liebhaber der Hedwigis — Hr. Jos. Mazzioli von Venedig. Autor und Componist sind ungenannt.

rigen, harten Zeit für Böhmen und seine Hauptstadt. Von allen Seiten waren die Feinde des Hauses Oesterreich in die Erblande eingebrochen, um der jungen Königin Maria Theresia so viel als möglich von der Erbschaft Carl des VI. zu entreißen. 24.000 Franzosen und 12.000 Baiern rückten in Böhmen ein, und zu ihnen stießen 18.000 Sachsen, um vereint die Hauptstadt Böhmens in ihre Gewalt zu bekommen. Prag hatte nur eine schwache Besatzung von 3000 Mann, und ehe noch Maria Theresiens Gemal, Franz, damals Großherzog von Toscana und Mit-Regent, mit seiner Armee helfen konnte, wurde Prag genommen. Während die Besatzung auf der Kleinseite und dem Hradschin dem Angriffe des Feindes widerstand, waren Franzosen unbemerkt unter Führung Moritz v. Sachsens beim Neuthor über die Wälle gestiegen und hatten durch das rasch genommene Neuthor die Nachrückenden eingelassen. Nun war Prag verloren, die Besatzung wurde kriegs-gefangen, der Kurfürst von Baiern, Carl (als Kaiser Carl VII.), hielt einen pompösen Einzug, ließ sich zum König von Böhmen ausrufen, setzte den Grafen von Baiern als Obercommandanten von Prag und eine „Hofdeputation" als Statthalterschaft ein. Der Oberstburggraf Johann Ernst Graf v. Schaaffgotsche und andere hohe Würdenträger hatten die Hauptstadt verlassen. Die fremden Truppen hielten gute Mannszucht in Prag, es herrschte Ordnung und Ruhe, aber der Druck der feindlichen Be-satzung lastete doch auf allen Bewohnern Prags. Man fühlte sich dem fremden Eroberer preisgegeben, und die Lust an frohen Spielen konnte in der gedrückten Stimmung nicht aufkommen.

Die Muse verhüllte ihr Haupt. Das Musenhaus selbst, das neue Kotzentheater war von Mars zu äußerst profanen Zwecken mißbraucht worden. Die fremden Truppen machten es zu einem Getreide- und Material-Depot, was die benachbarten Bewohner nicht wenig beunruhigte.

Am 17. März 1742 richteten denn auch die „sämbtlichen an denen Kotzen wohnenden burger und wittwen" eine Eingabe an den Magistrat und an den Stadthauptmann Grafen Wieznik, worin sie gegen die verfügte Anlage eines Getreide- oder Ma-

terial-Magazins im Kotzengebäude Einwand erhoben, weil die
Mauern dort, wo die Häuser angebaut waren, viel zu schwach
seien, weil ihre Fenster verdunkelt, die „deutschen Mäuse" (Ratten)
und anderes ohnedies zahlreiches Ungeziefer vermehrt, die größte
Feuersgefahr heraufbeschworen, der im Hause befindlichen Buchdruckerei und den Tuchscherern, die nicht mehr ihre Tücher aus-
breiten könnten, empfindlicher Schaden zugefügt würde.

Die Klage half nichts, das Kotzentheater blieb Depot. Principal Deppe hatte sofort das Theater räumen müssen, als die
Kriegsfurie über Prag ihre Geißel zu schwingen begann, aber als
Hausbesitzer auf der Altstadt war er in Prag geblieben und hatte,
wie er in einem weiter unten mitgetheilten Schriftstück angibt,
nicht geringe Steuerlasten zu tragen.

Lange dauerte glücklicherweise die so pompös installirte Fremd-
herrschaft in Prag nicht. Als die Noth am höchsten war, hatte
Maria Theresia Freunde und Bundesgenossen und die opferwilligste
Hilfe in ihren Staaten gefunden. Den König von Preußen hatte
sie durch die Abtretung Schlesiens zum Frieden gebracht, und der
Churfürst von Sachsen trat dem Frieden ebenfalls bei, so daß
Maria Theresia ihre ganze Kraft gegen die Franzosen und Baiern
concentriren konnte. Prinz Carl von Lothringen schloß mit seiner
70.000 Mann starken Armee im Juni 1742 die von den Mar-
schällen Broglie und Bellile besetzte Hauptstadt Prag ein. Es kamen
böse Tage für Prag. Strenge Verordnungen der französischen
Commandanten hielten die Bürger in ihren Häusern fest, alle Zusammenkünfte, alle Excesse wurden strengstens verboten. Die Lebensmittel wurden rar, die Hungersnoth wuchs, so daß man eine
Gans mit 10 fl., ein Schock Eier mit 15 fl., einen Ochsen mit
500 fl., ein Kalb mit 70 fl., ein Pfund Rindfleisch mit 3 fl.
zahlte. 6 bis 7000 Pferde wurden geschlachtet, das Fleisch verkauft.
„Jede Nation," erzählt Pelzel, „gebärdete sich dabei auf ihre
Art. Der Franzose pfiff, der Deutsche fluchte und der Czech
oder Böhme legte sich hin und schlief". Am 17. August eröffneten
die Kaiserlichen das Bombardement aus 100 Geschützen und
36 Mörsern, so daß ganz Prag erschüttert wurde. Die Fran-

zosen machten mehrere glückliche Ausfälle und besserten die zer=
störten Werke immer wieder eifrig aus, und endlich mußten die
Kaiserlichen, weil ein französisches Entsatzheer drohte, die Belagerung aufheben und bloß ein Observationscorps zurücklassen.
Aber die Entsatz-Armee des Maillebois, zu welcher Broglie aus
Prag mit einem Theil seiner Truppen gestoßen war, zog wieder
ab, die letzteren Truppen kehrten nach Prag zurück, und im November schloßen die Oesterreicher unter dem Fürsten Lobkowitz
Prag neuerdings ein. Die Hungersnoth nahm abermals überhand,
aber die Franzosen hielten strenge Mannszucht, zahlten alles baar,
und viele Prager wurden reich dabei. Endlich in der Nacht zum
17. Dec. zog Bellile mit dem Gros der Prager Besatzung in
aller Stille ab und vollführte seinen bewundernswerthen Rückzug
nach Eger im strengsten Winter, wobei die Franzosen zu Hunderten
erfroren oder von den nachschwärmenden Husaren und Croaten
niedergemacht wurden. 40 der vornehmsten Prager führte Bellile
auf diesem Zuge mit sich, um die zurückgelassene schwache Besatzung
vor den Bürgern zu sichern, darunter den Dompropst, die Grafen
Philipp Kolowrat, Joachim Pachta (der auf dem beschwerlichen
Zuge starb), Carl Wratislaw, zwei Jesuiten, zwei Rabbiner u. s. w.
Die zurückgelassenen 6000 Mann in Prag, deren Commandant
Chevert gedroht hatte, eher sich unter den Trümmern des Hrad=
schin zu begraben, als die Stadt unehrenhaft zu übergeben, erhielt
freien Abzug mit allen Ehren, nur unter Zurücklassung des Kriegs=
geschützes. 12.000 in andern Affairen gefangene Franzosen wurden
nach Ungarn abgeführt. Am 2. Jänner 1743 zog Fürst Lobkowitz
in Prag ein, wo Angst und Schrecken herrschte, daß nun alle
Jene, welche Carl dem VII. gehuldigt hatten, ihre Strafe ereilen
würde. Mehrere Cavaliere flohen nach Baiern, viele Bürger wurden
verhaftet, aber die Rache der Kaiserin Maria Theresia war milde,
es gab nur Geld= oder Gefängnißstrafen oder aber Landesver-
weisungen.

Kaum war Prag von den Franzosen befreit, so regte sich auch
wieder der Eifer von Komödianten-Principalen, den Pragern das
lang vermißte Schauspiel-Vergnügen zu verschaffen. Schon am

3. März 1743 suchte der bekannte Felix Kurtz an, von Ostern ab in den Kotzen spielen zu dürfen. Er erinnerte daran, daß er vor 7 Jahren im Maunhardt'schen Hause zu Jedermanns „Vergnügung" gespielt und wie er speciell hervorhebt, nur katholische und verheyrathe Actores gehalten, wodurch auch die Ehre Gottes und der friedsamme Lebenswandel gesichert gewesen sei. Doch sei er eben damals von dem Marktschreier (Balthasar) Khun (Kohn) verdrängt worden.

Einige Tage später, am 22. März 1743, gelangte vor die damals an Stelle der noch nicht reinstallirten Statthalterei fungirende „autorisirte Hofcomission" ein Bittgesuch des bekannten Principals Deppe (auch Töppe oder Döppe geschrieben). Es war damals schon bekannt, daß Maria Theresia Ende April zur Krönung nach Prag kommen werde, und der große Menschenzusammenfluß, welcher von diesem Ereignisse zu erwarten war, lockte selbstverständlich manche Künstlerprincipale, sich eine Spiel-Concession für diese Zeit zu sichern. Deppe, der sich „Prinzipal Einer schon bekannten Compagnie hochdeutscher Comoebianten" nannte, suchte nun an, daß er „bei der bevorstehenden ankunft und Crönung Jhrer zu Hungarn undt Böheimb kgl. May. allegnädigsten Erbfrawen Frawen, wodurch die landes Jnwohner in Villen Frohlocken und Freyhden Festivitäten besonders die Stadt Prag zu jubiliren veranlaßet wirbt, mit seiner hochteutschen Compagnie den hohen Abel" bedienen dürfe, zumal er schon „vor dießen eingefallene Kriegs-Troublen in dem allhießig sogenanndten Kotzen-Comoebi-Hauß den hohen Abel mit seiner hoch=Teutschen Compagnie durch geraumbe Zeith unterthänigst bedienet habe, nachgehends aber sich nicht nur reteriren sondern, weillen er in der kgl. Alten Stadt Prag anläßig, auch Von seinem Hauß gleich anderen Mitbürgern fast unerträgliche onera ertragen müssen".

Ein drittes Gesuch lief am 23. März 1743 von dem italienischen Opern=Principal Pietro Mingotti ein. Derselbe zählte zu den besten Opern-Directoren seiner Zeit, hatte schon in Dresden und anderen großen Städten Deutschlands gespielt und mit vorzüglichen Compagnien Aufsehen erregt.

In dem am 23. März 1743 in Prag eingebrachten Gesuche gab er an, daß er „7 Jahre in Graz zur Zufriedenheit des Adels und der ganze Stadt mit musicalischen Italienischen Operen treu gehorsamb bedienet habe", dann bei der ungarischen Krönung 1741 in Preßburg gleichfalls zur Zufriedenheit der Majestäten, der Magnaten, Stände und Minister seine Opern producirt habe, suchte an, in Prag spielen zu dürfen und zwar bat er, da das Kotzentheater „denen Comoedianten consentirt worden", ihm „einen Platz nahe bey der Königl. Residenz, oder wo es zu Jhro kgl. May. Commodität am gelegensten wäre", einzuräumen, da er auf seine Spesen ein Theater aus Holz wie in Preßburg erbauen und bei der bevorstehenden böhmischen Krönung wie dort die Noblesse ergötzen wolle. Am 6. April bat er, da ihm sein erstes Gesuch abgeschlagen worden war, im Maunhardt'schen Hause, wo er ein Theater aus Holz errichten könne, spielen zu dürfen. Dies Gesuch wurde von Seite des kgl. Hofes abermals abgeschlagen.

Mehr Entgegenkommen als Pietro Mingotti fand der in Prag ansässige Deppe. Seine Truppe war es, welcher, wie Mingotti in seinem ersten Concessionsgesuche erwähnt hatte, das Kotzen theater zugesprochen war. Aber die Sache ging nicht so einfach. Das Kotzentheater war bekanntlich während der französisch-bairischen Occupation zum Proviant-Depot gemacht und als solches noch nicht anfgelassen worden. Nur ein Theil des Gebäudes war frei geblieben, und dort sollte Deppe spielen.

Dagegen regte sich nun aus Gründen der Feuersgefahr starke Opposition unter den Nachbarn des Kotzengebäudes. Am 14. April 1743 richtete eine Anzahl Bürger an die „in publicis et politicis provisorie angestellte Commission" ein „unterthänigst gehorsambtes be- und wehmüthiges bitten um gnädigste Verordnung, damit das in denen Kotzen zum änsersten nachtheil des publici als Privati aufzuführen gesinnte Theatrum eingestellet und alle andere Handanlegung unterlassen werden möge". Die Bittsteller wiesen auf die ihnen durch die Einrichtung des Magazins erwachsenen Lasten hin, erklärten, daß sie entschlossen seien, „die gänzliche Auflösung des für die französischen Kriegsvölker errich-

teten Magazins an höchster Stelle zu erbitten, um aber zu ihrem
Mißvergnügen erfahren, daß der Magistrat dem Comoedianten
Deppe, weil das „Operahaus" gegen die Kotzen hin, der dort
untergebrachten Vorräthe nicht so leicht zu entleeren sei, einen
anderen Theil des Gebäudes zum Theater angewiesen habe. Die
Bittsteller fürchteten, daß hiedurch nicht nur eine außerord. Feuersgefahr für ihre hölzernen Häuser herbeigeführt werde, sondern auch
leicht in ihre Fenster eingestiegen und Diebereien verübt werden
könnten.

Die in politicis verordnete Commission brachte dies Gesuch
zur Kenntniß der Hofcommission, welche Deppe bereits den verlangten Consens ertheilt hatte. Aus dem betreffenden Actenstück
geht hervor, daß das Opernhaus in den Kotzen während der
Occupation total ruinirt worden war; die Bänke waren wegge-
räumt, Alles war mit Getreide und französ. Monturforten vollgepfropft, so daß man sich vor Pfingsten 1743 mit dem Aus-
räumen nicht fertig zu werden getraute. Die provis. Hof-Com-
mission beantragte, das Gebäude nach den Osterfeiertagen commissionell besichtigen zu lassen und erst dann über die strittige
Angelegenheit zu entscheiden. Schließlich wurde Deppe abgewiesen.

Das zuerst eingelangte Concessionsgesuch des Felix Kurz
fand eine günstige Erledigung. Kurz war im April mit seiner
Truppe in Prag eingetroffen, und ein mit ihm aufgenommenes
Protofoll charakterisirt recht drastisch seine und seiner Truppe Verhältnisse. Die „in publicis et politicis" verordneten Commissarii be-
richteten nämlich, daß „Felix Kurz laut Protocoll 53 Jahr alt.
von Landshut in Baiern gebürtig, aber 30 Jahr schon nicht mehr
in Bayern gewesen sei, auch keine Freunde mehr dort am Leben
habe, sein jüngster Bruder Antony Kurtz sey alß Fähndrich vor
Meßmoi unter dem löbl. kayf. Max Sternberg'schen Regiment
geblieben, und zwar sei derselbe mit einem Stein aus dem Stuckh
an die Brust geschoßen worden". Auf die Frage „wie er sich
ernähre", hatte Kurtz geantwortet: „mit producirung teutscher
comoedien, er wehre schon ins 20. Jahr in Brünn, meystens in
winter, er hätte auch von denen dasig löbl. Ständen einen monatl.

Auswurf, zum Theil producire er auch die Comoedien zu viertel
Jahrsweiß in Olmütz und rewertire von da wieder nach Brünn". —
Auf die Frage, wer seine Leute seien, erklärte er: seine Frau,
seine drei Mägdlein und ein Sohn Antoni. Unter der übrigen
Compagnie sei Einer Namens „Noth", ein Anderer „Johann"
(Zuname unbekannt), der Dritte sei „nur ein gewöhnlicher Theater-
kerl mit Namen Andreas", ein Vierter stamme aus Preßburg und
nenne sich Carl Nachtigall, endlich sei einer aus Brünn, der nenne sich
Antoni Pabel, „war vorhin ein Kammer-Lakai gewesen beim mähri-
schen Herrn Commissario v. Burin." Auf die Frage, wo er wohne,
antwortete Felix Kurz: „am Christentandelmarkte im Fiedlerischen
Hause; wo sich die übrigen aufhalten, das wisse er nicht, denn
diese Leute nehmeten das Quartier, wo sie es am leichtesten bekommen". Das Spiel-Local sei der „goldene Stern". Vor sieben
Jahren habe er das letztemal in Prag und zwar im Mannhart'-
schen Hause Comedien gespielt. Der Platz im Stern koste ihn
sicher 300 fl. Auch wies er sich mit Pässen von Brünn und
Olmütz aus.

In welcher Weise während der 48 Festtage der Anwesenheit
Maria Theresias in Prag den Musen gehuldigt wurde, wissen wir
des Näheren nicht. Die Truppen des Kurz und Deppe agirten
wohl, jede auf ihre Weise, aber der hohe Adel mag sie wenig
beachtet haben; dieser hatte am Hradschin seine Feste, deren Mittelpunkt ein großer Ball war, welchen Oberstlandmarschall Graf
Heinrich Schlick im Trautmannsdorf'schen Hause in Gegenwart
der Kaiserin gab.

X.

Stabile Directoren und italienische Opern-Impressarii im Kohenttheater und deren Concurrenten.

(Joh. Schröder und Mingotti. — Versuche Schröders zur Erwerbung eines Theaterprivilegs. — Neue Kriegswirren und die preußische Occupation von 1744 — Felix Kurz. — Neues Opernproject des Santo Lapis. — Abermals Felix Kurz (1746). — Angelo Mingotti's Stagione 1746. — Die Pantomimen-Compagnie Nicolini).

Durch die Kriegswirren zu Anfang der Vierziger Jahre des 18. Jahrhunderts war, wie wir gesehen, auch eine starke Verwirrung in die Theaterverhältnisse gekommen. Als nun aber nach dem Wiedereinzuge der Kaiserlichen und nach der Krönung Maria Theresias Ruhe und Ordnung in der böhmischen Landeshauptstadt wieder hergestellt war und die Bürger wieder an ein behagliches Leben denken durften, sah sich die Stadtgemeinde der Altstadt veranlaßt, auch die Verhältnisse des ihr gehörigen Kohenttheaters zu stabilisiren. Man bestrebte sich, stabile Pächter, Unternehmer und Directoren hiefür zu gewinnen, denen die Unterhaltung eines guten Schauspiels und einer guten italienischen Oper zur Pflicht gemacht war und welche durch festen Contract mit der Altstädter Stadtgemeinde respective der städtischen Wirthschafts-Administration auf längere Zeit gebunden wurden. Diese Unternehmer hielten meistens italienische Operngesellschaften unter eigenen Impressariis in Untermiethe, während sie selbst die Leitung des Schauspiels in der Hand behielten — mitunter war jedoch die Leitung desselben ebenfalls in Untermiethe gegeben.

Der erste dieser stabilen Directoren (seit Santo Lapis) war Johann Schröder (auch „Schröter“). Er unterhandelte schon zu Ende 1743 wegen des Contractabschlusses mit der Stadtbehörde. Einige Schwierigkeiten bereitete nur der Umstand, daß bereits eine vom Adel verschriebene italienische Operntruppe unter Impressario Mingotti im Kohenttheater etablirt war.

12

Ob Pietro oder Angelo Mingotti ist in den Actenstücken des
Gubernial-Archivs nicht gesagt. Beide waren Brüder und Beide
waren ihrerzeit berühmte italienische Impressarii. Pietro Mingotti
war es bekanntlich, der sich im Frühjahr 1743 um eine Concession
zur Erbauung eines Operntheaters auf dem Hradschin resp. für
Opernvorstellungen im Manhart'schen Hause beworben hatte. Da
er mit beiden Gesuchen abgewiesen worden war, dürfte es Angelo
Mingotti gewesen sein, den Schröder als Opern-Principal in
Prag vorfand; auch läßt sich Angelo Mingottis Anwesenheit in
Prag später und zwar im Jahre 1745 und 1746 an der Hand
von Opernbüchern nachweisen. Die Mingotti'sche Operngesellschaft
hatte noch bis Ende März 1744 das Theater gegen 100 fl. Zins
pro Monat zugesichert.

Aber auch diese Schwierigkeit wurde durch eine eigene Con-
tractsclausel beseitigt, und so kam am 20. Dec. 1743 eine feste
Vereinbarung zwischen der Wirthschafts-Administration der Altstadt und dem Rechtspraktikanten Jos. Schiller als Bevollmächtigten des Johann Schröder „als dermahligen Impressarium und
Principalen deren Musicalischen Operen und Comoedien" zu Stande,
Schröder verpflichtet sich darin, „das auf unkosten der Altst. Gemeinde zum vollk. Stande gebrachte opera und Comoedi Hauß mit
virtuosen, Vocal- und Instrumental-Musicanten und gutten Actoribus
dergestalten zu versehen, daß daselbsten zu angenehmer unterhalt
und ergötzung sowohl des höheren Adels als auch anderen Herren
Statt-Innwohnern zu gewöhnlicher Zeit die operen und Comoedien
ohne aller ärgernus und unzüchtiger Redens-Arth produciret werden
sollen". Dagegen übergab die Wirthschafts-Adm. dem Schröder
das Haus „soweith es in dem Theatro, Parterre, Logen, Gallerie,
dann Einem zu an- und überkleidung gewidmeten zimmer nebst
dem zur recondirung verschiedener comischer nothwendigkeiten
daselbst befindlichen ropositorio, dann einer zum Verkauff der zucker-
bäckerey und derley sachen aufgerichteten Stelle bestehet, auf ein
ganzes Jahr vom 1. Jänner bis ultimo Dec. 1744 gegen jährl.
800 fl". Der Pächter hatte das Theater in gutem Zustand zu
erhalten, gut zu heizen und alle Feuersgefahr zu verhüten, wozu

speciell noch von der Administration Vorsichts- und Ueberwachungs-Maßregeln getroffen wurden. Auch hatte der Principal die ganze Beleuchtung aus Eigenem zu bestreiten und jährl. 34 fl. Pflaster-geld zu erlegen. Vor Ausgang des Contractes sollte beiden Par-teien eine halbjährige Kündigung freistehen. Wegen der Opern-Stagione des Principals Mingotti war folgende Bestimmung getroffen: Da für die drei Monate Jänner, Feber, März 1744 bereits für die Vorstellungen der „von der hohen Noblesse ver-schriebenen Operisten" 300 fl. Zins zugesagt worden waren, so sollte Schröder statt der ersten Halbjahrsrate von 400 fl. nur 100 fl. Zins zu erlegen haben.

Schröder traf alle möglichen Vorbereitungen, um seine Aera zweckmäßig und günstig zu inauguriren. Er suchte hervorragende Kräfte aller Zweige zu engagiren und auch für die Opern-Stagione für die Zeit nach dem Contractsablaufe Mingottis vorzusorgen.

Auf dem Gebiete des Schauspiels war es merkwürdigerweise der Pantalone Leinhas, den er zunächst an seine Fahne fesselte. Unterm 28. Febr. 1744 wurden zwischen Hrn. Joh. Jos. Mussik „als Bevollmächtigten des Herren Directoris der in Prag neuerrichtenden Compagnie deutscher Comoedianten", und dem „Joannes Leinhaas detto Pantalone" ein fester Contract abge-schlossen, worin 1. Mussik declarirte, „dem Herrn Johann Lein-haaß in qualität eines Comici auf Ein Jahr lang (anfangend von dem ersten Freytag in der Fasten 1744 bis den ersten Freytag in der Fasten 1745 zu End gehend) also aufgenommen zu haben, daß gedachter Hr. Leinhaaß bey dieser errichteten Com-pagnie seine Personage als Pantalone vorstellen solle, dafür ver-spricht: 2. Herr Bevollmächtigter ihme Leinhaaß durch das gantze Jahr hindurch alle Freytag wöchentlich 13 Gulden, ohne Eintzige Widerred und Einwendung, nicht weniger vor die aufgewendeten Reise-Kosten drey Ducaten zu zahlen. Dahingegen verobligiret sich mehr gedachter Herr Leinhaaß 3. seine Personage di Pantalone mit allem Eifer und Fleiß also und dergestalten vorzustellen, daß es zum Nutzen des Theatri und zu seiner eigenen Estime gereichen solle. Zu Festhaltung gegenwärtigen accords verbindet sich ein jeder

freywillig, alles fest und unverbrüchlich zu erfüllen, also und der=
gestalten, daß wo Ein oder der Andere Theil darwider handeln
solte, einer dem andern daraus erfolgenden Nachtheil mit Ver=
pfändung seines habenden Vermögens zu ersetzen verbunden
seyn solle."

Ein weiteres Bemühen Schröders ging dahin, seinem Prager
Theaterunternehmen durch ein „privilegium privativum" Dauer,
Bestand und Erfolg zu sichern. In dem betreffenden Gesuche an
das Gubernium vom 17. März 1744 legte er zugleich die löb=
lichen und schätzenswerthen Principien dar, von denen er bei seinem
künstlerichen Unternehmen ausgehen wollte. Er gab an, daß er
schon am 10. Dec. 1743 in Wien bei der böhm. Hofkanzlei um ein
privilegium privativum gegen Erlag von 200 Rr. jähl. ad usum
publicum angesucht habe.

„Obzwar", sagte er weiter in seiner Eingabe an die Statt=
halterei, „die vestigia deren Vorigen impresariorum, welche fast
so geschwind zu grund gegangen als sie sich hierselbst etablirt haben,
mich gleich von Anfang hätten billig abschröcken sollen, so verhoffe
dennoch durch die gutte einrichtung alle diese anstände, welche bey
Vorigen zeiten dergleichen Schau=Spiehl theils gehemmet theils
völlig zurückgeschlagen, aus dem weg zu raumen und überhaubt
dem Werck ein solches ansehen zu verschaffen, welches immer dem=
selben einen gutten Fortgang und dauerhafftigkeit Versprächen kann.
Zu wessen ende ich dann auch, so viel es die Comoedien anbe=
langet, mich besonders dahin beflissen, solche Leuthe hieher zu
verschreiben, welche bereits auf anderen berühmten Theatris mit
Vergnügen gedulbet zu werden die gnade gehabt, Verbünde mich
auch insbesondere dahin, bey dieser mir untergebenen Compagnie
in das künfftige Jahr solche ordnung und zucht zu halten, daß
damit die einig= Ehrbar und Wohlanständigkeit beybehalten, für=
nembl. aber alle auch nur scheinbahr ärgernus, woburch sichtbahr=
licher wehße der segen gottes meisten Theils zu weichen pfleget,
Vermeiden und abgeschaffet werden möchte, wie ich denn auch der
zuversicht lebe, daß dießes eingerichte meistentheils in neuen, hier=
orths nie gesehenen Comoedien bestehende werck ein allgemeines

Vergnügen erwecken und ein anderer dem gleich zu kommen schwerlich im Stand seyn wird. — Was aber die opera anbelanget, da werde ich mich ebenfalls dahinbestreben, eine deren Vorigen gleiche Compagnie, welche ehe dessen ein gnädiges wohlgefallen gefunden, auf jeden zukünfftigen Winter zu Verschaffen, Insofern aber Ein hoher Adel zu dem jetzigen Impressario Mingotti ein grösseres Vertrauen gnädig tragen solte, so bin auch urbittig zu bezeigung meines unterthänigsten respects und devotion besagtem Mingotti so oft als es Einem hohen Abl gefällig seyn wird, denselben anhero zu beruffen, Vor diese Täge, wann er die opern zu halten gesinnet seyn wird, das von mir vermiethete Theatrum mit allen denen von mir neu zu verfertigenden Decorationen und andern erfordernussen gegen einen leydentl. und sehr aqvitablen abtrag in recompensationem des Zinßes zu überlassen, anfolglich alle menschmögl. erleichterung des theatri zu verschaffen und kann Ew. Exc. und Gn. hiemit in unterthänigkeit versichern, daß mir niemahlen zu sinn gekommen, durch dieses mein auf anderweitige Veranleitung unternommenes Werck das wohlgefallen Einer hohen Noblesse respecte der Mingotti'schen Compagnie (wie andere übl gearthete adversary bey höchst besagtem hohen Abl sehr irrsamb vorzugeben sich entfrechet) in den mindesten zu hemmen, allermassen mein dießfälliges unternehmen Vor deme schon Längsten eingeleithet und reguliret war, ehe noch ein gedanken gewesen, daß die Mingottische Compagnie das hierorthige Prager Theatrum betretten würde." — Aus dieser Eingabe ist zu ersehen, daß die Schröder'sche Unternehmung längst vorbereitet war, und daß es sich dem neuen Unternehmer hauptsächlich um die Erlangung einer starken Position im Kotzentheater durch ein ausgesprochenes Privilegium handelte. Diese Privilegiums-Frage war brennend, denn der bekannte Principal Deppe, der sich mit Vorliebe als Prager Bürger gerirte, spielte im Frühling im „goldenen Stern". Deshalb richtete Schröder am 27. März 1744 eine neue Eingabe an die Statthalterei.

Er bat darin, ihm in Betracht seiner bereits aufgewandten Kosten zu erlauben, „in der Altstadt auf dem von dem daselbstigen Magistrat in denen Kotzen aufgebauten und von ihm gemietheten

Theatro von nächsten Ostermontag an die Comoedien produciren
zu dürfen". Er erbot sich 300 R. zu Handen des Spinn= oder
Armenhauses oder zu einem anderen wohlthätigen Zwecke in belie=
bigen Raten jährlich abzuführen, wenn während der Dauer seiner
Anwesenheit in Prag außer ihm keinem Anderen gestattet würde,
in Prag oder wenigstens auf der Altstadt Prags zu spielen. Er
machte darauf aufmerksam, „daß der sich mit seiner Banda in dem
„Stern" producirende Deppe des Altstädter Bürger Rechts laut
des hierüber beygebogenen Protocoll=Extractus ungleich anmaße,
mithin gleich ihm (Schröder) als extraneus (Frember) zu betrachten
sei. Er erbot sich ferner nochmals, „dem Opernprincipal Mingotti,
sooft einer hohen Noblesse gefällig sein würde, denselben anhero zu
beruffen, das gemiethete Theatrum mit allen decorationen bloß
gegen einen aqvitablen abtrag des Zinnßes vor die ausgesetzten
opern=Täg einzuräumen". Das Gesuch wurde, sofern es sich um
Aufführungen überhaupt handelte, bewilligt und bezüglich der An=
gelegenheit des Deppe eine Untersuchung angeordnet. Ein Privi=
legium wurde Schröder nicht zuerkannt, Deppes Spiel aber inhibirt.

Die Theater=Unternehmung Johann Schröders fiel in die
denkbar ungünstigste Zeit. Der Frieden war für Prag von kurzer
Dauer gewesen. Kaiser Carl VII., zu Frankfurt in großer Be=
drängniß, von allen Seiten bedroht, sitzend, hatte sich an Fried=
rich II. um Hilfe gewandt, und im Sommer 1744 zogen aber=
mals fremde Kriegsvölker, eine imposante preußische Armee, durch
Böhmen gegen Prag. Ende August schloßen die Preußen Prag
von allen Seiten mit 80.000 Mann ein. Die Besatzung bestand
aus 20.000, eiligst zusammengerafften, ungeübten Truppen, welche
nicht sonderlich geleitet waren. Am 12. September begann das
Bombardement aus hundert schweren Geschützen und binnen drei
Tagen waren in der Neustadt allein 150 Häuser und ein beträcht=
licher Theil der Stadtmauer zusammengeschossen. Die Preußen
setzten sich in der Bresche fest und bereiteten den Generalsturm vor,
worauf der Stadtcommandant, um die Plünderung der Stadt
zu verhüten, capitulirte. Die ganze Besatzung wurde kriegsgefangen,
die Stadt von preußischen Truppen besetzt, die Häuser jener Vor=

nehmen, die nicht in Prag waren, geplündert. Aber die preußische Occupation war nicht von langer Dauer. Prinz Carl von Lothringen rückte vom Elsaß schleunigst nach Böhmen; Frauenberg, Budweis, Tabor, Kolin, Pardubitz wurden den Preußen entrissen, Friedrich II. zog sich eiligst aus Böhmen zurück und gab dem Commandanten von Prag die Ordre, die Stadt zu räumen. Diese Räumung ging am 21. Nov. 1744 in fluchtähnlicher Weise vor sich. Kaum hatten sich die 7000 Preußen in Bewegung gesetzt, so drangen durch drei Thore die Croaten und Panduren unter Simbschen und Cognazzo in Prag ein, hieben, unterstützt von den Bürgern, welche auch aus den Fenstern auf die Preußen schoßen, viele der Flüchtigen nieder; es gab hitzige Straßenkämpfe, bis die Preußen unter Zurücklassung von 132 Kanonen, 14 Mörsern, allen Kranken und 2000 Deserteuren durch das Carlsthor davonkamen, von General Simbschen lebhaft und mit großem Glück verfolgt. Prag und Böhmen war wieder befreit.

Wie es während dieser neuen Kriegszeiten mit dem Theater ausgesehen, läßt sich denken. Die Acten schweigen viele Monate lang, von Schröder hört man nichts, daß aber während der Kriegszeiten Komödianten in Prag gewesen und dabei große Verluste erlitten, geht aus späteren Eingaben hervor, in denen ausdrücklich auf die Leiden der Belagerung hingewiesen wird. Daß bald nach dem Einzuge der Kaiserlichen wieder gespielt wurde, beweist eine Eingabe vom 12. Febr. 1745, worin eine „Comische Compagnie" ansucht, die noch übrige Faschingszeit spielen zu dürfen.

Diese „comische Compagnie" (vielleicht Schröder?) spielte im Kotzentheater und bekam bald Concurrenz, gegen welche sie die Altstädter Stadtgemeinde, welcher das Wohl ihres Kotzentheaters selbstverständlich sehr am Herzen lag, schützen mußte. Der alte Felix Kurz war wieder da. Am 1. April 1745 suchte er beim Gubernium an, sich nach den Osterferien „mit seinen verschiedenen vällischen productis gantz besonderen Comedien im „goldenen Stern", wo er schon vor zwei Jahren während der Krönungszeit der Kaiserin gespielt, sich wieder produciren zu dürfen unter Be-

rufung darauf, daß er schon „etliche Mahl durch 20 Jahr" und
eben vor zwei Jahren mit besonderem Beifall in Prag gespielt
habe (s. oben).

Der Bürgermeister und Rath der Altstadt protestirt in einer
Eingabe vom 6. April 1745 dagegen, daß Kurz in Prag „ein=
bringe", da schon eine „comische Compagnie" im Kotzentheater
agire und ohnedies im Sommer schlechte Geschäfte machen dürfte,
so daß die stark erschöpfte Prager Gemeinde bei neuer Concurrenz
um ihren Zins kommen könnte. Man möchte deshalb, wie im ver=
flossenen Jahre dem Deppe die Vorstellungen im gold. Stern
verwehrt wurden, sie nun auch dem Kurz verwehren. Die Stadt=
hauptmannschaft befürwortete den Protest.

Auch fand sich ein anderer alter Bekannter der Prager, der
Opern=Principal Santo Lapis wieder mit einem Gesuche ein,
welches bezweckte, die in den Kriegszeiten offenbar ruinirte und
aufgelöste italienische Oper dem Adel zu Gefallen zu restauriren.
Er überreichte ein detaillirtes Reformproject, welches die Prin=
cipien darlegte, nach denen allein er sich eine Oper in Prag stabil
und glücklich situirt denken konnte, ohne daß Katastrophen wie zu
Denzios Zeiten einträten. Das Project Santo Lapis', der „vor
jetzt bey denen Wienerischen Opern als Compositor und Capell=
meister" stand, lautete wörtlich dahin, „die italienischen Opern
wieder einzuführen und zwar auf die Wienerische Art mit einer
vollkommen guten Banda von Virtuosen, Sängern und Sängerinnen,
wie auch unvergleichlichen Tänzern und Tänzerinnen". Santo
Lapis „obligirte sich in gleichen an der ausziehrung des Theatri und
Prächtigkeit der Kleyder nichts ermangeln zu lassen". „Da aber,"
heißt es in dem Projecte, „Selbter durch das unglückliche Exempl
des Vorigen Entrepreneurs Ant. Denzio gewitziget worden, ohne
einen genugsamen Fundo, an welchen alles beruhen solle, dießes
kostbahre Werch nicht anzufangen, alß thuet Er, wann ja Ein
hoher Adel dazu ein gnädiges belieben traget, folgendes gehor=
sambst entwerffen und projectiren:

Es Belieben nehmlichen beyläuffig 60 Persohnen aus der hohen
Prager Noblesse sich gnädig zu resolviren, 8 Ducaten par téte dahin anzu=

wenden, vor welche 8 Tten der Projectant sich verbindet, Zwey Operen, das ist zusammen 24 reciten zu halten, welchen Die hohen Herrschaften auf einer eigens darzu vor denen ersten Logen aufgerichteten Schönen Gallerie (wie selbte in Wien beschaffen) mit deroselben größter Bequemlichkeit werden beywohnen können. Wann die 24 reciten vorbey, soll es einen Jeden Cavalier freystehen, ein Neues project auf die nehmliche art zu accordiren oder davon abzustehen. Die Logen in ersten undt anderten Stock werden um einen gar billichen Preyß zu vermieten seyn undt das Parterre wird umb die Vormals gewöhnliche bezahlung können besuchet werden. Wann bannen=hero Ein hoher Prager Abel zu dießen Project ein gnädiges Belieben traget, so verspricht der eingangs erwehnte Entrepreneur auf künfftige Ostern gewiß zu erscheinen undt zwar mit der nehmlichen Compagnie, welche eben jetzo in Wienn ein allseitiges applaudissement empfanget, und demnach der mehreste Theil Einer hohen Prager Noblesse den Sommer nach bero Herrschafften zu passiren pflegen, alß ist er gesonnen, nur die ersten 24 reciten aufzuführen undt sobann, wann dießer Abeliche Zeitvertreib eine gnädige approbation finden würde, im Herbst wiederum anzufangen und durch den Carneval zu continuiren. Eine hohe Noblesse geruhe dannenhero noch vor Ende dießes Monaths ein gnädige resolution von Sich zu geben, damit Selbter mit denen Virtuosen auf einen Sichern Fuß sich stellen möge; denn da die resolution etwas später einlauffen thäte, dürfften obbemelte Virtuosen anderswo Ihr engagement suchen, und dadurch würde Eine hohe Noblesse wider seine Schuldt nicht mit genugsamer accuratesse bedienet werden."

Was das Project des Santo Lapis für eine Aufnahme fand, davon haben wir leider keine Nachricht, aber acceptirt wurde es offenbar nicht, denn in der nächsten Opernsaison erschien nicht Santo Lapis, sondern Angelo Mingotti in Prag.

Aus dem Jahre 1745 liegt nur noch ein Concessionsgesuch vor; der Gesuchsteller nennt sich nicht namentlich, man könnte also, weil überdies auf eine frühere Wirksamkeit hingewiesen wird, auf die Schröder'sche Compagnie schließen.*) In dem erwähnten, vom 8. Nov. 1745 datirten Gesuche bittet die in Prag agirende „comische Compagnie", „da sie durch fürgeweste Kriegs=Troublen bis Sieben Monath lang nicht agiren können wie auch die Preußische harthe Belagerung mit außgestanden und in Schuldenlast gerathen", während der Abventszeit die moralischen Actiones: „Streith zwischen

---

*) Möglich ist es, wie man später sehen wird, daß der frühere Bevoll=mächtigte Schröders, Mussik, in dessen Rechte getreten war.

Ehr und kindlicher Liebe", „Die tugendsame Griselda", „Genoveva",
„Der bekehrte Egydio", „Der verlohrene Sohn", „Die unschuldig
enthauptete Herzogin aus Bayern", „Der Großmüthig Römische
Jurist Popinianus", „Joas König v. Israel", „Samson" u. s. w.
aufführen zu dürfen.

Im Jänner 1746 war abermals dem Felix Kurz bewilligt
worden, „die deutsche Comedien in aller Ehrbarkeit zu produciren".
Auch hatte mittelst eines, im Stabsquartier der kayf. Armee zu
Aussig am 30. Dec. 1745 ausgestellten, vom Generaladjutanten
Oberstlient. Starck gefertigten Decretes „Felix Kurz, kgl. pohl-
nischer- und Chur-Sächsischer Comoediant" die Erlaubniß des
Höchst-Commandirenden Herzogs Carl v. Lothringen erlangt, „in
den Standt-Quartieren der österreichischen Armee zu Leutmeritz,
Prag oder in anderen postirungs-orthen nach seinem Verlangen ein
Theatrum aufzuschlagen und mit Seiner Compagnie Comedien-
und Schauspiel zu repräsentiren, woran die auf denen postirungs-
orthen Commandirenden Herren General-Staabs und anderen Offi-
ciers ihme nicht hindern sonden allen geneigten Willen und Assistenz leisten möchten". Kurz stellte nun an die Prager Statthalterei
das Ansuchen, „während der Faschingszeit zur unterhaltung deß
hohen Adels alß auch deren in Prag in großer Zahl anweßenden
General Staabs- und anderen Hrn. Kriegs-Officier gegenwärtig
sowohl hierdurch alß auch ferneru nach der Fasten-Zeith die
Comedien produciren zu können und zwahr in goldenen Stern der
kgl. Alten Stadt Prag auf seinem vorhin aufgerichteten Theatro".

Von der Wirksamkeit Angelo Mingotti's und seiner
italienischen Oper im Jahre 1746 liegen authentische Documente,
drei Operntextbücher aus diesem Jahre, vor, aus denen aber auch
hervorgeht, daß Angelo Mingotti im Jahre vorher, 1745, mit einer
Compagnie für komische Opern (opere giocose) in Prag gespielt
und damit viel Beifall gefunden hatte. Im J. 1746 kam er mit
einer „seriosen Compagnie" (seriosa compagnia), die viel stärker
war als die frühere komische, wieder und führte der Prager Intelligenz eine Reihe bedeutender Opern vor. Die erste Oper, mit
welcher er sich 1746 in Prag einführte, scheint „Argenide" von

Baldassare Galuppi, einem berühmten italienischen Opern= und
Kirchencomponisten (geb. 1706, gest. 1785), Schüler Lotti's, der
auf dem Gebiete der komischen und seriösen Opern große Erfolge
aufzuweisen hatte und sowohl als Capellmeister bei S. Marcus
in Venedig wie als Orchesterchef des Petersburger Hoftheaters
Großes leistete, gewesen zu sein.*) Mingotti widmete sie dem
Grafen Johann Ernst Schaffgotsch, und führte darin die besten
Kräfte seines Opernpersonals vor. **)

Die Namen seiner Prager Solisten: Giuseppe Perini, Settimio
Canini, Margherita Giacomazzi, Adelaide Segalini und Anna
Mazzoni hatten in der ganzen italienischen Opernwelt einen guten
Klang; ihre Träger wurden den besten italienischen Operisten ihrer
Zeit zugezählt. Ebenso waren die Mitglieder des Ballets Philipp
und Rosa Porci, Ferdinando Erichi und Laura Mellela (Ballet-
meister war Philipp Porci) gewiegte Künstler ihres Faches. — Das
Libretto zu „Argenide" (von Metastasio?) behandelt die Ge-
schichte des Jdomeneus, Königs von Creta, der auf der Rückreise
von Troja dem Meeresgott das erste Wesen, welches ihm am

---

*) „Argenide", drama per musica da rapresentarsi nel nuovo teatro
di Praga, MDCCXLVI. Dedicata a sua Eccelenza Giovanni Ernesto An-
tonio del S. R. Jmperio conte Schaffgotsch di Kunast et Greiffenstein,
Signor de Kundschitz, Sadova, Weistrzemeschna, Bielohrad, Altenbuch,
Marchendorff e Derbulicz, Cavaliere del Tosone d' Ore, di sua C. R.
Maesta Consiliere attuale e intimo, Cameriere, Luogotenente, del Consiglio
Provincial Maggiore Assessore e Gran Burgravio in Praga, della Nobilis-
sima Giunta dei Signori Stati di Boemia, Come anche della Capo Comis-
sioni di Rettificazione Direttore e Costituito Prottetore della Reggia e
Nobil Communita de Dame Cauoniche nella citta nuovo.

**) Interlocutori: Idomeneo, Re di Creta — Il Sig. Sitimio Canini;
Argenide, sua figlia — La Signora Anna Mazzoni; Telemaco, Principe
d'Itaca — La Signora Margherita Giacomazzi; Ercena, Principessa del
sangue — La Sgra. Adelaide Segalini; Aristo, Primo Ministro d' Idomeneo — Il Sgr. Pasquale Negri; Climero, fratello minore d' Aristo —
Il Sig. Giuseppe Perini, — Ballerini: La Sigra. Rosa Porci, La Sigra.
Laura Mellela, Il Sig. Filippo Porci, Il Sig Ferdinando Erichi. — Musica
la maggior parte de Sig. Baldissera Galluppi. — Direttore di Balli
Il Sig. Filippo Porci.

Ufer entgegenkäme, als Schlachtopfer verspricht und seinen Sohn
als solches darbringen muß, worauf er sein Land verläßt und in
der Ferne eine neue Colonie anlegt. Dieser Vorgang ist indeß nur
die Basis der Oper, ein Liebesroman zwischen Argenide, Jdome=
neus' Tochter, und Telemach die eigentliche Handlung.

Auf „Argenide" ließ Angelo Mingotti „La Finta Schiava"
(„Die falsche Sclavin") folgen.*) Als Componisten führt das Text=
buch die Meister Vinci, Lampugnani und Cluch (Gluck) an; ersterem
(geb. 1706 zu Mailand, gest. 1773) wird ein angenehmer und
melodiöser Styl, musterhafte Declamation und vortreffliche Instru=
mentirung nachgerühmt.**) In der Widmung an den Grafen Joseph
Gallas hebt Mingotti hervor, daß die komischen Opern, die er
im vorhergegangenen Jahre in Prag aufgeführt hatte, so großen
Anklang bei dem Grafen und dem gesammten Adel Prags gefun=
den hätten, obwohl seine Gesellschaft noch schwach und lückenhaft
gewesen sei. Deßhalb sei er in diesem Jahre (1746) mit einer
neuen viel stärkeren seriösen Compagnie gekommen (s. oben), mit
welcher er schon in der Vorstellung der Oper „Argenide" Ehre
eingelegt habe. Dieser schöne Erfolg sporne ihn an, seine Dank=
barkeit dem Adel und speciell dem Grafen Gallas durch Widmung
dieser neuen Oper „Finta Schiava" aus der Feder des Abbate
Silvani mit einer Musik von verschiedenen berühmten Autoren zu

---

*) „La Finta Schiava", Drama per musica, da rappresentarsi nel
nuovo teatro di Praga, nella primauera dell' anno MDCCXLVI, dedicato
a sua Ecceclenza Illustrissima Il Signor Signor Gioseppe del S. R. J.
conte de Gallas, del Castella Campo, e Freienthurn, Duca di Lucera,
Signor delle Signorie Friedland, Reichenberg, Grafenstein, Neudorff,
Wustung, Ebersdorff, Lemberg, Gross-Klezan, e Przemischl, della Sa. C.
e Real Maesta d' Ungheria e Boémia Consiliere Attuale, Intimo Camerario,
Luogotenente del Regno di Boemia, Assessore del' Giudizo Provinzial
Maggiore, Supremo Giudice de Feudi, e Vice-Preside del Collegio dei
Comercii. (Muf. d. Kgr. Böhmen).

**) Bezüglich der Mitarbeiterschaft Gluck's an dieser Oper findet sich in
Fétis' „Biographie universelle des Musiciens" unter dem Artikel „Gluck"
ein Verzeichniß „catalogue chronologique des opéras, intermèdes et ballets
de Gluck" und darin (jedoch unter dem J. 1758) aufgeführt: „airs nouvaux pour l' opéra comique la Fausse esclave à Vienne."

erweisen. Die Handlung der Oper selbst setzte Mingotti in dem „Argomento" in folgender charakteristischer Weise auseinander.

„Als Roderich der junge König von Granaten (Granada) dem Wütten seiner Rebellen auszuweichen und zu besserer Sicher= heit in Weibskleidern unter dem Namen Rosminda entflohen, ist selber an eine Algierische Flotte gestoßen und von dem dabei ge= westen Admiral Rusteno (Rustan) zum Sclaven gemacht, auch als gemeines Mädl seinem König Amurat zur Schancknuß eingeliefert worden, in welchem als ein vermeintes Weibsbild sich der König verliebet hat. Da nun die Königin Fatime ungefähr die Sclavin ein Manns=Bild zu seyn in Erkanntnuß gebracht, finge selbe mit neuen Liebesflammen zu brennen. Roderich verliebet sich in die Königl. Printzessin Climene, Tochter Amurats, selber wird aber von der anderten Gemalin, zu dessen Bedienung er von dam König gestellet ware, ihro Climene als Liebhaber entdecket, welche ihme die Gegenlieb zugesagt; jedoch sich jederzeit den ihrer Würde schuldigen Respect vorbehalten hat. Das Haupt=Werck dieser Action besteht in wahrhafter Vorstell= und Ausführung verschiedener anderer mit eingeflochtenen Liebes=Begebenheiten, welche endlich den Roderich entdecket haben".

Das Personalverzeichniß zeigt Canini, Negri, Perini, die Damen Giacomazzi, Mazzoni und Segalini beschäftigt. *)

Im Sommer 1746 brachte Angelo Mingotti die damals sehr beliebte Oper „La Semiramide riconosciuta" („Die wieder= erkannte Semiramis"), Text von Metastasio, Musik von dem im benachbarten Dresden allmächtigen Johann Adolph Hasse (geb. 1699 in Bergedorf bei Hamburg), dessen Opern Jahre lang aus=

---

*) „Interlocutori": Amurat, Ré d' Algieri — Il Sig. Setimio Canini; Fatima, Regina d' Algieri — La Sgra. Margherita Giacomazzi; Climene, Figlia d' Amurat — La Sgra. Anna Mazzoni; Rusteno, suo generale — Il Sig. Pasquale Negri; Rodrigo, Ré di Granata sotto spoglie di donna col nome de Rosminda — Il Sig. Giuseppe Perini; Irene, altra Figlia d' Amurat — La Sgra. Adelaide Segalini. — Ballerini: La Sgra. Rosa Porzzi, La Sgra. Laura Mellela, Il Sig. Filippo Porzzi, Il Sig. Ferdinando Erichi. — Musica la maggior parte: delli celebri Maestri Vinzi, Lampugnani e Cluch. — Direttore di Balli: Il Sig. Filippo Porzzi.

schließlich das Repertoire der Dresdener Hofoper beherrschten, zur
Aufführung. (Mit derselben Oper wurden 1747 die Opernvorstellungen an der Dresdener Hofoper aufgenommen.) Die Widmung
der Oper*) richtete Mingotti an zwei Cavaliere, Franz Joseph
Grafen Pachta und Karl Felix Grafen Werschowetz; er bemerkte
darin, die Zeit zur Abreise nahe, und er wisse keine bessere Gelegenheit, den beiden Herren seinen Dank für ihre großmüthige
Unterstützung und ihre Wohlthaten auszusprechen als durch Dedication dieser Oper, einer „Frucht der Feder des berühmten Poeten
Metastasio, kostbar ausgeschmückt mit der Musik des weitbekannten
Capellmeisters Adolph Hasse". Diese Aufführung scheint also eine
Art Abschiedsvorstellung Mingotti's gewesen zu sein, dessen vor-
zügliches Künstlerpersonal die trefflichste Repräsentation des Hasse-
schen Werkes verbürgte.**)

---

*) „La Semiramide riconosciuta, drama per musica. Da rappresen-
tarsi nel nuovo teatro di Praga. Nell' estate dell' anno MDCCXLVI.
Dedicato agl' illustrissimi Signori, Signori Francesco Gioseppe conte
Pachta, barone de Reyhofen, Signor dello Signorié Bezno, Horka, Wgetin
ed Hostina, della Sacra Imperial e Real Maesta d' Vngeria, e Boemia
Consigliere et Assessore del Supremo Giudicio Provinciale Maggiore del
Regno di Boëmia. E Carlo Felice conte Werschowetz, Sekerka e Sedchitz.
Della Sacra M. Consigliero delle Reggie Appellationi su'o Castello di
Praga". (Muf. b. Kgr. B.)
**) Das Personenverzeichniß lautet: Interlocutori: Semiramide,
sotto nome di Nino Ré degl' Assiri, Amante di Scitalce, conosciuto, ed
amato da loi antecedemente nella Corte di Egitto, come Idreno — La
Sgra. Anna Mazzoni; Scitalce, Principe Reale d' una parte dell' Indie,
creduto Idreno da Semiramide, pretensore di Tamiri ed Amante di Semiramide — La Signora Margherita Giacomazzi; Mirteo, Principe Reale
d' Egitto, Fratello di Semiramide da lui non conosciuta e Amante di Tamiri
— Il Sig. Pasquale Negri; Tamiri, Principessa Reale de Battriani, Amante
de Scitalce — La Sigra. Adelaide Segalini; Ircano, Principe Scita, Amante
di Tamiri — Il Signor Sitimo Canini; Sibari, Confidente ed Amante
occulto di Semiramide — Il Signor Gioseppe Perini. — La Musica
E' del Sig. Giovan Adolfo Hasse, maestro di Capella di S. M. il Ré di
Polonia, Elettore di Sassonia. — Ballerini: La Signora Rosa Porci, Il
Sig. Filippo Porci, La Signora Laura Mellela, Il Sig. Ferdinando Crichi
(Erichi?). Direttore di Balli: Il Sig. Filippo Porci.

Nach dem Abgange der Mingotti'schen Gesellschaft wurde am
27. Sept. 1746 einer nicht näher bezeichneten Banda (Musik?) gestattet, auf dem Kotzentheater zu spielen, jedoch gegen Erlag einer
Summe von 100 Thlr. für das Spinn- oder Zuchthaus und gegen
Revers, mit einem eventuell nach Prag kommenden Opernprincipal
wegen Ueberlassung des Theaters auf gewisse Operntage sich aus-
einanderzusetzen.

Italienische Opern-Stagiones waren also in Permanenz erklärt und genossen jederzeit eine gewisse Bevorzugung, so daß jede
Schauspiel-Gesellschaft sich auf jene Spieltage beschränken mußte,
wo Opern nicht gegeben wurden.

Im Jahre 1747 scheint der Pantomimen-Principal Nicolini
das künstlerische Terrain in Prag beherrscht zu haben. Impresario
Nicolini durchzog mit einer „compagnia dei piccoli Hollandesi"
(Gesellschaft kleiner Holländer), einer Truppe für Darstellung von
deutschen und italienischen Pantomimen, Intermezzi, Burlesken und
Kinder-Ballets, Europa. In Prag scheinen seine Aufführungen bedeutenden Anklang gefunden zu haben, denn Nicolini hielt sich hier
nahezu zwei Jahre. Ueber die Art seiner Vorstellungen gibt uns
eine Reihe von Textbüchern, welche im böhm. Museum aufbewahrt
werden, einigen Aufschluß. Es sind kleine italienische Piecen, für
wenig Personen berechnet, komischen Inhalts und musikalisch
illustrirt. Der vollständige Titel eines solchen musikalischen Intermezzos lautete z. B. „La Serva Padrone *), intermezzo in musica,
da rappresentarsi nel teatro dell' Opera Pantomima dei piccoli Hollandesi di Nicolini" (In Praga, appresso Giorgio Labaun, Stampatore 1747). Andere Intermezzi waren: „La vedova
ingegnosa o il medico ignorante. (Vetero-Pragae, Typis
Joannis Julii Gerzabek anno 1747), „L' amante ingannatore",
„La moglie all' usanza il Moarito alla moda", „Il Birbi",
(1748, Appresso Giorgio Labaun), „Il Finto pazzo" (1748).
Die Personenverzeichnisse weisen z. B. bei der „vedova ingegnosa" als Personen des Stückes auf: „Drusilla vedova"

---

*) Eine Burleske, die auch 1745 zu Potsdam gegeben wurde.

(Witwe Drusilla), „Strampone medico" (Strampone Arzt), „un
paggio" (ein Page) et „molti prattici" als stumme Personen.
In „Finto pazzo" traten blos zwei redende (Livietta und Tra-
collo) und zwei stumme Personen (Fulvia und Facenda) auf.

Im März 1748 bereitete sich Nicolini zur Abreise vor. Seine
Vorstellungen hatten im Kotzentheater stattgefunden, welches ihm
contractlich zum Gebrauche überlassen worden war. Er wurde nun
verhalten, den von ihm im Gebäude angerichteten Schaden wieder
gut zu machen. Am 21. März 1748 berichtete nämlich*) die Altstädter Wirthschafts-Administration dem „königlichen in materia der
Alt-Städter Oeconomie allergnädigst aufgestellten Oberdirectorium":

„Ew. Excell. ist sonder nusere aubringen von sonsten gnabig bekant,
welcher gestalten der Pantomimist Nicolini mit nächst künstigem Sambstag
seine Schauspiehle Endigen, Verfolgends von hier Verreisen wirdt; in dem
mit demselben errichteten Mieth- und Vermiethung-Contract § 4 aber klar
Enthalten ist, daß derselbe bei sein abzug alles hinwiederum in Vorigen
Standt zu stellen gehalten Seyn, welches hingegen, immaßen die Bretter
zerschnitten und andere zerstückte Bau-Materialien nicht durchgehends zu
gebrauchen seyn, über 200 fl. Kosten und nichts nutzen darfte, indem Er
doch durch seinen Bau das Altstädter Komoedi Hauß in weith besseren
Standt gebracht hat, dahero gedenken wir Ihm diese Theatral augmentation
abzulesen und anstatt beren hievon Seiner Seiths anverlangenden 150 fl.
an Zünß 70 fl. abzuschlag, Dagegen Er die bei denen logen befündlichen
31 stück Schlößer und Eben so Viel paar Bänder, 4 Versänkung nebst
waltzen, 4 ofen nebst röhren und das parterre sambt allen bänken dann die
oberste 17 kr. Gallerie mit allen Separationen im Stand wie er sich jetzt
befindet zu lassen gehalten seyn wirdt."

Darauf wurde von dem Ober-Directorio der Altstädter Ge-
meinde-Wirthschafts-Administration bedeutet, „man thäte die her-
orts gehorf. einberichtete Ablös der vom Pantomimisten im Altstädter Comedie-Hauß zu Gemeynd-Nutzen Veranlaßten, nunmehro
aber abzulösenden Theatral-Augmentation . . . . genehmhalten".

Nicolini hatte offenbar den ganzen März über gespielt, dann
noch am 24. Febr. 1748 hatte er angesucht, sein „der christkath.

---

*) Prager Stadt-Archiv. Die Actenstücke dieses Archivs in Prager
Theaterangelegenheiten beginnen erst im Jahre 1748.

pietät keinerdings contrares noch weniger scandaloses exercitium Panthomisticum" bis Mitfasten zu gestatten.

Nach seinem Weggange nahm der italienische Schauspieler Francesco Gervaldi von Pellerotti (auch „von Belleroti"), welcher 1747 in Dresden gespielt und sich dort den Titel eines „Hofcomoedianten" erworben hatte, die Vorstellungen im Kotzentheater und zwar, wie es scheint, mit einer deutschen Komoediantentruppe auf. Principal Gervaldi de Pellerotti suchte am 5. Aug. 1748 beim Gubernium an, „seine Productionen in dem der Stadt gehörigen Theater geben zu dürfen. Es wurde ihm bewilligt unter der Bedingung, daß er 100 fl. für das Prager Spinn= oder Zuchthaus abliefern und sich mit der Operngesellschaft, welche für die „Noblesse" im Winter Opern aufführen würde, wegen Ueberlassung des Theaters und der Spieltagen abfinden würde. *)

Gervaldi hatte Anfangs unschuldige Concurrenz: „Polichinell=Spieler in Marktbuden." Am 5. Oct. 1748 wurde nämlich dem Georg Herous bewilligt, in einer am Altstädter Ringe zu errichtenden Baude das „Porchenellspiel" zu produciren gegen Erlag von 2 Ducaten für das Armenhaus. Unter derselben Bedingung wurde im Sept. 1749 der „Johanna Ludmilla Puschmannin" das Marionettenspiel gestattet. Ebenso erhielt Christoph Thuphar den Consens, „das Porchenellspiel am Margarethen=Markt 1749 am Sonn= und Feiertag erst nach Ende des Gottesdiensts mit Ausschließung alles scandalosen Spiels auf der Kleinseite gegen Erlag von 4 fl. 12 kr. für das Armenhaus produciren zu dürfen".

Das Gubernium sah darauf, daß alle ähnlichen Concessionen direct bei ihm und nicht beim Magistrat angesucht wurden, denn schon im Mai 1746 war wieder ein Competenzstreit zwischen der Stadthauptmannschaft und Statthalterei einerseits und der Stadtbehörde, diesmal dem Neust. Magistrat, andererseits entstanden, weil der letztere dem Seyltänzer Anton Franz Terzi eigenmächtig einen Consens verliehen hatte, obwohl der Magistrat

---

*) Gub. Archiv.

angewiesen war, alle ankommenden Künstler, Ärzte und Operatores an das Gubernium zu weisen.

Ärgere Concurrenz erwuchs dem armen Gervaldi, als eine der bedeutendsten Opern-Compagnien jener Zeit, die des Impresario Giovanni Battista Locatelli, ihre Vorstellungen mit einem ebenso erlesenen Künstlerpersonal als bedeutendem Ausstattungs-Luxus in Prag aufnahm.

XI.

Die Oper Giovanni Battista Locatelli's in Prag.

Opernverhältnisse. — Locatelli als Pächter des Kotzentheaters. — Gervaldis Abgang. — Die Oper Locatellis. — Bernardon als Unterpächter.

Wie in Dresden und anderen Städten mit höfischen Operninstituten hatte auch in Prag, wie wir gesehen, die italienische Oper in der ganzen ersten Hälfte des 18. Jahrhunderts dominirt. Die schüchternen Regungen der deutschen Oper, wenn man von einer solchen reden konnte, vermochten der mächtigen „wälschen" Oper nicht zu schaden, und deutsche Componisten wie Adolph Hasse unterschieden sich in Styl und Geist durch Nichts von ihren italienischen Componisten-Collegen. Wie mit den Componisten so stand es auch mit den Sängern und Sängerinen. Deutsche, welche es mit den italienischen und französischen „Sternen" aufnehmen konnten, gab es entweder nicht oder sie pilgerten nach Italien, um sich in Namen und Kunst zu italienisiren und dann nach Deutschland als „Wälsche" zurückzukommen.

So war Repertoire und Künstlerpersonal auch in allen Phasen der Prager Operngeschichte, die wir bisher verfolgt, „wälsch" gegewesen und zwar waren es nicht die schlechtesten wälschen Sänger und Sängerinen, welche unter der Aegide des reichen und kunstsinnigen böhmischen Adels der böhmischen Hauptstadt ihre Lorbeern pflückten. Die italienischen und italienisch componirenden Componisten ließen auch den Künstlern und Künstlerinen in der Repräsentation ihrer Werke den weitesten Raum zur freien Ent-

faltung. Erstens war der Gesang Haupt=, die Instrumentation
Nebensache, dann war das ganze Recitativ vom Componisten nur
angedeutet, vom Sänger frei ausgeführt. Ebenso behielt der Sänger
volle Freiheit, ja er war gewissermaßen genöthigt, durch selbst=
gewählte Figurirung die musicalische Skizze des Componisten aus=
zuarbeiten. Das Künstlerpersonal konnte auf diese Weise den
Erfolg einer Oper machen, ohne daß der Componist einen beson=
deren Antheil daran haben mußte, namentlich wenn er durch so
geniale Librettisten wie Metastasio unterstützt wurde.

Einen Umschwung in dem bisherigen System und Styl
führte erst Meister Gluck (geb. 1714) herbei, und der Umstand,
daß Gluck in der Hauptstadt Böhmens, in Prag, wohin er 1732
von dem Jesuiten=Gymnasium in Komotau kam, einen Theil seiner
tonkünstlerischen Ausbildung, und, namentlich durch die Lobkowitz'sche
und andere Prager Adelsfamilien lebhafte, warme Förderung bis
zu seiner Abreise nach Wien (1736) erhielt, macht seine Erschei=
nung als Reformator der herrschenden Oper, als Schöpfer des
deutschen musicalischen Dramas, für eine Prager Theatergeschichte
doppelt bedeutsam. Gluck erkannte zuerst die hohe Aufgabe der
Opernmusik, sich mit einem wahrhaft dramatischen Stoffe, mit
einer wahrhaft tragischen Handlung auf das Innigste zu verbinden;
er wies dem Orchester seine bedeutsame, maßgebende Position an,
er sicherte dem Chore seine wichtige Stellung in der Oper und
setzte an die Stelle der mit allerlei Coloratur=Verschnörkelungen
aufgeputzten Concert=Arien der Italiener die dem wahren Gefühle
Ausdruck gebenden, empfundenen Gesänge der Helden einer Oper.
Auf einmal war Gluck freilich nicht der geworden, als welcher er
heute noch unvergessen, unvergänglich groß, in der deutschen, in
der internationalen Opernliteratur verehrt wird, er hatte eine große
italienische Periode hinter sich, ehe sein Reformwerk begann.
Aber auch schon in dieser italienischen Periode trat sein Genie
hervor, und seine im üblichen Style componirten Opern trugen
ungewöhnliche Erfolge davon. Wir haben Gluck schon unter dem
Mingotti'schen Regime in Prag einmal als Componisten einer hier
aufgeführten Oper bezeichnet gefunden, allerdings nur als Mit=

componiſten der Oper „La finta schiava", zu welcher er nebſt
Lampugnani Arien geliefert hatte. Einer hervorragenden Pflege
aber erfreuten ſich, wie ſich conſtatiren läßt, ſeine Werke, vorläufig
wohl noch jene der älteren Periode, unter dem Regime des Opern=
Principals Locatelli, das überhaupt eine der glänzendſten Perioden
der Operngeſchichte bedeutet.

Giovanni Battiſta Locatelli begann ſeine Vorſtellungen im
Kotzentheater in der Winterſaiſon 1748—49. Das erſte Document,
welches von ſeiner Anweſenheit in Prag ſpricht, iſt eine Eingabe
an das Gubernium vom 17. Jäner 1749, worin er anſucht, man
möge die Dauer der Redouten, welche durch eine Gubernial=Ver=
filgung von 6 Uhr Abends bis 2 Uhr Morgens anberaumt worden
waren, wegen der Vorſtellungen im Kotzentheater, die ebenfalls
um 6 Uhr begannen und ſelten vor 10 Uhr endigten, anders feſt=
ſetzen, ſonſt würde namentlich an Mittwochen, wo die Bälle in
der „Eiſernen Thür" gehalten wurden, der Impreſario großen
Schaden erleiden. (Auch die Ballhalterin im Wuſſiniſchen Saale,
„Hedwigis Friedrichin, geb. Wuſſinin", remonſtrirte gegen dieſes
Zeitausmaß.)

Dagegen jammerte in einer Eingabe vom 27. Feber 1749
„Franz Servaldi v. Pellerotti, Directeur der teutſchen Comoe=
dien", darüber, „daß er trotz ſeines Fleißes und Eifers durch die
Operen und copioſe Masque=Redoutten" ein Namhaftes eingebüßet
und überdies durch einen im goldenen Stern ſich producirenden
Feuerwerker über 1000 fl. Schaden erlitten, woraus gar nicht zu
verwundern wäre, wenn „auf einmahl ſein ganzes Werk zu
Grunde ginge, er aber in unerſetzlichen Ruin und gewiſſe Vertärbnuß
gerathen dürffte". Er bat daher, von den Oſterfeiertagen an ſeine
Comedien im „goldenen Stern" (weil das Kotzentheater ſchon an
die italieniſchen Operiſten vermiethet war) fortſetzen zu dürfen.
Er hatte alſo offenbar wegen der Operiſten aus den Kotzen über=
ſiedeln müſſen.

Faſt gleichzeitig mit Servaldi richtete aber auch Locatelli
eine Eingabe an das Gubernium, worin er weitergehende Pläne
entwickelte, welche für Servaldi entſchieden nichts Gutes ver=

sprachen. Locatelli strebte darnach, nicht allein die Oper sondern auch das Schauspiel in Prag ganz in seine Hände zu bekommen und ein ausschließliches Privilegium für sich zu erwerben. Er erklärte in seiner Eingabe vom 1. März 1749, daß er in Zukunft „neben den musicalisch-italienischen Opern wechselweise auch Teutsche Comoedien und andere außnehmende Schauspiehle auf dem bißherig Altstädter Theatro auffführen, das hierzu erforderliche und tüchtige Personale Verschreiben und kommen laßen und dahero besagtes Theatrum noch auf ein gantzes Jahr in Pacht nehmen" wolle. „Wann nun aber", fuhr er fort, „diese meine Haubtsächlich auf die Beßere Contentirung der hohen Noblesse abzichlende Intention wegen denen dieserttwegen Von mir zu machen größeren Spesen nicht außzuführen vermag, Es seye denn, daß Ew. hochgr. Exc. u. Gnaden mich dahier aus obhabender hohen Authorität gnädigst zu privilegiren geruhen wollten, daß keinen anderweitigen operisten oder Comoedianten erlaubet seyn solle, derley musicalische Operen, Comoedien oder ansonstigen Schauspiehle außer denen Marionetten und anderen gemeiniglich nur zur Marktzeit erlaubten kleineren Unterhaltungen weder auf Mehrberührten Altstädter Theatro noch ansonsten wo in der Stadt zu produciren — Solchemnach an Ew. hochgr. Exc. u. Gn. mein gehorsambste Bitte hiemit Verwendet, mir sothanes Privilegium und zwar bis incl. der Fastenzeit des künftigen 1750. Jahrs aus hohen Gnaden zu ertheilen, wohingegen sogleich bey nechstkünftiger Osters Zeit mit denen abwechßelnden Theatralischen Aufführungen der Anfang gemachet würde . . . . ."

Das Gubernium und die böhmische Hofkanzlei bewilligten dies Gesuch, ersteres mit dem ausdrücklichen Bedeuten, daß es zwar ein solches Privilegium eigentlich nicht zu ertheilen vermöge, aber wegen des von Locatelli bereits erlittenen Schadens, und in Betracht des Nutzens, auf den die Stadt mit dem Kotzentheater angewiesen sei, seinem Ansuchen willfahren wolle, jedoch „citra consequentiam" und mit dem Vorbehalt, daß er sich für das Spielen in der Fastenzeit den erforderlichen speciellen Consens verschaffe. In Gemäßheit dieser Entscheidung wurde der Principal der „teutschen

Comoedianten" im „goldenen Stern", Gervaldi v. Pelleroti mit
seinem vorerwähnten Gesuche abgewiesen. *)

Das Privilegium, das Locatelli angesucht hatte und das ihm,
wie man sieht, auch bedingungsweise verliehen worden war, war
in dem Gubernial-Decret etwas reservirt gehalten; es besagte nur,
„daß man dergleichen Productionen einem Anderen binnen solcher
Jahreszeit Ohne erhöbliche Ursache nicht so leicht verstatten wolle."

Am ärgsten betroffen war von dieser Entscheidung natürlich
Gervaldi, der sich dadurch gewissermaßen von Prag weggewiesen
und in ärgste Verlegenheit gebracht sah. Er versuchte sich wenigstens
noch einige Zeit in Prag zu halten und richtete deshalb am 4. März
1749 an das Gubernium die Bitte, seine Vorstellungen noch eine
Zeit lang fortsetzen zu dürfen, „da er durch die Opern, Masken-
Redouten viel Schaden erlitten und mit seiner Bitte um Consens
für fernere Comoedien abgewiesen worden sei". Er bat, wenigstens
von Ostern bis Pfingsten spielen zu dürfen, „da seine verheirathete
Tochter und eine andere Frau in hoher Schwangerschaft sich be-
fänden und bis dahin die zwei mit leibsbürde höchst beschwerte
Frauen zu voriger Genesung gelangen würden, früher aber nicht
zu reisen in der Lage wären". Hoffentlich wurde er in Anbetracht
so triftiger Gründe erhört.

Locatelli trachtete nun, nachdem er sein Privilegium für
Schauspiel und Oper im Trockenen hatte, mit allen Kräften
darnach, sich auch das Kotzentheatergebäude selbst durch einen gün-
stigen Pachtcontract mit der Altstädter Stadtgemeinde zu sichern.
Am 19. März 1749 legte er seine Propositionen in folgender
Eingabe an das Oekonomie-Oberdirectorium dar:

„Auß kgl. Statth. gnädigen decreto geruhe Ew. löbl. Würthschafts-Ad-
ministration mit mehrern zu ersehen, welcher Gestalten mir auf ein ganzes
Jahr anfangend Von instehenden heyligen Oster-Feuer-Tagen die probu-
cirung deren Opern, Comoedien, und anderen annehmenden Schau-Spielen
mir allein die gnädige Erlaubnuß ertheilet und hiezu das neuerbaute Alt-
Städter gemein Opern-Hauß angewiesen, der Comoedianten Principal aber
mit seinem Gesuch abgewießen worden seye. Wann nur mir obligen Thuet

---

*) Gub.-Archiv.

umb gnädige gestattung der ellocirung sothanes Opera-Hauses Eine löbl.
Würthschafts Administration geziehmend anzugehen, Als gelanget An dero
Selbe mein gehorsambes Bitten, Selbte geruhe gegen den Von mir mündlich angetragenen gantz Jährigen Zinßananto à 600 fl. den hierzu erforderlichen Contract von der Behörde verfertigen und unter nachfolgenden
ohnverschreiblichen puncten mir einhändigen zu lassen, daß nemblich

1° Mir und zu meiner alleinigen freuen disposition sowie es vorherige
elocatores genossen haben, das in denen Kotzen situirte Opern-Hauß sambt
zuckerbacker Laden und übrigen appertinentien auf ein gantzes Jahr, gerechnet
von inßtehenden hl. Oster Feuertagen inclusive Bieß wieder zu dem ao 1750
nachfolgenden heyl. Oster Feuertägen exclusive überlassen werde.

2° Mir unverwehrt seyn solle, deren vorräthigen, Lauth formelichen
Jnventario zu übernemen habenden Theatral-Sachen und decorationen
mich zu bedienen. Dann

3° Das Auditorium nach meinem guet befindt (jedoch nach vorhero
Euer löbl. Würthschafts-Adm. geschehenen Anzeigung und hierauf erfolgter
Genehmbaltung auf meine alleinige Unkosten abzuenderu, wie auch)

4. Mir frey stehen solle, Opern, Comoedien und was sonsten Nahmen
führende honete Schauspiele durch mich oder wem anderen prodeiren zu
können, und da in fall ein oder anderer Opern, Comoedien oder sonstige
Schauspiele prodeiren wollender anderwärtiger Jmpressarius nach vorhero
beherig erhaltener Licentz seine Vorstellungen auf hierorthigen theatro zu
prodeiren gesint seyn solte, so solle dessen Schuldigkeit seyn, Sich der Täge
und Billigmäßiger Abgab halber (welche lediglich mir zu gute kommen solle)
mit mir allein als dermahligen Bestandt-Jnhaber abzufinden.

5° Meine Schuldigkeit wird seyn, fordersamb den à 600 fl. zu entrichten kommenden Jährlichen Mittungs-Zinß viertljährig anticipato ohn-
weigerlich und ohne mindeste Uußtand halber zu entrichten, dann alle einen
dießfalligen Pachter obliegende Schuldigkeiten und Bedingungen genau und
Treulich zu erfüllen, gleich wie auch ich Bey Schließ- und Überkommung
hierorthigen Contracts die erste viertljährige angab mit 150 fl. bahr zu
erlegen und mit derley viertljährige anticipationen unaußbleiblich zu continuiren uhrbitig bin.

6° Solle dieser Contract nur auf ein Jahr verbündlich seyn, wobey
aber es mir freystehen wird, mich auf zukünftige Jahre umb reiterirung
dieses Contracts hinwiederumb in der Zeith geziehmend zu melden — Welcher
meiner gehorsamben Bitte gnädiger Bewehrung mich getröste und mit schuldigster Veneration gebleibe Einer löbl. Würthschafts Administration

gehorsamber Diener

Gio. Batt. Loccatelli,
italiän. Opern-Jmpressario.

Einige Tage später (in dem Concept des betreffenden Acten=
stücks fehlt der Datum) kam denn auch zwischen Impresario Giov.
Battista Locatelli und der Prager Altst. Stadtgemeinde folgender
Contract zu Stande:

„Heut unten gesetzen Jahr und tag ist mit gnäd. genehmhaltung Einer
Hochlöbl. königl. Oberdirection Entzwischen der löbl. Würthschafts=Admini=
stration dieser Königl. Alten Stadt Prag Einer, dann dem Herrn Johann
Baptista Locatelli Impressario deren operisten andern Theils Nachfolgender
Mieth und Vermiethungs=Contract abgeredet, beliebt und geschlossen worden,
wie folget:

Nachdem einer Hochlöbl. kgl. Statthalterey inhalt jenes unterm
1. hujus gnädig ergangenen Decreti den Herrn Vermiethern die Erlaubnus
die Operen auf Ein Jahr lang mit Einbegriff der 1750 jähr. fasten zu
produciren, privative Ertheilet und demselben an das in der Alt Städter
Kotzen befindliche theatrum angewiesen hat. Dannenhero Eingang Erwehnt
löbl. Würthschafts=Administration elociret Ihm Locatelli sothanes gegen den
Alten Gericht Situirte gemeind Operahauß, umb womit derselbe alldorten
sein productiones Vorzeigen Könne sambt den darin befindl. logen, Par
terren und Caffélaaden, und wirdt demnach Selbter von 6. April innlebenden
Jahrs bies dto April Künftigen 1750ten Jahrs, Er mag mittelst dieser Zeit
Viel oder wenig oder auch gar Keine operen produciren, Sechs hundert
gulden in viertljähr. ratis, dann wochentl. 30 kr. Pflastergeld, beedes im=
merhin anticipato dem Hr. Jos. Wentzl Kluß, allhiesig Sechsherrn= und
Brücken Ambtmann gegen genugsamer quittung zu zahlen haben; imfall
aber intermedié einige comedianten nacher Prag Kommeten und in diesem
theatro spielen wolten, so solle dieser Comedianten Principal sich sowohl mit
Ihme Locatelli zu verabfinden als auch der löbl. Würthsch. Administration
sich hievor anzumelden gehalten seyn.

2do Verbleibet gleichwie vorhin und anbey allezeit gewöhnl. die Ma-
gistratualloge frey, dergestalten, daß Hr. Conducent für jede production so
Viel deran gespielt werden, fünf Franco Billieter für die Altstädter Herren
Raths Glieder und respective Administratores abzugeben haben und mit
denen selben Entweder in sothane loge oder aber in das orgnester ohne
Einigen leggeld zu gehen freystehen wirdt, welche franco billieter auch wenn
Ein Subcelocator sich hervorthuen solte, zu verstehen seyn; —

3tio Gleichwie Ihme Hr. Miether Sothanes opera Hauß sambt denen
Theatral=Decorationes, Einrichtung und Fahrnußen Vermög Einer be-
flißentlich Verfaßten Inventary übergeben worden, Also wirdt derselbe auch
bei seiner aufhörender Miethung all dieses Vermög gleichbemelter beschreibung in gutten Standt zurückzustellen, immittelst aber auf alles unter
Eigener Darfürsteh= und Verantwortung, besonders damit durch das Feuer

daselbst Kein schaden geschehe, gutte Obsicht zu tragen, das Comedihauß allezeit Sauber und zu nachts Verschloßen zu halten Verbunden seyn, falls indeßen

4t: Der Conductor einige abänderung in den operahauß machen laßen wolte, dieses allezeit auf seine alleinige unkosten und nach vorhero Einer löbl. Würthschafts-Admin. beschehener anzeigung und hierauf erfolgter genehmhaltung geschehen solle. — Schließlicher

5to Weilen der Hr. Miether an denen Spieltägen die thüre mit Soldaten zu besetzen Vonnöthen hat, so wird der selbe Keine Guarnisons- sondern von denen bürgerl. Soldaten, so viel als Er derenselben hierzu benöthigen wird, zu nehmen haben; dem allen zur urkund ist gegenwärtiger in zwey gleichlauthende Exemplaria Verfaßter Contract beederseiths unterschrieben, besiegelt und jeden theil Ein Exemplar in Handen gelaßen worden, so geschehen.

Prag den . . . Martÿ 1749.   (Stadt-Archiv.)

Daß die Altstädter Stadt-Gemeinde Locatelli sehr günstige Bedingungen machte, geht aus diesem Contracte hervor. Ein früherer Pachtinhaber, Joh. Jos. Mussik, der bekanntlich schon den Schröder'schen Contract als Hauptbevollmächtigter und wahrscheinlich auch Geldgeber abgeschloßen und nach Schröders Abgange (sichere Daten fehlen darüber allerdings) wohl als Hauptpächter des Kotzentheaters einige Zeit weiter fungirt hatte, jammerte auch über den Schaden, den er unter weit ungünstigeren Verhältnissen erlitten hatte.

Unterm 30. März 1749 reichte Johann Joseph Mussik bei der Wirthschafts-Administration ein devotes Bittschreiben um Nachlaß eines rückständigen Zinses von 434 fl. 33 kr. für das „gemiethete Opern-Hauß" ein.

„Einer löbl. Administration" jammerte der Principal „ist ohnehin Bekant, in was vor Nahmhafte auf etliche Tausend gulden sich Belaufenden Schaden ich durch die im Vorigen Jahre gehaltene Comoedien verfallen und welcher gestalten der Hr. Kluß lauth einer in Handen habenden Berechnung vor das gemüthete Opera Hauß an Rückständigen Zinß 434 fl. 33 kr. hinter meine anzuweißen Thuet. Nun wird Eine löbl. Abm. von selbsten gerechtest erkennen, daß das jährl. Pachtquantum pr. 800 fl. expectio meiner auf das höchste hinauf getrieben worden, welches die löbl. Gemeinde weder in Vorigen Zeiten jemahls empfangen noch khünftig hin zu überkhomen Hoffnung hat, mithin ich gleich anfangs durch diesen abgeforderten übermäßigen Zinß umb ein merkliches gravirt worden, folglich auch dieses die Ursach gewesen, warumben man in abführung des Zinßes gleich Anfangs ins stocken gerathen und in besagten Rückstand verfallen." Mußil macht geltend, daß das Theater vor ihm zu den "benöthigten Flug-Werken und anderen Außziehungen" nicht adaptirt gewesen, daß er "das vollige theatrum neuaufgeführet", daß ihm die "Theatral-Mutationes theils zerrissen und unbrauchbar und so schwartz vor alter an Farbe" übergeben worden seien, daß er das Theater unmöglich habe beleuchten können; auch sei ihm "in die Gnadelobe auf dem theatro eingebrochen und die mehristen Kleider daraus gestohlen worden", so daß eine neue Holtzthür gemacht werden mußte; wäre dies nicht Alles geschehen, hätte die löbl. Administration "denen nach ihm gefolgten Entrepreneurs ein neues Theatrum, welches auf etliche hundert Gulden zu stehen gekhomen wäre, onumgänglich Verschaffen müßen"; auch hätte die "löbl. Gemeindt von ihm durch die Zeit, daß er die Comoedien gehalten, über 1400 fl. Bahres geldt würckhl. Empfangen, welches dieselbe von Einem anderen entrepreneur in Viele Jahre nicht bekhomen hätte, weilen ein anderer niemahlen durch die ganze Sommerszeit, gleichwie er es mit größtem Schaden gethan, einige Comoedien produciret haben würde".

Ueber die künstlerische Thätigkeit Locatelli's im Jahre 1749 liegen nur dürftige Nachrichten vor. Im Carneval führte er, wie wir aus einem noch vorhandenen Textbuche sehen, die Oper "Catone in Utica" auf, dem Fürsten Christian Lobkowitz, commandirenden General in Prag, gewidmet.*) Aus der Personenangabe der Oper **) erkennen wir auch die Kräfte, über welche Locatelli

---

*) „Catone in Utica", dramma por musica da rappresentarsi nel nuovo teatro di Praga, nel Carnovale dell' Anno 1749. Dedicato a sua Altezza serenissima il Sig. Sig. Prencipe Christiano di Lobkowitz; duca di Sagano in Silesia, Cavagliere del Tosono d' Oro Consigliere di Stato, Campo Maresciallo, Colonello d' un Regimento de Corazzieri, e Generalo Commendante nel Regno di Boemia per Sua Maestà Imperiale-Reggia. In Praga, Stampato da Ignatio Pruscha in Citta Vecchia appresso 'l Paradiso nella casa di Hartmann.

**) Attori: Catone — Il Sig. Settimio Canini; Cesare — La Sig. Giovanna Della Stella, Virtuosa di Camera di S. A. S. L' Elettor di Colonia; Marzia, Figlia di Catone, od Armanto occulata Cesare — La Sig. Rosa Costa, Virtuosa di Camera di S. S. L' Elettor di Colonia etc; Arbace, Principe Reale di Numidia, amico di Catone ed amante di Marzia — La Sig. Angiola Romani; Emilia, vedova di Pompeo — La Sig. Santa Tasca; Fulvio, Legato del Senato Romano a Catone, del partito di Cesare ed Amante di Emilia — La Sig. Maria Massucci. — Tutte le Arie dell' Opera si potrano avere Sig. Francesco Fogta Copista.

verfügte. Es waren Namen vom besten Klange, wie der in Prag schon geschätzte Settimio Canini, die Rosa Costa und Giovanna della Stella, zwei Sängerinen von europäischem Rufe, welche auch in Hamburg Furore gemacht hatten. Giovanna della Stella wurde nachher (1754) auch als die hervorragendste Primadonna der Dresdener Hofoper gefeiert. Beide Sängerinen waren einige Zeit auch Mitglieder der Mingotti'schen Compagnie auf Opern-Tournéen in Deutschland. Außer diesen waren noch die Damen Angiola Romani, Santa Tasca, Maria Massucci in der Oper beschäftigt, also bis auf Canini durchwegs Damen. Von Sängern war im Jahre 1749 constatirtermaßen noch Antonio Franza, Kammervirtuos mehrer deutscher Reichsfürsten, in Prag.

Am 27. März 1749 suchten die „hiesigen Operisten" an, Sonntag ihr Oratorium „das letzte Male vorstellen zu dürfen". Da nun aber dieses Oratorium, obwohl es in sich selbst nichts Aergerliches enthielt, „doch auf öffentl. Theatro und in comischen Kleidern producirt wurde, also in der Charwoche nicht erlaubt werden könne", lehnte das Gubernium über Antrag des fürsterzb. Consistoriums das Ansuchen ab.

Ein Oratorium, welches die Locatelli'sche Gesellschaft in Prag in der Fastenzeit 1749 aufführte, ist uns übrigens im Texte erhalten. Es ist das Oratorium „Isacco" (Isaak), ganz theatralisch eingerichtet, in zwei Theile und Scenen getheilt und auch mit entsprechenden Decorationen und Costumen dargestellt. Man schlüpfte eben nur dadurch, daß man eine biblische Handlung zum Thema des musikalischen Dramas wählte, über das Verbot theatralischer Aufführungen in den langen Norma-Zeiten hinweg. Locatelli that noch ein Uebriges und widmete das Oratorium *) dem damaligen

---

*) Isacco, Figura del Redentore, Oratorio da rappresentarsi in musica nel teatro di Praga, nella Quaresima dell' Anno 1749. Dedicato All' Onore e Venerazione di Sua Altezza Reverendissima e Monsignor Prencipe Giovanni Maurizio, per Grazia del Dio, e della Santa Sede Apostolica ArciVescovo di Praga; Legato Nato, Prencipe del Sacro Romano Impero de Conti di Manderscheidt-Blanckenheim-Geroldtstein; di Sua Sacra Cesarea e Cattolica Maestà Consigliere Intimo ed Attuale Primate del Regno di

Fürsterzbischof von Prag Johann Moritz Grafen von Manderscheidt-Blankenheim-Geroldstein. Als Personen traten in dieser geistlichen Oper Abraham (Sgr. Canini), Isaac (Giovanna della Stella), Sara (Rosa Costa), Gamari, „Isaacs Mitgesell" (Maria Massucci) und der Engel Gottes (Sgr. Franza) auf. In der Einleitung (avvertimento) wies Locatelli ausdrücklich, um den streng geistlichen Charakter der Oper hervorzuheben, auf die vorbildliche Bedeutung Isaacs für Christus hin.

Im Carneval des nächsten Jahres 1750 führte Locatelli mit einem theilweise neuen Personal, unter welchem wir Elisabetta Ronchetti, Nicolo Reginelli, Leonilde Burgione genannt Mantovanina und Franz Werner (Letzterer vielleicht ein Teutscher) finden, eine bedeutende That aus. Er führte Gluck's große Oper „Ezio*) auf und zwar mit allem Glanze, mit Aufbietung aller Kräfte. Weil es etwas ganz Besonderes war, was er den Pragern hier vorführte, so widmete Locatelli die Aufführung den Damen der Prager Aristokratie als Protectricen seiner Oper („alle dame protettrice dell' Opera").

In dem Widmungs-Vorworte betonte Locatelli, daß das Werk „eine neue Composition des berühmten und renommirten Maestro Gluck" („nuova composizione del celebre e rinomato maestro Gluck") sei. Für die Ausstattung war, wie gesagt, alles

---

Boemia, Dell' Alma Università di Carlo e Ferdinando in Praga Amplissimo e Perpetuo Canceliere etc. etc. Signore, Signore mio Clementissimo. In Praga, Stampato da Ignatio Pruscha in Città Vecchia appresso 'l Paradiso nella casa di Hartmann. — Vorstellende Personen: Abraham — Herr Septimius Canini; Isaac — Frau Johanna Della Stella, Virtuosin der Cammer Sr. Churfürstl. Durchlaucht zu Cölln; Sara — Frau Rosa Costa, Virtuosin der Cammer Sr. Churfürstl. Durchlaucht zu Cölln; Gamari, des Isaac Mitgesell — Frau Maria Massucci; Ein Engel — Herr Antoni Franza, Virtuos der Cammer Sr. Fürstl. Durchlaucht von Darmstadt und des Römisch. Reichs Bischoffs zu Augsburg. Chor der Knechten und Hirten.

*) „Ezio", Dramma per musica. Da rappresentarsi nel nuovo teatro di Praga, nell' carnovale dell' Anno 1750. Dedicato alle Dame Protettrice dell' Opera. In Praga, Stampato da Ignatio Pruscha in Città Vecchia appresso 'l Paradiso nella casa di Hartmann. (Mus. b. Sgr. B.)

Mögliche gethan worden. Im ersten Acte war dargestellt „ein Theil
des römischen Marktplatzes mit dem kayserlichen Thron zu einer
Seite, auf der anderen Seite allerhand Triumph-Bögen und andere
feierliche Außzierungen um das zehenjährige und zugleich daß zu
Beehrung des von dem Attilla Siegreich zurückgekommene Aetii
angestellte Fest zu begehen". Im zweiten Act sah man den prachtvollen kaiserlichen Garten, im dritten einen „herrlichen Vorhof mit
eisernen Gittern, wodurch man in verschiedene Gefängnüsse gehen
kann" und das alte Capitol. Alle diese Decorationen stammten von
dem Bolognesen Angiolo Carboni.

Die Personenliste dieser denkwürdigen Vorstellung war (in
deutscher Ausgabe) folgende:

Valentinianus der Dritte, Kayser und Liebhaber der Fulvia.
    Herr Antonio Francia sonsten Perellino.
Fulvia, des Maximi Tochter, eines Römischen Patritii Liebhaberin und Ver=
sprochene Braut des Ezius.
    Die Jungfer Elisabetta Ronchetti.
Ezius, Heerführer derer kayserl. Völkern, Liebhaber der Fulvia.
    Herr Nicolaus Reginelli.
Honoria, des Valentiniani Schwester, heimliche Liebhaberin des Ezius.
    Die Jungfer Leonilde Burgioni sonsten Mantovanina.
Maximus, Römischer Patritius, Vatter der Fulvia, Vertrautter, doch heim-
licher Feind des Valentinianus.
    Herr Settimio Canini.
Varus, Haubtmann derer Gerichts=Beambten, Freund des Ezius.
    Herr Frantz Werner.

Die Music ist eine deren sichreichesten Compositionen des Hrn. Kluck. NB.
Wer einige Arien oder gantze Spartituren verlanget, hat sich bey Herrn Jacob
    Calandro, ersten Violisten der Opera, zu melden.

Aus demselben Carneval des Jahrs 1750 stammt auch das
Textbuch eines damals beliebten Intermezzos „Don Tabarano" *),

---

*) Italienisch-musicalisches Zwischenspiel, genannt: Don Tabarano.
Vorzustellen in dem neuen Prager Theater zur Faschingszeit des lauffenden
Jahrs 1750. Auftrettende: 1) Redende: Don Tabarano, Scintilla; —
2) Stumme: Lucindo, Liebhaber der Scintilla, Corbo, Bedienter des
Tabarano.

in welchem nur zwei redende und zwei stumme Personen vorkamen.
Von der Sprache, welche in solchen Intermezzi oder Zwischen=
spielen herrschte, mag uns ein Fragment (in der dem Textbuche
beigedruckten deutschen Uebersetzung) ein Beispiel geben:

Tabarano und Corbo, dessen Diener.

Don Tabarano:

Nach der Art, nach den Manieren
Kann ein Tänzer ich spendieren:
Diese Mine, Dieß Cupe
Ist zum Küssen, wie ich seh,
Ach was schön Paß Minuet!
Hast Du den Spiegel bei Dir? was?
Gib mir ihn! was schönes Gesicht!, halt ihn besser her, besser hin,
Was zum Hencker machst Du dann, verrückter Sinn,
Du bist geschickt wohl solchermaßen,
Daß kochte Fisch Du möchtest fallen lassen.
Stell Dich daher, neig Dich ein wenig,
O nicht so sehr! Was Teuffel, halt etwas höher!
Du loser Galgenstrick, du wirst bald spühren,
Daß die Geduld ich werd verliehren . .!
Und ich . . . aber, wie ist dieses nicht,
Der Scintilla ihr Gesicht?
Ach, was Anmuth! Ach was Geist, was Zärte seh ich;
Was Ansehn gleichsam Königlich,
Scinti . . . Scinti . . . bist Du. Ach Corbo ich sterbe!

Scintilla (singend):

Auf den bunt gefärbten Auen
Kann man mit Vergnügen schauen
Wind und Graß mitsammen spielen,
Ach, ich muß ja Freude fühlen.

Don Tabarano (singend):

Wann ich, o, geliebtes Kind
Wäre jener sanffte Wind,
Du das grünne Gräselein,
Ach was Freud möcht das nicht sein!

———

Die Erfolge Locatellis scheinen seinen Bemühungen entsprochen
zu haben. Mitunter gab es wohl Verlegenheiten, so z. B. im

Anfange des Jahres 1750, wo sich Locatelli (13. Jänner) zu einem Gesuche veranlaßt fand, wegen des schlechten Geschäftsganges die Vorstellungen mit seiner Opera seria bis in die vorletzte Woche der Fastenzeit fortsetzen zu dürfen, wogegen er alle „Däntze und was sonsten noch kurtzweiliges mit unterlauffen kann" auslassen werde. Der Consens wurde ihm im Einverständniß mit dem Erz- bischof ertheilt.

Aber die Faschingszeit hatte wohl diese Verlegenheit hin- länglich reparirt, denn als im März 1750 sein Contract zu Ende ging, beeilte sich der Impresario die Abschließung eines neuen a u f z e h n J a h r e zu urgiren, indem er sich gleichzeitig eines ihm für zehn Jahre verliehenen Privilegiums für die Prager Bälle zu ent- äußern erklärte. In dem dem Gubernio und der städt. Wirthschafts- Administration vorgelegten Pacht-Offerte erbat er sich speciell, daß während dieser 10 Jahre „das theatrum niemand anderen soll vermiethet werden", und er die völlige Freiheit behalte, „alldort aller Handt Spectacl produciren zu Können oder falls es ihm nicht mehr gefällig wäre, alldorten operen oder Comedien produ- ciren zu lassen, damit er sothanes theatrum Einem Dritten sub- elociren könnte." Auch wollte er alle „Kammern" zur Disposition haben und begehrte, in eine Kammer möge ein „Pilard (Billard) für die nobles" gesetzt werden, wie es in Wien und an anderen Theatern geschehe. Ferner begehrte er die Ueberlassung der von der Stadt noch in Pfand zurückbehaltenen „Theatralsachen" des Principals Mussik.

Die Gemeinde fand an diesen Propositionen Verschiedenes auszusetzen. Sie theilte der kgl. Oberdirection, welche ihr des Impresarii Willen communicirt hatte, mit, daß sie sich darauf nicht einlassen könne. Einmal ginge der Umstand, daß Locatelli das Ball-Privilegium „renunciret", sie gar nichts an; sie könne ferner das Theater höchstens auf drei, nicht aber auf 10 Jahre vermiethen mit der Versicherung, „daß daselbst während dieser Zeit Keinem außer ihm einige Schauspiehle cujus-cumque Sortis zu produciren verstattet werde, wobei jedoch auf anderen Altstädter gemein plätzen tempore nundinarum Bauden anzurichten und daselbst verschiedene Spiehle zu produciren frey bleibe, gestalten dieses sonderdem die Marcksrehheit mit sich bringe und die Vergünstig= oder Senegirung nicht à partis privatorum, qua publico praejudicare nequunt, sondern von Einer hochlöbl. kgl. Repräsentation dependirt". Ueber die Zahlung und die Ueberlassung der „Kammern" schien eine Einigung leichter; aber die Aufstellung eines „billiar" konnte man nicht zugestehen, da dies „eine bürgerliche nahrung sei und hoc concesso (wenn dies bewilligt würde) der Impressario Locatelli sich auch Wein= und Bierschänkens anmassen würde, woraus nichts als nneinigkeiten und inconvenientien Entstehen dürften". Die Mussik'schen Theatral= oder „Comische Sachen", wie es urkundlich heißt, könne man Locatelli nicht ausliefern, weil sie nur wegen eines Schuldrests von 37 fl. pfandweise zurückbehalten worden seien; Locatelli solle sich mit Mussik deswegen ins Einvernehmen setzen. Für Ueberlassung einer geräumigen Privatwohnung von „drei Cammern und Kuchel" sollte Locatelli außer dem Theaterzins von 600 fl. jährlich noch 75 fl. zahlen.

Am 6. April 1750 kam aber doch zwischen der Wirthschafts= Administration und Locatelli, der hier „Impresario deren allhiesigen Opern und Comoedien" genannt wird, ein neuer „Mieth= und Vermittungs=Contract" zu Stande, worin u. A. folgende Punkte vorkamen:

Primo: Da der in nächst Verflittenen 1749ten Jahr lediglich auf Ein Jahr lang Errichtete elocations- und Conducations-Contract mit unten gesetzten dato zu Ende geht, alß ist sothaner hinwiederumb renoviret worden und elociret demnach Eingangs Erwehnt Löbl. Würthsch. Admin. Jhme Herrn Locatelli, das in der Alt Städter Kotzen besündliche gemein Opera oder Comoedi Hauß, umb womit derselbe alloorten seine productiones Vorzeigen Könne, sambt denen darin befindlichen logen, Parterren und Caffélaaden Von unten gesetzten dato auf drey nacheinander gehende Jahre mithin bies 6ten April künftigen 1753ten Jahrs.

2do Hat Er Herr Locatelli den Jährl. per Sechs Hundert Guld. pactirten Zünß, dann wochentl. à 30 kr. Verabgeredter Pflastergeld, Er mag mittelst dieser Zeit Viel oder wenig oder gar Keine opern oder Comoedien produciren, immerhin Viertljährig anticipato dem Hr. Jos. Kluß, allhiesigen Sechsherren und Brucken Ambtmann gegen genugsamber quittung zu zahlen.

Die übrigen Contractspunkte waren conform dem früheren Contract.

Noch im Frühjahr dieses Jahres (1750) brachte Locatelli die schon 1735 im Kleinseitner Operntheater aufgeführte Oper „L' Olympiade", Text von Metastasio, Musik von Baldissera Galuppi, Ballets von Giovanni Bartolotti, zur Aufführung. Settimio Canini sang den König Clisthenes, Elisabeth Ronchetti die Aristea, Leonilde Burgioni Mantovanina die Argene, Antonio Francia Perellino den Lycidas, Nicolo Reginelli den Megacles; zwei kleinere Rollen hatten Herr Franz Werner und Sgra. Violente Masi inne. Das Personenverzeichniß führt auch Chöre von Schäfern und Nymphen, von Götzendienern und Atlanten an. Die Ausstattung war prächtig; man sah u. A. „eine zertheilte Gegend, entspringend aus den Ruinen eines alten Raumplatzes, bedeckt meistentheils mit Epheu, Dornhecken und dergleichen wilden Müß- und Graß-Gewächs", dann den „auswendigen Theil des Tempels Jupiters, von dem eine große und herrliche Stiegen abwärts führte"; vorne war „ein Platz mit einem brennenden Opfertisch inmitten und rings herum ein Wald mit wilden Oelbäumen, davon man die Kränze für die Fechter pflügte."

Im August des Jahres 1750 weilte Kaiserin Maria Theresia mit ihrem Gemal Franz I. im Lager von Kolin und war am 16. Aug. in dem damals dem FML. Grafen Batthiany gehörigen Schlosse Neuhof abgestiegen. Dorthin nun, wo sich auch ein ansehnlicher Theil der böhmischen Aristokratie versammelte, war auch die Operngesellschaft Locatellis aus Prag verschrieben und brachte in einem besonders eingerichteten Theater die Oper „Zenobia" *) zur Aufführung. Locatelli widmete sie Kaiser Franz I.

---

*) „La Zenobia. Dramma per musica, da rappresentarsi nel nuovo teatro al Campamento nel mese d' Agosto dell' Anno 1750. Dedicato alle Sacre, Cesarea e Reali Maëstà di Francesco Primo Imperatore de Romani sempre Augusto E di Maria Teresia, Imperatrice Regnante Regina d'Ongheria e Boemia etc. Stampatore di Praga, Giovanni Giulio Gerzabek." (Muf. b. Kgr. B.)

14

und dessen Gemalin, der Kaiserin Maria Theresia, mit einer äußerst demuthsvollen und schwungvollen Dedication.*)

In der Oper wurde besonders die Treue der Zenobia, einer Tochter des Mithridates von Armenien, gegen ihren Gemal Radamistus, für den sie selbst ihr Leben mit Freude zu lassen bereit ist — also ein Thema, das Maria Theresia, der musterhaften Gattin, besonders sympathisch sein konnte. Unter dem mitwirkenden Personale**) finden wir einige neue Mitglieder: Sgra. Caterina Fumagalli, Sgra. Giroloma Tearelli und Sgra. Maria Masi. Die erste derselben, Caterina Fumagalli, wird als eine der besten italienischen Sängerinen aus der Mitte des 18. Jahrhunderts bezeichnet und auch von Laborde erwähnt.

Im Herbst 1750 eröffnete Locatelli das dritte Jahr seiner Thätigkeit in Prag mit der Aufführung von Gluck's „Iper-

---

*) „Sac. Cesarea è Reali Maesta! No son le rare virtù di Zenobia, ne l' eroico procedere di Tiridate e Radanisto, sopra quali n' è formato l' intreccio del presente Dramma, che ardisco con la Dedica umiliare allà V. S. C. Maestà, e l' une e l' altro sonnati con voi. All' umilissima e debole mia servitù se degnate pietosi graziare una specia d' agradimento col benigno perdono, troppa gloria ne ricevo, e questa appunto come più caro pegno dell esser mio, questa sacrificio inose quioso tributo alle V. S. C. Maestà. L' istesso dono, ò ver, di voi sarebbe; ma che altro dedicarvi potrei se tutto è vostro. Quelche per eccesso di magnanimità da Voi proviene, e che in me si prezioso diventa, ò il maggior sacrificio ch'io possa con meno rossore presentarsi; felice me, se non sdegnate Accettarlo con la solita vostra innato e generosa Clemenza, allora, ricco di tanto segnalata grazia potrei prostrato alli Cesarei piedi intercedere il glorioso titolo, che prendo l' ardire con profondissimo rispetto appropriarmi. Della Vostro S. Cl e Reali Maestà umilissimo, obsequiosissimo et obedicutissimo Servitore Giovanni Battista Lo- catelli Impressario del teatro di Praga.

**) „Singende Persohnen": Zenobia, Prinzessin von Armenien, Ehegemalin Radomisti — Jungfrau Catharina Fumagallin; Tiridate, Fürst von Parto, Liebhaber Zenobiae — Frau Johanna della Stella; Radomisto, Fürst von Iberia — Jungfrau Giroloma Tearelli; Egle, Hirtin, wird entdecket als Schwester Zenobiae — Frau Maria Masin; Zopiro, Falscher Freund des Radamisti und Liebhaber Zenobiae — Hr. Settimio Canini; Mitrane, Vertrauter des Tiridati — Jungfrau Violante Masi. Die Tänz seynd erfunden von Hr. Johann Bartolottti.

mnestra" *), die er dem Abel Böhmens widmete. „Ipermnestra", ein Werk, das Gluck 1742 für Venedig componirt hatte, behandelte die auch von anderen Componisten verwerthete Geschichte des Danaus, „Lynceus" und Hypermnestra, welche es nicht übers Herz bringen konnte, auf den Befehl ihres Vaters ihren Bräutigam ums Leben zu bringen. Die Personenliste und Decorationsanzeigen lauteten (in deutscher Original-Uebersetzung):

Vorstellende Personen:

Danaus, König in Argo . . . . . Hr. Settimo Canini,

Ipermnestra, Tochter Danai, ver=
liebt in Linceum . . . . . . Jungf. Catterina Fumagalli.

Linceo, ein Sohn Aegypti, verliebt
in Ipermnestra . . . . Fr. Giovanna della Stella.

Elpinis, Enkelin Danai, verliebt in
Plistenem . . . . Fr. Maria Masi.

Plistenes, Prinz aus Tessalien,
verliebt in Elpinice, Freund
Lincei . . . . Jungf. Violante Masi.

Adrastus, Vertrauter Danai.

Die Musik ist mehrentheils eine sinnreiche Verfassung des berühmten Herrn Christoph Gluck.

Die kunstreiche Anordnung der Tänze ist von Herr Giovanni Bartolotti.

Veränderungen des Schauplatzes.
Bey der ersten Abhandlung.

Ausgezierte königliche Zimmer zum königlichen Vermälungs=fest der Ipermnestra.

---

*) L' Ipermnestra. Dramma per musica. Da rappresentarsi nel nuovo teatro di Praga. Nell' antunno dell' Anno 1750. Dedicato all' inclita Nobiltà di Questa Reggia. In Praga. Stampatore da Ignatio Prnscha in Città Vecchia nella Strada de solfanell all' in signa del Core Rosso.

14*

Inwendige Laubengänge des kgl. Ballastes zu Arges. Ben einer Seithen eine weite Gegend, mit dem vorbeyfließenden Strohm Inacho, vor der andern hinterbliebene Ruinen alter herrlicher Gebäuden.

Bey der anderten Abhandlung.

Gallerie mit Statuen und Gemählden.

Ein angenehmer Ort derer Königlichen Gärten mit hohen Bäumern beschattet.

Bey der dritten Abhandlung.

Geheime Zimmer.

Ein herrlicher Orth, durch hohe Schwibbögen die Königliche Wohnungszimmer vorstellend, kostbahr ausgeziert und zur Nachtzeit beleichtet."

———

Aus dem nächsten Jahre wissen wir bestimmt nur von der Afführung der Oper „Il Ciro reconosciuto", einer an der Dresdener Hofoper unter Mitwirkung des berühmten Felice Salimbeni 14mal nacheinander gegebenen Oper von Metastasio und Hasse Locatelli widmete sie wieder dem commandirenden General F.M. Fürsten Christian Lobkowitz.*) Die Besetzung wies nur wenige neue Namen auf; den Ciro gab Giovanna della Stella, den Astiages Sgr. Settimio Canini.**)

———

*) Il Ciro reconosciuto. Dramma per musica, da rappresentarsi nel nuovo teatro di Praga, nel Carnovale dell' Anno 1751. Dedicato a Sua Altezza Serenissima Il Sig. Sig. Principe Christiano di Lobkewitz, Duca di Sagano in Silesia, Cavaliere del Tosson d' Oro, Consigliere di Stato Campo Maresciallo, Colonello d'un Regimento de Corrazzieri, a Generale Comendante, nel Regno di Bohemia per Sua Maesta Imperiale Reggia (Stampato in Praga da Ignatio Pruscha).

**) Astiages, König in Medien, Vatter der Mandane — Hr. Settimio Canini.

Mandane, Gemalin des Cambise, Mutter des Ciro — J. Catterina Fumagalli.

Ciro, Unter Nahmen Alceo, in Schäfferkleidung vermeynter Sohn Mitridatis Fr. Giovanna della Stella.

Harpago, Vertrauter des Astiagos, Vatter der Harpalice — Hr. Giuseppe Perini.

Harpalice, Vertraute der Mandane — Fr. Maria Masi.

Die Theatercaſſa befand ſich im Sommer dieſes Jahres in argen Nöthen, und Locatelli vermochte den dringenden, ſogar durch Androhung einer Theaterſperre verſchärften Mahnungen der Altſtädter Stadtgemeinde wegen Entrichtung rückſtändiger Zinsbeträge für das Kozentheater nicht zu entſprechen. In einer Eingabe an die Wirthſchafts-Adminiſtration vom 13. Juni 1751 erklärte er, daß er weder den „für das nächſt abgerückte 1750. Jahr pro reſto ſchuldig verbliebenen noch auch den lauffenden Zinß zu bezahlen dermahlen im ſtand ſey, ſondern mit ſothaner Zahlung bis nächſt innſtehenden Monath Auguſti und auf die deme nachfolgende Monathe vertröſten" müſſe. Die Altſtädter Stadtgemeinde ſah zwar ein, „daß für den Supplicanten das Sommerquartal wegen in dieſer Zeit auf das Land ſich begebenden Adels das Schlechteſte Seye auch wann man mit der angetroheten **P e t t - ſ ch i r u n g** (Verſiegelung) des theatri fürgehen ſolte, Selbter noch unvermögender gemacht würde, indeme Ihme die ob maeſtitiam publicam (Landestrauer) Eingefallenen drey Monathliche Siſtirung aller offentlichen Schauſpiehlen*) wohl auch einen ziemlichen Schaden verurſacht haben mag"; berief ſich aber im Uebrigen auf die Contracts-Stipulationen, welche ausdrücklich den Caſus, „daß der impreſario wenig oder gar keine operen geben würde", vorgeſehen hatten, und entſchied dahin: nachdem die im Kozengebäude befindlichen Decorationen einige Sicherheit für den Impreſſario gewähren, ſolle „dem ſupplicanten die gebettene nachwarthung bis ad menſem Auguſtum jedoch dergeſtalten Vergünſtiget werden, daß anfangend à 1mo auguſti alle Comoedientag einen Sequeſtrum nebſt des Locatelli ſeinen Caſſier zu der caſſam zu beſtellen Einberaumbt wurde, welch Erſterer dann allezeit von Erſt Eingehenden Leggeldern immerhin zu Handen der Altſtädter Gemeinde 10 fl. Einziehen, und anmit alle Comoedientag bis zu vollſtän-

---

Mitridato, Ein alter Hirt der kgl. Heerde — Hr. Car. Cavaletti.
Cambiſe, Ein Perſianiſcher Prinz, Gemahl der Mandane, Vatter des Ciri, als Hirt gekleydet, — Fr. Hieronyma Tearolli.
      *) Wohl wegen des Todes der Mutter Maria Thereſias, der Kaiſerin Eliſabeth.

diger abtragung des ganzen 1750 jähr. Rückstandes continuiren (fortsetzen) müßte." Was den laufenden Zins pro 1751 betraf, so nahm man einen Antrag Locatellis an, daß man sich durch Encaffirung der Einnahmen für einige Logen bezahlt machen solle.

Im November suchte Locatelli um Nachlaß des Zinses für die Zeit, da das Theater gesperrt war, an. Die Wirthschafts-Administration brachte ihm wieder den Contract in Erinnerung und bemerkte, daß die Stadt, wenn er auch täglich mehre Schauspiele aufführen würde, auch nicht mehr Zins fordern würde; auch hätte der Stadt Niemand die Zahlung des ganzen Mufikimposts nachgesehen. Man lasse ohnehin den Zins bei Locatelli, obwohl er ihn laut Contract anticipato zu zahlen hätte, in täglichen Raten pro 5 fl. (also war der Betrag um die Hälfte verminbert worden) pro productione abziehen, was keine geringe Unbequemlichkeit für die Stadt als Gläubiger herbeiführe. „Weilen jedoch", sagte die Wirthschafts-Administration in einer Eingabe an die kgl. Ober-birection, „aber derley ob maestitiam publicam (Landestrauer) Eingefallene ludistitium casus improvisus et extraordinarius ist (zu deutsch: weil die durch die Landestrauer eingetretene Sistirung der Schauspiele ein unvorhergesehener Fall ist) und es eben die Faschingszeit war, während welcher der supplicirende impressarius am meisten zu profitiren pfleget, getroffen hat, wäre man des unvorgreiflichen Erachtens de acquitate (der Billigkeit halber), daß der schaden getheilet, Ihme Ein Viertljähriger Zins nachlaß pr. 150 fl. gewähret, folgsamb Selbter das residuum (Uebrigbleibende) zu zahlen angehalten werden Könnte."

Im Jahre 1752 begann Locatelli seine Vorstellungen mit einer glänzenden Carneval-Stagione. Eine der ersten Opern, vielleicht die erste, die er aufführte, war „Issipile" von Gluck,*) den Damen-Protectricen der Prager Oper gewidmet.

---

*) Issipile, dramma per musica. Da rappresentarsi nel nuovo teatro di Praga. Nel Carnevale dell' Anno 1752. Dedicato alle Dame Protettrice dell'Opere. Stampato a Praga, appresso Ignatio Pruscha. (Bibl. des Muf. b. Kgr. B.)

Die dem Textbuche vorgedruckten Voranzeigen hatten folgenden Wortlaut:

Aufttretende Personen.

Toantes, König der Lemniter, Vater der Issipile.

Der Hr. Frantz Boschi.

Issipile, Liebhaberin und versprochene Braut des Jasons.

Die Jungfrau Cattarina Fumagalli.

Eurinome, verwittibte Prinzeßin aus Königl. Geblüt, Mutter des Learcus.

Die Frau Adelheid Segalini.

Jason, Printz aus Thessalien, Liebhaber und versprochener Bräutigam der Issipile, ein Heerführer der Argonauten in Colchos.

Der Hr. Joseph Ricciarelli, Cammer-Virtuos Sr. Churf. Durchlaucht in Bayern.

Rodope, Vertraute der Issipile und hintergangene Liebhaberin des Learcus.

Die Frau Johanna della Stella.

Learcus, der Eurinome Sohn, verachteter Liebhaber der Issipile.

Der Hr. Joseph Ferrini.

Die Music ist eine sinnreiche neue Erfindung des Herr Capel-Meisters Hrn. Christoph Gluck.

Veränderungen der Scenen:
In der ersten Abhandlung.

Vorhof des Tempels Bachi auf das prächtigste ausgezieret mit Festonen von Wein-Reben, welche von den Schwibbogen herabhangen und um die Saulen gewunden sind. Eine Schaar Bachautinen von Ferne.

Ein Theil des Königl. Gartens mit verschiedenen Brunnen auf Muschel-Arth seith-werts und der Diana geheiligte Wald in Prospect. Nacht.

Ein beleuchteter Waffen-Saal mit dem Sinbild der Rach-Göttin in der Mitte.

In der anderten Abhandlung.

Das vorige Theil des Königl. Gartens mit unterschiedlichen kleinen Spring-Brunnen seith-werts und der Diana geheiligte Wald in Prospect. Nacht.

Feld an dem Meer, so mit vielen Kriegs-Gezelten besetzt ist. Die aufgehende Sonne.

In der dritten Abhandlung.

Ein abgesonderter Orth zwischen der Stadt und dem Meer, welcher mit Cypressen gezieret ist.

Meer-Ufer mit den Schiffen des Learcus, und der Brücke, worüber man in eines von selbigen steigen kann. Auf einer Seithe die überbleibsel des Tempels der Venus, auf der andern die Merckmale des alten Meer-Hafens der Insel Lemnos.

Die Täntze seynd eine kunstreiche Erfindung des Herrn Joseph Ciuti.

In derselben Carneval-Saison kam ferner die Oper „Il
Re Pastore"*) „von verschiedenen Componisten"**) zur Auf=
führung. Sie war den Cavalieren Prags mit besonderem Ruhme
der Großmuth und Gnade derselben für das Prager Theater ge=
widmet. Die Oper spielt zu Alexander des Großen Zeiten, war
kostbar ausgestattet und vorzüglich besetzt.***)

Eine weitere Opernvorstellung ist uns aus dem „Frühjahr"
1752 bekannt, die Hirten=Oper (Pastorale) „Leucippo", dem
Fürsten Heinrich Paul von Mannsfeld gewidmet.†) Die Titelrolle
gab Sgr. Ricciarelli, der Settimio Canini's Nachfolger gewesen
zu sein scheint, die erste Damenrolle (Daphnis) Sga. Fumagalli,

*) Il Re Pastore, Dramma per musica, da rappresentarsi nel nuovo
teatro di Praga. Nel Carnevale dell'Anno 1752. Dedicato alli nobilis-
simi Cavalieri di questa Reggia Città. Stampato a Praga appresso Ignazio
Pruscha. (Muf. d. Kgr. B.)
**) Ein Schäferspiel „Il Re Pastore", Text von Villati, wurde im
August 1747 in Charlottenburg in einer Vorstellung vor Friedrich II. auf=
geführt. Die Ouverture und zwei Arien soll Friedrich II. selbst componirt
haben, das andere stammte von Graun, Quantz, Nichelmann. Auch Gluck
hat bekanntlich, aber in einer späteren Zeit, eine Oper gleichen Titels componirt.
***) Alexander, König in Macedonien — Der Hr. Frantz Boschi;
Amintas, ein Schäffer, Liebhaber Elisa, welchem sein eigener Stand anfangs
selbst unbewußt ist, und nachmalens der einzige wahre Erb des Königreichs
Sidon erkläret wird — Der Hr. Joseph Ricciarelli, Cammer=Virtuos Sr.
Churf. Durchläucht in Bayern; Elisa, eine edle Nymphe aus Phaeni=
cien, aus den alten Stammenhauß von Cadmus, Liebhaberin des Amintas
— Die Jungf. Catharina Fumagalli; Tamiris, eine flüchtige Princeßin,
Tochter des Tyranns Strato in Schäffer=Kleydung, Liebhaberin des Agänor
— Die Frau Johanna della Stella; Agaenor, ein Adeliger aus Sidon,
Freund des Alexanders und Liebhaber der Tamiris — Die Frau Adelheid
Segalini. — Die Music ist von verschiedenen berühmten Compositoren.
†) Leucippo, Pastorale per musica, da rappresentarsi nel nuovo
teatro di Praga. Nella Primavera dell'Anno 1752. Dedicata a sua Al-
tezza Il Sig. Enrico Paolo Prencipe di Mannsfeld e Fondi, Signore di
Heldrungen, Seeburg e Schraplau, Ereditario delle Signorie di Dobrzisch,
Suchodol, Stiezlow, Heiligenfeld, Neuhaus, Arnstein e Horaždiowitz etc.
etc. (Stampato a Praga appresso Ignazio Pruscha.) Es war offenbar
Hasse's Oper „Leucippo".

die anderen Partien die Signore Boschi (Nautes, Diana-Priester,
Vater des Leucippus) und Ferrini (Nuntes), die Damen Segalini (Climene) und della Stella (Delius).

Locatelli befand sich, obwohl er permanent klagte und jammerte,
in Prag so wohl, daß er im Sommer 1752 eifrig darauf bedacht
war, seine schöne Existenz in Prag auf ein weiteres Jahr zu
sichern. Am 16. Aug. suchte er beim Gubernium an, daß die ihm
ertheilte Erlaubniß, „seine Vorstellungen mit Ausschließung aller
anderen Compagnien, ausgenommen die kleinen Hütten zur Jahrmarktszeit," bis Ende April verlängert würde. Er klagt in dem
Gesuche über Unglücksfälle, die ihn in Schulden gestürzt, betont,
daß er stets bestrebt sei, „die theatralischen Vorstellungen best-
möglich auszuzieren" und daß er bereits mit der völligen Compagnie der Opern und deutschen Komödien auf ein Jahr accordirt
habe. Sein Gesuch wurde bewilligt, ebenso ein Anfang nächsten
Jahres eingebrachtes Gesuch um Prolongirung des Consenses und
Privilegiums auf ein weiteres Jahr. (G.-A.)

Am 6. April 1753 wurde der Contract mit Locatelli abermals
um drei Jahre, bis 6. April 1756, erneuert. In dem Contracts-
entwurfe war ein abermaliger Zinsrückstand von 249 fl. 37 kr.
constatirt und ein neuer Abzahlungsmodus vereinbart.

Es wird hier zum ersten Mal als Untermiether der Principal
Joseph Kurtz erwähnt, dem gemäß einer Convention mit Locatelli
in dem Kotzen-Theater „an denen Tagen, wo keine opern gespiehlet
werden, die teutsche Comedien zu produciren gestattet worden sei,"
wofür derselbe, „sobald er aus dem Coliner Campanement revertiren
und wiederumb zu spiehlen anfange werde," Locatelli für jede
producirende Piece 2 Species-Ducaten zu bezahlen haben werde.

Nun sollte Locatelli zur Bezahlung des Rückstandes „diese
2 Ducaten von jeder Joseph Kurtz'schen Comedi dem Hr. Brücken-
Ambtmann assigniren und diejenigen Einhundert Species-Ducaten,
welche ein gewisser Abministratorii namentlich angezeigter Cavalier
jährl. für dessen loge zahlt, anmit cediren und den Ueberrest mit
bahren Geld wie auch den lauffenden Zinß allezeit anticipato bezahlen". Im Uebrigen blieb es bei dem am 6. April 1753 auf

weitere drei Jahre (bis 6. April 1756) abgeschlossenen Contracte mit den früheren Contracts-Bedingungen.

Die mit Joseph Kurtz getroffene Vereinbarung Locatellis findet sich in einer von ersterem ausgefertigten Urkunde vom 17. Juli 1753 ausdrücklich erläutert. Die betreffende Urkunde lautet:

„Ich Endesunterschriebener urkunde und bekenne hiemit und in Kraft gegenwärthigen obligo allerorthen insonderheit aber da wo vonnöthen: Demnach inmhalt Einer in Hoher Gegenwarth und auf Vermittlung Sr. Exc. des Hoch- und Wohlgeb. Hrn. Hrn. Frantz Joseph Grafen Von Pachta Entzwischen mir Impresario deren Teutschen Comödien Eines und dem Hrn. Joh. Baptist Locatelli allhiesigen theatral Impresario und Conductore des Prager Altstädter Kotzen Theatri anderten Theils unterm 7. laufenden Monats und Jahrs getroffenen und zu Papier gebrachten Verabredung und Appunctation et ejus § 5ᵗ gleichbemelten Hr. Locatelli oder deme Von Ihme Bestelten nach meiner zurückkunft aus dem Koliner Campament für jeden Tag oder abend baß auf sothanen Theatro eine Comedie aufführen werde, zwey Species-Ducaten zu zahlen gehalten bin, und nun Locatelli dieses meiner Seiths für jede Piéce Ihme zu entrichten habende quantum Einer löbl. Würth-Administration in deconto des de praeterito schuldig Verbliebenen Zinßes assigniret und cediret hat. Daß verobligire und Verpflichte mich hiemit rementionirte Zwey Species-Ducaten Von jeder producirenden Comedi sogleich gegen hinlängl. Quittung dem Hr. Thomas Matzura als diesfällig zu handen der löbl. Altst. Gemeinde bestelten Eincassirer bahr und richtig ohne einiger Widerrede immerhin punctual abzuführen. Deme zu urkunde ist meine Endes gestelte Fertigung.

So geschehen Prag den 17. July 1753.

Joseph Kurtz,
Impresario von der Teutschen Comoedie.“

Mit dem Eintritte des Joseph Kurtz als Director der deutschen Komödie in Prag beginnt eine neue Aera des Schauspiels in Prag, die nicht eben ehrwürdige aber denkwürdige Aera des „Bernardon".

XII.

Bernardon und seine Zeit.

(Bernardon = Joseph von Kurtz und sein Charakter. — Jos. v. Kurtz als Untermiether Locatellis. — Bernardon geht wieder nach Wien. — Felix Kurz. — Neue Stagione Locatellis. — Das Kriegsjahr 1756. — Locatellis Decadence. — Die Truppe der Mad. Schuch. — Franceschini. — Joseph v. Kurtz-Bernardon als Haupt-Impresarius im Kotzentheater).

Wer oder was war Bernardon, der „geniale" Impresarius Joseph von Kurtz? „Ein Hanswurst", möchte man unerfahren und leichtfertig heutzutage sagen, und doch, wie unendlich erhaben kam sich der „Herr Impresarius" über die normale Hanswurst-Sippe vor! Joseph v. Kurtz — das Adelswörtchen „von" nebst einem Wappen finden wir in allen Original-Manuscripten und Unterschriften des Mannes ängstlich festgehalten, so daß es wohl berechtigt sein mochte — war eine Komiker-Specialität, ein „Hanswurst", der sich unter dem Namen „Bernardon" zu einer Art deutscher Berühmtheit emporgeschwungen hat. „Er war von ausgezeichnet komischem Talente," schreibt Eduard Devrient, „lebhaft, witzig und erfinderisch. Obschon er sich an innerlicher komischer Kraft mit Prehauser nicht messen konnte, so war er in seinen Carricaturen doch noch unternehmender, reicher an Wortwitz, scharfsinniger, hatte dem Publicum alle seine schwachen Seiten abgemerkt, gab seinen unverschämtesten Späßen eine neue Würze, indem er sie in Zweideutigkeiten kleidete, hatte tausenderlei Hilfsmittel zur Hand und verschmähte keines. Durch ihn wurde das alte Hanswurst-Wesen schon modernisirt, und Prehauser erhielt einen gefährlichen Rivalen. In einer der Farcen, welche Kurtz spielte, hatte er die Rolle eines jungen, ungezogenen, liederlichen und tölpischen Buben, eines Charakters, welcher dem Scapino der italienischen Masken ähnlich sah und den an sich bedeutungslosen Namen Bernardon führte; er gefiel darin so ausnehmend, daß er es gerathen fand, diese Gestalt durch unzählige Burlesken seiner

Fabrik hindurchzuführen, in welchen die Tollheit, der Unsinn und Schmutz, Fratzen und Volkslieder, der bunteste Apparat, Kinderballete, Feuerwerke u. s. w. bis zum Uebermaße zusammengehäuft waren. Darüber verdrängte dieser Masken-Name, nach alter Sitte, seinen eigenen fast gänzlich aus dem Volksmunde, „Kurz wurde allgemein nur „Bernardon", später „Vater Bernardon", genannt."

Joseph v. Kurz hatte in Wien solchen Effect gemacht, daß sogar der Hof den deutschen Komödien, denen bisher eine Aschenbrödel-Stellung gegenüber der italienischen Oper und den französischen Schauspielen angewiesen war, Interesse entgegenbrachte und die Bernardoniaden äußerst amusant fand. Wie die Bernardoniaden aussahen, davon ein Beispiel. Treten wir zu einem „Avertissement", wie es vor circa 122—25 Jahren an dem Kotzengebäude und den Straßenecken Prags prangte. Da stand gedruckt:

„Mit gnädigster Bewilligung einer hohen Obrigkeit wird heut in dem kgl. Prager Theater von der Kurzischen Gesellschaft deutscher Schauspieler aufgeführt werden: eine mit ausgesuchter Lustbarkeit, lächerlichen Scenen, lustigen Arien und Verkleidungen wohl versehene, mit ganz neuen Maschinen und Flugwerken eingerichtete, mit Scherz, Lustbarkeit und Moral vermischte, von dem Herrn Impressarius selbst verfaßte, durch und durch auf die lustige Person eingerichtete, gewiß sehenswerthe und würdige große Maschinskomoedie unter dem Titel „Bernardon's Reise in die Hölle", mit Hanns Wurst, einem von Teufeln erschreckten, verzauberten, von seinem Herrn geprügelten dummen Diener und mit Columbinen, einer verschmitzten Kammerjungfer. Wobei Bernardon in folgenden Verkleidungen erscheinen wird: 1. als Reisender, 2. als Cavalier, 3. als Husar, 4. als Zigeunerin, 5. als Croat, 6. als Barbier, 7. als Doctor, 8. als affectirte Dame, 9. als Laufer, 10. als Nachtwächter, 11. als Mann ohne Kopf, 12. als ein vom Teufel geholter Bräutigam. Dabei werden allezeit lustige Arien gesungen. — Nachricht. Der Plan dieser Comoedie gab Anlaß drei verschiedene aber doch aneinander hangende Theile zu verfertigen. Wir stellen also heute die Reise Bernardon's in die Hölle, morgen aus der Hölle und übermorgen wiederum in sein Vaterland vor und hoffen, damit Ehre einzulegen. Man kennt den aufgeweckten Geist unseres Herrn Impressarius, und wenn man sich erinnert, daß er der Verfasser davon ist, wo man leicht glauben kann, daß er meistens auf seinen Charakter würde gearbeitet haben, so schmeicheln wir uns im Voraus, daß wir mit jedem Theile dem Verlangen unserer Gönner ein Genüge leisten werden, denn wir sind sicher, daß diese drei Maschinskomoedien die Kronen aller Maschinskomoedien sind."

Am Abend war das Haus ausverkauft. Vierzig Logen waren vollgepfropft, „Parterre zum Erdrücken, Galerie zum Einbrechen". Allgemeine Spannung. Die Gardine geht auf. Monsieur Bernardon tänzelt auf die Scene, macht ein linkisch-komisches Compliment — Alles lacht. Nun beginnt Bernardon seinen großen Entrée-Monolog:

„Ich habe Appetit, der Tambour meines Magens schlägt schon Rebell und Vergatterung, aber meine Occasions-Laterne (Colombine) wird wohl wieder in Finstern auf der Treppe an einen Heiduken angestoßen sein, daß sie einen Geschwulst bekommt, der erst in drei viertel Jahren aufgeht...."

Bravo, Bravo, schreit das hochansehuliche, geneigte Auditorium und klatscht 3 Min. 75 Sekunden, die Gallerie eine Minute weniger, ein paar Logen aber zwei Secunden länger. St—St! und eine allgemeine Stille zeigt die Begierde, den Verfolg zu hören.

„Was ist zu machen?" fährt Bernardon fort, „ich werde zu Mamsell Isabell gehen und sehen, dort den Tambour meines Magens und meine äußerste Liebe zu befriedigen und zu krönen. Aber, da kömmt sie eben. Jetzt Bernardon, nimm Deine ganze Beredsamkeit zusammen, erwünschtere Gelegenheit, einen Liebesantrag zu formiren, kann unmöglich erdacht werden. Wir sind hier überdies neben mein Schlafzimmer und hier steht ein bequemer Sopha. Schönste Gebieterin! nachdem sintemalen alldieweilen und demnach die Sterblichkeit aus dem Fundament der Sterne, gleichwie die hellglänzende Sonne in der Morgenröthe, und Julius Cäsar, der berühmte Philosoph, nicht minder der Alexander der stoischen Lehre von der Liebe, also sage ich Ihnen, daß meine Gedanken durch die Wolken wie die Sonnenstrahlen von der sterblichen Sterblichkeit, Glückseligkeit, Freude, Entzücken, Wollust und Vergnügen das innerste meines verliebten Herzens durch die Liebe und Zärtlichkeit auf der Reitbahn des Cupido allezeit und jederzeit auf dem Mistbeete meines Herzens liebe und verehre, habe gesagt, sage und wollte sagen und verstummte und sprach . . ."

Bravo, bravo, abermal ein Donner von 3 Minuten.

Zur weiteren Kennzeichnung der künstlerischen Individualität Kurz-Bernardons fügen wir noch die Titel einiger seiner bekanntesten Farcen an: „Die getreue Prinzeß Pumphia und Hans Wurst, der tyrannische Tartar Kulikan", „Bernardon, der weynende Amant und Hans Wurst, der Coupler von des Herodes seiner Frauen, der Mariamne, Fürstin von Jerusalem", „Bernardon, der aus einem Schmelz-Degel entsprungene flüchtige Mer-

curialische Geist nebst einem Poëtischen Prologuen genannt: Der
Creuzweis mit Fesseln belegte Cupido oder der Streit zwischen
denen Göttern und Göttinen über den unschuldig verklagten Ber-
nardonischen Mercurium", worin Bernardon-Kurz als Amor,
Venus, Jupiter, Mercur, altes Weib, Tanzbär, Pavian und Pan-
dur erschien, französische und italienische Arien sang, „Hans Wurst
und Bernardon, die zwei heldenmüthigen Söhne des großen Ritters
Sacrapaus und tapfere Befreier der Königin Lenorella auf der
Insel Lilliput, nebst zwei Auftritten, so von einem Kind recitirt
werden", „Die Macht der Elemente oder die versoffene Familie
der Herren Barons v. Kühnstocks", „Hans Wurst der glückliche
Besitzer der bezauberten Medaille oder Bernardon der Geist Bi-
bissel auf der Insel Lellerly und Lalleraby und der galante Post-
Knecht", „Colombine, die glücklich gewordene Haubenhefterin oder
Bernardon der dreißigjährige ABC-Schütz" u. s. w. u. s. w.

Die Haupt- und Staats-Action verhielt sich zu diesem tollen,
höheren Blödsinn wie eine classische Tragödie zu einer Wiener
Localposse. Die Maschinskomödien Bernardon's bedeuteten den
Triumph der wüsten Improvisation und führten zu einer totalen
Corruption und Verwilderung des Schauspielpersonals. Die wenigen
anständigen Komödianten, welche sich gegen die Mißwirthschaft
empörten, kamen nicht auf; um die Darsteller all dem tollen Unsinn
der Farce gewogen, sie zum unbedingten Werkzeug für die complicirten Actionen der Maschinskomödie zu machen, hatte man
einen förmlichen Tarif eingeführt, nach dem die sonderbaren künstlerischen Leistungen in derselben bezahlt wurden. Der Komödiant
erhielt z. B. für jede Verkleidung 1 fl., für eine Ohrfeige oder
einen Fußtritt 34 kr., für ein Auffliegen in die Luft, einen Sprung
von einer Mauer oder in's Wasser je 1 fl., für jeden erhaltenen
schwarzen oder weißen Fleck oder fürs Begießen 34 kr. Man
führt folgendes Beispiel eines Contos an, das ein Schauspieler
Samstag an der Cassa geltend machte:

Diese Woche sechs Arien gesungen . . . . . 6 fl. — kr.
Einmal in die Luft geflogen . . . . 1 „ — „
    „ in's Wasser gesprungen . . . . . . 1 „ — „

Einmal begossen worden . . . . — fl. 34 kr.
2 Ohrfeigen bekommen . . . . 1 „ 8 „
1 Fußtritt „ . . . . — „ 34 „
Worüber dankbarlichst quittire.

Lange Jahre war Kurtz-Bernardons Haupterrain Wien, das er aber wiederholt verließ, da sich diese oder jene Kreise nachgerade denn doch gegen sein Treiben empörten.

Schon im Jahre 1743 hatte sich Kurtz, der sonst auf Cavaliersfuß lebte und mit hohen Persönlichkeiten in freundschaftlicher Weise verkehrte, die Gunst der Kaiserin Maria Theresia durch eine freche Antwort verscherzt. Er verließ damals Wien auf ein Jahr, die Kaiserin aber blieb ihm, wie wir später sehr deutlich sehen werden, für die ganze Zukunft ungnädig gesinnt. Einige Jahre später, im J. 1753, schied Kurtz zum zweiten Male von Wien, da die Bewegung der besseren, durch den hohen Standpunkt der deutschen Kunst in Norddeutschland angeregten Schauspieler gegen die Bernardoniade große Dimensionen angenommen hatte und die neue Theatercensur seiner Maschinskomödie Verderben brachte. Damals scheint er sich eben nach Böhmen, zuerst in das Lager bei Kolin und dann nach Prag gewandt zu haben, wo er zunächst als Untermiether Locatellis auftrat und blos das deutsche Schauspiel in seiner Weise leitete.

Locatelli selbst befand sich damals andauernd in Bedrängnissen. Im Februar 1752 kam es schon zu starken Differenzen mit Gläubigern. Ein Gesuch Locatellis, den Musikalimpost herabzusetzen, wurde abgeschlagen, da Locatelli ohnedies nur 1 Ducaten pro Oper, d. h. die Tage, als hätte er nur 8 Musiker im Orchester, zahlte, während er thatsächlich **16 Musiker** hatte. Im Nov. 1753 wurde Locatelli zur jährlichen Abführung von 50 fl. für das Armenhaus, 25 fl. für die Opern und 25 fl. für das Schauspiel angehalten und die Reste an der Cassa eincassirt. 1755 suchte er abermals um Verlängerung des Consenses um 1 Jahr an, was bewilligt wurde.

Am 8. Jänner 1755 wurde verordnet, daß, um die Gemeinde für den mit Locatelli accordirten Theaterzins schadlos zu halten, die Operisten und die Komödianten-Banda eine jede die Hälfte zu leisten habe und mit dem von den „Operisten" hiezu „dermalen bestellten und compromittirten Musicdirector Moseli" das Einverständniß zu pflegen sei.

Von Joseph v. Kurz ist hier keine Rede. Ob die erwähnte „Comoediantenbanda" die seine war, ist nicht klarzustellen. Auch scheinen die Komödianten im Kozentheater ihre Vorstellungen im Carneval 1755 (vom J. 1754 liegt kein Bericht vor) eingestellt zu haben. Joseph v. Kurz dürfte eben bereits nach Wien zurückgekehrt sein. Dagegen reichte im März 1755 Felix Kurz abermals ein, seine Vorstellungen nach Ablauf der Fasten im Altstädter Opernhaus beginnen zu dürfen, und versicherte, daß er sich mit dem Magistrat des Zinses halber bereits abgefunden habe, von den nach Locatelli verbliebenen „Theatralkleidungen" habe er außer einigen Decorationen nichts nöthig und hoffe deshalb, „sowohl mit dem ausfindig gemachten personali als auch den übrigen hiezu nöthigen geräthschaften dem Publico ein Sattsames Vergnügen zu Stande zu bringen." Er erhielt den Consens um so eher, als er freies Terrain in Prag vorfand.

Am 12. März 1755 meldete nämlich die Stadtgemeinde der Oberdirection, daß die „Komoediantenbanda", weil sie in der verflossenen Faschingszeit nicht gespielt, auch den oben erwähnten Beitrag nicht geleistet habe. Ferner zeigte die Gemeinde an, daß sie, „welchergestalten das an gemäuer, tach, und innerlichen gebäu die gemeinde ein namhaftes geldquantum kostete Kozentheater löhr und fruchtloß stehe", dasselbe solange sich kein anderer Miether melden würde, dem Felix Kurz „elociret habe" und zwar derart, daß er für Benützung der der Gemeinde gehörigen „Scenen und Theatraldecorationen" für jede producirende piece allemahl anticipato 2 fl. 30 kr. zu zahlen, alle übrigen Auslagen aber ex proprio zu zahlen hätte. Wenn sich ein besserer „Conductor" finden würde, sollte es der Gemeinde freistehen, diesen Contract zu lösen. Die nach Locatelli verbliebenen Fahrnisse wurden separirt, und die „Theatraldecorationes" und Kleider in ein Casten unter Sechsherren-ämtlichen Sperr" verschlossen, dem „directori officii" der Schlüssel ausgefolgt.

Am 20. März 1755 stimmte das Oberdirectorium diesen Verord=
nungen zu und gestattete, daß sich Felix Kurz bezüglich der Loca=
tellischen Fahrnisse zu Handen von dessen Gläubigen abfinden möge,
bis etwa Locatelli selbst oder ein anderer Miether sich zu einem
neuen Contractsabschlusse in Prag einfinden würde.

Als Locatelli im Sept. 1755 von Dresden, wo er im Som=
mer im Theater des Grafen Brühl auf dem Walle gespielt und
mit seiner neuen Gesellschaft große Erfolge erzielt hatte, auf einige
Tage nach Prag kam, wurde er zur städt. Oekonomie=Administration
berufen und ihm daselbst seine Schuld, zusammen 845 fl. 53 kr.
an rückständigem Zins vorgehalten. Locatelli ersuchte, um dieses
Debet abzutragen, um die Wiederüberlassung des Kotzentheaters
vom nächsten Galli=Termine auf ein halbes Jahr, wofür er zur
Sicherheit der Administration derselben drei zahlbare Logen über=
wies. Man schlug ein, da es schwer hielt, sich mit Locatellis fundus
abzufinden und das Theater ohnedies keinen Nutzen abwarf. Loca=
telli bat nur noch um Errichtung von vier Oefen im Theater,
damit die hohe nobleß und andere „Leythe" nicht von der Kälte
beschwert würden.

Ueber diese Stagione Locatellis sind wir nicht so genau unter=
richtet wie über die früheren. Seine Compagnie bestand 1855 u. A.
aus den Damen Agata Sani, Terese Alberio, Caterina Masi, den
Herren Angelo Potenza, Anastasio Masso, Nicolo Peretti.

In das Jahr 1756 fielen wieder arge Kriegsstürme, welche
auch für Böhmen schwere Zeiten mit sich brachte. Die Preußen
waren wieder in Böhmen eingerückt, es kam zur blutigen Schlacht
bei Lobositz, und sicher war es, daß das nächste Jahr ein noch
härteres Kriegsjahr werden würde. Locatelli war übel daran. Am
21. Dec. 1756 war er schon wieder im Rückstande mit seinem
Zins. Er meinte, wenn man ihm im Fasching „Masquereien"
gestatten würde, dann würde er „nach eingegangenem Pachtschillings=
quanto per 1700 fl. die übrigen Baal=Einkünfte sowohl im Opera=
als Wuseinischen Hauße gänzlichen und bies zu vollständiger Be=
zahlung des Zinßes der gemeinde überlassen" — sollten aber keine
„masquern" erlaubt werden, würde es „mit der Bezahlung des

15

Theatralzinßes desto schwärer hergehen, als dermahlen die Herr=
schaften keine Logen von ihm gemiettet hatten, folgsamb Er auch
keine cediren und der communität zur Einhebung des Zinßes
ausweisen könnte".

Auch diese Auskunftsmittel nutzten nichts, der Adel zeigte sich
wenig opferwillig, das Publicum theilnahmslos gegen die italienische
Oper, so daß Locatelli ernstlich daranging, durch deutsche Komö=
bien und Ballete die kostspielige Oper ganz zu ersetzen. Am 11.
Februar 1757 wurde Locatelli bei der städtischen Wirthschafts=
administration über den Stand seiner Angelegenheiten einver=
nommen. Er gab an, daß er für Adaptirung des Theaters zu
einem Tanzsaal gegen 1000 fl. verwendet und wegen der verbotenen
„masqueren" nicht soviel als die erforderlichen Unkosten gelöst
habe, also auch den Zinß nicht abführen könnte. Doch habe er „zu
nächst künftigem Georgi-Termin eine auserlesene Banda teutscher
comödianten mit vier Tanzern von Linz verschrieben, welche ihm
bey weitem nicht soviel als die allezeit pretioss auszuhalten be=
müßigten wällische Operisten kosten werden, wo Er sodann gleich
von jeder comedie à proportione der einnahme zu 3 auch 4 Du=
caten und dadurch seine Schuld ebenso abzuzahlen hoffe, wie er
vom verflossenen Zins 1000 fl. abgeführt habe."

Die Oberdirection stimmte dem umsomehr bei, als sonsten bei
mißlichen Vorfallenheiten und so widrigen fatis (offenbar die bösen
Kriegszeiten) doch eben kein anderer modus solutionis vorhanden sei.

Die Pläne Locatelli's, sich emporzuhelfen waren vergeblich,
denn das Jahr 1757 brachte schweres Unglück über die Stadt
Prag, an dessen Folgen sie noch lange zu tragen hatten. Die
Wogen des Krieges hatten abermals Böhmen überfluthet. Am
6. Mai kam es zwischen dem 100.000 Mann starken Heere Friedrich
des II. von Preußen und der circa 60.000 Mann starken kaiser=
lichen Armee unter dem Prinzen Carl v. Lothringen zu der denk=
würdigen Schlacht bei Prag. Der preußische Feldmarschall Schwerin
fiel, aber die Schlacht war für die Kaiserlichen verloren, FM.
Browne wurde tödtlich verwundet und starb in Prag. Die Folge
des preußischen Sieges war die Belagerung von Prag, eine der

schrecklichsten, welche diese oft heimgesuchte Stadt auszuhalten hatte.
Prinz Carl v. Lothringen hatte Ordre von der Kaiserin, die Stadt
und die darin belagerte Armee um jeden Preis zu halten, da
hievon unendlich viel abhänge, und überdies die Armee des FM.
Grafen Daun zum Entsatze nahe. In der Nacht des 30. Mai
begannen die Preußen das Bombardement mit Bomben und
glühenden Kugeln, welche wiederholt Brände entzündeten; namentlich war es immer auf den St. Veits-Dom abgesehen, der
denn auch außerordentlich gelitten hat. Am 3. Juni hatte eine
glühende Kugel im oberen Chor gezündet, wobei die von Ferdinand I. errichtete Orgel geschmolzen wurde. Bis 19. Juni
dauerte die Belagerung. Einige Tage vorher war Friedrich II.
aufgebrochen, um der Armee Daun's nach Kolin entgegenzurücken;
der glänzende Sieg der Kaiserlichen bei Kolin aber brachte auch
Prag die Befreiung. FM. Keith, welchen der König vor Prag
zurückgelassen hatte, mußte in Folge der Niederlage von Kolin die
Belagerung aufheben. Während derselben waren 23.063 Bomben,
58.376 Kugeln, 548 Carcassen in die Stadt geworfen, 880 Häuser
theils verbrannt theils zerschossen worden; ganze Gassen der Neustadt lagen in Schutt und Trümmern. Die Metropolitankirche zu
St. Veit und ein großer Theil des kais. Schlosses war arg beschädigt, der Dom hatte binnen wenigen Tagen dreißigmal zu
brennen angefangen. 28 Bürger waren getödtet, 52 verwundet
worden.

Im Kotzentheater war während der Belagerung ebenfalls,
wie man aus mehreren (unten mitgetheilten) Documenten ersehen
kann, großer Schaden angerichtet worden. Es waren darin Garderobe und Decorationen Locatelli's aufbewahrt; trotz der strengen
Disciplin der kaiserlichen Truppen waren nun Soldaten in das
Theatergebäude eingebrochen und hatten viele Inventarstücke entwendet oder beschädigt, so daß energische Strafmaßregeln in Anwendung traten.

Von Theatervorstellungen war natürlich keine Rede, Locatelli
hatte Prag den Rücken gekehrt, und noch am 2. Oct. 1757 wird
in einer Eingabe der städt. Wirthschafts-Administration an die

15*

Oberdirection abermals constatirt, daß das Koßentheater „löhr
und fruchtlos" stehe. Gleichzeitig wurde aber auch angezeigt,
daß man das Theater der „Comöbiantin Barbara Schuchin"
elocirt habe, welche für jede Probuction 4 fl. baar bezahlen wolle,
was mit 5. Oct. desselben Jahres genehmigt wurde.

Besagte „Comoebiantin Barbara Schuchin" trug den Namen
eines der bedeutendsten damaligen Komöbiantenprincipale, des
Franciscus Schuch, dessen Truppe bereits im J. 1756 als die
beste in ganz Deutschland bezeichnet wurde und in ihrer Haupt=
Bude auf dem Gendarmen=Markte in Berlin schon 1755 im Wett=
eifer mit der berühmten Ackermann'schen Banda ihre Vorstellungen,
vorwiegend Harlekinaden, aber auch regelmäßige Stücke, gab. Fran=
ciscus Schuch selbst war ein renommirter Harlequin, seine Frau,
eine geborene Rademin, eine vorzügliche Columbine. Seiner Truppe
gehörten u. a. Stänzel (Pantalon), Stein (Sganarell), Conrad
Eckhof (Helden= und Charakterrollen), Mad. Eckhof geb. Spiegel=
berg (Heldinen), Carl Theophil Döbbelin u. s. w. an. Schuch
erhielt ein General=Privileg für die preußische Monarchie und
machte alljährlich von Berlin aus seine Touren. Im Kriegsjahre
1756 spielte Schuch, der Harlequin, allein in dem von allen
anderen Gesellschaften verlassenen Berlin und brachte sogar Molières „Tartuffe" und Lessings „Miß Sara Sampson" zur Auf=
führung (mit Eckhof als Mellefont). Im Kriegsjahre 1757 spielte
er, wie Brachvogel constatirt, im Juni in Danzig. Ob und
wie nun die Truppe der „Mad. Barbara Schuchin", welche im
October desselben Jahres in Prag war, mit der seinen zusammen=
hing, ob Barbara Schuchin eine Verwandte oder gar seine Frau
gewesen, ist nicht mit Gewißheit festzustellen. Schuch's rechtmäßige
Frau war, nachdem sie sich von ihm getrennt, nachweisbar vor
1759 in Dresden gestorben (er zog nach ihrem Tode mit einer
Concubine, Dlb. Köhler, herum); möglich also, daß sie auch 1757
nach Prag gekommen ist und daselbst mit einer eigenen Truppe
gespielt hat.

Mad. Schuh hatte kein Vertrauen zur Prager Entreprise.
Sie wollte es zunächst nur auf einen Versuch ankommen lassen.

In dem mit ihr am 25. Oct. 1757 abgeschlossenen Contracte heißt es:

„1. Die Wirthschafts-Administration elociret Ihr Frau Schuchin das in der Altstädter Kotzen befindliche gemein Opera- oder Comedi-Hauß, umb womite dieselb allborten mit Ihrer Banda Ihre Productiones vorzeigen könne sambt denen darin befindlichen logen, orguester, Parterren und Caffee laaben und zwar dermahlen ohne Präfigirung einiger Zeit, weilen die Fr. Conductricin es für nun lebiglich auf eine Prob, waß für einen zugang von Auditorn sich Eußeren wird, ankommen laffen will.

2. Die Fr. Mietterin für jede producirende piece, deren Sie wochentlich Vier zu spiehlen sich Erklähret hat, alsogleich nach Endigung jeder Comedie, Sie mag deren auch mehr als Viere Vorzeigen, Vier Gulden ohne mindesten Anstand Hrn. Thomas Matzura, allhiesigem Brücken-Ambt Mann gegen genügsamber quittung zu bezahlen.

3. Im Fall nun während dieser Zeit Eine andere Comedianten- oder Operisten-Banda nacher Prag kommeten und diesen Theatro spiehlen wolten, dieses nicht anderst außer mit einverständtnus und Consens der Hierortigen Fr. Conductricin geschehen und Bewilliget werden und Sie immerhin gleichfalls für jede production sothaner neuen Banda Vier Gulden abzuführen schuldig sein soll".   (Stadt-Archiv.)

Mad. Schuch spielte einige Monate hindurch viermal der Woche, sah sich aber wegen Mangels an Zuspruch genöthigt, eine Vorstellung wöchentlich auszulassen. Im Sommer 1758 erhielt sie übrigens bereits Concurrenz, und zwar von einem italienischen Impresario. Am 19. Juli 1758 wurde nämlich der Altstädter Gemeinde von der Statthalterei notificirt, es „hätte sich hierorths eine Wällische Comoedianten-Banda angemeldet mit dem Antrag, das dortige Kotzen-Theatrum auf ein halbes Jahr lang gegen allmonathlichen 50 fl. Vermiethen und daselbst wällische Comedien produciren zu wollen". Die Statthalterei fragte an, ob sich dies mit dem Schuch'schen Contracte vertrüge. Die Altstädter Wirthschafts-Administration constatirte in ihrer Erwiderung, daß der „Conductricin Schuch" das Vorrecht gebühre, obwohl sie ihren Contract insofern verletzt habe, daß sie ob „defectum auditorium" (wegen Mangels an Publicum) statt viermal nur dreimal der Woche gespielt habe, auch mit 12 fl. Zins im Rückstande geblieben sei. Dagegen sei freilich zu bedenken, daß alle „vorhörige impresarii der wällischen opern als Denzio, Santo Lapis und Locatelli

mit Hinterlassung einer großen Schuldenlast sich von Prag entfernt und vielleicht daß allhier gewonnene geld außer land geschickt"
hätten. Die Stadtgemeinde forderte deshalb vorsichtigerweise, daß
die angemeldete „wällische banda" den Zins anticipando zahlen
müßte, und zwar entweder auf ein ganzes Jahr 600 fl. oder für
das halbe Jahr vom 1. Sept. angefangen, „wo der große zugang
deren Auditorn sei, und die Sommermonathe, wo die Leuthe
meistentheils verreißen, sich in garthen und mit Spazirengehen
divertiren, eingebracht wirden", 400 fl. zahlen müßte.

Der italienische Principal Sgr. Antonio Franceschini
erklärte sich zu einem Jahreszins von 600 fl. bereit und suchte
um pachtweise Ueberlassung des Kotzentheaters auf drei nacheinanderfolgende Jahre an; bezüglich seiner Zahlungsfähigkeit vermochte
er ein genügendes „Sicherheits-Instrument" zu stellen. Dies „Sicherheits-Instrument" bestand in folgender Erklärung eines der
ersten und kunstsinnigsten Cavaliere des Landes, Joseph Wenzel
Grafen v. Sporck:

„Nachdeme auf meine alleinige in's Mittelschlagung und Fidejussion
Eine löbl. Würthsch. Adm. der kgl. Alten Stadt Prag das gemeind Kotzen-
Theatrum dem Antoni Franceschini auf drey nacheinanderfolgende Jahre
vom 1. Septembr. Annicurr. anfangend gegen jährl. 600 fl. immerhin annuatim anticipato zu zahlen pactiret Zinß vermittet hat, Dannenhero
auf gehorsambs anlangen gleichbemelten Franceschini mich dahier fide-
jubendo Verbinde, daß wann derselbe diesen pactirten Zinß allezeit anticipato nicht Bahr bezahlen Könte oder wolte, ich diesfalls die Altstädter
gemeinde schadloß halten und Selbsten der zahler seyn will und soll —
zu urkund dessen ist meine heruntergestellte gräfl. Fertigung. So geschehen.

Prag 29. Juli 1758.

Jos. Wenzl Graf v. Sporck."

Die „Schuchin" wurde vorgerufen und befragt, ob sie dieselben Bedingungen wie Franceschini einzugehen in der Lage sei,
in diesem Falle gebühre ihr das Vorrecht. Sie ließ durch ihren
Vertreter erklären, daß ihr Unrecht widerfahre; solche Bedingungen,
wie sie die Italiener eingehen wollten, könnte sie nicht eingehen.
Sie war also depossedirt, und am 11. October 1758 kam, nachdem
Graf Sporck einen Jahreszins von 600 fl. zu handen des Fran-

ceschini erlegt, mit demselben ein Contract zu Stande. Es wird
darin ausdrücklich bemerkt, daß nur „auf die von dem hoch= und
wohlgeb. Herren Herrn Johann Wentzl des hl. röm. Reiches
Grafen v. Sporck, Herrn auf Herzmanniestetz, Woraschitz und
Stollan eingelegte Caution Hrn. Franceschini Principalen der
wällischen Comediantenbanda, das in der Altst. Kotzen befindliche
gemein Opera= oder Comoedi Hauß von nächst abgeruckten 15. Sept.
anfangend auf drei nacheinanderfolgende Jahre zu keinen anderen
gebrauch als daß derselbe alldorthen an denen allerhöchsten orthen
aus nicht verbottenen Tägen seine Schauspiehle vorzeigen könne,
elociret werde". Besonders erwähnt wurde ferner in dem Contract,
daß, wenn in die dreijährige Contractsperiode eine Theatersperre
wegen Landestrauer erfolgen sollte, diese Zeit nicht als Spielzeit
gerechnet und dem Miether das betreffende Zins=Quantum zurück=
gezahlt werden würde. Die Zahlungen für Franceschini hatten
immer durch den Grafen Sporck zu erfolgen.*)

Franceschini war auch nicht im Stande, sich obenauf zu er=
halten. Sein Contract lautete zwar auf drei Jahre, da er aber
lediglich auf die Autorität und Garantie des Grafen Sporck ab=
geschlossen war, so trug dieser auch die eigentliche Verantwortung.
Dem Grafen wurde die Sache bald unbequem und gern wäre er
sie losgeworden. Er ließ es ruhig geschehen, daß Franceschini sich
persönlich von der Bühnenleitung zurückzog und als Untermiether
für die Oper den schon bekannten Angelo Mingotti (gegen
600 fl. Zins), als Untermiether für das Schauspiel später den
Bernardon Joseph v. Kurtz annahm, welch letzterer also bereits
1759 wieder seine Bernardoniaden in Prag in volle Aufnahme brachte.

Am 22. Dec. 1759 wurde angeordnet, daß der nach Locatelli
noch verbliebene Zinsrückstand von 714 fl. „durch einen eigenen
Negocianten von dem derzeit in Petersburg weilenden Impresario
hereingebracht resp. exequirt werde." Locatelli erklärte, nicht zahlen
zu wollen, und es wurde der executive Verkauf seines Inventars
angeordnet.

*) Stadt-Archiv.

An demselben Tage wurde auch constatirt, daß der bereits vor 3 Monaten zahlbar gewesene Zins für das Opernhaus noch immer nicht abgeführt wurde, obwohl Graf Sporck bisher stets gezahlt habe. Der Graf habe den Gemeinde-Cassier damit „abgespeist", er solle warten, bis der jetzige verreiste Opern-Principal wieder nach Prag komme. Die Wirthschafts-Administration beschwerte sich darüber, da sie nicht dem Opern-Principal, der ihr momentan ganz unbekannt sei (es war offenbar Mingotti), sondern mit dem „gavirenden Hrn. Grafen" zu thun habe.

Die Altstädter Stadtgemeinde erwog im Ernste, ob sie mit dem Grafen einen Proceß wegen des rückständigen Franceschini'schen Zinses anfangen solle, hatte aber dann doch gewichtige Bedenken dagegen. Die Angelegenheit blieb mehre Monate in der Schwebe. In einer Eingabe der Altstädter Wirthschafts-Administration an das Oekonomie-Oberdirectorium äußerte die Administration, daß es denn doch nicht rathsam wäre, sich in einen Proceß mit dem Grafen einzulassen, da die Gerichtskosten beträchtlich, auch gegen „hochbesagten Bürgen" zu processiren sich kein Rechtsfreund bereit finden lassen würde und die Sache die Stadtgemeinde nur odios machen würde; das kürzeste Mittel sei, das Theater so lange zu sperren, bis der Zins hereingebracht wäre, wie jeder Hauswirth seinem säumigen Miether die Wohnung sperren könnte.

In dem mit Franceschini abgeschossenen Contract sei ausdrücklich erwähnt worden, daß ohne vorherige Anmeldung kein Unter-Miether eintreten könne — es sei aber nach Abreise des Franceschini das Theater ohne Wissen der Stadtbehörde dem Angelo Mingotti „subelociret", welcher auch den Jahreszins von 600 fl. in die Hände des Grafen Sporck abgeführt hätte; nun producire daselbst Joseph v. Kurtz ebenfalls ohne Wissen der Stadtbehörde seine Komödien und ziehe allein von der Zuckerbäckerei für jede Production 1 fl., also jährlich über 200 fl. Zins, während die Stadt noch nicht einen Kreuzer bekommen habe; auch würden nicht allein die von Mingotti gezahlten 600 fl. der Stadtgemeinde vorenthalten, sondern zu einer unbekannten Abänderung 1400 fl.

abverlangt und dagegen jährl. 700 fl. Zins angetragen, wozu man
sich aber nie herbeilassen würde, da laut Contract alle eigenmächtigen Änderungen auf Kosten des Miethers zu erfolgen hätten —
man hätte noch genug Schaden von Locatelli und nachgerade käme
es der Stadt besser zu stehen, wenn das Hous leer stände als
wenn man damit Schaden hätte.*) Diese Anspielung auf „die unbekannte Abänderung (Bauänderung) betraf ein Promemoria der
Bühnenleitung des Hrn. v. Kurz wegen einer Reihe nothwendiger
Reparaturen und wegen Benützung der noch immer von der Stadt
in Pfand behaltenen Locatelli'schen Inventarstücke. Schon damals
war es vom Magistrate zumeist ablehnend beantwortet worden.
Bezüglich dieser Locatelli'schen Scenarien wurde auch wiederholt
ausdrücklich constatirt, daß während der preußischen Belagerung
Vieles verloren gegangen sei. Kurz bot kaum 200 fl. dafür.

Am 30. Aug. 1760 wurde die Licitation „über die nach dem
rechtsflüchtigen Locatelli hinterbliebenen Comische Kleider" vorgenommen. „Es seyn", berichtet das betreffende Actenstück darüber,
„ad commissionem einige Juden erschienen, welche nach an-
schauung dieser Comischen von Schaben und Staub ziemlich zer-
fressenen Kleidern ohne einen anbott darauf zu thun, sich weckbe-
geben haben. Hr. von Kurz antraget 13 Ducaten; endlichen
nach langen zureden hat er annoch zwey Ducat zugegeben, mithin
15 Ducaten offeriret; Weilen nun nach affigirten Subhastationes
Zettel Kein anderer mehr bietender sich hervorgethan hat, so seyn
sothane sammentliche Comische Kleider Ihme Hrn. von Kurz in
den offerto deren 15 Ducaten zugesprochen worden und hat selbter
sothanes quantum so an Silbergeld 42 fl. 42 kr. betragen hat,
gleich bahr in die Hande des Hr. Perzina als massae curatori
bezahlet. Endlichen hat man sich auf das theatrum verfüget, und
umb das den Locatelli hinterbliebenen Scenarium licitiret,
welches in pretio wie es ein privatus annehmen könnte, für 446 fl.
30 kr. in den inventario detaxirter sich befindet. Darfür aber
Hr. von Kurz finaliter nur 200 fl. offeriret. Hr. Admin. Matzura

---

*) Prager Stadtarchiv.

ad manus Communitatis hingegen das pretium detaxatum an=
getragen. Dahero auch demselben sothanes Locatellische Scenarium
in dem quanto deren 446 fl. 50 kr. zu handen der gemeinde
und in defalcationem des Zinßes per 714 fl., so der Locatelli
schuldig verblieben ist, abjudiciret worden". — 205 fl. an Zins=
rückstand wurden Locatelli noch ferner in Ausweis geführt. *)

Nachdem dies in Ordnung gebracht war, war die Wirthschafts=
Administration ernstlich darauf bedacht, der Stadt ein sicheres
Erträgniß vom Kotzentheater zu sichern. Joseph v. Kurtz hatte
sich entschlossen, das Haus als Hauptmiether zu übernehmen (die
Verpflichtungen Franceschini's waren längst als erloschen zu be=
trachten) und die Stadtgemeinde kam dem berühmten, auch finan=
ziell wohlsituirten Bernardon freundlich entgegen. So wurde am
12. Sept. 1760 zwischen der städt. Wirthschafts=Administration und
Hrn. Joseph v. Kurtz „Principalen der allhiesigen deutschen Comoe=
diantenbanda" ein fester Contract abgeschlossen, wornach Kurtz das
Kotzen=Theater vom 15. Sept. 1760 bis 17. Sept. 1763 für die
Aufführung seiner „Comoedien, Opern, Pantomimen und anderen
Schauspiele und Comische Vorstellungen" gegen einen Jahreszins
von 700 fl. überlassen wurde. In dem Contracte finden sich fol=
gende von den bisherigen Contracts=Texten abweichende, besondere
Bestimmungen:

„Nachdeme sowohl von dem Scenario, welches die gemeinde selbsten
hat machen lassen als auch von dem so der rechts= und zahlungs=flüchtige
Impressarius Joh. Baptist Locatelli hinterlassen und Selbte licitando pr.
446 fl. 30 kr. erkauft hat, während der 1757jährig preußischen Bombar
dirung einige Blätter durch die in das theatrum eingebrochenen Soldaten
zerschlagen oder sonsten Verlohren gegangen und über dieses annoch einige
gantze Scenen abgängig seyn, diesen abgang zu ersetzen und alles in Voll
kommen Stand einzusetzen, nach Vorschlag des Hrn. v. Kurtz 3535 fl. er-

*) Am 18. April 1767 wurde abermals (zum letzten Male) der Schuld
von 714 fl. „des nach Rußland entwichenen" Locatelli gedacht und der von
ihm zurückgelassenen „komischen Kleider", von denen zwar verschiedenes
während der letzten preußischen Belagerung vom Militär entwendet worden
sei, weßhalb auch zwei Soldaten zum Strang verurtheilt, aber durch „Ma=
gistrat Intercession in loco supplicii wieder pardonniret worden seien." Der
Rest der Schuld von 205 fl. wurde nun endlich als uneinbringlich gelöscht.

forderlich wären, hat Endtlicher derselbe bey der Tractationscommission diese ganze erfordernus per Pausch mit alleiniger darzuschüßung von Seithen der Communität 2300 fl. zu bestreitten und das theatrum sambt den Scenario in vollständigen Standt längstens bis ulto. December hujus anni herzustellen sich erklähret und Verbunden, dahingegen zu dessen wiederbezahlung Ihme allforderist der von dem opernimpresario Angelo Mingotti von 15ten Sept. 1759 bis Sept. hujus Vertagte und allbereits baar erliegende Theatralzinß pr. 600 fl. wie nicht minder auch der von Letzt Bemelten dato annuatim à 700 fl. anticipato durch drey Jahr zu entrichten kommende Zinß für das Erste Jahr in totum, die übrige zwei Jahr aber nur jährlich à 500 fl. in handen gelassen, folgbahr der gemeinde durch gleich mentioniret 2 letzte Conductionsjahr alljähl. bey eintritt des 15. Sept. 200 fl. und also conjunctive 400 fl. bahr ausgefolget und auf diese weiß und arth sothane 2300 fl. zahlbar gemacht und resp. ausgeglichen werden sollen. — Sobald nun diese theatral-Decoration und augmentation Verfertiget und in completen Stand heergestellet seyn wirdt, soll all dasjenige, was neu angeschaffet und was ein und das anderes in Specie gekostet hat, und nach endigung gegenwärtigen Miethungscontracts hinwiederumb von dem Hru. Conducenten in gutten Standt juxta inventarium zurückgestellet und hinterlassen werden". — Sollte Landestrauer eintreten, so könnte der Impresaria auf eine der Zeit der Sperre entsprechende Zeit nach Ablauf der Contractsperiode ohne Zinseutrichtung weiterspielen." (Stadt-Archiv.)

Merkwürdigerweise weigerte sich Hr. v. Kurz lange, diesen Contract zu unterschreiben und konnte erst im November durch behördliche Drohungen der Executiv-Assistenz zur Unterfertigung vermocht werden. Er unterschrieb: „Jos. v. Kurtz, Impr. deren opern und comoedien".

Kurtz-Bernardon war also nun alleiniger Herr und Gebieter in der Theaterwelt Prags und speciell in dem von ihm mit allem Comfort ausgestatteten, wesentlich restaurirten Kotzentheater. Er durfte sich nicht allein auf die rüde Burleske, die Bernardoniade, beschränken, welche beim großen Publicum und leider auch in sehr distinguirten Kreisen großen Anwerth fand, sondern mußte auch den „hohen Adel in Ermangelung eines eigenen Opern-Impressario selbst mit wällischen Operis bedienen". So führte er im Herbst 1761 „La Clemenza di Tito"*) auf und dedicirte die Oper

---

*) „La Clemenza di Tito. Drama per musica. Da rappresentarsi nel nuovo teatro di Praga. Nel autunno dell' anno 1761. Dedicato a Sua

respective die Vorstellung dem Fürsten Heinrich zu Mannsfeld mit folgender Widmungsschrift:

„Es nahet nunmehro die Zeit heran, das Singspiel vorzustellen, welches sich die Gütigkeit Titi betitelt; und da die in demselben kommende gütige sowohl als heldenmüthige Thaten des jemahligen Römischen Kaysers Titi mit nichten besser als mit denen in Dero Durchlauchtiger Person jederzeit hervorglingenden Eigenschaften zu vergleichen seynd, Als nehme ich mir aus dieser Ursach sowohl als auch um meine Erkenntlichkeit für die mich gnädigst von Euer Durchlaucht erwiesene Gnaden zu bezeigen in aller Unterthänigkeit die Kühnheit dieses Sing-Spiel Dero gnädigsten Schutz zu unterwerfen, der gesicherten Hoffnung lebend, daß es von Euer Durchlaucht in Gnaden auf- und angenommen werde, und unter Dero Durchlauchtigen Schutz, die von mir gerichte Aufnahme erhalten würde, mit beygefügter demüthigster Bitte, Ihro Durchlaucht geruheten mir zu erlauben, mich jederzeit in Unterthänigkeit nennen zu dürfen.

Euer fürstlichen Durchlaucht

Unterthänig gehorsamster

Joseph von Kurtz Impressar.

Die deutsche Ankündigung der Oper lautete:

Auftretende Personen:

Titus Vespasianus, Römischer Kayser.

Der Hr. Petrus Tibaldi.

Vitellia, Tochter des Kaysers Vitellii.

Die Frau Catharina Galli, Hofsängerin bey Seiner Durchlaucht des Herzogens von Modena etc.

Servilia, des Sexti Schwester, des Annii Geliebte.

Die Frau Maria Capellini.

Sextus, des Titi Freund und Liebhaber der Vitellia.

Der Herr Andreas Grassi, Hofsänger bey Sr. Durchl. dem regierenden Marggrafen v. Brandeburg-Kulmbach und Bayreith.

Annius, des Sexti Freund, Liebhaber der Servilia.

Der Hr. Carolus Ambrosius Grandati.

Publius, Praefectus Praetorii

Die Frau Theresia von Kurtz.

Altezza Serenissima Del S. R. J. Prencipe Enrico de Mannsfeld e Fondi, Nobile Cavalliere a Eldrungen-Seeburg e Schraplan, Signore delle Signorie Dobrzisch, Heiligonfeld, Stirzow Suchodoll, Neuhaus, Arnstein e o Nu•el etc. etc.

Tantzende Personen.

Die Jungfer Catharina Gattay.	Der Hr. Ignatius Clerici.
Die Jungfer Catharina Stachini.	Der Hr. Paulus Cavazza.
Die Jungfer Maria Corticelli.	Der Hr. Joseph Cambi.
Die Jungfer Eleonora v. Kurtz.	Der Hr. Augustinus Bologna ge-
Die Jungfer Magdalena v. Kurtz.	nannt Romanini.
Die Jungfer Elisabetha Brenianin.	Der Hr. Joseph Brenian. *)
Die Jungfer Antonia v. Kurtz.	Der Hr. Antonius Reßler.
	Der Hr. Joseph v. Kurtz.

Veränderung des Theaters.

In der ersten Abhandlung.

Altanen gegen den Fluß Tiber in denen Zimmern der Vitellia. Vorn her der Vorhof vom Tempel des Gewalthabenden Jupiters, ein schon berühmter Orth zur Zusammenkunft des Senats. — Angenehme Gegend.

In der zweyten Abhandlung.

Zwei Bögen. — Ein Gang zu ebener Erden.

In der britten Abhandlung.

Ein wohlverwahrtes Zimmer mit Thüren, Sesseln und Tisch zum Schreiben. — Ein prächtiger Vorhof.

Aus diesem Personenverzeichniß sieht man, wie stark die Familie des Herrn Impressarius selbst auch bei den Opernaufführungen betheiligt war; sogar der Herr Impressarius tanzte und hatte wahrscheinlich ein Bernardonisches Intermezzo angebracht. Das Ballet war stark, das Opernpersonal wies einige Namen von gutem Klang auf.

Die Erfolge Kurtz-Bernardons in Prag machten andere Theaterunternehmer nach der Prager Impresa lüstern, und Joseph v. Kurtz sah sich mitten in seiner Sieges-Aera von einem wälschen Concurrenten ernstlich bedroht.

Im April 1762 suchte nämlich Gaetano Molinari um überlassung des Kozentheaters nach Ablauf des Kurtz'schen Contracts an; er versprach 50 fl. mehr Zins, vortheilhaftere Bedingungen und eine Garantie von 2000 Ducaten. Kurtz, welchem bei der Contracts-Erneuerung denn doch das Vorrecht gebührte, ver-

---

*) Wohl identisch mit dem nachmals berühmten J. J. v. Brunian.

sprach nun eiligst das Nemliche, 800 fl. Zins und die Zahlung
von 2400 fl. auf drei Jahre voraus. Es kam zu einer förmlichen
Licitation zwischen Kurtz und Molinari. Als letzterer auf 900 fl.
Zins hinaufging, bot Kurtz wieder das Nemliche und trug zu den
bereits erlegten 2400 fl. noch 300 fl. nach. So wurde denn von
der Stadtgemeinde, die bei diesem Wetteifer das beste Geschäft
machte, das Theater Hrn. von Kurtz auf weitere drei Jahre (bis
15. Sept. 1766) überlassen. Die Altstädter Gemeinde zahlte ihm
für den anticipato erlegten dreijährigen Zins von 2700 fl. die
betreffenden Interessen.

Am 20. Aug. 1762 kam der neue Contract zwischen der
Altstädter Wirthsch. Admin. und dem „Principalen der allhiesigen
teutschen Comoediantenbanda" Joseph v. Kurtz" zum Abschluß. Es
waren darin folgende von früheren Contracten abweichende Para-
graphen zu bemerken:

„Nachdeme 1mo der Vorhinige Conductionscontract des Kotzentheatri
do dato 12. Septembri 1760 allererst bey eintritt des 15. Septembris nechst-
künftigen 1763. Jahres seine Beendigung erreichet, inmittelst aber sich ein
gewisser Gaetano Molinari umb nach ablauf dieser Zeit sothanes Kotzen
Theatrum conductive zu überkommen gemeldet hat, worgegen hochbesagt
hochlöbl. königl. Ober-Direction zwischen diesen beyden Pachtungslustigen
eine licitation pro bono communitatis Vorzunehmen veranlaßt worden ist
und nun bey sothaner auction obbemelter Hr. Joseph Kurtz nicht allein als
meist Biettender sondern auch als prompt zahlender Vorgedrungen, Dannenhero eingangs erwehnt löbl. Wirthsch. Administration dieses in der Altstädter Kotzen befindliche Comödihaus und Theatrum von 15. Sept. instehenden 1763. Jahrs anfangend bis wiederumbe besagten 15. Sept. anno
1766 mithin mehrmahle auf brey nach einander laufende Jahre jedoch zu
keinem andern gebrauch als daß derselbe dasiges Theatrum producendo
Comedien, opern, Pantomimen und andere Schauspiele und Komische
Vorstellungen nach seinem eigenen Willen nutzen et cum eodem jure wie
es der Ehemalige Impresarius Joh. Baptist Locatelli innengehabt und wie
es die hoher Orthen aus gnädig ergangene Decrete des mehreren besagen,
frey und ohngehindert conductitive besitzen . . . ." (Stadt-Arch.)

Das Kotzentheater hatte sich Joseph v. Kurtz nun wohl gesichert, aber den fatalen Molinari war er noch immer nicht losgeworden. Dieser Italiener war in Prag geblieben und harrte
einer günstigen Gelegenheit, denn doch noch in Prag sein Glück zu ver-

suchen. Eine solche Gelegenheit fand sich und Molinari traf An=
stalten, eine Concurrenzbühne auf der Kleinseite zu errichten, was
Hrn. v. Kurtz ebenso besorgt machte als die Altstädter Gemeinde
als Eigenthümerin des Kotzentheaters.

Am 18. Sept. 1762 beschwerte sich die Altstädter Wirth=
schafts=Administration bei der Oberdirection, daß der Impresario
Molinari „auf der königl. Klein Seithen in dem großen Vincenz
gräfl. Waldsteinischen Hauß und daselbstiger Reittschul eine Schau=
bühne zu producirung deren Opern aufzubauen im Begriff stehe;
wodurch aber, heißt es in der Beschwerde, „das Altstädter Kotzen=
Theatrum gäntzlichen in abfall gerathen möchte, welches Einer hohen No=
blesse und des Publici civitatensis zu Diensten mit darein=Verwendung.
Vieler tausend gulden von unseren Ambts=Vorfahren erbauet und hin=
wiederum vor zwey Jahren erneuert worden, welches ebenfalls gegen dritt=
halb tausend Gulden die durch die etlichmahlige Belagerungen und für=
dauernde Kriegscalamitäten extreme ruinirten Altstädter gemeinde gekostet
hat und wir von diesem ento sowohl à realitate als auch von dem Zinß
das extraordinarium zahlen müssen, worbey auch zu erwägen kommt, daß
wann in denen nicht sonderlich Volckreichen Prager Städten mehr als ein
Comedi Hauß seyn, dessen Conductores einer den anderen ruiniren würde,
gleich wie es die traurige exempla bereyts gezeigt haben, daß Verschiedene
wällische Impressarii mit ansetzung Vieler Leuthen und Hinterlassung grosser
Schuldenlasten sich auf flüchtigen Fuß gesetzet haben, — demnach Ew. Ex=
cellenz und Gnaden gehorf. bitten, bei Einer hochlöbl. k. k. Repräsentation und
Kammer dahin, damit dieser neu sich aufwerfen wollenden Opern=Impresario
Molinari seine productiones in dem gräfl. Waldsteinischen Hauß vorzuzeigen
die hohe licenz nicht ertheilet wurde, gnädig zu interponiren, falls aber
dieses nicht allhier effectuirt werden könnte, unsern diesfälligen proces an
Ihro k. u. k. Mayestät umb womit die gemeinde eines so betrachtig Jährl.
Zinß=quanti in Zukunft nicht privirt würde, vermittelst hochdero Vielver=
mögenden Bericht gelangen zu lassen.“

Am 27. Sept. wurde auch eine Immediat=Eingabe an die
Kaiserin beschlossen, um die Errichtung eines zweiten die Interessen
des Kotzentheaters und damit auch der Altstädter Stadtgemeinde
schädigenden Theaters zu verhüten. Diese denkwürdige Eingabe,
welche davon zeugt, wie ängstlich die Prag=Altstädter Stadtgemeinde
um das Wohl und Alleinsein der Haupt=Bühne Prags sorgte,
hatte folgenden Wortlaut:

„Allergnädigste Landesfürstin und Erbfrau frau!

Euer kays. königl. Apost. May. geruhen allergnädigst sich vortragen zu lassen: welchergestalten annoch unter der Regierung allerhöchst dero Herrn Vatters Keys. kön. May. Caroli VI. höchst seligster gedächtnuß bey einrichtung der Königl. Oberdirection uud sonder zweifl erfolgten allermildester landes-fürstlichen beangenehmigung das auf der Prager Alt Stadt in der soge-nannten vorhin oede und unfruchtbahr geweßten Kotzen befindliche große Theatrum mit darin Verwendung Vieler tausend gulden auf offtmaliges insistiren und en favour der allhiesig hohen Noblesse und des gantzen pu-blici civitatensis weilen kein derley große Schau Bühne in Prag als der haubt- und Residenz Stadt in König Reich Boheim befindlich geweßen und umb auch der Altstädter gemeinde einigen nutzen zu verschaffen, erbauet, welches dann mehrmalen vor wenigen Jahren umb dieses ens in frucht-bahren Standt zu erhalten, auf Bewilligung Einer k. Königl. Oberdirection mit exponirung gegen 2700 fl. das abgenutzte an decorationen erneuret und in zierlichen Stand gesetzet worden ist, der ursachen dann und in anbe-tracht deren von Seithen der Communität dorin nahmhaft ausgelegten um-kosten von allerhöchst dero allhiesig k. kgl. Repraesentation und Kammer nie-manden anderen als dem conductori Sothanen Gemeind Theatri Giovanni Battista Locatelli zu daselbstiger Producirung derer opern und Comedien die erlaubnuß zu ertheilen gnädig resolviret hat und umb der communität frommen zu befördern haben Sr. Excell. der Hoch und Wohlgeborener Frantz Joseph graff von Pachta als dahmaliger praeses der kgl. Ober-direction durch primo Vermittlung anliegende Appunctation eutzwischen gleichmentionirten Opern-Impresario Locatelli und dem Principal deren Teutschen Comedianten Jos. Kurtz, Krafft weßen Bande Jhre productiones jedoch nirgends anderst als auf nemblichem theatro, welches auch Ewer Kays. Koenigl. Apost. Mayest. wehrend dero höchst beglückten dahier seyn in allergnädigsten augenschein zu nehmen allermildest geruhet haben, dem publico vorstellen kunten, getroffen. Als nun nach Abreiß nacher Petersburg besagten Opern Impressary Locatelli mit diesen Comedien Principali der Conductions Contract angestoßen worden, hat sich vor ablauff sothaner Miettung ein anhero gekommener Gaetano Molinari pro Conductore insi-nuiret, weilen aber dieser mit der zugesagten bahrschaft nicht aufkommen können, und erwehnter Kurtz mit dem zinß offerto als meist biettender licitando vorgedrungen auch das dreyjährige quantum census per 2700 fl. gleich in continenti bahr erleget, so ist letzteren wiederholter Kotzen-theatrum hinwiederumben auf andere drey Jahre elociret worden. Nun ereignet sich, daß ermelter Molinari der communität und seinem collicitanten zum nach-theil auf der königl. Kleinseithen in den Vincenz gräfl. Waldsteinischen Hauß uud daselbstiger Reittschul ein Neues theatrum zu erbauen und all-

. dorten den platz ohnentgeltlich erhaltend opern zu produciren willens ist,
wodurch einer und der andere ins Verderben gerathen müßte, inmaßen die
Prager Städte nicht so populos seyn, daß für Beede genugsamb zuschauer
sich vorfinden thäten auch die erfahrnus an Tag gegeben, daß auch nur
bey dem einen hiesigen theatro verschiedene wällische entrepreneurs als
Denzio, Santo Lapis und Locatelli mit ansetzung Vieler Professionisten und
hinterlassung großen schulden lastes sich von Prag auf flüchtigen Fuß ge
setzet, dahingegen wir an Kurtz ein sicheren Mann haben, indeme Selbter
nicht allein wie obbemelt den 3jährigen Zinß anticipato bezahlet hat, sondern
Er auch in denen öffentlichen Comodi Zettln par avertissement dem publico,
daß falls jemand an seinen Subordinirten etwas zu fordern hatte, dieser
sich bey ausgang jeden Monaths bey Jhme Impressario melden und daselbst richtig ausgezahlet werden solle, kund machen lassen, und wir zumahlen
nicht allein für dieses mahl sondern auf alle Künftige zeiten das in medi-
tullis derer Prager Städte Situirte Kotzen Theatrum, wann eines in gräfl.
Waldsteinischen hauß zu Standt gebracht werden solte, niedergeschlagen und
die gemeinde des zinßes, wovon dieselbe sowohl als auch a realitate das
Extraordinarium alljährl. zu zahlen hat, von darumben priviret wurde,
weilen jeder impressarius sich Viel lieber dahin, wo Er den locum produc-
tionis gratis überkommt, ziehen würde, wodurch wir zwar einen großen
schaden leiden, niemanden aber einen nutzen überkommen thäte. — Als gelanget an Ewer kayßerl. kgl. Apost. May. unser aller unterthänigster und
allergehorsambstes bitten, Allerhöchst dieselbe geruhen in allergnädigster behertzigung, daß wir schon von Anno 1741 an dem gleichsamb am fuß deren
Stadt Mauern Situirten gemeind Gut liben (Lieben) und sonstigen Com-
munitätsrealitäten durch die oftmalige belagerung der Stadt Prag und
sonstige Kriegscalamitäten umb etlichmahl hundert tausend gulden domnifi-
ciret worden, nicht den mindesten ersatz erhalten haben und unserer diesfällig bemüttigste proces niemanden in praejudicium gereichen, gestalten Kein
anderes öffentliches theatrum außer das Altstädter sich annoch dermahlen
allhier befindet, fordersambst im allergnädigsten inhibitoriale sonder unser
allermündester Vorschriefft, damit mit dem theatralbau in mehrgesagt gräfl.
Waldsteinischen Hauß, allwoselbst zwar bies zur Stundt annoch kein anfang
gemacht worden ist, bis auf allerhöchst dero weithere allermilbeste entschlüßung also gleich eingehalten wurde allergnadigst ergehen zu lassen, umb
womit aber die Prager Alt Städter communität Von derley benachtheilung
Künftighin bewahret wurde, derselben ein Privilegium privativum, daß niemanden ein öffentliches theatrum zu producirung teutscher, frantzösisch oder
Wällischer Comedien oder opern in denen königl. Prager Städten, die auf
offentlichen Markt Plätzen zu Jahrmarct zeiten dann und wann errichtende
bauden ausgenommen, zu erbauen Verstattet wurde, folgl. das Kotzen
theatrum die alleinig publique Schaubühne in der Stadt Prag seyn sollen

allergnadenreichst zu ertheilen, dieser allermildesten bittgewehrung Uns aller-
demüttigst getröster und mit ersinnlichster ersurcht ersterben . . ." *)

(Folgen die Unterschriften der Stadtväter.)

Der Streitfall, so großartige Dimensionen er anzunehmen
schien, wurde unerwartet rasch und befriedigend beigelegt. Es wurde
ein Vergleich erzielt und Molinari dadurch von seinem Projecte,
ein neues Theater im Vinzenz Graf Waldstein'schen Hause zu
errichten, abgebracht, daß ihn Kurz als Untermiether im
Kotzentheater für Opern-Vorstellungen annahm.

Am 2. Oct. 1762 erschienen nämlich — wie die Acten der
Wirthschafts-Administration besagen — Josef Kurz als „Impresarius deren Theatralischen Spectaculn und Pachter des sogenannten
Theatri in Kotzen" und Hr. Cajetan Molinari vor der Oekonomie-
Direction zu einem gütlichen Vergleiche und einigten sich dahin,
„daß Jos. v. Kurz das Kotzentheater dem Cajetan Molinari auf
ein Jahr und zwar Aschermittwoch 1763 bis inclusive den letzten
Faschingstag 1764 überlasse, wogegen sich Molinari verpflichtete,
von Anfang der Fasten 1763 von allen oder in Zukunft ver-
schreibenden Fonds, abonnement, Entrée oder leegegeld und überhaupt von allen denen, was nur immer in seine Cassam diesfalls
von Spectacul zuflüßen können", bis letzten April 1763 den
Vierten, durch die nachfolgende Monathe Mai, Juni, Juli, August
und September den fünften Theil, dagegen vom 1. Oct. 1763
bis incl. den letzten Faschingstag 1764 abermals den vierten Theil,
ferner von dem während obiger Jahreszeit in dem Theatro
spielenden Pharao Von jedem Tisch an Hrn. Jos. Kurz 3 Proc.
an Claren Nutzen abzureichen. Die betreffenden Unkosten aller
Art habe Molinari allein zu tragen und Hrn. Kurz oder dessen
Substituto Von jedem Abend gleich den nachfolgenden Tag den
conventionsmäßigen vierten und fünften Theil abzuführen. „Zur
Cassa sollte Kurz auch seinerseits einen Vertrauten beizustellen
berechtigt sein, der sein Interesse wahre. Auch sollte Molinari
stets dem Impresario Kurz ein genaues Verzeichniß der Abonne-

---

*) Stadt-Archiv.

ments, der verkauften Logen u. s. w. vorzeigen und nichts ver-
schweigen. Ein eigener Paragraph der getroffenen Vereinbarung
besagte, „daß der Untermiether Molinari gehalten sein solle, durch
die ganze Jahreszeit des geschlossenen Abkommens keine teutsche
Comedie noch tragedie oder detto intermezzo und überhaupt
kein wie immer benamset werden Könnendes teutsches Spectacle
noch Feuerwerk (welcher wegen der gefahr einer entstehenden
Feuersbrunst ausgenommen wird) unter nichtigkeit des vergleichs
und gegenwärtigen Contracts zu produciren oder vorzustellen."

Dem Molinari war auch die Zuckerbäckerei, der „Caffé und
Boutique" zum Nutzgenusse auf Jahresfrist überlassen. Alle von
Kurtz übernommenen Verpflichtungen übergingen im Übrigen für
dieses Jahr auf ihn. Beide Contrahenten verpflichteten sich, bei
„wieder Verhoffen ex sensa, de interpretatione hujus contractus
et transacti entstehenden" Streitigkeiten sich der Entscheidung des
Oekonomie-Ober-Directorii zu unterwerfen. Ferner machte sich Hr.
v. Kurtz anheischig, dem Molinari für diesen und drei andere
Personen während des ganzen Winters 1762—3 zu den von ihm
(Kurtz) zu gebenden „Spectacln" eine Freiloge (Nr. 8 im zweiten
Rang linker Hand) zu überlassen, während Molinari seinerseits
dieselbe Loge Hrn. v. Kurtz für das ganze Jahr seiner Bühnen-
pachtung zur Disposition stellte mit dem ausdrücklichen Bemerken,
daß Kurtz diese Loge in seiner Abwesenheit einem Freunde zu überlassen berechtigt wäre.

Jos. v. Kurtz reservirte sich also ausdrücklich die „teutschen
Spectakeln", welche während der ganzen Dauer des Molinarischen
Afterpachtes eingestellt bleiben und wahrscheinlich erst nach Ablauf
desselben von Kurtz selbst wieder aufgenommen werden sollten.
Kurtz, dessen Bernardoniaden wohl schon Manches an Reiz und
Zugkraft eingebüßt haben mochten, versprach sich wahrscheinlich
von diesem ausschließlich italienischen Interregnum das Gute, daß
das Publicum die deutschen Vorstellungen schwer entbehren und
nach dem langen Fasten den „großen Bernardon" mit desto
größerem Enthusiasmus und offenen Armen aufnehmen würde.
Segen hat dieses Interregnum Niemand gebracht. Molinari be-

gann seine italienischen Opernvorstellungen mit gutem Personal. Es bestand aus den Damen Teresa Colonna, Anna Zannini, Laura Oddi, Elisabetta Pellagalli, Anna Ricci, Angela Fiorentini, Cecilia Annibali, den Herren Pasquale Potenza, Marc Antonio Missoly, Antonio Pini, Francesco Oddi, Nicola Bencini, Giuseppe Colonna, Giuseppe Buffeli, Giuseppe Cosimi. F. Zannini, Pasquale Bondini. — Interessant ist besonders das erste Erscheinen des letzteren Sängers, des Baß=Buffo Pasquale Bondini, in Prag; er sollte später Theaterdirector und zwar einer der berühmtesten und tüchtigsten Theaterdirectoren Prags werden, welchem diese Stadt seine glänzende Mozart=Tradition verdankt.

Im Frühling 1763 führte Molinari u. A. die komische Oper „Li tre amanti ridigoli" von Galuppi auf und widmete sie den Damen der Prager Aristokratie.*) Ich gebe das Personenverzeichniß als Document der Molinari'schen Opernthätigkeit in Prag.

Personaggi:

Parti serie:

La Contessa Metilde, Vedova . . . . La Sig. Teresa Colonna,
Coralbo, Figlio del Marchese Oronte . . . . Il Sig. Nicola Bencini.

Parti Buffe.

Stella, Figlia del Marchese Oronte, sudetto di
natural flemattico . . . . La Sig. Anna Zannini.
Franchetta Zia di Stella Donne Vecchiache
vuol far la graziosa . . . . La Sig. Laura Oddi.
Marchese Oronte Padre di Stella Uomo Pacifico Il Sig. Pasqual Bondini.
Messer Ridolfo Castellano vecchio sciocco . . Il Sig. Giuseppe Cosimi.
Messer Rombo Castellano Vecchio difficile nel
parlare . . . . Il Sig. Giuseppe Buffelli.
Messer Onofrio, Castellano vecchio sordo . . Il Sig Giuseppe Colonna.
La Musica del Sig. Baldasar Galuppi detto Buranello Maestro di Capella
Veneziano.

La Scena si rappresenta nel Castello di Roiano, e sua Vicinanze.
Il Vestiario farà di ricca, e vaga invenzione del Sig. Luigi Simoni
Bolognese.

_____

*) Li tre amanti ridigoli, drama giocoso per musica di Ageo Liteo da rappresentarsi nel reale teatro di Praga, La primavera dell' Anno 1763. Dedicato alle nobilissime ed eccelentissime Dame di detta Citta. In Praga nella Stamparia di Carlo Giuseppo Jaurnich.

Sehr bald zeigte es sich, daß Molinari mit dem Opern=
repertoire allein nicht aufkommen könne. Das Publicum der ita=
lienischen Oper war nicht so groß, um allein eine Impresa zu
erhalten, deutsches Schauspiel und wälsche Oper sollten sich gegen=
seitig ergänzen. Da nun aber die Abhaltung deutscher Vorstellungen
Molinari contractlich untersagt war, suchte er sich anderweitig zu
behelfen und gab schon im Februar 1763 einer Luftspringertruppe
das Kotzentheater für Nachmittag=Vorstellungen in Untermiethe.
Daraus entsprang nun das interessante Verhältniß, daß Kurtz als
Hauptpächter, Molinari als Afterpächter und die Luftspringer als
Aftermiether dieses Afterpächters fungirten. Die nächste Folge dieses
complicirten Verhältnisses waren ernste Differenzen zwischen Moli=
nari und Herrn v. Kurtz.

Am 26. Febr. 1763 beschwerte sich Kurtz, daß Molinari, der
getroffenen Vereinbarung, wornach er von allen Einnahmen den
4. oder 5. Theil ihm (Kurtz) abzugeben hätte, zuwiderzuhandeln beginne,
was daher komme, „daß Molinari das Theater in Prag eingetroffenen
Luftspringern gegen Genuß des dritten Theils der Einnahme in
Aftermiethe übergeben habe und infolge dessen an Kurtz nur den
vierten oder fünften Theil des von den Luftspringern erhaltenen
Antheils abgeben wollte." Man versuchte einen gütlichen minnd=
lichen Vergleich, aber alle Versuche hatten keinen Erfolg. So ent=
schied denn die Oekonomie=Oberdirection kraft ihrer Autorität, daß
dem Kurtz sein Recht auf die betreffenden Bruchtheile sämmtlicher
Einnahmen aus was immer für einem Genre von Schaustellungen
gebühren, daß der von Molinari mit der Luftspringergesellschaft
getroffene Untermiethcontract nichts zur Sache thue, überhaupt
Molinari, der doch selbst nur Untermiether war, gar nicht berech=
tigt gewesen sei, das Entrée an eine andere Compagnie eigen=
mächtig zu abonniren, umsoweniger, da er diesen Unter=Contract
gar nicht zur Anzeige gebracht habe.

Molinari engagirte nun im Sommer 1763 die Pantomimen=
Truppe des Sgr. Giuseppe Jacobelli, suchte sich ihrer aber
bald wieder zu entledigen, als der pecuniäre Erfolg ausblieb. Der
arme Pantomimen=Principal war hiedurch in große Verzweiflung

gestürzt und suchte am 13. September 1763, da ihm Impresario Molinari die bis 6. August fällige Gage lang nicht gezahlt und ihn mit seinen Pantomimisten in große Verlegenheit brachte, an, sich eine Hütte bauen und täglich dem gemeinem Volk Pantomime-Vorstellungen geben zu dürfen, um sich auf diese Weise das Reisegeld zu erwerben — im anderen Falle käme er von Prag nicht fort.

Molinari wieder forderte von Jacobelli den vierten Theil der Einnahmen oder Einstellung der Jacobelli'schen Pantomimen Vorstellungen mit der sechsten Abendstunde, worauf sich Jacobelli um so weniger einlassen wollte, als sich bei Tage in seiner Hütte nur der gemeine Pöbel gegen Erlag von zwei „Gröscheln," höchstens eines Groschens einfinde. Molinari erhielt vom Gubernium einen Verweis und Jacobelli durfte ungehindert die ganze Jahrmarkts-zeit über seine bescheidene Kreuzer- oder Gröschel-Komödie produciren.

Da alle bisherigen Mittel vergeblich waren, der nothleidenden Molinari'schen Theatercassa Hilfe zu bringen, suchte der wälsche Impresario um jeden Preis den lästigen und fatalen Passus seines Contracts mit Kurtz, daß er keine deutschen Komödien aufführen dürfe, zu beseitigen.

Molinari hatte längst empfunden, daß dieser Passus seines Contracts mit Kurtz, wornach er während seines Subelocations-contracts „keine landesüblichen und das Publicum Civitatense ergötzende teutsche Schauspiele aufführen soll", ihm der nachtheiligste sei; er suchte demnach bei der Statthalterei um Bewilligung zur Aufführung deutscher Komödien an, und er fand bei dem Oekonomie-Oberdirectorium, das Jos. v. Kurtz nicht sonderlich gewogen war, bereitwilliges Entgegenkommen. Unterm 24. Sept. 1763 ordnete das Oberdirectorium an, daß „obwohl Molinari in seinem mit Jos. Kurtz vereinbarten Contract die Bedingung eingegangen war, keine deutschen Komödien, Tragedien und Intermezzi zu produciren, ihm dennoch die Vorführung solcher Vorstellungen von nun an gestattet werde." Das Oberdirectorium machte geltend, daß „sich Jos. Kurtz keineswegs einiges Recht an-

maßen konnte, einer Noblesse und dem gesammten Publico hierin
Gesetze vorzuschreiben und ihre Landessprache einzuschränken, viel=
mehr hingegen genannte Noblesse und Publicum das Theatrum
ausmachet, und den Fond zu dessen Unterhaltung formiren muß,
auch demselben freistehe, nach ihrem Wohlgefallen Wällische oder
deutsche Comoedien anzubegehren, wozu annoch stoße, daß die
deutschen Schauspiele der Schaubühne weit einträglicher, als die
Wällschen, und man ein zu besorgendes Banquerot des Impres=
sary Molinari umsomehr zu vermeiden habe, als ein solcher der
Stadt Prag, ja dem ganzen Königreich Böheim bey auswärtigen
wenig Ehre bringen möchte. In wessen Betracht denn auch der in
den Transacto diesfalls eingestreute §. 6 annulliret und dem Mo=
linari freygestellet worden sei, auf seiner Schaubühne in der Kotzen
deutsche Comedien, Tragedien und Intermezzi von nun an auf=
führen zu können." Die Erlaubniß war nun wohl vorhanden, und
mit dem deutschen Repertoire hätte Molinari geholfen werden
können, aber nun vermochte Molinari keine deutsche Truppe auf=
zutreiben, beschwerte sich also bitter über den Ruin, welchem er
durch diesen „Fallstrick", den ihm Kurz im Contracte gelegt, ver=
fallen wäre. Die Noth des Impresario, seines Theaters und seiner
Truppe war aufs höchste gestiegen; die finanziellen Verhältnisse
äußerst verwickelt, die Schuldforderungen zahlreich; namentlich
lastete die contractmäßig stipulirte Abfuhr des Viertels aller Ein=
künfte an Herrn v. Kurz schwer auf Molinari, und nur die
Behebung dieser harten Verpflichtung schien Molinari retten zu
können.

Um das Theater selbst zu retten, übernahm der Stadthaupt=
mann Wenzel Franz Freiherr v. Bernier über Ansuchen Moli=
nari's die ökonomische Administration der Bühne. Der Admini=
strator fand eine völlige Deroute vor. In einer Eingabe an das
Gubernium vom 15. December 1763 erklärte er, daß Prag schon
ohne Spectakeln sein würde, wenn er nicht die Administration
übernommen hätte; er habe die Bilanz und Calcul gezogen
und gefunden, daß von dem Abonnementsfonds nicht einmal
die Gagen gedeckt, vielweniger die Gläubiger befriedigt werden

könnten, wenn nicht, „da sich Kurtz durch besagten Passus
erfrechet hätte, dem publico leges vorzuschreiben," der dem=
selben contractlich zugeschriebene 4. Theil der Einkünfte vom
Beginn der Administration 2. Nov. zum fundus gezogen werden
dürfe. Der Administrator stellte nun bei der Statthalterei das
Ansuchen, die Contractsbestimmung, wonach Kurtz der vierte Theil
der Theater-Einnahmen gebühre, zu annulliren, „in Berücksichtigung
der armen ihre Schuldigkeit leistenden Virtuosen," und in Er=
wägung, daß ein Falliment des Molinari nicht dem Impressario,
„sondern auf ewig dem Theatro praejudicire".

Man sieht, daß es Baron Vernier ehrlich mit Molinari und
dem Theater meinte, aber die Truppe des letzteren dachte anders;
sie war in ihren Forderungen geradezu radical und stieß sich an
dem ordnungsmäßigen Vorgehen, daß Baron Vernier, solange
nicht die betreffende Contractsbestimmung annullirt war, von den
eingehenden Geldern das Kurtz gewidmete Viertel in Depósito be=
hielt, statt alle Einnahmen zur Gagezahlung zu verwenden.

Am 19. Dec. 1763 richtete die Compagnie des Molinari eine
Eingabe an die Statthalterei, worin sie ihre Lage als verzweifelt
schilderte. Sie haben weder für November noch December Be=
zahlung erhalten, und auch „der von Molinari eigenmächtig zum
Administrator erwählte Stadthauptmann habe seine Versprechungen
nicht erfüllt, indem er von den Einkünften, die zur Gagezahlung
hinreichend wären, den contractlich Kurtz zugesprochenen 4. Theil
noch in deposito behalten, statt denselben ihnen, die diese Einkünfte
durch Schweiß und Bemühung erworben, auszuliefern". Sie for=
derten deshalb einen neuen Administrator in der Person des kunst=
verständigen Grafen v. Sporck und schrieben:

„Es erheischet die Billigkeit, daß bevor der schuldige Lohn denen=
jenigen gezahlet werde, die gar aus Wälschland in so weit entlegene Städte
kommen, Sich mittelst ihrer Geschicklichkeit und Wissenschaft den nöthigen
Unterhalt zu verdienen und wann nachhero einiger Gewinnst übrig ver=
bleibet, mag solcher jenem, deme es von Rechtswegen gebühret, verabfolget
werden. Bey solcher der Sachen Bewandtnus und zumahlen obangeführter
Kurtz biß diese Stundt von dem Schweiß der gehorsambst belangenden
Compagnie schon einen ansehnlichen Betrag entzogen, ergehet an Ew. Exc.

und Gnaden das Unterthänigste Bitten, Hochdieselben geruheten Itt. Sr.
Exc. Herrn Grafen von Sporck als Schutzherrn, Administratorem und
Rechnungs-Revisorem der supplicirenden Compagnie der Ursachen gnädigst
zu ernennen, weilen ohne Einverständnuß der nemblichen obbemelter Molinari den kgl. Altstädter Herrn Haubtmann zu seinen Administratorem aus
erwählet hat, Herr Graf von Sporck in Theatralischen Angelegenheiten voll
kommen erfahren und erleuchtet ist, wir darum Ihme nicht minder die ohn
umschränkte Gewalt einzuräumen bitten, womit selbter den zum Nutzen des
Kurtz ungerecht depositirten Vierten Theil beheben, auch ins künftige solchen
keinen andern ausfolgen sondern zur Bezahlung der supplicirenden Compagnie als eine schon vorherige Schuldforderung verwenden möge. Wir
unterwerfen sich in Tiefester Unterthänigkeit Ew. Exc. gnädigster Entscheidung und ersterben

Ew. Exc. und Gnaden

Unterthänigst gehorsambste!

Pasquale Potenza. — Teresa Colonna. — Anna Ricci.
— Marc Antonio Missoly. — Andrea Marchi. — Elisabetta Pellagalli. — Antonio Pini. — Angela Fiorentini. — Laura Oddi. — Francesca Oddi. — Giuseppe
Colonna. — F. Zannini. — Cecilia Annibali. — Pasquale Bondini. *)

Die Statthalterei erließ nun am 22. Dec. 1763 ein Decret
an den Altstädter Stadthauptmann, worin sie ihm bedeutete, er möge,
„da er mit überhäufter Amtsverrichtung sehr occupirt sei", die
Operistencassa sammt den diesfälligen Rechnungen an den kais. kgl.
Apellations-Vicepräsidenten Wenzel Grafen von Sporck „zu be-
liebsamer Direction" übergeben. —

Graf Sporck willigte „wegen des von der gesammten Noblessa
und auch wegen dem von denen Operisten und Tänzern in ihn
gesetzten Zutrauens" ein, die Cassa zu übernehmen und wurde
vom Gubernium angewiesen, den contractlich Kurtz zugesprochenen
4. Theil der Einkünfte vorerst zur Bestreitung der Unkosten zu verwenden, den etwa noch verbleibenden Nutzen dem Kurtz, nicht aber
Molinari zu Gute zu schreiben.

Kurtz ließ sich eine solche, seinem Contracte mit Molinari
direct widersprechende Maßregel natürlich nicht gefallen. Unterm

---

*) Gub. Archiv.

29. Dec. 1763 erhob sein Bevollmächtigter Octavio Mercanti, der
den gebührenden 4. Theil einzucassiren und zu controliren hatte,
in seinem Namen Protest gegen die Verfügung der Statthalterei und bat um Verabfolgung des fälligen vierten Theils
der Theatral-Einnahmen, unter Verweisung auf den betreffenden
Contracts-Paragraphen. Jos. v. Kurtz ging, um sein Recht zu
wahren, noch weiter. Er richtete eine Immediat-Vorstellung an die
Kaiserin und das Gubernium erhielt von derselben den Auftrag,
sofort die Sache zu untersuchen, und wenn sich die Sache so ver-
halte, wie sie Kurtz schilderte, künftig nicht allein das Kurtz contractlich gebührende Viertel in Sequestrum zu nehmen, sondern
auch, was er pro praeterito (für die Vergangenheit) weniger
empfangen hätte, aus den Theatral-Einkünften zu ergänzen.*)

Auch der Altstädter Stadthauptmann nahm den ihm von den
Komödianten angethanen Affront nicht ruhig hin, umsoweniger, als
seine Enthebung von dem Amte eines Theater-Administrators in
Prag das größte Aufsehen machte. Er richtete unterm 2. Jänner
1764 eine Vorstellung an die Statthalterei, worin er constatirt,
daß er sich nie „wegen Amtsüberhäufung" beschwert habe; wohl
aber sei ihm bekannt, daß sich die „Italienischen Virtuosen" wider
ihn bei dem Gubernium beschwert und die Übertragung der Direction an den Grafen Spork gefordert hätten, was auch, ohne daß
ihm die Beschwerde communicirt oder er gehört würde, geschehen sei.
Dies „bestärke diese anstößige Virtuosen umsomehr in ihrer muth-
willigen Bosheit, alß dieselben ihm (dem Stadthauptmann) in of-
ficiis Capitaneatus (von Amtswegen) schuldigen Respect hintan-
gesetzet und Bey einer von ihm zu ihrem Vortheil halten wollenden
Commission nicht erschienen, sondern gleich einer republica di
Venezia o Genua per Deputatos, was er haben wolle, befragen
zu lassen, sich unterfangen." Diese Insubordination falle ihm um
so schmerzlicher, als die Enthebung von der Direction, die ja vi
officii in seine Sphaere schlage, beim Publico großes Aufsehen

*) Die definitive Erledigung vom 2. März 1764 lautete dahin, daß
zuerst der Gagenetat abgezogen und dann erst der vierte Theil für Kurtz
fixirt werde.

verursache und seine Autorität schädige. Er suchte deshalb an, das Gubernium möge eine Commission abordnen, damit er die „durch einrathen widriger auflammerer von diesem unbändigen Theatral-Volk" eingebrachte Beschwerde und seine Gebahrung klar legen, sowie sich rechtfertigen könne.

Das Gubernium beschied dieses Ansuchen abweislich, bestritt, daß die Verwaltung der „Operisten-Cassa" in die Sphäre des Stadthauptmanns gehöre, bezeugte aber demselben, daß an seiner redlichen Gebahrung nie gezweifelt worden sei und versicherte ihn, daß ihm für jede „Impertinenz der Komoedianten" Satisfaction gewiß nicht verweigert werden würde.

Damit scheint die Sache erledigt gewesen zu sein. Joseph v. Kurtz aber sollte bald noch mehr Ursache zu klagen haben; es zog sich ein Unwetter über seinem Haupte zusammen, das dem berühmten Bernardon direct den Untergang seines Prager Unternehmens drohte und auch wirklich brachte.

XIII.

Giuseppe Bustelli als emphyteutischer Käufer oder Erbpächter des Kotzentheaters und seine Oper.

(Bustelli überreicht sein Offert. — Unterhandlungen mit Jos. v. Kurtz infolge dieser Anträge und Opposition Kurtz' gegen Bustelli's Project und gegen Lösung seines eigenen Contracts. — Ein Wink der Kaiserin. — Proceß Kurtz-Bustelli. — Definitiver Kauf- respective Erbpacht-Vertrag der Altstädter Stadtgemeinde mit Bustelli. — Das Ende Bernardon's in Prag. — Bustelli's Oper.)

Rascher als die Welt gedacht und überraschend für den Betroffenen selbst brach das Verhängniß über den großen Bernardon herein. Sein künstlerischer Credit als Bernardon war tief gesunken, er war vom Piedestal seiner Triumphe herabgestürzt, man mochte die Bernardoniade nicht mehr, so daß sich Kurtz aus Prag zurückzog und das Prager Theater einem Anderen in Afterpacht gab; der Unterpächter Molinari war zu Grunde gegangen, und nun kam noch ein Mann, der dem unglücklichen Bernardon-Kurz das letzte Terrain entzog — ein emphitentischer Käufer für das Kotzen-theater.

Am 13. Jänner 1764 richtete der Brünner Kaufmann Jof. Bustelli folgendes Promemoria und Bittgesuch an das kgl. Oeko-nomie-Oberdirectorium:

„Ew. Excellenz und Gnaden sind die zwischen deme hieselbstigen Im-presaryo deren Spectacln und ihren Actoribus sich zum öfteren in Credits-sachen erhobenen Irrungen umb so gnädiger Bekant, je minder ich sie zur weitherer Erfrischung zu erneuern vonnöthig erachte. Die Folgerungen hievon sind jene, daß die hohe Noblesse nebst dem publico schlecht bedienet, die Virtuosen vertrieben, vom hiesigen Theatro abwendig gemacht, und die Städtische gefälle Besonders zu zeiten des Impresarii Locatelli Vermindert, die particuliers aber so denen Virtuosis creditiret, und ihre Bezahlung nicht erhalten, zum größten Schaden gekommen seyn. Es hat zwar der sogenannte Wienerische Bernardon Hr. Kurz das in der Kotzen Situirte Theatrum Bieß in das 1766. J. gegen bezahlten Bestandt in Verpachtung genommen, da aber derselbe zu Venedig ein anderes und hieselbstiges Theatrum dem Impresario Molinari Subelociret, So hat nichtsdestoweniger die After-Verpachtung dem publico noch mehrere unanständigkeiten zugezogen, weilen Forderniß Hr. Kurz mit ihme Molinari in verschiedene Rechtshandel, die Virtuosen und andere actores hingezogen, mit dem letzteren in unterschiedliche zwie-spaltigkeiten der ursachen wegen verfallen, weilen sie bey denselben schon über die 3000 fl. zu fordern und ihren verdienten Lohn nicht erhalten, minder aber ihre eigenen creditores zu befriedigen im Stande sind. Diese und mehrere derley Umstände machen hierortiges Theatrum zu grunde gehen, sondern die Gemeinde hat mit Verlust deren dem publico schon angewehnten Spectacln dem Rückgang der Von der Kotzen alljährlich genüßenden Zünßes den größten Nachtheil zu gewärtigen, wo jedoch derley gefällen dem Städti-schen gemeindwesen alleweil die sichersten gewesen seynd.

Es ist sich auch nicht zu bewundern Vorherige Impresarios nicht auf-gekommen zu seyn, indeme sie die Virtuosen aus eigenem zu bezahlen, oder Ihnen die Spesen des Weegs zu anticipirten, noch auch denenselben einen Vorschuß zu machen fähig waren. — In Italien hat man den ohne Vor-schreiblichen Satz angenommen, daß alle Theatra in denen vornehmsten Städten und Plätzen denen Cavaliers, wie Kunstleuthen jener Verbindlich-keit nach überlassen werden, daß Sie vor Alles, was sich unter denen Vir-tuosen in Creditswesen ereignen kann, zu vertretten schuldig seyn müssen. Und dieses scheinet mir, ohne meinen mündesten Vorgriff der Sicherste Mittelweeg zu sein, wodurch die hierortige Spectacln in Vorigen glantz gesetzet, die Behelligung deren hohen Stellen vermieden, in denen Spectaculn die ordnung auf immer eingeführt, folglich auch die Renten der Altstädter gemeinde niemahlen rückgängig gemacht werden könnten. Wann es also Ew. Excellenz und Gnaden gefällig wäre, das Theatrum hießiger königl. Stadt nach den Fuß von Wälschland zu reguliren, als erklähre ich mich solcher in Antrag von 1000 fl. mit allen Condecorationibus und sonstigen zugehörnußen Käuflichen an mich zu lösen, hiebei aber auch alljährl. den nemblichen Zinß anticipato jeden Jahres zu entrichten, welchen der Impresarius Kurtz in seinem Contract der Altstädter gemeinbe zu bezahlen übernohmen hat. Zu mehreren der Sachen Bestettigung, da ich von meiner metier ein gelehreter Kaufmann und von Gott mit eigenen Mitteln gesegnet bin, als will mich zugleich einer Beständigen gnädigen Direction desjenigen Cavalliers überlassen, zu welchen Ew. Exc. und Gnaden dero gnädiges zutrauen nehmen werden. Obligire ich mich beßgleichen zu allen Spectaculn an opern teutsch, Wällischen und frantzösischen Comebien, mittelst welchen die hohe Nobleß und das Publicum in jener Ordnung, wie die vorige Impresarn Soutenirt worden, durch Vermehrung alljährlicher Condecorationen in allen Fällen nach Genüge bedienet werden sollen.

Damit aber an meiner Conduite und gutter gebenkensarth kein Zweifl getragen werden möge, so wird Hr. Dominicus Arioli und Hr. Johann Baptista Bolzano, allhiesig Altstädter Kaufleuthe, nebst andern negocianten von mir ein mehreres bezeugen, als solches eigen ruhmsüchtig anführen will, selbte sind auch berjenige, so in jeglichen Vor mich alle Satisfaction geben werben. Vorwegen denn an Ewer. Exc. und Gnaden mein unterthänig gehorsambstes Bitten gelanget, Hochbieselbte geruheten mir das in denen Altstädter Kotzen Situirte Theatrum gegen benen angetragenen 1000 fl. und obbemelten bebingnußen Von Zeit der heurigen 1764 jährigen Fasching käuflich zu überlassen und mich hierüber zu schleiniger beschreibung deren nöthigen Acteurs und Virtuosen baldigst in Gnaden vorzubescheiden, indeme die zeit ziemlich herannahet, taugliche und der Noblesse anständige Subjectors zu Verschaffen, welche ausonsten bey Verschub der Sache schwer und um sicher zu haben sein möchten. In wessen gehorsambster Erbittung mich zu Gnaden unterthänig empfehle und verharre Ew. Excell. und Gnaden unterthänig gehorsambster   Joseph Bustelli.

Die Altstädter Stadtväter fanden zu viel Verlockendes in diesem Anerbieten Bustelli's, als daß sie es, wie es bei dem aufrechten Contracte mit Kurtz in der Ordnung gewesen wäre, kurzweg refusirt hätten. Hier hatten sie ja die beste Gelegenheit, ihr Theatergebäude einem sicheren, von bestem Streben beseelten, pecuniäre und künstlerische Garantien bietenden Manne anzuvertrauen

und sich eine Reihe lästiger Sorgen vom Halse zu schaffen. Die
städtische Wirthschafts-Administration faßte deshalb den Antrag
Bustelli's fest in's Auge und suchte nur nach einem Vorwande,
den bis 1766 laufenden Contract mit Jos. v. Kurtz zu Falle zu
bringen. Ueber Ersuchen der Administration delegirte das Oekonomie-
Oberdirectorium eine Commission, welche einen Modus für die
Lösung des lästigen Pactes mit dem großen Bernardon ausfindig
machen sollte. Ein Leichtes war dies keineswegs. Das von der
subdelegirten Commission abgegebene Gutachten constatirte, daß man
den Contract Jos. Kurtz's nicht umgehen könne, da derselbe bis 1766
gelte, bis wohin auch Kurtz bereits seinen Zins bezahlt habe. Es
müßte deshalb einen verwickelten Proceß geben, wenn nicht das
Gubernium „ratione publica" aus besonders wichtigen Ursachen
den erst 1763 abgeschlossenen Contract der Altstädter Stadtgemeinde
mit Kurtz rescindire.

Das Gubernium beauftragte nun die Oekonomie-Oberdirec-
tion, Kurtz zu befragen, ob er das Kotzentheater unter den nämlichen Bedingungen wie Bustelli anzukaufen bereit wäre. Kurtz
weigerte sich des Kaufs mit der Motivirung, das sein Pachtcontract
feststehe, ein dreijähriges Zins-Quantum bereits erlegt sei und er
schon 2000 fl. in das Theater gesteckt habe; von der Eventualität
eines Verkaufes des Theaters sei in seinem Contracte gar keine
Rede gewesen. Ein Verkauf des Kotzentheaters an Bustelli würde
also einen offenen, widerrechtlichen Contractbruch von Seite der
Stadt bedeuten und ihm umsomehr Verlegenheiten bereiten, als
er bereits „nicht nur für das laufende, sondern auch das künftige
Jahr die benöthigte acteurs und gesellschaften sowohl der teutschen Schauspieler als deren wällischen Virtuosen Musicorum bereits bestellet und mit ihnen accordiret habe". Die Stadtgemeinde
müßte ihm also nicht nur den dadurch erwachsenden Schaden
als auch den etwa entgehenden Nutzen ersetzen. Außerdem aber
stünde es gesetzlich fest, daß auch bei einem eventuellen Verkauf
des Theaters sein unterm 20. August 1762 fest abgeschlossener
Mieth-Contract intact bleibe und von dem Käufer respectirt werden müsse.

Die Unterhandlungen nahmen nun einen langwierigen und complicirten Charakter an. Jos. v. Kurtz bestand selbstverständlich auf seinem Schein, wollte sich zu keinem Vergleiche mit Bustelli bereit finden lassen, und wies alle Vermittlungsversuche kurzweg zurück.

Die subdelegirte Commission, bestehend aus den Grafen Carl Ignaz v. Clary, Franz Carl Graf Clary, Philipp Graf Hartmann und Hrn. v. Waßmuth, suchte nun Bustelli zu bewegen, das Theater auf die noch restirende Kurtz'sche Pachtzeit in Pachtung zu übernehmen gegen Ueberlassung eines Bruchtheils der Einnahmen an Kurtz. Beide Parteien weigerten sich dessen und Bustelli speciell bat, es doch bei seinem Kaufe bewenden zu lassen, da er nebst der Brunian'schen Truppe auch schon aus Florenz italienische Virtuosen verschrieben habe.

Kurtz erklärte, höchstens würde er, um die Stadtgemeinde nicht des Nutzens zu berauben, den sie sich von dem Kaufvertrage mit Bustelli versprach, nach Ablauf seiner Pachtzeit ebenfals 1000 fl. als emphiteutische Kaufsumme erlegen und das Theater unter denselben Bedingungen wie Bustelli übernehmen. Das wäre ein annehmbarer Vorschlag gewesen, wenn es im Rathe der Stadtgemeinde und der Statthalterei nicht von vornherein beschlossen worden wäre, sich des großen Bernardon um jeden Preis zu entledigen. Ausschlaggebend für diesen Beschluß war nichts Geringeres als der directe Wunsch der Kaiserin Maria Theresia, bei welcher Bernardon-Kurtz bekanntlich in Ungnade gefallen war und welche nun direct intervenirte, um die Weiterführung der Bernardon'schen Direction in Prag unmöglich zu machen.

Am 17. Febr. 1764 erhielt der Oberstburggraf von Böhmen folgenden Wink von einflußreicher Stelle in Wien: „Ihro kais. kgl. May. sei zu vernehmen gekommen, daß der sogenannte Bernardon oder Joseph Kurtz das Prager Theatrum abermals in Entreprise zu nehmen des Vorhabends sein. Wie nun allerhöchst dieselb nicht gerne gesehen, daß mit diesem Menschen von neuem angebunden werde, Als habe ich nicht ermangeln sollen, Ew. Exc. Von dieser allerh. Willensmeynung zur behörigen Maaßnehmung Nachricht zu geben." (G. A. B. Nr. 11/17.)

Daß nach einem Winke von solcher Stelle das Schicksal Bernardons besiegelt war, läßt sich denken.

Kurz, hielt mit Klagen und Beschwerden natürlich nicht zurück, die Commission machte ihm in Folge dessen bemerklich, daß es ihm ja freigestanden hätte, die von Bustelli eingegangenen Kaufbedingungen einzugehen; auch involvire der Bustelli'sche Kauf-Contract keine Verletzung des Kurz'schen Mieth-Contracts, da sich nach dem Gesetze nur der Käufer mit dem Miether abzufinden habe. Auch habe Kurz seine Verbindlichkeiten gegen das Publicum schlecht erfüllt, indem er das Theater dem Molinari unter unerschwinglichen Bedingungen subelocirt habe, so daß dieser bankerott wurde*) und das Publicum aller „Spectakel" beraubt worden wäre, wenn nicht über Anregung des Gubernii Wenzel Graf v. Sporck die Administration des Theaters übernommen hätte.

Jos. v. Kurz legte nun folgende Rechnung vor, deren Begleichung er von Bustelli forderte, falls er von seinem Contracte abstehen sollte. Die Rechnung zeugt zugleich in charakteristischer Weise von den Gagenverhältnissen jener Tage. Auszuzahlen waren an Jahresgagen

für Acteurs:

König, von Wien ohne Reisunkosten	494 fl.
deto Bartel und seine Frau	624 „
Calousche	468 „
Geppe sammt Frau	624 „
Zigl sammt Frau	728 „
Anderer König H. W. und Frau	728 „
Hellmann	468 „
Elizonin mit Mann und 2 Kindern	832 „
deren Acteurs-Gagen Summa	4966 fl.

---

*) Am 24. Febr. 1764 legte der Kaufmann Leop. Marsano Beschlag auf die Caj. Molinarischen Theatral-Kleydungen und alle übrigen Theatral-Effecten. Dasselbe that der Kaufmann Caspar Candoni wegen einer Schuld von 764 fl. 37½ kr. Die Behörde bewilligte es, jedoch ohne daß die Gehalte „denen Acteurs und Virtuosen" hiedurch genommen würden. (Gub Arch.)

Tänzer:

Manie und Momola . . . . 1600 fl.
Joncke und Marini . . . . 2000 „
Bertorini und Augustelli . . . . 800 „

Summa . . . 4400 fl.

Comoedien-Hauss.

Vor die Logen inwendig und Außwendig zu Spalliren mit leinwand sambt tüchenen gällendern und Vorhängen, welche pontirt und mit flinkelen außgezieret in= und außwendig gemahlet, nebst der leinwand in großen Spill=Saal, auch in Parterre das große Spiehl=Zimmer an den die Spigl, Seßle, Pharo-Tische, bänke, Brettern, Tapezier= und Tischler nebst anderer arbeith, auch 12 Spiegl-Leichter. Summa 2200 fl.

Theatr.

Solches machen zu lassen in Decorationibus zur Comodie und sonstigen Machinen, wie auch zu mehr denn 40 Ballets gantze Versetzungen mit großen und Kleinen. Summa 4500 fl.

Theatral-Zünß

Vor 2 Jahr 7 Monath anticipato bezahlt . . 2515 fl.

Summa . . . 9218 fl.

Hiezu die Acteurs mit . . . . 4966 „
und denen Tänzern . . . . 4400 „

Summa . . . 18.581 fl.

Welches jurato zu betheuern Erbittig bin.

Das lucrum cessans betreffend, nachdeme nicht weiß, woher mit Weib und Kindern das für dieses Jahr zu gewinnen angesehen alle Theatral mit Ende des Carnivalls schon Vermittelt sind, rechne Jahr zur Jahr wenigstens 7000 fl., Welches betraget durch 3 Jahr 21.000 fl.

Und obwohlen ich es noch auf eine höhere Summa erweißen könnte, so will es jedennoch der gerechtesten Beurtheilung eines hochlöbl. Kays. Ober-D'rectory gehorsambl. anheimb stellen.

Summa des Damni Emergentis et lucri cessantis 39.581 fl.

Joseph Kurtz.

Die subdelegirte Commission befragte nun Bustelli, ob und wie er den Kurz entschädigen, ob er nicht die in der Liquidation genannten Acteurs, worunter einige aus der Truppe des Brunian, welche Kurz bereits auf 1 Jahr engagirt, folglich zu bezahlen hatte, dem Bustelli aber überlassen wolle, zu übernehmen Willens

17

wäre? Bustelli erklärte, von den Decorationen des Kurtz könne er wenig brauchen, da Alles davon schon auf dem Theater gesehen worden sei, also seinen Werth verloren hätte und „kein Ansehen machen würde"; er (Bustelli) wolle „das Publicum de condigno bedienen und Ehr einlegen, auch als honnette homo verharren, infolgsam auch das Theater und was dazu gehört nicht von Kurtz sondern wie dieser von der Wirthschafts-Administration über- nehmen; falls jedoch der Kurtz unter den Comischen decorationen was anständiges hätte, und sich mit ihm in particulari einverstehen wolte, so sehe er nicht dagegen sich diesfalls billig finden zu lassen. Die von Kurtz engagirt und firmirt seyn sollenden Acteurs könne er keineswegs übernehmen, weil er den nun in Brünn befindlichen Brunian mit seiner auserlesenen Compagnie und Tänzern bereits vor acht Tagen selbst engagirt habe, Kurtz aber habe nur vorge- geben, solche Engagements getroffen zu haben, ohne es thatsächlich auszuführen".

Die subdeligirte Commission hatte zwischen Bustelli und Kurtz weiter zu vermitteln. Letzter stimmte seine Forderungen schließlich auf 15.000 fl. herab, Bustelli wollte aber nur 100 Ducaten ein für allemal als Reisespesen geben; das gab allerdings kein Resultat. Das Oberdirectorium rief nun eine neue Liquidirungsversammlung unter Zuziehung beider Parteien ein. Den von Kurtz aufgestellten Posten von 4400 fl. für Acteurs und Tänzer ließ sie ganz fallen, da Kurtz keine Contracte derselben produciren konnte. Aus dem Comoedienhaus sollte Kurtz das, was von ihm herrührte und was Bustelli nicht übernehmen wollte, herausnehmen und Alles nach dem Inventar in alten Stand setzen, wegen der Decorationen, Stellagen u. s. w. solle er sich mit Bustelli auseinandersetzen. Das auf 3 Jahre mit 21.000 fl. berechnete lucrum cessans könne Kurtz wohl nicht nachweisen; hätte er aber in der That soviel Profit aus dem Prager Theater gezogen, so sei unbegreiflich, wie er sich von den Grafen Sporck und Jos. Czernin konnte bis 7000 fl. jährlich als Entschädigung ersetzen lassen. Bustelli erklärte sich bereit noch 100 Ducaten zuzulegen oder aber durch die noch übrigen 2½ Jahre der Kurtz'schen Pachtzeit von dem klaren Nutzen nach Abzug der Kosten dem Kurtz den 4. Theil auszuzahlen, doch solle die Rechnung hierüber nicht von Kurtz sondern von einem hiezu zu bestimmenden Cavalier eingesehen werden.

Am 9. März 1764 decretirte die Statthalterei an die Oekon.-Oberdirection, daß, nachdem zwischen Kurtz und Bustelli kein Vergleich zu erzielen wäre, der Bustelli'sche Kauf-Contract aber umsomehr fest werden müßte, als die Gesinnung der Kaiserin dahin ginge, „den Kurtz von aller ferneren hiesigen Spectacl-Impresa zu entfernen", dieser Kaufcontract von der Oek.-Oberdirection ehestens der Ratificirung zuzuführen sei; dem Kurtz solle man „ohne längeren Umtrieb" und ohne Beachtung seiner übertriebenen Forderungen die ihm wirklich gebührende Entschädigung zukommen lassen. Auf diese Weise werde das Interesse des Publicums gewahrt und den Intentionen der Kaiserin am besten entsprochen.

Am 10. März 1764 bewilligte die Oek.-Oberdirection den Kauf-Contract mit Bustelli unter der Bedingung, daß derselbe eine Caution von 4000 fl. ganz oder in dreijährigen Raten erlege. Auf ein Kauf-Offert für das Kaffee und die Zuckerbäckerei von Seite der Eheleute Gabriely wurde mit Zustimmung Bustellis reflectirt. Bezüglich der Decorationen sollte Bustelli einen privaten Vergleich mit Kurtz abschließen. Auch wurde Bustelli trotz seines Sträubens verhalten, den Prager Stadthauptleuten, deren Gegenwart „zur Vorbigung aller derorthig entstehen mögenden unordnungen daselbst nöthig sei, eine Freiloge zu gewähren".

Am 31. März kam der Kauf-Contract Bustellis mit der Altstädter Stadtgemeinde factisch zum Abschlusse. Er enthielt folgende Bestimmungen:

1) Die Wirthschafts-Administration verkauft das in der Kotzen befindliche Theatrum sammt allen dazu gehörigen appertinentien dem Hr. Joseph Bustelli; jedoch zu keinem anderen gebrauch, als daß derselbe daselbst producendo seine operen, comedien, Pantomimen und andere Schau Spiele und Comische Vorstellungen nach seinem aigenen willen nutzen, frey und ungehindert Erbbestandtnußweiß besitzen, und sothane productiones daselbst an Von der Allerhöchsten Hof-Stelle nicht verbottenen Tägen durch Ihn Selbsten oder durch einen anderen von Ihme bestellten Impressario Vorzeigen könne, gegen einen pactirten ankauf-schilling per Ein Tausend Gulden.

17*

2) Der Grundzinß ist jährlich vom 1. März mit 900 fl. abzuführen, welche der Erbbestandtner auf drei nacheinanderfolgende Jahre summatim mit 2700 fl. im voraus eben bereits bezahlt hat.

3) Damit die Prager Gemeinde auf künftige Zeiten des Zinses halber gesichert sein möge, so soll hier ein derley Anticipations-Quantum von 2700 fl. der Communität pro cautione ohne Interessen in Handen verbleiben, folgsam Hr. Emphytenta allezeit mit 1. Martii jeden Jahrs den schon in absitz gebrachten ganzjährigen Zinß mit mehrmaliger erlegung bahrer 900 fl. den Vorschuß und respective caution rebintegriren und vollzählig zu machen gehalten sein möge.

4) Das Theater wird Bustelli und zu keinem anderen Gebrauch als zur Producirung von Allerhand Schauspielen überlassen und bemselben daher nicht erlaubt, irgend welches den Stadtbewohnern nachtheiliges „Gewerbe oder Nahrung" zu betreiben, auch in den dortigen Caféladen keinen anderen als einen Altstädter bürgerlichen Miether aufzunehmen.

5) Bustelli wird verhalten, bei etwaiger Feuersbrunst, welche das Kozenttheater verzehren könnte, dasselbe auf seine Kosten wieder aufzubauen, nur sollte er von dem Zinse während der Bauperiode befreit sein; in keinem anderen Falle sollte ihm aber, ob er nun viel oder gar keine Vorstellungen geben würde, etwas vom Zinse nachgelassen werden.

Der 6. Paragraph des Contracts war von besonderer Wichtigkeit, da er das zu erwerbende Privilegium des Kozenttheaters betonte. Er lautete:

„Da dem Hrn. Erbbestandtner baran, bamit in benen kgl. Prager Städten nur diese einzig öffentliche Schaubühne verbleibe, hauptsächlichen gelegen ist, bannenhero sich der Verkaufende Theil sothaues Privilegium privativum Binnen benen nächsten brey Jahren, das ist Bis ad terminum 1mo Martii 1667 allerunterthänigst zu effectuiren verpflichtet, in widrigen und falls in- ober nach Verflößung biese Tagfahrt ein anderweithig öffentliches bem Hrn. Bustelli zum Nachtheil gereichendes theatrum in Standt gebracht werden möchte, Er an gegenwärthigen Contract à dato berzustande-bringung bieses neuen theatri wider seinen willen nicht mehr gebunden seyn und Ihme das einkaufs-quantum sambt ben anticipirten grundzinß zurückgestellet werden solle, gleichwie Er bann auch durante petitione nunc sati Privilegiy lediglich für biejenige casus fortuitos, welche ad intra vel damna culpa Suâ vel Suorum data zu hafften sich ausbrücklichen Vorbe-baten thnet und der Vorgehende § bahin limitirt wirbt.

Die nächsten Paragraphen waren:

7) wann der H. Emphytesta pro augmentatione (zur Erweiterung) bieser Realität waß neues zu bauen wolte, soll bieses immerhin nach vorläuffig schriftl. anzeig- und approbation Einer löbl. Wirthschaftsabministration geschehen, wo alsbann das bergestaltige ohnehin ex natura contractus schul-

dige reparation und melioration excedirende in rem versum Jhme Wirth-
schafts Administratore zu liquidiren, und den Decrotando liquid Befundene
Betrag zu dem Kaufquanto deren 1000 fl. zuzuschlagen freystehen wirdt.
ob nun zwahr

8) Jhme H. Bustelli dieses theatrum jemanden zu elociren oder einen
Jmpressarium dahin zu bestellen frey Verbleibet, dieses jedoch in Beeden
Fällen anderst nicht als mit vorläuffiger anzeigung Einer löbl. Würthschaffts-
Administration Vor sich gehen, und der diesfällige Substitutus ebnermaßen
gegenwärtigen Contract nicht im mindesten zu excediren Berechtiget seyn soll:

9) Verbleibet gleich wie Vorhin allezeit gewöhnl. die Magistratual-
Loge frey, da aber der Vorige Conducent H. Joseph Kurtz sich sothane Von
der Löbl. Administration zum Pharo-Spiehlen ausgebetten und dargegen eine
andere doppelte Seithen-Loge ad interim ausgewiesen, dahero so bald das
Pharo-Spiehlen an ein anderes orth in dem Comœdihauß transferirt oder
gar daselbst aufhören möchte, mentionirte in linea recta gegen den theatro
Befindliche Magistratual-Loge in Vorigen standt gestellet, und zu Handen
deren Senats- und Administrationsmembrorum frey verbleiben, auch der Hr.
Erbbestandtner immerhin wie Vorhin gewöhnl. auf alle productiones soviel
deren gespiehlet werden, fünf franco Billieter in sothaner Loge alleinig für
die Alt Städter H. Rathsglieder, und respective Administratores in die
Hände des Hrn. Admin.-Directoris ohne das solche an jemand andern cedirt
werden können, dann für den Hr. Cantzler ein derley Franco-Billiet abzugeben haben, und demselben entweder in sothauer Loge, oder aber in das
erste Parterre zu gehen frey stehen wirdt, welche 6 Francozettl auch wenn
ein Pachter oder Entrepreneur sich hervorthuen Solte, zu Verstehen seyn.
Schlüßlich dann auch

10) Verbindet sich H. Bustelli nach Verflußung deren ersten drey
Jahren anstatt eines neuen Scenary, ohne abbruch des Zinßes in die Stä-
tische gemeind Cassam annoch Zwey Hundert fl. Bahr und dieses nur einmahl Vor allemahl zu bezahlen, und übrigents in allen punctis, und clau-
sulis gegenwärtigen Contract nachzuleben, wo anbey der Löbl. gemeinde
das Dominicum Decretum Vorbehalten wirdt, gleichwie dann auch, wenn
jetzt mentionirter Possessor (Eigenthümer) oder dessen nachfolgende Posses-
sores extra lineam descendentem diese realität an jemand anderen es seyn
testando oder auf was für immer eine weiß abalieniren wolte, soll der
Löbl. Communität dieses Kotzen theatrum cum apportinentiis entweder mit
alleiniger restituirung des ankaufsschillings deren 1000 fl. und Billig
mäßiger detaxir- und zurückstellung des mit Administratorischer einwilligung
neu zugebauten entis (Gebäudes) hiewiederumben zu retrahiren, oder aber
den consensum ad alienandum in obrecensirten conditionibus zu ertheilen
frey Verbleiben."

Unterschrieben und besiegelt ist der zu Prag 31. März 1764 aus=
gefertigte Vertrag von „Johann Wenzl v. Friedenberg, Primator und
Würthschafts=Administrations=Director", „Johann Mathias Eser, Canzler
und Gemeind Eltester", „Joh. Anton Watzura, Würthsch. Administrator",
drei anderen Gemeindefunctionären und Bustelli als „Einkauffer". (Stadt=
u. Gub.=Arch.)

Jos. v. Kurtz war von diesem Ausgang der Affaire auf das
Höchste betroffen; er hatte so viele Freunde und Verbindungen in
Prag, daß ihm ein so rücksichtsloses Beiseiteschieben seiner ehedem
gefeierten Person ganz unbegreiflich erschien. Selbst nach dem fac=
tischen Abschlusse des Bustelli'schen Contracts machte er noch krampf=
hafte Anstrengungen, die vollzogene Thatsache rückgängig zu machen.
Ohne zu wissen oder zu ermessen, wie wesentlich die Ungnade der
Kaiserin Maria Theresia zu seinem Sturze beigetragen hatte, rief
er die Intervention der Monarchin an.

Unterm 10. April 1764 richtete er an die Kaiserin in einer
Immediat=Eingabe die Bitte, ihn in seiner „Prager Theatral=
Impresa" zu schützen. Die oberste Hof=Justiz=Stelle ordnete nun
eine Untersuchung an, und am 20. Sept. 1764 sandte das böhm
Landes=Gubernium eine eingehende Darstellung der Verhältnisse
an die Kaiserin. Es wurde darin die Nothlage der Künstler und
des Theaters in Folge der von Kurtz mit Molinari vereinbarten
Streichung der deutschen Komödien aus dem Repertoire geschildert,
welche als unumgänglich nothwendig gemacht habe, mit dem von
Kurtz beanspruchten vierten Theil der Theater=Einnahmen die Ko=
mödianten zu bezahlen. Es wurden ferner die Vortheile dargelegt,
welche der Altstädter Stadtgemeinde aus dem Kauf=Contracte mit
Bustelli erwuchsen, den man um so eher bestätigt habe, als Kurtz
thatsächlich durch die Untervermiethung des Kotzentheaters an Mo=
linari das Prager Publicum in Gefahr gebracht habe, eines Theaters
überhaupt entbehren zu müssen, als ferner Kurtz von dem ihm
eingeräumten Vorrechte, früher als Bustelli das Theater unter den
gleichen Bedingungen anzukaufen, keinen Gebrauch gemacht habe,
und als endlich das Gubernium nur der ihm kundgegebenen In=
tention der Kaiserin, Kurtz nicht ferner die Prager Impresa zu
übertragen, zu entsprechen geglaubt habe, indem es durch die Be=

stätigung des Bustelli'schen Contracts jenen des Kurz annullirte.
Auch habe ja Bustelli zugesagt, alle Sarta tecta selbst zu unterhalten und alle casus fortuitos auf sich zu nehmen, Kurz dagegen
bei den Ausgleichsverhandlungen „schamlose" Forderungen gestellt.
Uebrigens habe man die Stadtgemeinde angewiesen, daß Herrn
von Kurz der bereits erlegte Miethzins zu restituiren und zu einer
billigen Entschädigung von Bustelli (derselbe offerirte 800 fl.) zu
verhelfen sei. Das Gubernium beantragte nun bei der Kaiserin,
dieselbe möge Kurz bei seinen „wiederholt erfrechten, unstatthaften,
unnützen" Gesuchen kein Gehör schenken und ihm mit beharrlichem
Stillschweigen antworten.

So geschah es denn auch und Kurz trat definitiv vom
Prager Schauplatze ab, wo er ebenso große Triumphe gefeiert
hatte, wie in Wien, und ebenso unmöglich geworden war, wie in
Wien. Seine Beliebtheit war Jahre lang eine unendliche gewesen
und wenn er sein Lieblings-Lied sang:

> „Meine Brust zerreißt in Stücken,
> „Und mein Herz bekommt ein Loch,
> „Welcher Schneider wird es flicken,
> „Welcher Tischler leimt es doch?"

schwamm das ganze Auditorium in Wonne und Entzücken. Seine
Bernardon-Figur (Gervinus bezeichnet sie als ein Mittelding
zwischen Schelmerei und Tölpelei), sein drolliges Wienerisch, seine
persönliche Liebenswürdigkeit und Intelligenz hatte ihm zahlreiche
Anhänger verschafft, selbst solche, die dem von ihm protegirten
Stegreifspiel keinen Geschmack abgewinnen konnten und erklärte
Freunde des edleren, „regelmäßigen" Stückes waren. Hr. v. Kurz
hatte über das letztere seine eigenen Ansichten. Er meinte, Stücke
nach einem Buche herunterzuspielen, sei keine Kunst, da sei es
etwas ganz anderes, zu improvisiren: das fordere Witz und Geist.
Sein Personal mußte sich seinem Willen unbedingt unterordnen.
Er verwendete es, wie es ihm beliebte, im Ballet, in der „Maschinskomoedie", in der Tragödie, in der Oper. Alle Schauspieler
mußten, wie wir ja in einer Opern-Ankündigung gesehen, Ballet

tanzen; seine Frau Theresia v. Kurz selbst war als Sängerin, Tänzerin und „Verkleidungskünstlerin" sehr beliebt.

Jos. v. Kurz wandte sich von Prag zunächst nach München. Er wurde vom damaligen Churfürsten Max III. Joseph beauftragt, in München ein stehendes Theater zu errichten. Kurz unterhandelte — wie Franz Grandaur in seiner „Chronik des kgl. Hof- und Nationaltheaters in München"*) mittheilt — mit den ersten schauspielerischen Notabilitäten Deutschlands wegen Eintritts in seine Gesellschaft, erhielt aber, weil man offenbar dem „grand Bernardon" kein rechtes Interesse für das regelmäßige Stück zutraute, meistens Refus, so daß die Sache fallen gelassen wurde und Kurz sich auch in München auf seine Bernardoniaden beschränkte.

Im Jänner 1767 eröffnete Kurz in Mainz das dort neu errichtete Komödienhaus an der großen Bleiche mit einer vorzüglichen Gesellschaft, welcher u. A. Schröder, der später in Prag gefeierte Tyrannenagent und Tragöde Bergopzoomer, der Stegreifspieler Grünberg, die Ehepaare Denz, Wahr und Eitel, sowie die nachmals in Wien als Mad. Sacco gefeierte Mamsel Richard angehörten. Kurz-Bernardon fand in Mainz viel Sympathien. **)

Von Mainz machte er mit seiner Truppe Abstecher nach Frankfurt a. M., wo er im Herbst 1767 u. A. ein Faustspiel: „eine zwar uralte, weltbekannte, auch zum öftern vorgestellte und auf verschiedene Art schon gesehene Maschinskomoedie, genannt doctrina interitus oder das lastervolle Leben und erschröckliche Ende des weltberühmten jedermänniglich bekannten Erzzauberers Doctoris Johannis Fausti Professoris Theologiae Wittenbergensis mit Krispin, einem excludirten Studentenfamulo, von Geistern übel vexirten Reisenden, geplagten Kameraden des Mephistopheles, unglücklichen Luftfahrer, lächerlichen Bezahler seiner Schulden, natürlichen Hexenmeister und närrischen Nachtwächter", aufführte.

*) München. 1878, Verlag von Theodor Ackermann.
**) Jakob Peth, Geschichte des Theaters und der Musik in Mainz. Mainz 1879. Verlag von H. Prickarts.

4

4

4

4

Seine Frau Therese v. Kurtz übernahm später die Leitung der Augsburger Bühne.*)

Von Mainz aus führte Kurtz auch seinen Proceß mit der Prager Altst. Stadtgemeinde weiter. Er hatte eine von Bustelli erlegte Abfindungssumme von 4000 fl. in Prag beim Grafen Procop Kolowrat in Deposito, gegen deren Herauszahlung er seinen Anspruch auf den ihm rechtlich gebührenden 4. Theil der Prager Theater-Einkünfte bis 1766 verzichten wollte. Statt dieser, mittlerweile an den Magistrat übertragenen Summe wollte ihm der Letztere aber einfach den von ihm anticipando bezahlten dreijährigen Theatralzins herauszahlen, dessen Annahme Kurtz bis zur Austragung des Processes bisher standhaft verweigert hatte.

Am 27. Jänner 1768 nun wurde Joseph v. Kurtz, damals in Mainz, aufgefordert, die bei der Gemeinde erliegenden, ihm gehörigen 2214 fl. zu beheben. Die Adresse lautete: „Mr. Mr. Jos. Kurtz, entrepreneur des jeues publiques theatrals à la cour de son Altesse Electoral de Mayence". Der Mainzer Notar Caspar Aug. Fuchs behändigte Kurtz während einer Probe im „neuen Schauspielhause auf der Bleich" dies Schreiben. Kurtz bedauerte, daß sich Fuchs mit seinen Zeugen bemüht und sagte, er würde seinen Wiener Agenten Hofrath Heimerle mit der Angelegenheit betrauen. Dem Prager Kanzler Eser schrieb Kurtz unterm 1. März 1768 folgenden bemerkenswerthen Brief in dieser Angelegenheit:

Wohlgebohrner und mir Sonsten Sehr geneigter Herr Cantzler!

Ich will nicht hoffen, daß meine Abwesenheit die gütige Gesinnungen, so Euer Wohlgebohrn für mich hegten, sollten abgeändert haben, um so Vielmehr da mir dero gütige und gerechte denkungs Art bekannt ist. Die Gewalt so mir bishero in Ansehung meines Prager Processes geschehen, ist Euer Wohlgebohrn so gut als mir bekannt, also werden auch Hoch dieselben wiessen, daß der jezige Impressarius Postelli wegen den Von mir anticipirten dreijährigen Theatral Zinß p. Zwey Tausend sieben Hundert gulden mit Vier Tausend gulden sich hat abfinden wollen, welche Vier Tausend gulden sich Ihro Excellenz Herr graf Procop v. Collobrab Von den Postelli zu meiner Sicher-

*) Witz, Geschichte des Augsburger Theaters.

heit haben depofitirn laffen. Da ich nun in Anfehung des Vierten theils, welchen Ich Vor gott' und der Welt zu fordern hatte, mit diefer Condition abgetretten, daß man mir die depofitirten Vier Taufend gulden heransbezahle, undzu meiner Schuld pr. Trey Taufend fünf Hundert gulden für welche die zwey H.Hrn. Kauffleuthe Martinelli und Calvi caviret, helffen mögte, zu welchen Ende Ich auch eine Vollmacht durch Herren Agenten Haymerl an den Procurator Herrn Wranni gerichtlich Vidimiret, abfolgen laffen. Nun mein Theurifter Herr Cantzler! können Sie fich meine Beftürzung leicht Vorftellen, da die- felben mir ein Capital Von Zwey Taufend Zwey Hundert Vierzehn gulden mit gewalt aufdringen wollen, da ich gar keinen gedanken mehr dazu hatte, daß diefe Gelder in denen Händen eines Hoch Edlen und weifen Magiftrats wären. Ich ruffe alfo ihr Religion und gerechtigkeit an, diefer Sache wegen mit Ihro Excellenz Herrn Grafen Procop v. Collobrad zu reden, um all- dorten die rechte Auskunfft zu erfahren, wie meine betrübte Umftände be- fchaffen find. Für diefe groffe gefälligkeit, welche Euer Wohlgebohrn einem weit entfernten Freund und diener erzeigen, werde ich Zeit Lebens dankbahr Verharren. Wann auch diefer groffe Herr nicht mehr Bey jenen Departement wären, daß dönnoch durch deffen Weltbekannte gerechtigkeit mein Schickfal bald wird entfchieden feyn, Ich erwarte mit den größten Verlang einmahl von Euer Wohlgebohrn auch etwas Vergnügtes zu Vernehmen, weilen ich leyder fchon zweymal, das ift den 27ten Decembr. 1765, und diefesmal den 27ten January 1768 zwey höchft unangenehme Neuigkeiten Von denenfelben für mich Vernohmen habe, der ich mit der höchften Hochachtung jederzeit Verbleibe

Meines Wohlgebohrnen Herren Cantzlers

gehorfambfter Diener
Jofeph Kurtz.

Maynz den 1ten Marty 1768.

P. S. Euer Wohlgebohrn erinnern in Ihren Schreiben, daß diefelben fchon Verfchiedenen Mahlen felbfte an mich gefchrieben, oder durch andere hätten fchreiben laffen, kan aber Bey meiner Ehr bethenern, daß ich außer denen zweyen Briefen, nicht eine Zeile fonften erhalten habe.

Der Kanzler erfuchte Kurtz, „feine Gerechtfame wider Buftelli, Calvi oder Martinelli profequiren und feine Gelder beheben zu laffen". Es wird wohl fchließlich dem armen Bernardon nichts Anderes übrig geblieben fein, als dies zu thun, denn von feinem Prager Proceffe verlautet in der Folge nichts mehr. Kurtz blieb zwei Jahre in Mainz und ging dann wieder nach Wien,*) wo

*) Jac. Peth. meint, er fei von Mainz nach Prag gegangen, ein Irrthum, der ans der Confufion aller bisherigen, verftreuten Nachrichten

der tolle Spuck der Bernardoniade im Fasching des Jahres 1770
aufs Neue begann, obgleich anno 1752 Kaiserin Maria Theresia
ausdrücklich befohlen hatte, „daß keine anderen Vorstellungen als
welche entweder aus dem französischen, wällischen oder spanischen
Theatris herfließen oder in deutscher Sprache wohl ausgearbeitet
befunden werden, auf dem Wiener Theater zu produciren gestattet
seien, folglich alle Compositionen von dem sogenannten
Bernardon, sowie alle dergleichen, mehr zum Aergerniß des
Publici als zur Einpflanzung einer guten Moral gereichenden
albernen Erfindungen durchgehends und für alle Zeiten verboten
seyen . . ." *) Aber lange dauerte Bernardons neues Règime in
Wien nicht. Das erste Stück, „Serva Padrona, die Herrschafts-
küchel, die Weiber- und Bubenbataille", wurde noch unter gewal-
tigem Zulaufe des Volkes, das seinen „Vater Bernardon" wieder
sehen wollte, gegeben; aber bald fand man ihn und seinen Witz
„gealtert" und abgeschmackt; er wurde parodirt, seine Vorstellungen
veröderten, einmal entging er mit Noth dem Auspfeifen. Kurtz
gründete später eine große Theaterunternehmung in Warschau und
wurde in den polnischen Freiherrnstand erhoben. Im Jahre 1783
sagte er der Kunst Valet und soll Papiermüller in Warschau
geworden, aber schon im nächsten Jahre (1784) in Wien als
69jähriger Greis gestorben sein.

Zu Prag hatte sich, nachdem das Schicksal Bernardon-Kurtz
zu dessen Ungunsten entschieden war, Giuseppe Bustelli häuslich eingerichtet. Das Erste, was wir von seiner Prager Wirksamkeit hören, klingt nicht sehr erbaulich und künstlerisch bedeutsam.
Er bevölkerte die Bühne zunächst mit Elementen, welche entschieden
anderswohin als auf das mit einer gewissen Vornehmheit prun-
kende Kotzentheater gehörten.

Am 5. März 1764 suchte nämlich Bustelli an, während der
Fastenzeit musicalische Akademien und überdies, da die Bühne

über Jos. v. Kurtz's Aufenthalt in Prag zu erklären ist. Ed. Devrient
ignorirt Bernardon's Aufenthalt in Prag ganz.

*) Chronik des k. k. Hofburgtheaters. Von Dr. Eduard Wlassack,
Wien, L. Rosner 1876.

derzeit aller feuergefährlichen Objecte entkleidet sei, auch einige Feuer-
werke im Theater aufführen zu dürfen. Statt der musical.-komischen
Intermezzos, deren Aufführung in der Fastenzeit nicht gestattet war,
würden Seiltänzer „ihre Balansier-Stücke und andere Seil- und
Drat-Tänze" den Zwischenraum auf einige Stunden, jedoch ohne
Pantomime und andere dergleichen Spectacel einzumengen, erfüllen.

Bald übrigens zeigte sich auch die Bustelli'sche Oper in Activität. Als Italiener legte Bustelli natürlich das Hauptgewicht darauf und war vor Allem darauf bedacht, seinem Opernrepertoire
eine solide Basis zu geben. Sein Personale war sorgfältig zusam-
mengestellt und hatte in dem Capellmeister Domenico Fischietti
einen hervorragenden Dirigenten. Fischietti (geboren 1729 in
Neapel) hatte am Conservatorio di San Onofrio in Neapel eine
gründliche musikalische Ausbildung erfahren und bald ein auffal-
lendes Compositionstalent entwickelt. In den fünfziger Jahren des
18. Jahrhunderts hatte er die Opern „Il Signor Dottore", „Solimano", „La Speciale", „Ritorna da Londra" componirt, im
Jahre 1761 „Il Siface", in den nächsten Jahren „Il Mercato
di Malmantile", „La Molinara" u. s. w. An ihm hatte Bustelli
eine vortreffliche Acquisition gemacht. Das Sängerpersonal bestand
im ersten Jahre seiner Prager Unternehmung aus den Herren
Pietro de Mezzo, Pietro Santi (Kammer-Virtuos des Kurfürsten
von Baiern), Michele Patrassi genannt Gibelli (Sopranist aus
Rom), und Domenico Guardasoni, einem virtuosen Tenoristen
aus Modena, der Prag außerordentlich treu blieb und für unsere
Bühne als Director eine besondere Bedeutung gewinnen sollte,
den Damen Antonia Girelli Anguilari und Eleonora Scelin.
Aus diesem Jahre liegen uns drei Opern-Textbücher vor, welche
von der Thätigkeit Bustelli's reden. Darnach wurden 1764 aufgeführt: „L'Ipermnestra" und „Solimano" von Balthasar Galuppi und „Vologeso" von Domenico Fischietti. Die Galuppi'sche „Ipermnestra" hatte Bustelli der Fürstin Josepha Fürstenberg gewidmet. Die Besetzung zeigte das gesammte vorgenannte
Personale in Action (Danao - Mezzo, Ipermnestra-Sgra. Anguilari, Linceus-Pietro Santi, Elpinices-Eleonora Scelin, Plisthenes-

Michele Patrassi, Adrastus-Guardasoni). Von der Zusammen=
setzung des Ballets zeugt folgende Ankündigung:

„Die Tänze sind von besonderer Invention des berühmten Herrn
Joseph Salamoni, genannt der Portugese, verfertiget und durch
folgende ausgeführet:

Die Mamsell Anna Ricci.
Der Monsi. Joseph Salamoni.
Die Madame Theresia Marana.
Die Mamsel Anna Dosi.
Die Mamsel Rosa Tinti.
Die Mad. Theresia Frances-
chini.
Die Mamsel Nunziata Ma-
succi.

Die Mad. Elisabetha Pelagalli
Marchi.
Monsi. Andreas Marchi genannt
Morino.
Monsi. Franz Ponci genannt
Inglesino.
Monsi. Vincentius Tinti
Monsi. Johannes Costanza.
Monsi. Johannes Pisgagek.

Die Kleydungen seynd erfunden und verfertiget worden von dem
Herrn Luiggi Simoni, Bologneser, genannt der Moscowitter.

„Vologeso" von Fischietti*) wurde am Namenstage des
Kaisers Franz I., am 4. Oct. 1764, aufgeführt. Die Titelrolle
gab Pietro Santi, die Berenice Sgra. Anguilari, den Lucius Verus
Sgr. de Mezzo, die Lucilla Sgra. Seelin, den Anicetus Sgr.
Patrassi, den Flavio Sgr. Guardasoni. Die Ballets waren aber=
mals von Sgr. Giuseppe Salamoni, im Personale waren nur
die früher erwähnten Namen vertreten. „Soliman" von Galuppi**)
kam im November zur Aufführung und war dem Fürsterzbischof

---

*) Vologesus, König deren Parthen, opera seria, aufzuführen an dem
glorreichen Namenstage Ihro Kaij. Königl. Maj. Francisci des Ersten
Erwählten Römischen Kayser zu allen Zeiten Mehrer des Reiches. Im
Jahre 1764, den 4. Octobris in dem kgl. Prager=Theatro unter der Direction des Jos. Bustelli Impressarii, Gedruckt zu Prag bey Carl Jos. Jaur=
nich. — Die Music ist von dem berühmten Capellmeister erfunden, Herrn
Dominic Fischietti aus Neapel.

**) Soliman, Eine opera seria, aufzuführen in dem kgl. Prager=Theatro,
im Monat November 1764 gewidmet Sr. Durchlaucht dem hochwürdigsten
Hrn. Hrn. Anton Peter, des hl. röm. Reichsfürsten und Grafen Przichowsky,
Erz=Bischoffen zu Prag etc. etc. Gedruckt zu Prag, bei C. Jos. Jaurnich. —

von Prag Anton Peter v. Przichowsky, den Bustelli als einen
besonderen Schützer und Wohlthäter der „Virtuosen und Spectakeln"
und als einen speciellen Patron seiner Person feiert, gewidmet.

Im nächsten Jahr (1765), erfuhr das Personale der Bustelli'=
schen Oper eine starke Veränderung. Wir finden nun als die her=
vorragenderen Sänger Domenico Guardasoni, den schon von
der Molinari'schen Impresa bekannten Buffo Pasquale Bondini
(ebenso wie Guardasoni nachmals Director in Prag), Giacomo
Tibaldi (Bassist) und Patrassi, als Sängerinen Angela Masi
Tibaldi, Anna Zannini (von Molinari's Impresa her bekannt),
Antonia Paradisi genannt; als Tänzer und Tänzerinen erschienen
neu: Mamsell Antonia Heim, Monf. Joseph Hornung, Francesco
Barzanti, Monf. Johann Tilli *) in den Textbüchern, wobei wieder
zu bemerken ist, daß nach damaligem Brauche auch Schauspieler
im Bedarfsfalle in das Ballet herübergenommen wurden.

Im Frühling des Jahres wurde u. A. die Buffo=Oper
(dramma giocoso per musica) „Li Ucellatori" von Florian
Gaßmann, einem bedeutenden deutschen Componisten und Dirigenten
aufgeführt. Die Erscheinung dieser Oper auf der Prager Bühne
ist doppelt interessant, weil Gaßmann als Deutschböhme (geb.
4. Mai 1723 zu Brüx) besonderen Anspruch auf Beachtung fordert.
Er hatte bei dem Chorregenten Johann Woborzil seinen ersten
Musikunterricht genossen; mit zwölf Jahren war er bereits ein
vortrefflicher Sänger und Harfenspieler und entfloh, um frei seinen

---

Auftretende Personen: Soliman, der türkische Kaiser — der Herr Peter d
Mezzo; Solim, erster Sohn des Solimans — Der Hr. Peter Santi Vir=
tuofer von Jhro Churf. Durchlaucht aus Bayern; Parsane, Tochter des
Tomasse, Prinzessin aus Persien — die Fr. Antonia Girelli Anguilari;
Barsine, Schwester des Osmin — die Jungfrau Eleonora Seelin; Zanghier,
Zweyter Sohn des Solimans — Hr. Michael Patrassi genannt Gibelli;
Osmin, Aga der Kais. Wachten — der Hr. Dominicus Guardasoni . . . .
Die Music ist von dem berühmten Capell=Meister erfunden und zwar von
Herrn Balthasar Galuppi, Venetianer, genannt Buranello.

*) Möglich, daß dieser Tilli ein Ahnherr des nachmaligen čechischen
Schauspielers und Dramatikers Tyl war, dessen Vater sich noch „Tilli"
- geschrieben haben soll.

Neigungen folgen zu können und nicht Kaufmann werden zu müssen, aus dem Vaterhause nach Carlsbad, wo er mit seiner Harfe binnen vierzehn Tagen 1000 Thaler verdiente. Er wandte sich nun nach Venedig, wäre aber, entblößt von Geld, unkundig des Italienischen, in arge Noth gerathen, hätte sich nicht ein Priester seiner angenommen und ihn nach Bologna zum Pater Martini gebracht, dessen Unterricht er nun genoß, worauf er Chorregent in einem Frauenkloster zu Venedig wurde. Bald fand er in Venedig Anerkennung und lebhafte Förderung namentlich durch den kunstsinnigen Grafen Leonardo Veneri. Theater und Kirchen bewarben sich um seine Compositionen, er selbst wurde 1762 als Hof-Ballet-Componist nach Wien berufen, erhielt bald lebenslängliches Engagement mit 400 Ducaten Jahrgehalt, wofür er eine bestimmte Serie von Opern für die Hofbühne zu liefern hatte. Kaiser Joseph II. ernannte ihn zum Hof- und Kammercomponisten und 1771 zum wirklichen Hofcapellmeister mit 800 Ducaten Jahrgehalt. In demselben Jahre begründete er, geleitet von seinem edlen Herzen, „die Societät für Witwen und Waisen der Tonkünstler Wiens", welche noch heute besteht und segensreich wirkt. Bei einem Besuche in Italien hatte Gaßmann das Unglück, aus dem Wagen geschleudert zu werden; er erlitt schwere Rippenverletzungen, starb an den Folgen derselben in Wien am 21. Jänner 1774 und wurde auf dem Schwarzspanier-Kirchhofe begraben. Seiner Familie setzte Maria Theresia eine lebenslängliche Pension aus und bei seiner nachgeborenen Tochter Maria Theresia, der nachmals berühmten Sängerin Rosenbaum, fungirte die Kaiserin selbst als Taufpathin. Gaßmann hat zahlreiche Kirchen- und Kammermusik-Compositionen und 23 Opern geschrieben, die bekanntesten der letzteren waren: „Il viaggiator", „L'amor artigiano", „Olympiade", „La contessina". Die Oper „Li Uccellatori" präsentirte sich in Prag in folgender Besetzung:

Serien se Theilen (parti sorio):

Die Gräfin Armelinba	Die Frau Angela Masi Tibaldi.
Der Marques Riccardo	Der Hr. Michael Patrassi, genannt Gibolli.

Lächerliche Theilen (parti buffe):

Roccolina	Die Frau Anna Zannini.
Mariannina	Die Frau Antonia Paradisi.
Pirot	Der Hr. Pasquale Bondini.
Cecco	Der Hr. Dominicus Guardasoni.
Toniolo	Der Hr. Jacob Tibaldi.

Eine weitere Novität des Jahres war „La Nitteti" (Nittetis) von Domenico Fischietti, gewidmet „einer gesamten Hohen gnädigst-gnädigen Noblesse der allhiesigen Kgl. Haupt- und Residenzstadt Prag" in submissestem Danke für die Huld und Protection, welche sie Bustelli im ersten Jahre seiner Impresa gewidmet hätte.*) Die Dritte Oper des Jahres war „La partenza e il ritorno de Marinari" („Die Reise und Zurückkunft der Schiffer") von Galupi**).

Neben der Oper und dem Schauspiel, über welches wir später reden werden, cultivirte Bustelli auch 1763 unterschiedliche „Künste", welche weniger in den Rahmen eines soliden Repertoires paßten.

---

*) Auftretende Personen: Amasis, König von Egypten, Vatter Sammetis — Der Hr. Peter de Mozzo; Sammeto, Liebhaber der Beroe — Der Hr. Peter Santi, Virtuoser von Jhro Churfürstl. Durchlaucht aus Bayern; Beröö, eine Schäferin — Die Frau Antonia Girelli Aquilari; Nittetis, Prinzessin von Egypten, geheime Liebhaberin Sammetis — Die Jungfrau Eleonora Scelin; Amonophis, geheimer Liebhaber der Nittetis und Freund Sammetis — Hr. Michael Patrassi genannt Gibelli; Bubastes, Feldherr über das kgl. Kriegsheer — Der Hr. Dominicus Guardasoni. Das kgl. Kriegsheer. Sammetis Kriegs-Heer. Die Music ist von dem berühmten Capell-Meister erfunden, und zwar von Herrn Dominic Fischietti Neapolitaner.

**) Auftretende Personen: Laurina, eine Spitz-Arbeiterin — Die Fr. Anna Zannini; Tonino, Schiffer und einfältiger Liebhaber der Laurina — Der Hr. Dominicus Guardasoni; Rosina, eine Spitzarbeiterin — Die Fr. Angela Masi Tibaldi; Roberto, ein Romanischer Cavalier — Der Hr. Pasquale Bondini; Liviotta, eine Spitz-Arbeiterin — Die Frau Antonia Paradisi; Facilone, ein Bürger aus Calabrien — Der Hr. N. N.; Boppo, Schiff-Capitain — Der Hr. Jacob Tibaldi. Vier Schiffer; ein Cammerdiener; ein Tanzmeister auf dem Tanzsaal; unterschiedliche masquerirte Personen. Die Music ist von dem berühmten Hrn. Capell-Meister Balthasar Galuppi.

So sah sich unterm 7. März 1765 der Prager Erzbischof veranlaßt, eine Vorstellung an das Gubernium zu richten, man möge
während der Fastenzeit die Seiltänzer-Productionen verbieten. Das
Gubernium willfahrte diesem Wunsche insofern, als es den „aequi-
libristen" nur Vorstellungen ohne Pantomimen und Tänze gestattete und den „Balancirern" im Kotzentheater und in der „Eisernen
Thüre" strenge die Auslassung von Tänzen und Pantomimen bei
ihren „manoeuvres" einschärfte.

Auf der Bühne des Kotzentheaters kam es übrigens in demselben Jahre, am 17. Aug. 1765, zu einem ebenso bedauerlichen
als für die damaligen Zustände charakteristischen Excesse, der hauptsächlich aus dem natürlichen Gegensatze zwischen Wälschen und
Deutschen, zwischen Tänzern und ernsten Schauspielern, hervorging.
Wesen und Verlauf der mehr als drastischen Affaire wird am besten
die folgende behördlich aufgenommene „species facti", welche
wir hier wörtlich folgen lassen, schildern.

„Es hat sich den 17. hujus ereignet in dem hierortigen kayf. königl.
Prager Theatro, unter wehrender Comoedie, daß die Signora Annunciata
Masuzzi (Tänzerin) über die vorherige Comedie zu lächeln angefangen, ohne
jedoch jemanden etwan nahe zu Tretten; wie unschuldig nun dieses Lächeln
an und Vor sich gewesen, so ist dennoch nach geendigten Ballet, als gedachte
Annunciata schon in ihren Auszug-Zimmerl war, die Madame Tillin (Schauspielerin) hinunter gekommen, ließe die Mutter durch den Laguai des Principals herausrufen, redete Sie Teutsch an, als Sie aber zur Antwort gab, daß
Sie die Teutsche Sprach nicht Verstunde, so kame inzwischen Ihre Tochter Annunciata aus dem Zimmer getretten. Die Madame Tillin Comoediantin redete
Sie gleich in Teutscher Sprach an: „Warum Du L.... hast Du mich ausgelacht?" Worauf Sie erwiderte: ich hab sie nicht ausgelacht, sondern ich habe wegen
der Comedie gelacht, ich Verstehe die Teutsche Sprach nicht recht, reden Sie
mit mir Wellisch, worauf Sie geantwortet auf Italienisch und Teutsch:
„Bacciami il C...." worauf Sie geantwortet: Das kanst Du thun und
springt zurück in ihr Zimmer, hierauf sprang die Madame Tillin straks
nach der Annunciata, erdappte Sie bei dem Comotl, ries ihr den Erbel ab,
Versetzte Ihr einen Backenstreich sagend: „Da hast Du Canalie, Du H..
Buzarona", worauf Sgra. Annunciata die Mad. Tillin zurückstosset und die
zweite Schwester Johanna, welche in Zimmer noch war, Tritt heraus
sagend: Wir seynd keine H....! gleich darauf sprang der Max Schultz
Comoediant gleich einer höllischen Furie hintzu, sprechend: Warte Sacerment!

18

ich werde Dich schwartze Canalie zurichten! hub seinen Armen in die Höhe.
und wann nicht zu allem Glück der Hr. Monti mit seinen Armen ihr das
Gesicht bedecket, so hätte es gar leicht geschehen können, daß Sie einen Streich
überkommen hätte, wovon Sie nothwendiger weiße sterben müssen, anerwogen
durch diesen ausparirten streich der Hr. Monti eine starke und sichtbahre
Contusion auf seinen linken Armen bekommen, worauf mit größer infamität
sowohl die Tillin als den Max etliche Leuthe Von den Theatro weggeführet
haben; die Bitterkeit und die Rachgier ließe sich keinerdings weder bey den
Max weder bei der Tillin dämpfen, sondern Sie raseuden immer fort und
schwuren eheuder das Theatrum nicht zu Verlassen, bis Sie die Annun=
ciata und Johanna würden gezeichnet haben; Ja es ist unläugbar, daß Sie
sogar unten auf Sie gepaßet, wie den auch beyde Schwestern, um ein
größeres Unglück zu vermeiden und ihr Leben nicht in größere Gefahr zu
bringen, Verstohlener Weiß in Begleitung des tit. Grafen Turn und tit.
Grafen Philip Clari aus dem Theater sich begaben und zu Fuß nach Hauß
gehen müssen.

Gleichwie all dieses mit glaubwürdigen Attestatis erprobet werden
kann, also fallet Von selbsten in die Augen, daß dieses Verbrechen um so
strafmäßiger ist, als es in den öffentlichen Theater ausgeübet worden; dann
gleichwie alle öffentlichen Orter inviolabel und heylig seyn müssen, eben
diesen Vorzug auch hat sich das Privil. Prager Theatrum zu erfreuen und
wie die kgl. Str. Acten sagen, daß alle zugefügte injurien allemahlen straf=
würdiger werden, wenn solche in loco publico ausgeübt werden, Es wird
also von Seithen deren Zwey beleydigten Schwestern nicht allein auf die
zukünftige Sicherheit angedrungen, sondern auch eine eclatante Genugthuung
und Satisfaction der zugefügten Beschimpfung Besonders da die Beleydigten
öffentlich prostituiret, ein folglicher ohne überkommender Satisfaction nicht
auf den Theater erscheinen können, haubtsächlichen wird gebetten, den Co
moedianten Max, welchen die Sache gar nichts anginge, sein Vnternehmen
zu Bestraffen."

Das Gubernium ordnete eine Commission zur Untersuchung
und Begleichung der Affaire an, welche Alles gütlich beilegte, doch
wurde dem gesammten Theaterpersonal und speciell den Betheiligten
die Vermeidung solcher Scandale streng eingeschärft und das Per
sonal ermahnt, sich ruhig, einig und friedsam zu betragen, widrigen=
falls mit strengem Arrest gedroht wurde. Der Komödiant Schulz
hatte die ganze species facti dem widersprechenden Zeugen, Bürger
Monti, kurzweg abgeleugnet und erklärt, er habe bloß einen Mittler
zwischen den „Weibspersonen" abgeben wollen. Die „Weibspersonen"
selbst versöhnten sich wieder, Bürger Monti aber, welcher, da die

meisten Schauspieler in seinem Hause wohnten, sich viel auf der Bühne herumtrieb, wurde streng verhalten, sich nie wieder auf der Bühne zu zeigen. Zugleich wurde ein neuerlicher Erlaß herausgegeben, wornach es im Einvernehmen mit dem Generalcommando Civil- wie Militärpersonen, die nicht zum Theaterpersonale d. i. Operisten, Komödianten, Tänzern, Theaterarbeitern und Professionisten gehören, streng verboten wurde, die Bühne zu „besteigen". Dieses Verbot mußte übrigens 1773 abermals erneuert werden.

Harte Schläge trafen das Kotzentheater in demselben Monat (August) des Jahres 1765. Am 18. August war Kaiser Franz I., der Gemal Maria Theresia's, verschieden, und die Anordnung einer allgemeinen Landestrauer und Theatersperre von Seiten seiner untröstlichen kaiserlichen Witwe war selbstverständlich. Dazu kam noch, daß in diesen Unglückstagen auch die definitive Abweisung des Gesuches der Altstädter Stadtgemeinde um ein privilegium privativum für das Kotzentheater erfolgte. Am 23. August 1765 wurde der Stadtgemeinde vom Oberdirectorium amtlich notificirt, daß sie mit ihrem Gesuch um ein privilegium privativum für das Kotzentheater abgewiesen sei, da „ohnedies jetzigen umständen auf die errichtung eines neuen theatri nicht wohl fürzudenken wäre, mithin auch das Privativum dieser Stadt von keinem nutzen seyn könnte." Damit war eine der größten Hoffnungen der Altstädter Gemeinde und Bustelli's, des emphitentischen Käufers oder Erbpächters des Kotzentheaters, vernichtet: die Bezeichnung der Bühne als „kais. kgl. privilegirte" behielt nur einen äußerst problematischen Werth, und die Gefahr einer Concurrenz für das städtische Kunstinstitut blieb immer mehr oder weniger drohend. In die ärgste Bedrängniß aber sah sich Bustelli durch die Theatersperre gebracht. Am 26. Aug. 1765 richtete er eine Eingabe an das Gubernium, worin er vorstellte, daß durch den unerwarteten Todesfall des Kaisers Franz I. sowohl er als seine Compagnie dem äußersten Ruin nahegebracht sei; er habe zwei Compagnien mit großen Unkosten verschrieben, und obwohl der Trauerfall eo ipso die Contracte löse, sei doch damit seinen Leuten und dem Publicum nicht geholfen. Die Komödianten hätten, da sie in den Sommer-

monaten wenig verdienten, in der Hoffnung auf die Wintermonate
Schulden contrahirt, deren Bezahlung beim Verbot fernerer Vorstellungen und bei einem Auseinandergehen der Truppe unmöglich
wäre. Er richtete deshalb an das Gubernium die Bitte, man möge
ihm, der die Truppe nicht mehr solariren und daher auch nicht
zurückhalten könne, beistehen, seine Leute zu bewegen, daß sie die
Verhaltungsmaßregeln des Hofes betreffs der Theatervorstellungen
in Prag erwarten. Jedoch möge man dahin wirken, „daß in diesem
Fall alle Inßgesambt durch diese Zeit hier verbleiben mögen, denn
wann ein oder der andere von der Compagnie ginge, so würde
das ganze Spectacl besonders die Opera buffa diranschiret werden." Zum Glück fand Bustelli für seine Operngesellschaft einen
Rettungsweg. Schon seit März war er mit der Direction der
königlichen Vergnügungen in Dresden in Unterhandlungen gestanden,
welche dahin zielten, Bustelli die Bildung einer neuen italienischen
Hofoperngesellschaft für Dresden zu übertragen. Diese Verhand-
lungen führten nun zu einem Abschlusse, und Bustelli ließ sich
zunächst auf die Zeit vom September 1765 bis Ostern 1766 nach
Dresden engagiren. Er erhielt eine Subvention von 100 Thlr.
für jede Vorstellung, außerdem stand ihm die Benützung der kurfürstlichen Capelle, der Decorationen, Costüme und der Bühne des
kgl. Theaters frei, wofür er die Verpflichtung übernahm, seine aus
fünf Sängern und drei Sängerinnen bestehende Opern-Compagnie
auf eigene Kosten zu unterhalten, allen übrigen Aufwand zu
bestreiten, wöchentlich mit Ausnahme des Advents und der Ostern,
drei Vorstellungen zu geben und eine Anzahl von Logen und Sitz-
plätzen für den Hof zu reserviren. Bustelli brachte seinen Capellmeister Fischietti, die Damen Zannini, Tibaldi und Paradisi, die
Herren Patrassi, Guardasoni, Boudini und Tibaldi nach Dresden
mit, als Chorsänger wurden die Sänger der Kreuzschule benützt.
Domenico Fischietti trat 1766 in die kurfürstliche Capelle. Bustelli's
Contract mit Dresden wurde in der Folge alljährlich bis 1769
erneuert; im Jahre 1769 erhielt Bustelli einen dreijährigen Contract, worin ihm eine Jahressubvention von 11.000 Thlr. gewährt
wurde; dagegen mußten sich seine Opernmitglieder verpflichten,

für Tafelmusiken und Hofconcerten, zum Theil auch für die katholische Kirchenmusik zur Disposition zu stehen.*) So kam es, daß eine Reihe von Jahren hindurch die Dresdener Hofoper und das Kotzentheater in Prag demselben Impresario unterstanden und zumeist dasselbe Personale hatten, wenn auch einzelne Namen nur in Dresden, andere wieder nur in Prag vorkamen. So trat z. B. 1767 die berühmte Mara (Elisabeth Schmehling) im kurfürstlichen Theater in Dresden auf, in Prag aber finden wir ihren Namen anno 1767 nicht. Sie war es bekanntlich, welche Friedrich den II. in seinem Vorurtheile, er lasse sich lieber von einem Pferde etwas vorwiehern als von einer Deutschen etwas vorsingen, wankend machte.

In Prag nahm Bustelli nach Ablauf der Landestrauer seine Vorstellungen wieder auf. Er trachtete sich zunächst für die Zukunft einige financielle Erleichterungen zu verschaffen und suchte am 20. Jänner 1766 an, daß er von der Redintegration des dreijähr. Zinses befreit werde, daß er ferner in Zukunft mit der jährl. Anticipation fortfahren dürfe und daß die Zeit einer Landestrauer vom Zinse ausgenommen würde. Das Erstere wurde mit Rücksicht auf den für die Schauspiele nöthigen hohen Aufwand bewilligt, das Letztere mit Hinweis auf Bustellis Eigenschaft als Käufer und nicht Pächter des Theaters abgelehnt. Auch wurde verordnet, daß bei allen künftigen Theaterverpachtungen stets ein Beitrag fürs Armenhaus fixirt werde.

Von Opern-Aufführungen sind uns aus diesem Jahre (1766) bekannt: eine Darstellung der Hasse'schen Oper „Il Triomfo di Clelia"**), von Bustelli dem Fürsten Heinrich Paul v. Mannsfeld gewidmet, und der Oper „Sesostris" von Ferdinando Giuseppe

---

*) Geschichte des Hoftheaters zu Dresden, von seinen Anfängen bis 1862. Von Robert Prölß. Dresden, Wilh. Baensch, Verlagshandlung.

**) „Der Triumph der Clelia", Ein Singspiel vorgestellet in dem königl. Prager Theatro, in Herbst des 1766. Jahrs. In Unterthänigkeit gewidmet Ew. Hochfürstl. Durchl. Hrn. Hrn. Heinrich Paul des hl. Röm. Reichsfürsten zu Mannsfeld etc. etc. Prag, gedruckt bey Carl Jos. Jaurnich.

Bertoni.*) Das Bustelli'sche Opernperfonal hatte starke Umän-
derungen erfahren. In der Besetzungsliste von „Triomfo di
Clelia"**) begegnen wir einer Reihe von neuen Namen: den
Damen Cecilia Baini, Geltrude Cellini und Angiola Calori,
den Herren Emanuele Cornachini und Giovanni Dalpini. In
„Sesostris" wirkte auch noch Sgra. Elisabetta Pavona mit. Von
dem früheren Perfonal fang hier nur Pietro di Mezzo, die übrigen
Sänger scheinen zu dieser Zeit in Dresden beschäftigt gewesen zu

---

*) „Sesostris, König in Aegypten", Ein Singspiel, aufgeführet in dem
kgl. Prager Theatro im Christmonat des 1766. Jahrs. In Unterthänigkeit
gewidmet Sr. Exc. dem hochwürdigsten, hochgeborenen Hrn. Hrn. Emanuel
Wenzl Krakowsky des hl. Röm. Reichs Grafen von Kollowrath, des hl.
Ritterl. Ordens Sanct Jean. Hieros. Ordens Rittern, und Großmeistern
in Böhmen, Mähren, Schlesien, Steyermark, Cärnten, Tyroll und Pohlen,
Commendator zu Breßlau und Lojen, Herrn der Herrschaften Strakonitz,
Warwaschau etc. etc. Ihr. Kayf. kgl. Apost. Maj. würkl. Cammerern,
General d. Cav. und Obristen über ein Dragoner-Regiment. Prag, gedruckt
bey C. Jof. Jaurnich. Bertoni, der Componist der Oper, war am 17. Aug.
1725 auf der Insel Salo bei Venedig geboren, ein Schüler Tomeonis und
Padre Martini's, wurde 1752 erster Organist bei San Marco, 1784 als
erster Capellmeister bei San Marco der Nachfolger Galuppis. Als Opern-
componist weilte er mehrmals in London, wo seine Opern („Armida",
„Quinto Fabio", „Tancred", „Caio Mario", „Narbalo", „Orfeo" etc.) große
Erfolge hatten. Er starb 1813, faft 90 Jahre alt.
**) „Singende Personen: Porsenna, König von Toschkana —
Monsieur Pierre de Mezzo; Klelia, eine adeliche Romanin — Mad. An-
giola Calori; Horazio, ein römischer Rath — Mons. Emanuele Cornachini;
Larissa, Tochter des Porsenna — Mad. Cecile Baini; Tarquino, Liebhaber
der Klelia — Mad. Geltrude Cellini; Mannio, Liebhaber der Larissa —
Monf. Jean. Dalpini. Die Music ist von dem berühmten Cappelmeister
Herrn Adolpho Hasse oder sogenannten Sachsen. Die Täntze sind eine sinn-
reiche Erfindung des Hrn. Vicentio Colli aus Bolognien: Tanzende
Personen: Mad. Anna Conti, Mad. Madalena Formigli, sonst Mora
genannt, Mad. Giovanna Mazucci, Mad. Françoise Sartori, Monf. Vin-
cence Colli, Monf. Josephe Hornung, Monf. Josephe Boschetti, Monf.
François Barzanti. — Figrirende Personen: Mad. Annunziata
Mazucci, Mad. Rose Boschetti, Mad. Marie Vitmain, Mad. Jeanne Kopp,
Mad. Josephe Fink; Monf. François Frank, Monf. Michel Rosenberg,
Monf. N. N., Monf. Josephe Schwarz, Monf. Antoin Kopp.

sein, denn im Bustelli'schen Engagement waren die meisten von ihnen verblieben.

Von dem Personale und der Thätigkeit der Bustelli'schen Oper im Jahre 1767 zeugt die Aufführung der Oper „Il matrimonio in maschera" von Giovanni Maria Rutino*) (geb. 1730 in Florenz), der seine Studien am Conservatorium in Neapel gemacht und sich nach einer Tournée in Deutschland in Prag niedergelassen hatte. Außer dieser Oper zählen noch „Amor industrioso" und „Vologeso" zu seinen bekanntern Opern. An neuen Namen enthält das Personenverzeichniß der „Eheverbindung in der Maske" jene der Sgra. Lucia Moreschi und des Sgr. Vincenzo Moratti.

Im Jahre 1768 widmete Bustelli dem hohen Adel die Aufführung der Oper „Die verlassene Dido" von Baroni.**) Nach dem Personenverzeichnisse***) zu schließen, waren neu engagirt Sgra.

---

*) „Il matrimonio in maschera." Drama giocoso per musica. Da rappresentarsi nel regio teatro di Praga. L'Estate dell' anno 1767. Sotta L' Impresa e direzione di Giuseppe Bustelli, impresario. — Die Eheverbindung in der Maske. Ein musicalisches Singspiel, vorgestellet in dem kgl. Prager Theater, im Sommer des 1767. Jahrs unter der Direction des Hrn. Joseph Bustelli. — Personen: 1) In der ernsthaften Abtheilung: Flavia, Tochter des Don Pascasio, Liebhaberin des Grafen Roberts Mad. Lucia Moreschi; Graf Robert, ein Neapolitaner — Hr. Michael Patrassi. — 2) In der lustigen Abtheilung: Nanna, eine Frau, die Zimmer zu vermiethen hat — Mad. Anna Zannini; der Marquis v. Schönhügel, Liebhaber der Agnese — Hr. Dominicus Guardasoni; Don Pascasio, der alte Vormund und eversüchtige Liebhaber der Agnese — Hr. Pasqual Bondini; Agnese, die Mündel des Don Pascasio — Die Frau Angela Masi Tibaldi; Serpin, Bedienter des Marquis — Hr. Vincenz Moratti. — Die Music ist von dem berühmten Capellmeister Hrn. Johann Ruttini.

**) Wie Dlabač mittheilt, kam Baroni 1765 nach Prag, wo damals die Oper „Circe" von ihm im Theater und ein kirchenmusikalisches Werk in der Strahover Stiftskirche aufgeführt wurde.

***) Unterredende Personen:
Dido, Königin in Cartago und Liebhaberin des Enea, Mad. Angela Calori.
Enea, trojanischer Prinz, Hr. Emanuel Carnachini.
Jarba, der morische König, Hr. Antonio Pratti.
Selene, Schwester der Didone, Mad. Mariana Ottini.

Marianna Ottini, Sgra. Stella Lodi und Sgr. Antonio Prati.
Auch im Balletcorps, das Sgr. Vincenzo Colli aus Bologna
leitete, begegnen wir einer Reihe neuer Namen. 1769 kam auch C.
Goldonis „Il Cavaliere della Piuma" („Ritter von dem Feder-
busche") als „lustiges Singspiel" zur Aufführung.

Die Thätigkeit Bustelli's war, wie man auch nach diesen einzelnen Proben beurtheilen kann, in den Sechziger Jahren eine
sehr rege,*) und der Geschäftsgang an sich dürfte durch die glückliche Vereinigung der Prager mit der Dresdener Unternehmung
auch kein schlechter gewesen sein, wenn auch ein Theaterdirector
des vorigen Jahrhunderts mit ganz anderen, viel bedeutenderen
Schwierigkeiten zu kämpfen hatte, als ein Bühnenleiter unserer
Tage. Eine der drückendsten Lasten, welche auch Bustelli schwer
trug, war die übergroße Menge der Normatage. Nicht genug an
den zahlreichen kirchlichen Feiertagen und sonstigen durch kirchliche
Rücksichten gebotenen Norma- oder Theatersperr-Tagen, kam auch

---

Oraquo, Bertrauter des Jarba, Mad. Stella Lodi.
Osmida, Bertrauter der Dido, Hr. Johann Dalpini.
Die Music ist eine sinnreiche Erfindung des berühmten Herrn Capellmeister
Antonio Baroni Romano.

Li Balli

Sono d'Invenzione e direction dell Signor Vincenzo Colli Bolognese,
esquiti dalli sequenti.

Il Signor Vincenzo Coli.
La Sgra. Anna Conti.

Il Sgr. Ricardo Blache, Irlandese.   Il Sgr. Giuseppe Hernung.
La Sgr. Teresa Mazzoni.   La Sgra. Giovanna Colli.

Figuranti.

La Sgr. Teresa Menichelli.   Il Sgr. Giacomo Duni.
La Sgra Elisabetta Bartelin.   Il Sgr. Giorgio Smit.
La Sgra. Geltruda Dotti.   Il Sgr. Gaetano Mataliani.

*) In den Fasten 1767 brachte er auch das Auditorium „La Pas-
sione di Jesu Christo." Text von Metastasio, Musik von Nicolo Jomelli,
zur Aufführung.

noch eine lange Reihe von Hof-Normatagen, veranlaßt durch
Sterbegedächtnißtage zum Andenken an verschiedene Mitglieder des
kaiserlichen Hauses, dazu, so daß das Theater im Ganzen thatsächlich mehre Monate des Jahres als gesperrt zu betrachten war.
Bustelli fühlte sich, nachdem ihn die Landestrauer um Franz I.
arg betroffen hatte, schon 1766 durch die Unzahl der Normatage
besonders schwer benachtheiligt, zumal man in Prag in dieser Hinsicht noch rigoroser war als in Wien. Er hatte deßhalb im J. 1766
um ein amtliches Verzeichniß der Normatage angesucht mit der
Motivirung, daß in Prag mehre Tage wie Maria Lichtmeß als
Normatage gelten, während in Wien an denselben gespielt werden
dürfe. Das Verzeichniß wurde ihm ausgefolgt. Darnach waren
Normatage u. A. der 1. Samstag nach Ostern als Tag der „Kirchs-
procession", alle Feiertage und Marientage, der Vorabend Maria
Empfängniß und aller anderer Marientage. Unterm 5. Jän. 1767
erfolgte nun eine abermalige neue Regelung der Normatage durch
ein Gubernialdecret. Hiedurch wurden als Normatage proclamirt:
alle Feiertage des ganzen Jahrs, die letzten Tage des Advents
vom 15. Dec. inclusive angefangen, der hl. Christtag, die ganze
Fastenzeit, der Ostersonntag, der Pfingstsonntag, das Frohn-
leichnamsfest, der Vorabend aller Marienfeste und überdies die
Tage Mariae Verkündigung, Mariae Himmelfahrt und Unbefleckte
Empfängniß, die Feste Allerheiligen und Allerseelen, der 17. und
18. August „wegen Begehung des glorreichsten Jahresgedächtnus
weyl. K. kais. kgl. May. Francisci des Ersten glorreichsten Andenkens", der 19. und 20. October „wegen Begehung des glorreichsten
Jahresgedächtnus Wayl. Jhr. kayß. kgl. Mayest. Caroli VI. glorwürdigsten andenkens", der 26. und 27. Novbr. als „Jahrestage
der Verstorbenen Erzherzogin höchstseligsten andenkens". An allen
diesen Tagen sollten die „Spectacla" wieder eingestellt seyn wie
sie es vorhin gewesen, und nichts in Theatro vorgestellet werden,
Academien aber seyen künftighin gar nicht mehr zu halten, sondern
bleiben gänzlich eingestellet."

Diese bedeutsame Frage war aber damit noch nicht erledigt.
Die Kaiserin hatte selbst eingesehen, daß die übergroße Anzahl

der kirchlichen Feiertage auf die würdige Feier derselben einen
störenden Einfluß nehme, und deßhalb die Intervention des päpst-
lichen Stuhles angesucht, damit derselbe durch Herabminderung
der gebotenen Feiertage die Entheiligung derselben verhindere.
Der Papst zeigte Entgegenkommen, und so erfolgte im Jahre 1772
eine neue Regelung der Feier- und Normatage und andere Verordnungen, welche auf das Theaterwesen vom größten Einflüße
waren. Nach kais. Decret vom 6. Jän. 1772 hatten von nun an
in den Haupt- und größeren Städten, wo „die Theater-Spectacles
unter der ordentlich bestellten Censur stehen", die Vorstellungen
nicht eher als um 7 Uhr zu beginnen, andere Schaustellungen
außer dem Theater aber ganz zu unterbleiben. In Vorstädten
und auf dem Lande sollten alle Comödien sogar an Werktagen
verboten sein, wenn nicht nützliche Gründe für deren Abhaltung
sprächen, jedenfalls sollten hiebei keine ärgerlichen oder den guten
Sitten zuwiderlaufende „Handlungen" vorkommen. Gast- und
Caffehäuser sollten an Sonn- und Feiertagen bis 4 Uhr Nachm.
gesperrt sein, nur Vormittags bis 9 Uhr dürfte ein Frühstück,
auch später den gewöhnlichen Kostgängern Speise verabreicht werden, aber alle Gattungen von Spielen, das Billardspiel ausgenommen, waren bis 4 Uhr verboten. Die Kreishauptleute und
Vorsteher hatten darauf zu sehen, daß überall der Gottesdienst
besucht werde, und sollten selbst mit gutem Beispiele vorangehen.
Gastmahle, öffentliche Promenaden und „Spazier-Reiten" sollen
Sonntag thunlichst vermieden werden.

Auf die regelmäßigen Schauspiele hatte diese, von dem frommen
Sinne der Kaiserin zeugende Verordnungen weniger Einfluß, sie
waren sogar geeignet, mancher störenden Concurrenz für das
stabile Theater den Riegel vorzuschieben, und unter solcher Concurrenz hatte auch das Prager Kotzentheater umso ärger zu leiden,
als die vielfachen Bemühungen, ein ausschließendes Privilegium
für diese Bühne zu erwerben, noch immer von keinem Erfolge
gekrönt waren. Diese Sachlage illustrirt schon recht deutlich eine
Eingabe Bustelli's aus dem Jahre 1767.

Am 22. Aug. 1767 reichte nämlich Bustelli „der allhiesige

Opern-Impressarius und emphytentische Inhaber des Kotzentheaters", eine Beschwerde ein, daß der abermals nach Prag gekommene Feuerwerker Gierandulini Taramella, der im verflossenen
Jahre 7 bis 8000 fl. Profit von Prag getragen, abermals um
Erlaubniß für seine Productionen eingekommen sei, ohne sich jedoch
vorher mit ihm abzufinden. Die Altstädter Wirthschafts-Administration wandte sich nun an das k. kgl. Oberdirectorium mit der Bitte,
zu erwägen, daß „die Stadtgemeinde das Kotzentheatrum zu
Dienst und ergötzung Einer hohen Nobless und des ganzen
Publici civitatensis mit Dareinverwendung vieler tausend Gulden
errichtet und verschiedene Impressarii sich mit Hinterlassung
eines schuldenlastes von Prag geflüchtet haben". Würde der
gegenwärtige Inhaber, der jährl. nebst anderen der Gemeinde
günstigen Bedingungen 900 fl. Zins zu zahlen habe, nicht
soutenirt, so könnte er auch den Zins nicht entrichten und
müßte zu Grunde gehen. Es wurde darauf hingewiesen, daß auch
in Wien Niemand Schauspiele oder andere Künste während der
Marktzeit oder zu anderer Zeit produciren dürfe, wenn er sich
nicht mit der k. k. Theatralpachtung abgefunden habe. Aehnliches
sei in Prag dem Impresario Locatelli zugestanden worden, deshalb
suche die Gemeinde an, daß „außer denen Jahrmarktszeiten
Keinem Künstler oder Kankler (die alleinige Marinotte oder Kreu-
zerspiehle für die Kinder ausgenommen), welcher sich nicht bevor
mit dem Opern- und Comedien-Impressario abgefunden, zu
spielen erlaubt sein solle."

Noch dringenderen Anlaß zur Beschwerde hatte die Stadtgemeinde am 31. Oct. 1767. Sie richtete unter diesem Datum
eine Eingabe an das Gubernium, worin sie darlegte, „daß ein
sicherer Frantzos in Vorschein gekommen sei, der in den auf der
kgl. Kleinseithen siturten Vincenz gräfl. Waldsteinischen Hauß und
daselbstiger Reitschul ein Theatrum zur producirung deren frantzösischen Schauspiehlen erbauen zu lassen Vorhabens sey, wodurch
aber die Altstädter Kotzen-Schaubühne gänztlichen in Abfall gerathen möchte". Die Stadtgemeinde berief sich wieder auf die
Opfer, die sie für diese Bühne, das erste, große Theatrum in

Prag als der Hauptstadt im Königreich Böheimb gebracht, wies darauf hin, daß verschiedene „wällische Entepreneurs als Denzio, Santolapis, Locatelli und Molinari mit ansetzung vieler Professioniften und Hinterlassung großer Schulden" flüchtig geworden seien, wogegen man nun an Bustelli einen sicheren „Erbbestandenen" habe. Da aber laut Contract, „falls ein anderweithig öffentliches dem H. Bustelli zum Nachtheil gereichendes theatrum zu Standt gebracht werden möchte, Er an den Contract nicht mehr gebunden sei", würde Bustelli, wenn das Kleinseitner Theater zu Stande käme, einfach das Kotzentheater der Stadt zurückgeben. Man könnte ja im Kotzentheater ebensogut wie deutsche und wällische auch französische Schauspiele „an separirten tägen" aufführen, wenn sich nur besagter Franzos mit Bustelli wegen des Zinses abfinden wollte. Er würde dadurch nur die Spesen der Adaptirungsbauten im Waldstein'schen Hans, die ohnedies wohl nur auf Credit vorgenommen würden, ersparen. Übrigens würde die Altstädter Gemeinde, da ihr das Gesuch um ein „privilegium privativum" bloß mit der Motivirung abgeschlagen worden sei, „daß an die Errichtung eines neuen theatri nicht zu denken sei", im vorliegenden Falle abermals ein Privilegiumsgesuch einbringen. Das Oberdirectorium wurde um Erlaubniß zu diesem Schritte und um Intervention ersucht, daß der erwähnte Franzose seine Schauspiele im Kotzentheater gebe.

Die Oberdirection wies dieses Gesuch ab, weil das Gubernium dem Franzosen, der hier „Bourgoin" genannt wird, die Bewilligung zur Errichtung eines Theaters im Waldstein'schen Hanse bereits ertheilt habe, zumal die Stadtgemeinde ein privilegium privativum nicht besitze; sie stellte es aber dem Franzosen frei, sich mit Bustelli zu vergleichen, im Gegenfalle würde es bei der ertheilten Erlaubniß bleiben, Bourgoin aber solle sich mit einem gehörigen Fundus ausweisen.

Am 3. März 1769 beschwerte sich Bustelli abermals über die überhandnehmenden Pantomimen= und Marionettenspieler, von denen sich wieder Einer in einem gräflichen Hause auf der Kleinseite etablirt hatte, und bat, die Pantomimen=Vorstellungen wenigstens auf eine

Stunde zu beschränken, wo im Kotzentheater nicht die „opera buffa" gegeben werden oder aber den Pantomimen-Principal zu verhalten, daß er sich mit ihm. als dem Haupt-Impresario, dem „Altstädter Emphitevten und k. k. Contribuenten", abfinde. Das Gubernium wies Bustelli ab, weil das Kotzentheater ein privilegium privativum nicht erreicht habe und deßhalb auch nicht besondere Vorrechte beanspruchen dürfe.

Bustelli hatte übrigens um diese Zeit eine noch viel gefährlichere und ärgere Concurrenz zu bestehen, welcher er sich dann auch beugen und fügen mußte. Er hatte sie selbst heraufbeschworen durch die Vernachlässigung des deutschen Schauspiels, welches sein Concurrent in seine besondere Obhut genommen hatte, mit welchem er eine neue glückliche Aera der Prager Bühne inaugurirte.

XIV.

Das Prager Schauspiel in der Aera Bustelli-Brunian.

Joseph v. Brunian als Reformator der Prager Bühne.

(Das deutsche Schauspiel und die Prager Bühne. — J. J. v. Brunian bewirbt sich um eine Concession. — Brunian's Vorstellungen im Thun'schen Hause. — Die Moser'sche Kindertruppe. — Brunian trifft einen Vergleich mit Bustelli und übernimmt die Leitung des Schauspiels im Kotzentheater. — Concurrenz französischer Komödianten. — Die neue Aera.)

Zu unserer Theatergeschichte hat bisher das deutsche Schauspiel gegenüber der „wällischen Opera" eine sehr stiefmütterliche Behandlung erfahren; aber der Vorwurf kann nicht den Historiographen des Prager Theaters treffen: er findet in der natürlichen und thatsächlichen Lage der Dinge seine Begründung. Wie in der Geschichte des Prager Theaters so war auf diesem Theater — ich rede hier nicht nur von der stabilen Bühne des Kotzentheaters, sondern von den verschiedenen Theater-Unternehmungen überhaupt — dem deutschen Schauspiele die Rolle des Aschenbrödels zugewiesen. Die glänzendsten Thaten der älteren Prager Theatergeschichte gehören entschieden der italienischen Oper an. Es ist dies selbstverständlich, solange von einer Zeitperiode die Rede, in welcher das deutsche Schauspiel an und für sich in ganz Deutschland im Argen lag und seine secundäre und tertiäre Position neben der stolzen Oper der Italiener, diesem verhätschelten Schoßkinde der Höfe und des Adels, und neben den fremden, französischen Schauspielvorstellungen verdiente; aber auch über diese Periode hinaus erstreckte sich in Prag die Aera des deutschen Schauspiel- und Schauspieler-Elends.

Von der ganzen Gottsched'schen Theater-Reform war nur eine unendlich schwache Einwirkung auf die Verhältnisse, auf die Entwickelung des deutschen Schauspiels in Prag zu verspüren gewesen. Als Joh. Christoph Gottsched, der strenge Zuchtmeister des deutschen Dramas und der deutschen Komödianten, mit der Neuber'schen Compagnie den Haupt- und Staats-Actionen mit ihren Harlekinaden, den Opern mit ihrem Ausstattungspomp scharf zu Leibe ging, standen alle diese Herrlichkeiten gerade in Prag in voller Blüthe, und sie blieben noch lange blühend, als sich anderswo bereits die Einwirkung der Gottsched'schen Reform wohlthätig geltend machte. Gottsched hatte es versucht, an die Stelle der Stegreif-Komödie, der Haupt- und Staatsaction, der Harlekinade, das regelmäßige, zunächst dem französischen entlehnte Stück, die Komödien Corneille's, Racine's und Voltaire's in deutschen Übersetzungen und eigene deutsche, nach der starren französischen Regel zusammengeleimten Tragödien (die erste war bekanntlich „der sterbende Cato") auf der deutschen Bühne einzubürgern. Dem Publicum und den Darstellern war damit eine gleich schwere Aufgabe zugemuthet, und wie die Dinge standen, ist es gar nicht zu verwundern, daß die Reform sich nur langsam und mit bedeutenden Hindernissen Eingang verschaffen konnte. Die Hanswurstiade hatte auf den Geschmack der Menge, auf die Lachmuskeln eines geistig minder distinguirten Auditorii, endlich auf die durch die „Maschinskomödie" höchlich befriedigte Schaulust des Publicums speculirt: die französische oder der Französischen ängstlich nachgearbeitete Komödie der Gottsched'schen Richtung mit ihrer Einen unveränderten Decoration, mit ihren Alexandrinern, gewährte der Schaulust gar keine

Conceſſion und rechnete nur auf das Hören. Auch reichte das im Schaffen begriffene neue Repertoire von „regelmäßigen" Stücken für den Bedarf bei weitem nicht aus, die Burleske, die Haupt- und Staats-Action mußte, wenn die Truppen überhaupt ein Re- pertoire haben sollten, nebenbei oder aber, wie dies zumeist der Fall war, vorwiegend beibehalten werden. Beſſer geſinnte Prin- cipale wie die Neuberin reinigten die Hanswurſtiade wenigstens von ärgsten Witz-Unflath, das Gros blieb conſervativ und ver- lachte Gottſched und seine Zuchtruthe, die Neuberin und die „Leip- ziger Schule", welche die „engliſche Manier" d. h. die Manier der grellen, craſſen Übertreibungen in der Schauspielkunst durch die feinere, solidere „franzöſiſche Manier" ersetzen wollte. Wie Gottſched dem Drama, so gab die Neuberin der Schauspielkunst Regeln und edleres Maß. Sie brachte große Opfer damit und von der Mitwelt erntete sie mehr Verdruß als Dank dafür. Der October 1737, wo in der Neuber'ſchen Bude in Leipzig das feier- liche Auto da fé für den Harlekin veranstaltet wurde, bedeutete durchaus nicht den Tod dieser „lustigen Person", welche übrigens auch ihre guten Seiten und tüchtige Anwälte hatte, in Deutſchland; Harlekin und Hanswurst lebte vielmehr lustig und flott weiter. Die „gereinigte Bühne" der Neuberin fand nur eine kleine An- hängerſchaar; in Hamburg war sie dem Ruine nahe, und das Alles hatte der — davongejagte Harlekin, die über Bord geworfene improviſirte Komödie gethan. Wir können selbstverständlich die allgemeine Entwickelung des deutſchen Dramas und der deutſchen Schauspielkunst hier nur ſtreifen, insoferne uns eine Skizze der- selben als Einleitung zu der ersten wirklich bedeutenden und denk- würdigen Periode des deutſchen Schauspiels in Prag nothwendig scheint. Zu derselben Zeit, da die Neuberin, welche sich bekanntlich mit ihrem Patron Gottſched überworfen hatte, in Leipzig den Kampf mit Schönemann aufnahm und, unterſtützt von Elias Schlegel und anderen Autoren, darunter selbst Gellert, die regelmäßige Tragödie und das modiſche Schäferspiel agirte, in der ersten Hälfte der Vierziger Jahre, hatte Johann Schröder als stabiler Impreſſario das Kozentheater in Prag übernommen, und das von uns mit-

getheilte Programm Schröder's spricht ganz dafür, daß er der
Neuber'schen Richtung, der Leipziger Schule Anhänger war.
Aber sein Wirken, durch die kriegerischen Zeitläufe unterbrochen,
war kurz, und was nach ihm kam, bedeutete keine Fortsetzung seiner
edlen Bemühungen. Im J. 1747 hatte ein Autor auf der Leipziger
Bühne debutirt, dessen Name epochemachend für das deutsche Drama
und das deutsche Theater werden sollte. In diesem Jahre hatte
die Neuberin das Erstlingswerk eines jungen Studenten „Der
junge Gelehrte" zur Aufführung gebracht, der Student aber hieß
Gotthold Ephraim Lessing. Von der neuen Aera, welche dieser
Name bedeutete, profitirte Prag zunächst sehr wenig. Es verhielt
sich hier so wie in Dresden, Wien, Berlin und den anderen deut=
schen Höfen. Die vom Adel protegirte italienische Oper beherrschte
das Terrain, das deutsche Schauspiel konnte zusehen, wie es sich
mit der Hanswurstiade fortbrachte. Truppen von der Art und dem
Werthe der Koch'schen und Schönemann'schen kannte man in Prag
nicht. Während die neue Hamburger Schauspielschule mit der
Ackermann'schen Gesellschaft, mit Friedrich Ludwig Schröder, Frau
Hensel, Borchers, Eckhof Großes für die deutsche Kunst leistete,
während Lessing mit seiner Sarah Sampson dem deutschen Drama
neue Pfade erschloß, sah es in Prag wüst und leer aus. Die
Bernardoniade, theils unter ihres Schöpfers und Meisters eigener
Aegide, theils von gelehrigen Schülern propagirt, triumphirte.
Wir haben ihr Wesen und Unwesen kennen gelernt und den ver=
derblichen Einfluß, den sie auf die Prager Bühne und den Ge=
schmack des Prager Publicums übte. Bernardon's Zeit in Prag
war um, und seine Entfernung vom Prager Directorial=Thron
war in nicht sehr sanfter und rücksichtsvoller Weise erfolgt — aber
der Bernardon=Charakter, der Hanswurst, war nicht verschwunden.
Bustelli, welcher den Bernardon=Kurz in der Prager Theater=
Unternehmung ablöste, legte als Italiener das Hauptgewicht natürlich
auf die italienische Oper, das deutsche Schauspiel agirte haupt=
sächlich in der alten Bernardon'schen Manier weiter, obwohl diese
Manier dem Publicum schon einen Abscheu einzuflößen begann.
So kam z. B. am 9. Juni 1766 „um halber sieben" im Kotzen=

theater ein mit vielen Arien und Verkleidungen versehenes, hier noch niemals vorgestelltes Zauberspiel „la strigaria vendicativa d' Hanswurst ovvero la vendetta punita de Perindo geloso", „das ist die rachgierige Zauberey des Hanswurst oder die bestrafte Rache des eifersüchtigen Perindo" zur Aufführung, worin sich Hanswurst in zehn Verkleidungen präsentirte. Die besseren Schauspiel-Aufführungen leitete Hr. Hellmann. Bustelli's Schauspiel-Repertoir erfuhr vermöge seiner Dürftigkeit und mittelmäßigen Qualität bald manchen Angriff, und die Sehnsucht des intelligenten Theiles des Publicums nach einer Reform auf diesem Gebiete war allgemein.

Um diese Zeit erschien Joseph von Brunian, der Reformator des deutschen Schauspiels im Kotzentheater, in Prag. Er war, wie wir aus einem Opern-Avertissement vom J. 1761 sehen, schon unter Bernardon-Kurtz in Prag engagirt und soll einer der tüchtigsten Bernardon-Schüler, einer der vielversprechendsten Nachahmer des Meisters gewesen sein, der ihn nach damaligem Brauche in der Bernardoniade und im Opern-Intermezzo und Ballet mit Vorliebe verwendete. Aber mit der Zeit fand Brunian, der nach der einen Version einer alten Schauspielerfamilie (wahrscheinlich derer von Prunius oder Brunius), nach der anderen Version einem gräflichen Geschlechte entstammte,*) keinen Gefallen mehr an der Bernardoniade; er wandte dem regelmäßigen Stücke sein Streben und seine Kraft zu und hat dasselbe auch in Prag zu hohen Ehren gebracht. Nach Auflösung der Kurtz'schen Impresa in Prag, vielleicht auch schon früher war Brunian auch formell zum regelmäßigen Schauspiel übergegangen und hatte 1764 wahrscheinlich schon eine Schauspielcompagnie in Prag geleitet (dies geht wenigstens aus aus der unten mitgetheilten Eingabe Brunian's und den ersten Offerten Bustelli's, die von einem Engagement der Brunian'schen Truppe sprechen, hervor). Von Prag war er nach Graz gegangen

---

*) Ed. Devrient erzählt, Brunians Bruder, kais. Stabsoffizier in Prag, habe die Entfernung des entarteten Familiengliedes aus Prag verlangt und sich, als dies nicht gelang, versetzen lassen. Die Sache klingt sehr unwahrscheinlich, eine Bestätigung haben wir dafür nicht gefunden.

19

und hatte dort eine Schauspielgesellschaft mit wechselndem Glücke dirigirt. In der steierischen Hauptstadt nun faßte er Ende 1767 den Plan, ein neues Theater in Prag auf der Altstadt oder Neustadt zu gründen und richtete in diesem Streben im December 1767 folgende Eingabe an die Statthalterei:

„Ew. Exc. u. Gnaden! Zumahlen dem sicheren Vernehmen nach die hoche u. gnädigste Noblesse sowohl als auch das sammentliche Publicum zu Prag gutte teutsche Spectacln verlangen, ich hingegen vor 3 Jahren schon die hoche Gnad genossen, mit dem gnädigsten Beyfall derley teutsche gutte Comoedien anzuführen,*) derowegen denn mein einziges inbrünstiges Verlangen dahin gehet, noch einmal die hoche Gnad in meinen Vatterland zu erlangen, die hoche und gnädigste Noblesse und das Prager Publicum nach meinen äußersten Krässten mit allen abwexlungen deren teutschen Spectacln bedienen zu dörffen, womit das gnädigste und edelmüthige Auditorium Vollkommen zum Vergnügen und eine Vollkommene approbation zu erhalten, mir gewiß Versprechen, diese Gnad aber und gnädigste entscheidung der Sachen sowohl von dem dermahlige inhaber des Theaters Hrn. Bustelli als auch wegen der zu Prag berzeit um die einwilligung Solicitirenden anderer Compagnie bloß Von der hohen u. gn. Protection Eines hochlöbl. Kayf. Kgl. Pragerischen Landes-Gubernii abhanget, alß Gelanget an Ew. Exc. u. Gnaden und ein hochlöbl. Gubernium mein unterthänigst gehorsambstes Bitten, hochdieselben geruhen gnädigst mich zu Protegiren und mir Eines Theils in ansehung meine Vor 3 Jahren in allertiefester ehrforcht aufgeführte teutsche Comoedien zu Prag mit gnädigsten Beyfall aufgenohmen worden, den Vorzug alß einen wahren und eyfrigst zu dienen sich bestrebenden Patrioten Vor allen anderen Compagnien zu Vergönnen, anderten Theils aber zur ausgleichung deren Von mir gestölten Conditionen mit dem dermahligen Inhaber des Theaters Hrn. Bustelli und folglicher anstoßung eines förml. Contracts mit demselben auff 3 Jahre eine ordentl. Commission gnädigst anzuordnen aber mich alß einen unwürdigsten Patrioten und Clienten der sammentl. hochen und gnäd. Noblesse gnädigst zu recommandiren, dahin mich ganz unterthänigst gehorsambst empfehle.

Eines hochl. Kaif. Kgl. Landesgubernii

unterthänigst gehorsambster
Joh. Jof. Brunian
Impr.

Graz Dec. 1767.

---

*) Seine damalige Wirksamkeit im Bustelli'schen Engagement scheint aber nur eine kurze gewesen zu sein.

Brunian erbot sich, die Noblesse und das Publicum von
Prag „mit guten teutschen Comoedien, Tragoedien, operetten,
Bourlesquen, Pantomimen und Paletten von ostern an bis in
die sommerszeit alltäglich, in dieser Zeit aber, da ohnehin das
publicum die Comoedien nicht Viel frequentiret, die woche hindurch
3mahl, von 1. October bis zu der Fastenzeit hingegen, in Fall
keine Opern-Serien gehalten würden, anwiderumb täglich, ansonsten aber wie gewöhnlich zu bedienen", die von ihm aufzuführenden Stücke von einer zur anderen Woche „zu specificiren" (also
eine Repertoire zu entwerfen) und diese „Specification einem
dazu resolvirten und das werk einsehen gnädigsten Cabalier (also
quasi-Intendanten) einzureichen"; derselbe solle dann, wenn ein stück
seine Approbation nicht finde, nach seiner Einsicht ein anderes
vorschlagen oder sich mit ihm (Brunian) über eine entsprechende
Aenderung consultiren, so daß „der hohe Abel immer schon eine
Woche bevor wisse, was für Comoedien zum Vorschein kommen
und verhoffentlich nach eigenem gutten Geschmack bedienet werde".
Dem Bustelli bot Brunian den fünften Theil der täglichen Einnahmen an, dagegen solle Bustelli den Musicalimpost und den Zins
an den Altst. Magistrat abführen. Der Zuckerbäckerzins und das
Geld vom Pharaospiel solle ihm (Brunian) verbleiben. Auch ver-
sprach Brunian, mit Bustelli eine gegenseitige Vereinbarung wegen
Ueberlassung ihrer wechselseitigen Decorationen, Figuranten und
Tänzer für das Schauspiel von Seite des Bustelli, für die Oper
von Seite des Brunian anzubahnen.

Brunians Offert berührte selbstverständlich den Erbpächter
und bisher alleinigen Impresario des Kotzentheaters auf das Un-
angenehmste, und Alles, was er aufbieten konnte, bot er auf, um
das Project zu vereiteln, das bei dem Ansehen, dessen sich Brunian erfreute und bei der Mangelhaftigkeit des Bustelli'schen Schau-
spielrepertoires allgemeinen Anklang fand.

Das Oekonomie-Oberdirectorium delegirte eine eigene Commission, um einen Vergleich zwischen Bustelli und Brunian anzubahnen und ersteren dahin zu bringen, daß er Hrn. v. Brunian
als Schauspiel-Director und Principal annehme. Bustelli zeigte

sich indeß wenig geneigt zu einem Vergleiche mit Brunian. Er machte der für die Affaire subdelegirter Commission gegenüber geltend, daß zwei Impresarii in Einem Theater zu Inconvenienzen führten und dem Adel und Publicum nur Nachtheile brächten. Ein einziger Impresario für Comoedie und Oper könne sich, da er freie Disposition über den „Troupp derer operisten wie deren comoedianten" habe, mit denselben wechselseitig aushelfen, ferner seien seine Logen nicht allein für die Opern sondern auch für Comoedien-Vorstellungen abonnirt; auch sei ihm (Bustelli) als emphitent. Käufer der Gebrauch des Theaters allein eingeräumt und mit dem Ertrag des Schauspiels decke er die hauptsächlich dem Adel gebrachten Opfer der Oper. Ihm als „Erbbeständigen" des Theaters könne eine dem Brunian zu gestattende „Condisposition der Cassa" doch nicht zugemuthet werden, auch möge man die etwas unklaren Brunian'schen Creditverhältnisse in Graz erwägen und dagegen bedenken, wie er (Bustelli) trotz aller Trauerzeiten das Prager Theater selbst außer Landes in guten Credit gesetzt habe.

Bustelli weigerte sich auch, als man ihm den vierten Theil der Einnahmen von den Brunian'schen Comoedien, auch die Beibehaltung seines Namens als Director auf den Brunian'schen Comoedienzetteln anbot, entschieden, den Letzteren in Compagnie anzunehmen, erbot sich aber Brunian „bei der erst aufrichtenden Trouppe en egard der hohen Protection mit möglichster Comischen Avantage als Acteur zu engagiren, mit ihm den gehörigen Contract sowohl zu seiner Zahlungssicherheit als zur eigenen Deckung in Absicht der komischen Dienstleistung abzuschließen".

Das Oekonomie-Oberdirectorium referirte über dies negative Resultat der subdelegirten Commission am 16. Febr. 1768 an das Gubernium und stellte es diesem anheim, Brunian abzuweisen oder, da die Altstadt ein Privilegium für das Kotzentheater noch nicht erlangt, ihm die Errichtung eines andern Theaters in Prag zu gestatten. Das Gubernium entschied denn auch in letzterem Sinne und stellte es Brunian frei, seine Vorstellungen anderswo in Prag außer den Kotzen und außer der Altstadt zu geben. (2. April 1768.)

Brunian ließ sich nun vorläufig mit seiner Truppe im gräflich Thun'schen Hause auf dem Fünfkirchenplatz (Kleinseite) nieder und eröffnete in diesem Hause (dem heutigen Landtags- und Landes-ausschußgebäude) unter großem Zulauf seine Vorstellungen zum größten Verdrusse Bustelli's, der sich durch diese Concurrenz um-somehr geschädigt sah, als sich auch noch eine zweite Truppe in Prag einfand und ihm sein Publicum abwendig machte.

Am 24. April 1768 suchte nämlich Franz Jos. M o s e r , „Director von sieben armen Waisenkindern" — also einer Kin-dertruppe — um Consens für seine im Badsaale auf der Kleinseite abzuhaltenden Vorstellungen an, indem er geltend machte, daß er sich, weil die Stimme seiner „7 armen Waisen" im Kotzentheater kaum gehört werden würde, an diesem Orte etablirt und von einem so entlegenen Saale aus sich nicht verpflichtet fühle, dem Bustelli nach dessen Begehren eine Abfindungssumme zu zahlen. Dieser Ansicht war auch die Behörde, nur wurde Moser, dessen Vorstellungen als „sehr erträglich" und von Zuspruch begleitet dargestellt werden, verhalten, mehr als 1 Species-Ducaten für das Armenhaus zu geben, ebenso wie der jüngst in Prag angelangte und ebenfalls Spectaceln producirende Brunian.

Die Kleinseite erfreute sich also zweier Schauspielsäle, und die dortige Wirthschaftsadministration suchte aus diesem Umstande Capital zu schlagen und eine Abgabe zu erhalten. Am 27. Juni 1768 wurde nun von der Statthalterei das Begehren der Klein-seitner Wirthschafts-Administration „um eine gewisse Abgabe von den im Thun'schen Hause gehaltenen Vorstellungen" abgewiesen mit der Motivirung, daß es Jedem freistehe, in seinem Hause Productionen abzuhalten und daß es genüge, wenn die Entrepre-neurs wie es B r u n i a n auch gethan, den behördl. Consens erwirken und einen Beitrag fürs Armenhaus leisten. Das Thun'sche Haus sei ein Schloß und unterliege deshalb nicht der Kleinseitner Ge-richtsbarkeit; auch sei die Abhaltung von Theatervorstellungen keineswegs, wie die Kleins. Wirthschafts-Adm. geltend machte, einem Gewerbe oder bürg. Nahrung gleich zu halten.

Sein Project, Vorstellungen auf der Altstadt zu geben, hatte

Brunian übrigens durchaus nicht aus dem Auge verloren. Am
16. Mai 1768 brachte er ein Gesuch ein, „auf einem anderen
Punkte, jedoch auf der Altstadt, wo ja ein Theater wegen der
Frequenz und „wegen Menagirung der Unkosten" am bequemsten
gelegen sei, Vorstellungen geben zu dürfen. Es sei erwiesen, daß
das Kotzentheater kein privilegium privativum besitze, da früher
„vor 10 und 12 Jahren zu gleicherzeit und gleicher stundt" in
der eisernen thür und in den Kotzen wie auch dieses laufende
Jahr in der Hütten bei dem Carolin ohne Abfindung des Kotzen-
Impressario Spectakeln aufgeführt und Bustelli selbst mit einer
Beschwerde gegen Pantomimisten abgewiesen worden sei. Deshalb
stehe wohl nichts dem entgegen, daß er, statt auf Neustadt oder
Kleinseite, auf der Altstadt spielen könne. Dieses Gesuch ergab
neue Schwierigkeiten. Die Commission des Oberdirectoriums machte
darauf aufmerksam, daß in Bustellis Kaufvertrag mit der Altstadt diese sich verbindlich gemacht habe, dem Impresario ein
privilegium privativum binnen drei Jahren d. i. bis 1. März
1767 zu erwirken, daß also Bustelli ein Recht hätte, falls Brunian auf der Altstadt ein anderes Theater errichten würde, von
seinem Contracte zurückzutreten, die Stadt, welche ein solches
Privilegium für Bustelli nicht erwirkt hatte, also um ihren Zins
und das erlegte Kauf-Quantum käme.

Man fragte nun bei Brunian an, ob er im Falle der Resignation des Bustelli das Kotzentheater zu denselben Bedingungen
wie dieser als emphiteutischer Käufer übernehmen wollte.

Am 7. Aug. 1768 erklärte sich Brunian zum emphiteutischen
Kaufe des Kotzentheaters im Falle der Resignation Bustellis oder
aber zur Pachtung auf sechs Jahre zu 900 fl. Jahreszins bereit.
Bustelli wurde dagegen am 26. Sept. 1768 befragt, ob er, falls
Hrn. v. Brunian die Errichtung eines andern Theaters in der
Altstadt gestattet würde, das Kotzentheater unter den bisherigen
Bedingungen beibehalten würde.

Die Unterhandlungen zogen sich lange hin, die Sympathien des
Publicums aber und der Schauspieler Bustelli's gehörten beinahe
ausschließlich Herrn v. Brunian, dem man lebhaft einen Sieg

über den Italiener Bustelli wünschte. Die Bustelli'sche Schauspieltruppe scheute sogar von einer wahrscheinlich mit dem Projecte
Brunians zusammenhängenden Demonstration nicht zurück, und am
18. Juli suchten alle deutschen Schauspieler des Kotzentheaters an
ihrer Contracte mit Bustelli enthoben zu werden oder geänderte
Contracte zu erhalten, wogegen Bustelli wieder bat, ihn in seinen
aus den Contracten resultirenden Rechten zu schützen.

Endlich, im December 1768, fanden alle diese Streitigkeiten
ein friedliches Ende, Brunian verglich sich privatim mit Bustelli
und eröffnete quasi als Schauspiel-Director die Vorstellungen im
Kotzentheater. Natürlich war es Brunian nicht möglich, mit Einem
Male das ganze Repertoire des Theaters umzustürzen; dazu
fehlten ihm erstens die nöthigen Schauspielkräfte, zweitens ein
ausreichendes Publicum, denn darüber durfte er sich nicht täuschen,
daß jene Elemente, welche seine Installation im Kotzentheater
durchgesetzt hatten, nicht genügten, um seine Cassa zu salviren.
Ein Theil des Bernardon-Repertoires mußte also noch immer bestehen bleiben, daneben aber war Brunian mit wahrer Selbstver-
leugnung und Aufopferung bestrebt, der wahren Kunst und der
reinen Muse eine Heimstätte in Prag zu schaffen. Seine Wirksamkeit in dieser Hinsicht ist bisher viel zu wenig gewürdigt worden,
weil die Entwickelung des Theaterwesens und der Theatergeschichte
von Prag so ziemlich unbekannt geblieben war.

Brunians Verdienste waren um so größer, als es, wie gesagt,
nicht die überwiegende Majorität des Publicums war, welche ein
„gesittetes Schauspiel" herbeisehnte; Brunian riskirte manchen
Cassenschaden, indem er die Burlesque in den Hintergrund zu
drängen und edle Dichter seiner Zeit zu Ehren zu bringen
suchte. Noch gähnte man tüchtig, wenn einem Classiker ein Abend
eingeräumt wurde, und Brunian wäre zu Grunde gegangen,
wenn er der Burlesque gänzlich den Abschied gegeben hätte. So
spielten denn Anfangs Schauspiele und Hanswurstiaden in trau-
lichem Verein neben- und nach einander, und was das Schlimmste
war, dasselbe Personal bewältigte Beides. Wer heute als Hanswurst oder Bernardon seine Mätzchen machte, schritt den nächsten

Tag stolz als „Orosman" über die Bretter, die lustige Colombine
von heute war morgen eine trieftragische Semiramis oder Zaïre.
Die Consequenzen kann man sich vorstellen. Man glaubte es dem
Komiker nicht, wenn er als Held ernst sein wollte, man lachte
unbändig über eine heroische Stellung, weil man sie für eine
Carricatur hielt. Am schlimmsten erging es in dieser Hinsicht dem
Herrn Director selbst. In Brunian stak noch immer der alte Bernardon; wenn er sich die größte Mühe gab, ergreifender Held
und Liebhaber zu sein, guckte aus einem Aermel der alte Schalk
heraus, und um den Effect war's geschehen. Herrn v. Brunian,
der überdies stets mit seinem Gedächtnisse im Kampfe war, keinen
besseren Freund hatte als den Mann im Soufleurloche und die
fürchterlichsten Grimassen schnitt, wenn ihn dieser im Stiche ließ,
kränkte dieser Umstand sehr. Er, der factische Regenerator der
Prager Bühne, der Schöpfer des gesitteten Schauspiels in Prag,
war nun einmal verdammt, ein guter Bernardon und ein mittel-
mäßiger Held zu bleiben!

Das Aufblühen der Prager Bühne gleich in den ersten Jahren
der Brunian'schen Aera schildert ein zeitgenössischer Kritiker mit
folgenden begeisterten Worten:

„Wem der Zustand der schönen Wissenschaften, sonderlich
„aber das Aufkommen der deutschen Sprache in Böhmen nur
„etwas bekannt ist, wird eingestehen müssen, daß die letztverflossenen
„zwei Jahre der Zeitpunkt sind, von dem man das Wachsthum
„derselben insbesondere in Prag zu berechnen anfangen könne.
„Wo die schönen Wissenschaften überhaupt gewinnen, da wird das
„Theater unmöglich übersehen werden. Ein Haufen, ein kleiner
„Haufen, fand ein Burleskentheater abgeschmackt und verlangte
„regelmäßige Stücke. Hrn. v. Brunian gereicht es zur Ehre, daß
„er sich hiezu willig finden ließ und daß er oft mit Schaden der
„Einnahme ein Stück von Brandes, Stephanie oder Goldoni einer
„Burleske vorzog. Bei ihm war es umsomehr zu bewundern, da
„er sich als Bernardon in einer Art von Achtung beim großen
„Haufen gesetzt, eine Rolle, in der eigentlich seine Stärke bestehet
„und die ihm öfters nur zu sehr anklebt, so viel Mühe er sich

„auch jetzt geben mag, den Bernardon'schen Unsinn aus seiner
„Sprache, Stellung und Geberde zu verscheuchen."

Leider sah sich Brunian gleich zu Anfang seines Unternehmens
bedrückt durch die Schuldenlast, welche er aus Graz mit nach
Prag gebracht hatte. Er sah sich nun genöthigt in Prag neue
Schulden zu machen und brachte sein Geschäft als solches bald
in bedauerlicher Weise herab. Am 21. März 1769 berichtete der
Altst. Stadthauptmann an das Gubernium, daß der „jetzmalige
Comoedien-Impressarius Brunian so vielfältigen christlichen als
jüdischen armen Contribuenten nahmhaft schulbig geworden, daß
von ihnen bedürftigen glaubigeren fast täglich umb gebührende
Assistenz wehmüthigst angegangen werde, und obwohlen obgedachten
Brunian zur schuldigen Befriedigung Ich Selbst gar oft erinnere,
auch hiezu durch den städt. Wachtmeister-lieutenant mit Bedrohung
der Sperr seiner einnahms-Cassa ermahnen lassen, so ist all dieses
bey ihme bis nun gar nichts außgebig, wohl aber selbter sich dahin
Verlauthen lassen, daß Ich als Altstädter kgl. Haubtmann nicht
befugt sei, ihm die Cassam zu sperren."

Die Verhältnisse wurden im Laufe des Jahres eher ärger
als besser, Brunian gerieth in eine immer größere finanzielle Bedrängniß und endlich mußte factisch die Sequestration der Theatercassa eintreten. Die Mitglieder der Brunian'schen Gesellschaft waren
durch diese bedrängten Verhältnisse des Principals wesentlich in
Mitleidenschaft gezogen und sahen sich wiederholt zu bittlichen
Eingaben um Erstattung von Gage-Rückständen veranlaßt. So
suchte am 29. März 1770 die Brunian'sche Gesellschaft an, daß
der Cassa-Sequester, welcher die letzten Einnahmen zwei darauf vor-
gemerkten Gläubigern Brunians in Graz gesandt hatte, verhalten
werde, ihnen den Gageurückstand von 204 fl. 52 kr. auszuzahlen.
Als Mitglieder der Gesellschaft zeichneten: Johann Unger, Adam Bitt-
ner, Franz Frank, Johann Jonas Sohn, Carl Henisch, Roman Waitz-
hof, Edmunda Soberlonin (Koberweinin?), Anna Mion, Maria
Josepha Tuppin, Maria Josepha Frankin; Kreisl „Soffler", Holli,
Correpetitor, Joh. Aulich, Quadrober, Franz Kolmes, Maschinist. —
Das Gubernium entschied, daß die Sequestratur nur berechtigt sei,

n a ch Deckung der Gagen Gelder für Gläubiger zu verwenden, daß daher auch diese 204 fl. 52 kr. den Acteurs zu ersetzen seien, namentlich, da diese im Gegenfalle nicht mehr auftreten würden. Die Sperre war über die Hälfte der Einnahmen zu Gunsten der zwei Grazer Gläubiger Wohlfahrt und Bitter verhängt worden und wurde genaue Cassa-Controle geübt. Wir können uns darnach einen Begriff über die Gagen- und Einnahmenverhältnisse jener Tage machen, und theilen demnach folgende

Ausweißung der Wochentl. Gage bey der teutschen Impressa mit.

M. Böhm sammt Frau	14 fl.	
Waitzhoffer s. Frau	14 „	
Unger	9 „	
Bitner s. Tochter	9 „	
Jonas	6 „	
Frank	6 „	
Hönisch	2 „	30 kr.
Myon	4 „	
Koberweinin (s. oben)	8 „	
Ruppin	7 „	
Lieber	8 „	
Hornung Beede	18 „	
Schlanzoffski beede	9 „	
Frantz Tischler	6 „	
alte Tischler	3 „	30 „
Guadrober	6 „	
Schneider Wentzel	1 „	30 „
kleine Scheider	— „	45 „
Illuminant	2 „	30 „
	138 fl.	15 kr.

Sonstige Auslagen per Tag:

Musik 8 fl., Zettl-Roth 2 fl. 30 kr., Öllampen 1 fl. 8 kr., Inselt und Kerzen-Beleuchtung 7 fl., Zwei Zetteltrager à 20 kr., Wache 42 kr., 2 Statisten 10 kr., Alexi 45 kr., Müller 30 kr., Mercanti 15 kr., Bitnerin 10 kr., Rauchfangkehrer 10 kr., Holtz zum Einheizen, Requisiten, Nägel 1 fl. 7 kr., Säuberungs-Weib 24 kr.

Summa 23 fl. 31 kr.

Repertoire in der letzten Februarwoche 1770: 18. Febr. Die Garküchlerin (Einnahme 116 fl. 54 kr.). 19. Die bedrangten Waytzen

(Einnahme 73 fl. 54 kr.). 22. Die Patrie (167 fl. 52 kr.). 25. Febr. Erste Comoedie 45 fl. 12 kr., 2. Comoedie 174 fl. 36 kr., 26. Febr. Böhmische Antička (96 fl.). 27. Febr. Masquera (149 fl. 18 kr.).

Brunian verwendete sich selbst lebhaft für die Befriedigung seiner Mitglieder, die in der Fastenzeit wegen der Theatersperre ohnedies in arger Noth waren, und sofern sie in neue Engagements abgehen wollten, mit Ungeduld das Reisegeld erwarteten.

Die finanzielle Lage Brunians und seine Position überhaupt in der ersten Zeit seiner Prager Thätigkeit gestaltete sich wohl auch deshalb so schwierig, weil der Adel nach wie vor zu einem guten Theile der deutschen Komödie gegenüber große Reserve beobachtete und nach der Mode der Zeit die französische Komödie hoch über die deutsche stellte. Offenbar auf seine Veranlassung fand sich im Herbst 1769 neuerdings eine französische Gesellschaft in Prag ein und suchte am 27. Sept., während die Operngesellschaft Bustelli's abwesend war (wohl in Dresden), um die Bewilligung an, vom 2. Oct. ab „die hohe Noblesse und gesammtes Publicum mit französischen Comoedien bedienen zu dürfen". Es wurde ihnen gestattet gegen Erlag desselben Quantums, welches die Operisten für das Armenhaus abgeben.

Am 18. Nov. petirte der französ. Impresario de B r i a n l o u r t darum, an Freitagen, wo bekanntlich das Theater gesperrt war, geistliche und musicalische Akademien geben zu dürfen, was mit Rücksicht auf die bestimmten diesfalls ergangenen kais. Verordnungen abgeschlagen wurde. Die Franzosen pflegten offenbar das moderne französische Repertoire, wie aus einer interessanten Affaire hervorgeht, deren Mittelpunkt Molières „Tartuffe", ein Stein des Anstoßes für viele Personen und Orte, war. Am 21. Dec. beschwerte sich der Erzbischof von Prag „gegen die von der französischen Comödianten-Truppe am 6. d. vorgestellte, in sich selbst aber der Ehrbarkeit zu widerlauffende Piéce „Tartuffe" genannt." Das Gubernium entschied, „daß man besagte Beschwerde allerdings alß ein für die Wohlanständigkeit wachende Sorgfalt angesehen und angenohmen hätte, mithin, und obzwar verschiedenen sicheren Nachrichten zufolge die Hauptpersohn nicht in einem

geiſtlichen ſondern in einer gewöhnlichen ſchwarßen Kleidung vorgeſtellet ſolgt. die zuſchauer hierdurch dem anſehen nach zur
ärgernuß und abneigung gegen die geiſtlichkeit nicht verlaithet und
ſonſten auch keine andere alß dergl. Spectaculn, die da bevor
durch öffentl. Druck bekannt und erlaubet ſeyen, aufgeführet werden, nichtsdeſtoweniger die fürkehrung machen werde, daß nicht
allein vorgedachtes Stück Tartuffe ſondern auch alle zu einiger
Verletzung der Wohlanſtändigkeit gereichende Piècen um ſo gewiſſer
alß ſolche eben in der k. k. Reſidenz-Stadt Wien unterſagt wären,
ein für allemal abgeſtellet wie nicht minder ſtätts dahin geſehen
werde, damit bey fernerer Vorſtellungen deren Schau-Spihlen
keine die guten Sitten oder die Wohlanſtändigkeit beleidigende
auftritte mit untermenget werden mögen.“

(Gub.-Decret vom 22. Dec. 1769.)

Die Franzoſen wurden Brunian ſehr bald unangenehm; ſie
ſchädigten ſein Geſchäft, entzogen dem deutſchen Schauſpiel das
Intereſſe des Publicums, zogen namentlich die „Nobleſſe“ an
ſich und trachteten überdies auch einen Theil jener Tage, die im
Repertoire des Kotzentheaters ausſchließlich dem deutſchen Schauſpiel
reſervirt waren, für ihre Vorſtellungen mit Beſchlag zu belegen.

Die Altſtädter Stadthauptmannſchaft berichtete unterm 20. Febr.
1770, Brunian beſchwere ſich darüber, daß an den letzten drei
Faſchingstagen die Franzoſen ebenfalls ſpielen wollten, obwohl die
Tage Sonntag, Dienſtag und Donnerstag ihm für deutſche Schauſpielvorſtellungen eingeräumt ſeien. Die Stadthauptmannſchaft
machte nun geltend, daß an den letzten Faſchingstagen ſtets täglich
ſowohl deutſche Komödianten als italieniſche Operiſten, die erſteren
um 4 Uhr Nachmittags, die letzeren darnach im Kotzentheater
geſpielt hätten. Da nun aber die Operiſten von Prag abweſend
ſeien, ſo ſeien die franzöſiſchen Komödianten in deren Rechte
getreten und alſo ſei Brunian durch franzöſiſche Vorſtellungen an
den letzten Faſchingstagen nicht verkürzt. Die Statthalterei entſchied
in dieſem Sinne.

Aber endlich mußten die Franzoſen denn doch abziehen und
den Deutſchen das Terrain überlaſſen. Die Oppoſition gegen die

Fremden und gegen die sichtliche Schädigung der deutschen Truppe durch dieselben ging vom Publicum und zwar von der Aristokratie, welche bisher mit Vorliebe das französische Schauspiel cultivirt hatte, aus. Es entstand eine mächtige, auf die Verdrängung der Fremden und die Hebung der heimischen Bühne hinzielende Bewegung, welche wohl nicht zum kleinsten Theile durch bedeutsame Vorgänge in Wien hervorgerufen worden war. Dort hatte 1770 Graf Johann Kohary die Hoftheater — das Hofburg= und Kärntnerthorthater — aus bedeutenden finanziellen Calamitäten gerettet und ein artistisches Comité für die Leitung der beiden Theater eingesetzt. Die Seele dieses Comités aber war Sonnenfels, der zugleich als Censor fungirte und am 14. August 1770 seine denk= würdige Proclamation an das Publicum erließ. „Der feinere Theil der Nation fängt an" — sagte Sonnenfels in dieser „Nachricht von der neuen Theatral=Direction an das Publicum" — „an dem National= schauspiele mit einiger Wärme Antheil zu nehmen und die Weisheit des Monarchen hält diesen Theil der Ergötzungen nicht unter Jhrer Sorgfalt. Diese Betrachtungen erfordern unsere vorzügliche Auf= merksamkeit für das deutsche d. i. für das Schauspiel der Nation. Man wird es daher weder an Aufwand noch an Sorgfalt fehlen lassen, eine Gesellschaft gewählter Schauspieler zusammen zu bringen. Sie werden, um sich den nöthigen Anstand zu eigen zu machen, in der Hauptstadt häufige Muster vor Augen haben; die Schauspielerin wird an der Dame, der Schauspieler im Kreise der Cavaliere die Urbilder zu der Leichtigkeit des Umgangs und zu der feinen Höflichkeit studiren können, und wir haben von der Güte des hiesigen Adels zu erwarten, er werde sich um das Nationalschauspiel nicht allein durch seinen Schutz verdient machen sondern auch an der Bildung des Schauspielers näheren Antheil nehmen. . . ." Zugleich wurden jedem Dichter für neue Trauer= spiele oder Lustspiele Honorare pr. 100 fl. oder 50 fl. zugesichert. Die Wiener Hoftheater bestanden aus der deutschen und der fran= zösischen Komödie, und namentlich die letztere war es, welche gleich im ersten Jahre dem Grafen Kohary ein namhaftes Deficit eintrug. Er wandte sich deshalb in persönlicher Audienz an

Kaiser Joseph, und im März 1771 gab der Kaiser die Zustim=
mung zur Entlassung der französischen Gesellschaft, die am 29. Fe=
bruar 1772 aus dem Burgtheater abzog, während die deutschen
Schauspiele im Kärntnerthortheater bestehen blieben und nun theil=
weise auch in die Burg übersiedelten. Die Intervention des
Kaisers in dieser Sache verfehlte nun nicht ihren bedeutenden Ein=
druck auf den Adel der Residenzstadt und Prags. Hier wie dort
flammte der Enthusiasmus für das deutsche Schauspiel mächtig auf.

Ueber diese begeisterte Stimmung und die Thaten, welche
daraus resultirten, mag uns ein zeitgenössischer Kritiker und Chronist
berichten.

„Bald, gar bald" — schreibt er — erwachte der Patrio=
tismus unseres Adels. Weg, hieß es, mit den Ausländern! Sollten
wir nur Ausländer für unser Vergnügen bezahlen und dadurch
den Wahn vermehren helfen, daß nichts Schönes sein kann, als
wenn es hundert Meilen weiter seinen Geburtsort hat! Besser,
wir übersehen den Eingeborenen einen Fehler, als daß wir an
Ausländern Fehler für Schönheiten bewundern sollten. Das Bei=
spiel unsers Monarchen, des sein Volk liebenden Josephs, sei uns
auch hier heilig! Bei so edlen Gesinnungen der Großen hielten
es die französischen Schauspieler für rathsam, am Aschermittwoch
1771 ihren Abzug zu nehmen. Wien, wo bisher der Hauptsitz
Bernardons und Consorten gewesen, hatte seit einiger Zeit seiner
deutschen Bühne einen Glanz gegeben, der dem Adel unseres
Königreichs und jedem Edeldenkenden in die Augen strahlte. Prag,
das in löblichen Unternehmungen Niemand in der Welt nachzu=
stehen, für seinen größten Ehrgeiz hielt, dessen Bewohner sich nicht
weniger Einsicht, nicht weniger Gefühl des Schönen und Guten
zutrauen durften, sah mit scheelsüchtigen Blicken nach der Donau
und das Mißvergnügen fing an, nach und nach lauter zu werden.

„So stand es um unsere deutsche Bühne, als unser verehrungs=
würdiger Hr. Obristburggraf, der Fürst v. Fürstenberg, erschien,
dem es vorbehalten war, auch von dieser Seite den Dank aller
Edelgesinnten, die Nachahmung seiner Zeitgenossen und die Be=
wunderung der Nachwelt einzuernten. Voll Zutrauen auf die be=

kannten großen Eigenschaften dieses verehrungswürdigen Fürsten hob jetzt der patriotische Haufen sein Haupt hoch empor und einige Cavaliere und andere verdienstvolle Männer stellten sich an die Spitze desselben.

„Mit Ostern dieses Jahres übernahm einer unserer würdigen Cavaliere, der Gubernialrath Hr. v. Hennet so patriotisch als uneigennützig die Administration der deutschen Bühne. Dieser, un=terstützt durch die Bemühungen Bergopzoomers, eines Schauspielers von vorzüglichen Eigenschaften, verschloß den extemporirten Possen mit einem Male die Bühne, und Thalia nahm ihr Eigenthum in Besitz, das sie bisher mit manchem Narren hat theilen müssen. Das erste Bedürfniß der Bühne, so ihnen bei der nunmehrigen Einrichtung in die Augen fiel, war der Abgang an tüchtigen Schauspielern, an Leuten, die nicht ihre Kunst in Extemporiren, Possenreißen und einer unanständigen Aufführung sehen; denn ein Bergopzoomer und eine Mad. Henisch und noch einige in ihrem Fache brauch=bare Schauspieler konnten unmöglich dem ganzen übrigen Theil aufhelfen. Man suchte diesem Bedürfniß durch Abschaffung einiger ganz unnützen Mitglieder und Aufnahme einiger neuen Genüge zu leisten, doch erwartet das Publicum zu Anfang des künftigen Theatraljahres etwas Vollkommeneres. Da das deutsche Theater hier eine beständige Wohnstätte erhalten sollte, so war es auch nothwendig einen gewissen Fond auszumachen, der auch bei schlechten Einnahmen die Administration in Stand setzte, Schauspieler und andere vorauszusehende Nothwendigkeiten befriedigen zu können.

„Ein untrügliches Merkmal, wie sehr mancher insgeheim nach der Verbesserung der deutschen Schaubühne geseufzet, war es, daß sich ohne Schwierigkeit ein Jahres=Abonnement von beinahe 8000 fl. zusammenfand, wobei der Eifer einiger patriotischer Damen der ganzen Nation Ehre macht, die die bezaubernde Kraft der Bered=samkeit für ein so nützliches Vorhaben verwandten und dadurch nicht wenig zur Beschleunigung der Sache beitrugen. So hauchte", ruft begeistert der Chronist, „zu den goldenen Zeiten der römischen Republik der Patriotismus der römischen Damen jeden jungen Helden zu ihm würdigen Thaten an, und mit neuen Kräften be=

seelt, riß sich der Mann aus den Armen der Wolluft. Die Sorg=
falt unseres Obristburggrafen nützte indessen diesen Eifer mit der
ihm eigenen Klugheit. Nicht zufrieden, das extemporirte Possenspiel
mit seinem ganzen Anhang verbannt zu haben, sah er gar wohl
ein, daß auch manches regelmäßige Stück seinen wohlthuenden Ab=
sichten zuwider laufen könnte, und daß unter diesem Namen ebenso
gut gedruckte Farcen auf die Bühne gebracht werden könnten, die
unzusammenhängende Possen enthielten. Er setzte also dem deutschen
Theater nach dem Beispiele Wiens eine eigene Censur vor, und
zeichnete derselben die Grenzen aus, in denen sich die deutsche
Schaubühne nunmehro verhalten sollte, damit die Schauspieler es
künftighin nicht etwan dem Eigendünkel der Censoren zuschreiben,
wenn sie auf der Bühne Possen zu reißen verhindert würden. Von
diesem Zeitpunkte an bedarf unser Theater eigentlich nur einer
Kritik, denn bisher war es unter derselben . . ."

Im Jahre 1771 war es die damals begründete Wochen=
schrift „Neue Litteratur"*) welche eine regelmäßige Theater=Kritik
in Prag einführte. Jede Nummer des Blattes enthielt das Theater=
Repertoire der Woche und eine Besprechung der wichtigsten Auf=
führungen.**) Gleich in der ersten Nummer spricht der Heraus=
geber von dem Plane „eines öffentlichen Opern= und Comoedien=
hauses", das mit den besten Schauspielern Europas besetzt und ohne
Unkösten eines Prager respective höchsten und hohen Adels als
eines gesammten Publici zu erhalten wäre. Von der Genehmigung
dieses Planes hänge es ab, ob das Project zu Stande käme. Dies
scheint nun nicht der Fall gewesen zu sein, und vor der Hand
mußte sich Prag mit dem Kotzentheater begnügen. Noch in der
zweiten Hälfte des Jahres 1771, also nach dem Abzuge der Fran=
zosen, nach der Anregung der großen Reform, spielte übrigens
am Kotzentheater die Burlesque andauernd eine Hauptrolle. „In
einer Woche drei Burlesquen?" rief im Juli der Theater=Kritiker;

---

*) „Neue Litteratur". Prag. Gedruckt mit Höchenbergischen Schrif=
ten 1772.

**) Der Leser findet im Anhange ein Repertoire=Verzeichniß aus den
Jahren 1771 und 1772.

„drei Burlesquen in Prag, einer so volkreichen Stadt, worin oft mehr denn vierzig Logen angefüllt sind!" Der Kritiker untersucht den Grund dieser auffallenden Erscheinung. Einestheils sei es der Beifall, welchen das Publicum noch immer dem vom Teufel verzauberten, aus Thürmen und Wüsten erretteten Bernardon spende. Einer Schauspielergesellschaft, die von der Einnahme lebt, könne man es nicht verdenken, „wenn sie Burlesquen aufführe, um einen Theil ihrer Zuschauer zu vergnügen, die, ehe sie eine ernsthafte, rührende oder gar tragische Scene auf der Bühne ansehen sollten, lieber ihr Geld in der Kreuzerbande bei einem Marionettenspieler verlachen würden".

Am 24. Juli 1771 kam übrigens auch eine interessante Novität, „Der Minister", fünfactiges Lustspiel von Staatsrath v. Gebler zur Aufführung, und das Publicum fand sich zahlreich ein. Der Kritiker der „Neuen Litteratur" bezeichnet das Stück als das beste aller bisher erschienenen Stücke Geblers, er rühmt ihm „einen guten kernigten Dialog, eine interessante Handlung, einen gut gewundenen und entwickelten Knoten" nach. In der nächsten Woche hatte der Kritiker nur mehr über zwei Burlesquen zu berichten, was er mit besonderer Befriedigung constatirt. Noch einmal widmet er scharfe Worte dem Unwesen der improvisirten Posse. „Nach Allem," ruft er, „bleibt uns kein anderes Urtheil zu fällen übrig, als daß nichts in der Welt den Sitten und dem guten Geschmacke mehr zuwider und schädlicher sei, als die Burlesque und die noch ärgere Zauberkomödie. Bendeguth, der Husarengeist, die verzauberte Hutmasche, die Macht der Fee Galanthine und tausend und abertausend dergleichen über einen Leisten ausgearbeitete ungehirnte Mißgeburten, verhindern ganz nothwendig, daß wir unsere Kinder ohnmöglich als Zuschauer für die Bühne stellen dürfen. Die zotichte Geberde des Steffels, Bernardons oder der Colombine, wird ihre ohnedies noch nicht festgegründete Manier noch mehr verderben und Eltern wie anderen Vorgesetzten, ihnen solche bei der gesitteten Welt unangenehme Dinge abzugewöhnen, doppelte Mühe machen . . . Was soll ich endlich von der Sprache, von der Art sich auszudrücken, sich zu betragen, sagen? Hier ist der

20

Fehler handgreiflich; sich selbst überlassen, spricht ein jeder Schau=
spieler seine eigene, öfters. höchst elende Mundart; da spricht er
bald als Wiener, als Böhme, als einer aus diesem oder jenem
Winkel des Schwabenlandes und des Reiches; er verbindet die
Gedanken nach seinem oft höchst elenden Verstande miteinander, er
wiederholt sich selbst bis zum Ueberdruß und verwöhnt täglichen Zu=
schauern so das Ohr, daß sie den erträglich und gut finden, den
sie, da er sich das erste Mal hören ließ, nicht des Ansehens, viel=
weniger der Aufmerksamkeit würdigte."

Der Kampf des Kritikers gegen die Burlesque war damit
beileibe noch nicht beendet; er hatte zwar auch Lichtmomente des
Repertoires, wie die Aufführung des „Orakels, einer Operette in
Versen von Herrn Prof. Gellert", dann des fünfactigen Lustspiels
„Die Frauenschule" von Stephanie dem Älteren, des Dramas
„Clementine oder das Testament" von Staatsrath v. Gebler, und
des Holberg'schen Lustspiels „Bramarbas" zu constatiren, aber die
Burlesque kehrte noch immer allwöchentlich zwei oder dreimal
wieder. Unter dem Schauspielpersonale rühmt der Kritiker mehr
oder weniger die Damen Frank, Mion, Kössel, die Hrn. Bru=
nian, Jüngling, Hölzel, Frank, Kühne (in Bedienten=Rollen), Sene=
felder, Geschwendtner. Als „Lieblings=Acteur" des Prager Publi=
cums bezeichnet er Herrn Jüngling, der speciell in der Titelrolle
des Holberg'schen „Bramarbas" — der Kritiker bezeichnet das Stück
selbst als eine „studirte Burleske" — gelobt wird. Hr. Sene=
felder wird besonders in der Rolle des Timant in dem am 4. Sept.
1771 aufgeführten Lustspiele „Der Mißtrauische" von Freiherrn
v. Cronegk hervorgehoben. Senefelder, welcher noch im Sep=
tember von Prag schied, war der Vater des berühmten Erfinders
der Lithographie, Alois Senefelder, der, 1771 zu Prag geboren,
sich auch neben seinem Vater auf der Bühne versucht hatte. Sene=
felder sen. war der Erste, welcher es sich contractlich verbat,
zur Mitwirkung in der Burlesque herangezogen zu werden. Sein
Beispiel hatte Anfangs wenig Erfolg, weil er selbst kein hinreichend
bedeutendes Talent war, um einer solchen That das entsprechende
Gewicht zu verleihen; aber die Idee brach sich Bahn, und am

29. September 1771 konnte der Prager Theaterkritiker mit besonderer Befriedigung niederschreiben: „Sonntags den 29. Sept. zum
letztenmal: Burlesque, für deren Endigung wir dem Herrn v.
Brunian im Namen des gesammten einsichtsvollen Publicums
unseren ergebensten und aufrichtigsten Dank abstatten: wir sind
von seiner gründlichen Einsicht in seine Wissenschaft so überzeugt,
daß wir künftighin nicht daran zweifeln, daß er durch die Wahl
seiner Stücke dem doppelten Zwecke derselben, der Belehrung und
Besserung seiner Mitbürger, und ihren Vergnügungen ein Genüge
leisten werde."

Das Repertoire erhielt von nun an ein edleres Gepräge.
Außer den deutschen oder aus dem französischen übersetzten Schau-
und Lustspielen waren im Sommer noch die italienischen Intermezzi und die Ballets im stehenden Repertoire, zu denen während
der Anwesenheit der Bustelli'schen Operngesellschaft im Winter
die Opern-Vorstellungen kamen. Im Sommer 1771 hatte die
Intermezzi oder italienischen Zwischenspiele, welche nun meist
nach irgend einem kürzeren deutschen Stücke gegeben wurden,
die Compagnie des Sgr. Burgioni ausgeführt, welche sich am
31. Aug. von Prag verabschiedete. „Wir sind diesem Manne,"
sagt der Kritiker der „Neuen Litteratur," „der durch vier Monate
von dem hohem Adel und dem übrigen Publico in seinen gelie-
ferten sechs Stücken als Sänger und Schauspieler bewundert wurde,
keine geringere Vergeltung schuldig, als daß wir seine Verdienste
hier öffentlich einrücken. Burgioni ist nicht aus dem Fach der meisten
italienischen Buffisten, deren ganze Größe in einer überschreienden
Gurgel und höchst elenden Carricaturen besteht — nein, er weiß
durch einen angenehmen Tenor, durch eine mit natürlicher Stimme
ganz unkennbar verbundene Fistulation und die strenge Beobachtung
des Zeitmaßes, einem wahrhaft seltenen Verdienst bei Leuten seines-
gleichen, die Gunst der Kenner vom besseren Range an sich zu
ziehen. Sein Spiel ist fein und anpassend, sein Anstand frei; er
ist, wenn sich die beiden Worte ja mit einander vergesellschaften
lassen, ein edler Buffo. Überhaupt müssen ihm seine Kenntnisse
sowohl in der Schauspielkunst als in der Musik immer einen vor-

züglichen Platz unter denen vortrefflichen Theatralpersonen Italiens versichern. Mad. Burgioni, seine Frau, bedauern wir über den Verlust einiger Saiten an ihrer Stimme, der ihr zuweilen Miß= töne abzwingt; doch hält sie uns durch ihre ausdrucksvolle und immer aus der Sache selbst geschöpfte Pantomime hinlänglich für schadlos. Wie sehr wünschten wir nicht, dieses vortreffliche Paar noch länger auf unsere Bühne behalten und dessen ausnehmende Eigenschaften bewundern zu können!" Auf die Ballets ist unser Kritiker minder gut zu sprechen; er hält sie für sehr überflüssig und plaidirt wiederholt für Ausmerzung derselben. „Wenn ich sage, daß unsere Ballets schlecht sind," schreibt er, „so wird man einwerfen: Ja, die Brunianische Gesellschaft kann keine Noverre (Director der damals berühmtesten Ballet=Compagnie) bezahlen. Der Einwurf ist gegründet und ich schweige. Aber unter ähnlichen Brüdern und Schwestern, die mit gleicher Bezahlung vorlieb nehmen, dennoch eine geschickte Wahl zu treffen, wird doch wohl von der Gesellschaft zu verlangen sein? Diese Gedanken wurden Montags den 29. Juli bei mir rege, da man uns ein neues Ballet unter dem Titel „Die Jagd" oder „Das Fest der Jäger" und zugleich eine neu angekommene und zum ersten Male sich zeigende Tänzerin ankündigte. Es ist bereits eine allgemeine Anmerkung, daß eine große und starke Person mehr Geschicklichkeit im Anstande und in der Wendung, ja in allen Stellungen und Figuren des Tanzes haben muß als eine kleine, wenn sie einer von der letzten Gattung gleich oder ihr vor kommen soll. Die, wovon wir jetzt reden, war eine von der ersten Art. Wäre es noch Mode, daß man bei einer Wahl sich wie vor Zeiten weißer und schwarzer Steine bediente, um sein Vergnügen oder Mißfallen über eine Person anzuzeigen, so hätte ich das Amt der Stimmensammlung übernehmen wollen. Dann — hätte ich einen Hut voll schwarzer Steine erhalten, zwei oder drei weiße, die bei dem ersten Anblick der Tänzerin in die Hände klatscheten, obenauf gelegt, ihr den Vorwurf unserer Wahl überbracht und — was noch, derselben eine glückliche Reise gewünscht." Aber allmälig scheint diese so unliebenswürdig aufgenommene Bal= lerina denn doch die Prager und selbst ihren gestrengen Kritiker

mit ihrer Persönlichkeit versöhnt zu haben; denn im October schreibt
er: „Ohnerachtet man hier anfänglich etwas gegen Mad. Oettingern, unsere erste Tänzerin, eingenommen war, so ist man doch jetzt
überzeugt, daß der wenige Beifall, den sie damals erlangte, mehr
ihrer Furchtsamkeit, das erste Mal vor einem neuen Publicum zu
erscheinen, als ihrer geringen Fähigkeit zuzuschreiben sei. Die Gerechtigkeit, die man ihr gegenwärtig widerfahren läßt, wird sie wohl
diese kleine Verdrießlichkeit vergessen lassen, und wir sind versichert,
daß viele von denen, die anfänglich schwarze Steine eingeworfen
hätten, sie nunmehr gegen weiße austauschen würden."

Eine werthvolle Acquisition für das Schauspiel der Prager
Bühne war das im Jahre 1771 erfolgte Engagement des Schauspielers und Regisseurs („Directors") Bergobzoom oder Bergopzoomer, der, wie wir gesehen, das Meiste zur Verbannung der
Improvisation von der Prager Bühne beigetragen hat. Er war
eigentlich in seinem schauspielerischen Rollenfache der unmittelbare
Nachfolger Senefelders sen. und führte sich gleich mit seinen ersten
Rollen in vielversprechender Weise ein. Die „Neue Litteratur"
schrieb im September 1771: „Unsere Bühne verlor Hrn. Senefelder, und er wurde ihr durch einen Acteur ersetzt, den der Kenner
und Nicht-Kenner, wenn er irgend ein Gefühl hat, und Hollbergs
„Ulysses von Ithaka" nicht etwa gar Molièren's „Misanthropen"
vorzieht, vor einen der größten Artisten in seiner Kunst — doch
dieser Ausdruck ist viel zu niedrig für ihn, sagen wir lieber, in
seiner Wissenschaft — erkennen wird. Hr. Bergopzoomer verbindet
mit der gründlichsten Theorie den unermüdetesten Fleiß. Anstand,
Natur und Kenntniß des menschlichen Herzens blicken überall an
ihm hervor. Er weiß die Stufen der Leidenschaft auf das Genaueste
abzumessen, er weiß sich in jede Situation zu versetzen: er läßt
seine Stimme immer an dem gehörigen Orte fallen oder steigen.
Nie ein Gesichtszug, nie eine Pantomime, die nicht anpassend,
nicht aus der Natur der Sache selbst geschöpft wäre. Er weiß
seinen Dichter nicht nur zu erreichen, sondern auch zu verschönern
oder zu mildern, wie es schicklich ist. Allein, Hrn. Bergopzoomers
Schönheiten lassen sich eher fühlen als beschreiben. Einige tadeln

seine Stimme; sie ist ihnen nicht laut genug. Wir kennen keinen
ungegründeteren Vorwurf. Hr. Bergopzoomer verlangt ein stilles,
aufmerksames Auditorium, und er stehet davor, daß, wenn er dieses
hat, die Gallerie ihn so gut verstehen wird, als das Orchester;
hat er dieses nicht, so wird er auch durch ein Sprachrohr zu leise
reden . . ." Bergopzoomer wurde die Hauptstütze der Brunian'schen
Truppe. Er war seinerzeit der berühmteste Tyrannenagent Oester-
reichs. Seine Effectmittel waren großartig gewesen. Hatte er einen
der blutgierigsten Wütheriche zu spielen, so nahm er Seife in den
Mund, um im richtigen Momente fürchterlich zu schäumen; spielte
er „Richard III.", so that er Erbsen in den Stiefel, um mit täu-
schender Natürlichkeit zu hinken. In Prag aber wurde der wailand
hartgesottene Tyrann ein feiner und wahrhaft künstlerisch denkender
Schauspieler. Er excellirte als Orosman in der Zaïre, als Soliman II., als d'Orbesson in Diderot's „Hausvater" u. s. w.
„Fast alle Rollen gelingen ihm," sagt ein anderer Kritiker, „und
sie würden ihm alle gelingen, wenn das Publicum nicht zu verwöhnt wäre, um ihn nicht in Rollen sehen zu müssen, die eines
so großen Genies unwürdig sind. Hieher gehört sonderlich der
Feldherr in der Wirthschafterin und der Bediente im sehenden
Blinden. Große Geister sind bloß zu erhabenen Posten geschaffen."
Auch als Dichter versuchte sich Bergopzoom, und ein Gelegenheits-
stück „die Zeit, ein Vorspiel zum glorreichen allerhöchsten Namensfeste Ihro kais. kön. apost. Maj. unserer allergnädigsten Landesfürstin und Frau Maria Theresia" aus seiner Feder wurde sehr
anerkennend beurtheilt.

Von der Gesellschaft, welcher Bergopzoomer anno 1771 als
Regisseur vorstand, entwirst uns der Kritiker der „Neuen Litte-
ratur" eine Skizze am Jahresschlusse, der wir Einiges entnehmen
und Ergänzungen aus anderen Kritiken jener Zeit, welche mitunter
Lessings Vorbild verrathen, beifügen. Herrn v. Brunian, den
„Directeur der Gesellschaft" nennt er zuerst. Sein Fach war „das
Niedrig-Komische, doch schränkt er sich nicht bloß darauf ein: es
gelingen ihm auch viele Rollen im Edelkomischen. Seine frostigen
Engelländer sind sehr gut, seine polternden Alten erwerben sich

Beifall. Dann und wann verläßt ihn freilich das Gedächtniß; er weiß diesen Fehler aber durch Pantomimen und gewisse, ihm eigene Theaterspiele zu verbessern, daß man ihm solchen gerne verzeiht, und er sich in den ihm anpassenden Rollen allezeit sicheren Beifall verspre= chen kann." Hr. v. Brunian spielte offenbar Alles, was gut und theuer war, in der Tragödie, im Lustspiel, in der Farce, in der deutschen Ope= rette. Daß ihm dabei Manches mißlang, läßt sich denken. „Wer so viele Rollen übernimmt wie Hr. v. Brunian," schreibt ein Kritiker, „der kann unmöglich allen gewachsen sein. Ein Schauspieler, der jede Woche wenigstens zwei Rollen und noch dazu Hauptrollen ein= studirt, wird sie nie vollkommen und selten gut machen. Und wäre es Garrick selbst, so würde er, auch bei einem mehr als mensch= lichen Gedächtniß, zum Einsagerloche seine Zuflucht nehmen und Spiel, Charakter und alle Schönheiten des Stückes darüber ver= nachlässigen müssen. Inwieferne er selbst an dieser überhäuften Arbeit schuld ist, läßt sich hier nicht wohl untersuchen. Doch ist so viel gewiß, daß, wenn Hr. v. Brunian Zeit hätte oder haben wollte, seine Rollen recht zu studiren, so würden auch strenge Richter ihm in seinem Fache Gerechtigkeit widerfahren lassen müssen; aber, in allen Fächern und in jedem Stücke glänzen zu wollen, dies läßt sich nie ein Künstler träumen, wenn er auch noch so sehr durch oft übel angebrachte Schmeicheleien verdorben worden..." Von Herrn Jüngling sagt die „N. Litt.": „Er spielt die zärt= lichen Alten, die komischen wären ihm freilich angemessener, ein Schauspieler, der durch lange Übung sich sonst viele Erfahrung erworben hat..." Im Uebrigen war besagter Hr. Jüngling ein ebenso intimer Freund des Souffleurs wie Hr. v. Brunian. In einer Vorstellung kam er entschieden in's Stocken. Wie zog sich der „Vielerfahrene" nun aus der Affaire? Er stellte sich so als ob er nicht wüßte, daß ihn die Rede anging und fragte, da Alles schwieg: „Geht das mich an?" Nun kramte er seine Rolle aus, blätterte sie durch und meinte „Ja, ja, es geht mich an!" — Herrn Christ, welcher die ersten Liebhaber spielte, rühmte ein Kritiker „viel Empfindung und tragisches Feuer" nach; besonders hervorgehoben wird sein Alonso in der „Rache", dagegen wünschte

man ihm „eine stärkere Brust, eine längere Oberlippe und mehr
Nacheiferung." — Herrn Henisch war das Niedrigkomische eigen;
seine „dummen Landjunker, gewisse in das Edelkomische einschla=
gende Bediente, Soldatenrollen geriethen ihm wohl, allein das
Tragische wollte ihm gar nicht anpassen". — Ein anderer Kritiker
sagte, Hr. Henisch sei der „beste komische Acteur der deutschen
Schauspielergesellschaft, er dürfe in seinem Fache ebenso wenig
Jemandem weichen, wie Bergopzoomer im tragischen und allen
denen Rollen, die eine gewisse Würde erfordern, hieselbst von
Jemanden übertroffen werde". — „Hr. Frank" — sagt die
Kritik — „spielt die Bedientenrollen aus dem niedrigsten Fache
unverbesserlich, steife Petit=Maitres ziemlich, Chevaliers aber
herzlich schlecht; Hr. Rössel ist zu Chevalier=Rollen angenommen.
Er war vorher bei der Wäßrischen Truppe, wo er glänzte. Er
macht diese Rollen so ziemlich, nur muß er die Natur noch ein
wenig studiren und sich freiere Manieren angewöhnen, auch die
Mundart verlernen." Von Hrn. Geschwendtner schreibt der
Kritiker der „Neuen Litt." nichts, als daß er zweite Liebhaber
spiele, worauf einige Gedankenstriche folgen. Ein anderer Recensent
widmete ihm einmal folgende kurze Kritik nach der Vorstellung
des Lustspiels „Was ist der Geschmack der Nation?": „Sutman
war Hr. Geschwendtner. Mit allem Rechte sagt Träumer: Ich
habe eine Komödie auf Sie gemacht: „Der dumme Alte . . . . ."
Hr. Hölzel wurde als „Einsager" gebraucht und er verwaltete
dieses wichtige Amt zum Vortheile der Herren v. Brunian und
Jüngling so vortrefflich und laut, daß man ihn auf der Galerie
hören konnte; Hr. Kühne „wurde bloß zum Aushelfen gebraucht."

Von den Damen war die erste Actrice Mad. Mion. „Sie
ist," lautete das Verdict über sie, „eine Actrice, die, ohne ihre
Kunst nach Regeln erlernt zu haben, sich die Zeit hiedurch, da sie
beim Theater ist, deren eine Menge gesammelt hat. Ohne von der
Natur eben außerordentlich begünstigt zu sein, weiß sie sich in
jeder Rolle aller möglichen kleinen Vortheile zu bedienen, um den
Zuschauer für sich einzunehmen. Sie weiß sich vollkommen in jeden
Charakter zu schicken, doch scheinen ihr die komischen Rollen und

die zärtlichen Mütter am angemessensten zu sein und sie mehr zu
kleiden, als die Lauren und Milvauds." Man legte ihr den
Uebergang in's ältere Fach oft recht eindringlich und unzweideutig
nahe. Als sie die Roxelane in „Soliman II." spielte, bemerkte ein
Kritiker höchst ungalant: „Eine nothwendige Eigenschaft der Roxelane ist, daß sie schön sei und Reize an sich habe, die in der
Dichtersprache von Grazien gebildet und von Liebesgöttern um-
flattert werden. Mad. Mion mag nun selbst urtheilen, in wieweit
sie in dieser Rolle gefallen könne oder nicht. Die größten Schauspieler und Schauspielerinen spielten auch in ihrer Jugend die
ihnen zu der Zeit angemessenen Rollen; sie waren aber nicht
eigensinnig und traten diese Rollen, wie sie an Jahren zunahmen,
an jüngere ab, um sie gegen andere umzutauschen, die ihren Jahren
mehr angemessen waren. Mad. Mion hat es uns schon öfters
gezeigt, daß, wenn sie sich bloß auf komische Mütter und andere
darin einschlagende Carricatur-Rollen verlegen wollte und allen
ihren Fleiß bloß auf diese wenden, sie gar bald ein unentbehr-
liches Mitglied unserer Bühne werden könnte. Wer hat sie als
Martha in Weissens „Jagd", als Mutter im „dankbaren Sohn",
als Betschwester, als Fräulein Mathilde im „guten Ehemann"
und als Martha in der „Wohlgeborenen" nicht gerne gesehen?
Wenn aber der Kunstrichter die betagte Schauspielerin an Stelle
der blühenden Schönheit findet und letztere wohl gar ihre Mutter
vorstellen siehet, so finden sich seine Sinne beleidigt, und er wird
völlig außer Täuschung gesetzt, sollte er auch ernsthafter als Cato
und ein Misogyn im höchsten Grade sein . . ." Eine gefährliche
Rivalin dieser alternden Liebhaberin und der Liebling von Kritik
und Publicum war Mad. Henisch. „Eine noch junge Schauspielerin," so wird sie charakterisirt, „die aber gegenwärtig schon
zeigt, was aus ihr werden kann, wenn sie ihre Kunst mit Eifer
und nicht etwa nur mechanisch studirt. Ein majestätisch schlanker
Wuchs, ein freier Anstand, eine nicht unangenehme Gesichtsbildung,
ein paar redende Augen, eine sonore Stimme — was lassen diese
wohl noch bei einer Schauspielerin zu verlangen übrig? In Ansehung des Körpers freilich nichts; aber diese so gebaute Person

muß uns dasjenige leisten, was wir von ihr erwarten. Sie muß
dasjenige empfinden, was uns diese Augen sagen. Sie muß dasjenige Feuer besitzen, was diese Gesichtszüge verrathen. Mad.
Henisch hat hinlängliche Empfindung. Feuer wünschten wir ihr
mehr! Doch wenn sie so zu arbeiten fortfährt, wie sie es seit
einigen Monaten gethan, so sind wir überzeugt, daß sie eine große
Actrice werden wird ...." Im J. 1772 constatirte die Kritik
außerordentliche Fortschritte dieser Actrice. Wenn sie zu Anfang
ihres Engagements kein anderes Verdienst gehabt, als ihre Rollen
auswendig zu wissen, so sei sie nun eine vorzügliche Schauspielerin
geworden. Ihre erste Ausbildung, da sie noch Dlle. Ziranek hieß,
habe sie dem Acteur Jüngling, „einem Schauspieler, der noch weit
vorzüglicher sein würde, wenn er nicht eine zu große Meinung
von sich selbst hätte", zu verdanken, dieser habe ihr Modulation,
Declamation und Augensprache beigebracht. Dann sei Bergopzoomer
gekommen und habe ihr Ausdruck, Stärke, Majestät, Adel der
Seele, Feuer und „das stumme und Theaterspiel" gelehrt."
„Wenn man zu all diesen Vorzügen" — sagt die Kritik — „Genie,
einen guten Wuchs und eine sonore Stimme rechnet, so wird man
es glauben, wenn wir behaupten, daß Mad. Henisch in kurzer Zeit
solchen Fortgang gemacht, daß sie selbst in Wien oder auf jeder
anderen rühmlichst bemerkten Schaubühne Deutschlands bei fort-
dauerndem Fleiß eine der ersten Schauspielerinen werden könnte,
und daß sie eine Stütze der unsrigen ist, die durch ihren Verlust
nicht wenig erschüttert werden dürfte. „Besonders lobte man ihre
Prinzeß Elisabeth in Weisse's „Richard der III." — Nicht minder
schmeichelhaft lauteten die Urtheile über ihre Collegin und Rivalin
im Liebhaberinen-Fache, Mad. Frank. „Mad. Frank", heißt es
in der kritischen Jahresrevue von 1771, „spielt mit Mad. Henisch
gleiche Rollen. Wie viel würde unsere Bühne gewinnen, wenn sich
diese beiden Schauspielerinen um die Wette bemühten, größer zu
werden! Auch Mad. Frank hat ihre eigenen Verdienste. Ihre Bildung, ihr Wuchs, ihre Stimme sind ganz fürs Theater gemacht
und im Pathetischen zeichnet sie sich vorzüglich aus." „Nicht zu
heroisch-tragischen, nicht zu majestätischen, tobenden, eine starke

Brust, eine vielversprechende Wendung der Arme und ein blitzendes Auge erfordernden Rollen ist ihre Anlage," schreibt der Kritiker von anno 1772 — „eine liebenswürdige Enthusiastin, eine schmeichelnde Liebhaberin, eine schmachtende, gefällige Frau, ein unschuldiges, ehrbares und einfältiges Mädchen, und alle die Arten von Vorstellungen, die mit diesen verwebt sind, würde sie auf eine ihr zum Vortheil gereichende Art zeigen. Auch einige Soubretten (die überhaupt auf unserer Bühne so schlecht besetzt sind), dann ein Hannchen in der „Jagd" und ein Lieschen in der „Liebe auf dem Lande" würden ihr nicht übel stehen, doch fehlt ihr zu den Singrollen die Stimme ...." „Mad. Frank", sagt derselbe Kritiker ein andermal, „spielte so rührend, daß mir eine zurückgehaltene Thräne wider Willen aus den Augen schlich und ein tiefer Seufzer meiner beklemmten Brust einige Freiheit verschaffen mußte, und ich bemerkte, daß ich nicht der Einzige war, der sich aus seiner Weichherzigkeit Vorwürfe machen zu lassen Ursache hätte. Neben mir wischte sich ein narbichter Held die Augen, nahm eine Prise Tabak und murmelte ein paar Worte in sich, eben da ich beschäftigt war, mich wieder in Fassung zu setzen ...."

Weniger Gnade fand Mad. Kössel. „Sie ist zu Soubretten-Rollen angenommen", heißt es von ihr, „die sie mit viel Natur macht. Sie spielt auch andere Charaktere nicht eben ganz verwerflich, nur ihre Action mit den Händen taugt nichts." Mad. Kühne spielte auch Soubretten. „Sie hat viel Anlagen zu Coquetten-Rollen", sagt der Recensent, „um diese Anlage aber nicht verderben zu lassen, muß sie sich diejenigen Fehler, die wir so oft an ihr erkannt haben, abgewöhnen und sich bemühen, von ihren Gaben den gehörigen Nutzen zu ziehen, welches nur durch eifriges Studiren der Kunst geschehen kann."

Die kritische Revue pro 1771 führt nun noch folgende Kräfte an: „Mad. Rendtin hilft aus. — Der Balletmeister ist Herr Alberti, ein Schüler des berühmten Noverre. Er tanzt gut und richtig, hat viel Kräfte und springt also auch stark. In seinen Balleten selbst wünschten wir mehr Plan und Veränderung. — Der ältere Hr. Link ist ein Serio-Tänzer, der sich nicht nur hier, sondern auch an anderen Orten viel Beifall erworben hat; ein paar Jahre, unter Noverrens Anführung zugebracht, würden ihn zu einem großen Meister machen. — Der jüngere Hr. Link, ein Bruder des vorigen, legt sich mehr auf das Mezzo. — Mad. Oettingern ist die erste Tänzerin (der Kritiker beruft sich bei ihr auf seine auch von uns berührten früheren Urtheile). — Mademoiselle Weinertin, eine sehr junge Person, wird einmal eine große Tänzerin werden. Ihr Anstand, ihre tändelnde allerliebste Pantomime, erhalten Jedermanns Beifall. Sie agirt zuweilen auch; aber als Schauspielerin wird sie wegen eines Naturfehlers in der Aussprache nie ihr Glück machen. — Noch ein Knabe von 14 Jahren, der nur unter dem Namen Hansl bekannt ist, tanzt in den Balleten mit; er ist ein Nebenbuhler der Mademoiselle Weinertin, und wir sind ihm die nämliche Gerechtigkeit schuldig, die wir dieser haben wiederfahren lassen. — Therese Schulz ist zu Kinderrollen. „Dieses ist der Zustand des Nationalschauspiels", schließt der ungenannte Recensent seine Revue. „Wir wünschen mit patriotischem Eifer desselben Verbesserung. Betrachtet man es aber gegen dasjenige, was es vor einigen Jahren war, so wird man sich wundern, wie sehr es sich verändert hat. Freilich ist es noch nicht vollkommen, aber diese Vollkommenheit läßt sich von der Unterstützung eines zahlreichen und aufgeklärten Adels und dem Eifer der Schauspieler, die nicht für das Brod, sondern auch für die Ehre arbeiten, hoffen und erwarten."

Im nächsten Jahre erfolgten denn auch mehrfache Veränderungen. Im J. 1772 trat bekanntlich die vom Oberstburggrafen Fürsten v. Fürstenberg eingesetzte Theatercensur und die neue Theater-Administration unter Gubernialrath v. Hennet in Action, so daß dem Theater nun der Oberstburggraf quasi als oberster Patron, ein Administrator (Hr. v. Hennet), ein emphiteut. Eigenthümer oder Erbpächter, zugleich Opern-Principal (Giuseppe Bustelli), ein Schauspiel-Principal (Hr. v. Brunian) und ein Director oder artistischer Leiter des Schauspiels (Hr. Bergopzoomer) vorstanden. In dieser Organisation nun wurde die Bühne am 21. April 1772 mit dem „Hausvater" des Diderot eröffnet. In diesem Jahre

nun traten folgende neue Mitglieder zur Brunian'schen Truppe:
Hr. Müller (La Brie im „Hausvater"), Hr. Gräff, Ellen-
berger (Kinderrollen), Hr. Clement, der als Sir Carl in
Beaumarchais' „Eugenie" am 26. April zum ersten Mal auftrat
und als totaler Anfänger geschildert wird, Mad. Tilly und
Dlle. Tilly, deren Tochter. Die beiden letzteren traten als Philint
und Juliane im „Triumph der guten Frauen" von Joh. Elias
Schlegel am 28. April zum ersten Mal auf. Die Kritik charakterisirt sie sehr ablehnend. „Der unparteiischen und gegründeten
Beurtheilung unserer deutschen Theatral-Administration", heißt
es, „haben wir es zu verdanken, daß beide nicht lange dem Publicum beschwerlich fielen und nach wenigen Wochen ihren Abschied
erhielten. Die Mutter, eine betagte Komödiantin, lernt hart, hält
viel aufs Extemporiren und ist dadurch gezwungen, sich mehrentheils auf den Einsager zu verlassen. Die Tochter war ungleich
besser; ein Naturfehler in der Sprache aber, dann für ein junges
Frauenzimmer zu wenig feine und regelmäßige Gesichtszüge und
eine unausstehliche Monotonie in der Declamation machten auch
diese unserem Schauplatz ganz entbehrlich." Mit diesem wenig
liebenswürdigen Bilde der Tilly jun. harmonirt indeß keineswegs
die anziehende Schilderung, welche derselbe Kritiker von dem Serail
Soliman des II. entwirft, in welchem Dlle. Tilly im Verein mit
Mad. Mion und Mad. Henisch als Seraildamen fungirte. „Den
schwelgenden Sultan unter diesen Damen sitzen zu sehen", schreibt
er diesmal, „Mad. Henisch mit ihrer natürlich schönen Stimme
dazu singen hören, Stellungen ergriffen und Reize ausgekramt
gewahr zu werden, wodurch eine der anderen den Rang bei ihrem
gebietenden Liebhaber abzugewinnen denkt, war ein Gemälde der
Wollust, das denen Feinden des Schauspiels Waffen genug in die
Hand geben dürfte, Alles, was man nur von der Bühne als eine
Schule der Sitten rühmet, für prächtige Chimären und Blend-
werke auszugeben, so sehr sie auch bei anderen Vorstellungen des
Gegentheils überwiesen werden . . . ." — Am 7. Mai trat Mad.
Habel in dem Brandes'schen Lustspiele „Trau, schau, wem!" zum
ersten Male auf; sie wird als sympathische, nur etwas affectirte

Soubrette und schwache Sängerin bezeichnet. Auch ihr Gemal
wurde engagirt; er galt als schlechter Substitut Brunian's in
komischen Rollen. Ebenso erschienen neu im Personale Mad.
Christ, wohl die Frau des gleichnamigen Acteurs, in Rollen der
Mad. Kössel und die kleine Dlle. Christ in sehr jugendlichen Partien.
Für minder wesentliche Rollen wurden noch Hr. und Mad. Bol-
lenau engagirt. Dies war der Stand des Brunian'schen Per-
sonals anno 1772. Hervorzuheben ist, daß wie in der künstlerischen
so auch in der socialen Position der Schauspieler große Veränderungen vorgegangen waren. Die Zeiten, da Wandertruppen auf
ihren Karren, die Damen mit geschminkten Gesichtern aus dem
Innern desselben hervorcoquettirend, die Herren bescheiden und
verschämt nebenhertrottend, in die Stadt einzogen, da der Umgang
mit Schauspielern fast entehrend galt, war so ziemlich vorüber.*)"
Künstler wie Brunian und Bergopzoomer wußten sich in der Gesellschaft Geltung zu verschaffen und eine Ebenbürtigkeit mit bisher
bevorzugten Menschenclassen zu sichern. Der Name „Komödiant"
verlor zu einem großen Theile seinen beschimpfenden Klang. Geleitet
von einer, Lessing'schem und Sonnenfels'schem Beispiele nachstre-
benden, Kritik, bemühten sich die Schauspieler, der Prager Bühne
ihren neu erworbenen hohen Rang als Schauspielbühne zu festigen,
und mit Stolz konnte der mehrcitirte Kritiker des Jahres 1772**),
der leider Ende dieses Jahres von Prag schied und deshalb seine
kritische Feder niederlegen mußte, ausrufen: „Unsere Bühne ist
vor vielen anderen in den Provinzen Deutschlands so glücklich,
Schauspieler von viel versprechenden Anlagen zu besitzen, die unserer
Stadt Ehre machen und von dem Publicum genützt werden können.
Die Kritik, wider die, ob sie gleich ihren Nutzen sichtbarlich äußert,

*) Als interessante Erscheinung mag hier folgende Bestimmung der
„Universal=Accis=Ordnung der Herren Stände in Böhmen, wie solche vom
20. Jänner 1709 anfangen soll," angeführt sein: „Die Comoedianten geben
täglich, wenn sie agiren, vor die Action 1 fl. Die Zuschauer bei dem Hin-
eingehen 3 kr., Glückshaven, wenn sie verkaufen, täglich 1 fl."

**) Seine Kritiken sind niedergelegt in der Brochure: „Über das Prager
Theater" Prag, in der Mangolbischen Buchhandlung 1773.

noch so Mancher eifert, wird sie, wo nicht vollkommen, so doch
aufmerksamer machen, und wir werden uns ebenso wie Wien,
Hamburg, Berlin und Leipzig unsere Eckhofe, Lange und Stephanie,
unser Huberin, Henselin und Kochin selbst ziehen können . . . .
Man gebe nur unseren Schauspielern Gelegenheit zu lernen, man
schicke sie in die deutschen Hörsäle, wo sie ihre Muttersprache
richtig erlernen und verbessern könnten; man setze ihnen Männer
vor, die im Stande sind, sie zu unterrichten, ihre Talente zu entwickeln und zur Reife zu bringen; man halte hauptsächlich auf
das Strengste auf die Proben, so wird man den Wunsch, gute
Schauspieler zu haben, bald in Erfüllung gehen sehen. Jetzt, wo
der Geschmack seine Krisis hat, wo das Parterre bei einer Zote
das Gesicht wegzuwenden anfängt und bei einem rührenden Zuge
oder rechtschaffenen Gedanken wie eine Bildsäule steht, aus Furcht,
sich selbst und andere zu stören, da bei Manchen der patriotische
Gedanke aufsteigt, daß es doch wohl besser sei, seine Muttersprache,
sein Vaterland und vaterländische Sitten zu lieben, jetzt ist der
Zeitpunkt, wo man diese Gährung zu Nutzen machen sollte. Der
wankend gemachte Anhang des Afterwitzes und der Possenspiele,
wird jetzt jeden Eindruck, guten und schlimmen, annehmen. Wohl
dem, der sich nie vorzuwerfen haben wird, zu einem schlimmen
die Hände geboten zu haben. Es kommen dennoch die Zeiten, wo
die Binde, die uns Franzosen und Wälsche und Possenspieler über
die Augen geschnüret, herunterfallen, und wo man jeden schwachen
Menschen in seinem schwachen Lichte sehen wird."

XV.

Die Aera Bustelli-Brunian in ihrer Blüthe und ihrem Niedergange.

(Das Repertoire Brunian's. — Die deutsche Oper und Operette. — Das
Ballet. — Kampf der Brunian'schen mit der Göttersdorf'schen Truppe. —
Die Oper Bustelli's. — Abgang Brunian's.)

Wir haben das Personal der Brunian'schen Compagnie kennen
gelernt und auch von ihrem Repertoire wiederholt Proben gegeben,

um dadurch die Entwickelung und Purificirung desselben zu charakterisiren. Im Jahre 1769 und 1770 erschien in Prag eine zweibändige
Sammlung von Schauspielen, die von Brunian auf dem Prager
Theater aufgeführt worden waren*) und von der deutschen Kritik
eine nicht eben liebenswürdige Aufnahme erfahren hatten. Die
Prager Kritik sah sich deshalb veranlaßt zu constatiren, „daß der Herr
v. Brunian an dieser Sammlung von Schauspielen, derentwegen ihm
im Almanach der Musen so große Vorwürfe gemacht werden, keinen
weiteren Antheil habe, als daß selbige von seiner Gesellschaft vorgestellt wurden; hätte Hr. v. Brunian die Sammlung selbst besorgt,
so würde er unstreitig solche Stücke dazu gewählt haben, die ihm
bei den Ausländern Ehre gemacht haben würden und die, eben
nicht in geringer Zahl, auf seinem Theater aufgeführt wurden."
Der erste Band dieser Sammlung enthielt das fünfactige Lustspiel
„Der Graf von Olsbach oder die Belohnung der Rechtschaffen-
heit" von Brandes (es wurde als das beste Stück dieses Schauspielers und Dramatikers und als das einzig lesenswerthe des ganzen
Bandes bezeichnet), ferner „Le caprice amoureux ou Ninette
à la cour" — Der verliebte Eigensinn oder Nanerl bei Hofe,
eine opera comique in fünf Aufzügen aus dem Französischen des
Hrn. Favart übersetzt von C. L. R. (eine elende Uebersetzung derselben Operette, die Weisse unter dem Titel „Lottchen bei Hofe"
geschrieben), „Le joueur", ein Lustspiel in Versen von fünf Aufzügen und „Das Gespenst mit der Trommel" oder „Der wahr-
sagende Ehemann", ein Lustspiel von Carl Ludwig Reuling. Zu
dem letzteren Stücke bemerkt die Kritik der „Neuen Literatur":
„Das Wort „übersetzt" oder vielmehr „verdorben" ist wohl mit
Fleiß vergessen worden. Endlich wagt es Hr. Reuling, seinen
Namen vordrucken zu lassen. Besser hätte er gethan, wenn er
niemals gewagt hätte, sich an Reime zu wagen, denn so unverschämt wird er doch wohl nicht sein, seine Arbeit für Verse ausgeben zu wollen . . ." Im zweiten Bande fanden sich folgende

---

*) J. J. v. Brunian, Sammlung von Schauspielen, auf dem Prager
Theater aufgeführt. Erster Band, Prag, gedruckt mit Höchstenbergerischen
Schriften 1769. Zweiter Band, ebendaselbst 1770.

Piècen: „Belisar, ein Trauerspiel in fünf Handlungen in einer freien Uebersetzung aus dem Französischen, „das beste Stück der Sammlung, dann „Der Huron", ein Lustspiel in zween Aufzügen mit Gesängen, wiederum aus dem Französischen (nach Voltaires „L'Ingenu"); drittens „Le diable à quatre ou la double Metamorphose" — Der Teufel an allen Ecken oder die zweyfache Verwandlung", eine opera comique in dreyen Aufzügen; viertens: „Der lustige Schuster oder der zweyte Theil vom Teufel in allen Ecken, eine komische Opera in dreyen Aufzügen; fünftens: „Perseus und Demetrius oder die feindlichen Brüder, ein Trauerspiel in fünf Aufzügen in Versen, aus dem Englischen des Herrn D. Youngs übersetzt." Zu den beiden als vierte und fünfte Pièce angeführten Stücken meint die Kritik: „Wer die Leipziger Uebersetzungen dieser zwey Operetten gegen diese abermaligen Mißgeburten vom Herrn Renling halten wird, der wird sich nicht genug wundern, wie dieser Mensch so unverschämt hat sein können, diese Ausbrüche seines Gehöres der Welt bekannt zu machen." Auch das Drama „Perseus und Demetrius" forderte eine scharfe Kritik heraus. „Alles", heißt es, „was je ein Uebersetzer unternommen, um sein Original zu schänden, hat dieser Reimschmied gethan. Ein Young kann ohnedem nur von einem Meister, von einem Ebert, würdig übersetzt werden; wenn sich aber ein Stümper daran wagt, nun, so muß die abscheulichste Mißgeburt daraus entstehen. Wir bieten Demjenigen Trotz, der fähig ist, drei Scenen in dem ganzen Stücke zu lesen, ohne über diesen Frevel unwillig zu werden."

Aus dieser Brunian'schen Sammlung ersehen wir übrigens, daß ein wesentlicher Bestandtheil des Prager Bühnenrepertoirs unter Brunian bereits die deutsche Operette, das deutsche Singspiel, geworden war. Die französische Operette alten Styls und die italienischen Buffo-Opern hatten wohl die ersten Anregungen zu diesem deutschen Singspiel gegeben, und Johann Adam Hiller (geb. 25. Dec. 1728 zu Wendisch-Ossig in der Oberlausitz, seit 1763 Leiter der großen Concerte in Leipzig, seit 1771 Leiter einer berühmten Singschule eben daselbst, seit 1789 Cantor und Musikdirector an der Thomasschule) kann als der eigentliche Schöpfer

dieses Genres bezeichnet werden; er war es, der es in nationaler,
zweckmäßiger Weise zu entwickeln wußte und auch das Seinige
that, dem schmerzlichen Mangel an deutschen Sängern und Sängerinen nach Kräften abzuhelfen. In Christian Felix Weiße
(geb. 8. Febr. 1726 zu Annaberg), einem Studiengenossen Lessings,
einem der tüchtigsten Pädagogen und fruchtbarsten Bühnendichter
seiner Zeit, fand Hiller einen berufenen Librettisten. Die von
Weiße verfaßten, von Hiller componirten Operetten „Lottchen",
„Die Jagd", Die Liebe auf dem Lande", „Der Erntekranz" fanden
einen außerordentlichen Beifall in dem bisher lediglich von den
Italienern mit Opern bedachten Deutschland. Sie waren selbstverständlich noch primitiv wie das deutsche „Opernpersonal", das
zumeist nur aus den Schauspielgesellschaften gewaltsam recrutirt
und zur Noth musikalisch gemacht werden mußte. In Dresden
mußte Kop, um seine Schauspieler zur Mitwirkung in den deutschen
Operetten-Vorstellungen zu bewegen, denselben eigene Spielhonorare
bis zu 1 Louisdor und Ducaten pro Vorstellung gewähren. Auch
erhoben sich bald nach Einführung der deutschen Singspiele besorgte
Stimmen, ob die komische Oper nicht dem Schauspiel gefährlich
werden würde. Das war nun allerdings eine gegründete Besorgniß,
aber aus den Hiller-Weiße'schen Operetten erwuchs der guten
Sitte und dem Geschmacke absolut keine Gefahr, und das Drama
durfte auf sein Publicum auch ferner zählen. Ernster war wohl
die Besorgniß, daß nun die Directoren bei dem Engagement von
Schauspielern auf gesangskundige Aspiranten besondere Rücksichten
nehmen würden; dies traf umsomehr zu, als ein specielles Personale
für das neue Genre sich noch nicht rentirte, also die Sänger unver-
meidlich dem Schauspielpersonale entnommen werden mußten. So
lagen die Verhältnisse denn auch in Prag wie anderswo. Wir
sehen das Brunian'sche Schauspielpersonale heute in der Tragödie
oder Komödie, morgen in der Operette wirken, und das Publicum
nahm keinen Anstoß daran. Einen äußerst tüchtigen Musikdirector
hatte die Brunian'sche Gesellschaft in den ersten Jahren an Fr.
Andreas Holly (geb. 1747 zu Böhmisch-Luhe, hatte bei den
Jesuiten studirt, war dann Franciscaner-Noviz, trat aber aus dem

Orden, um sich ganz der Musik zu widmen). Holly, der 1769 oder 1770 von Prag zu der Koch'schen Truppe nach Berlin, dann zu der Wäser'schen nach Breslau ging, hat eine lange Reihe von Operetten componirt, von denen mehrere auch in Prag aufgeführt wurden. Wir nennen von seinen Werken: „Der Bassa von Tunis," „Das Gärtnermädchen," „Das Gespenst," „Gelegenheit macht Diebe," „Das Opfer der Treue," „Der Patriot auf dem Lande," „Tempel des Schicksals," „Tempel des Friedens," „Deukalion und Pyrrha," „Der Waarenhändler von Smyrna" (erschien 1775 zu Berlin im Cla- vierauszug), dann die Musik zu mehren Melodramas, Dramas und Balleten. Er starb in Breslau am 4. Mai 1783. Holly hatte auch eine eigene Musik zu Weißes „Jagd" componirt, und mit dieser kam die Operette am 10. Mai 1772 am Kotzentheater zur ersten Aufführung.*) Die Kritik war nicht sehr erbaut darüber, die berühmte Operette ohne die berühmte Musik Hiller's zu Gehör zu bekommen. „Die heutige Aufführung," schrieb man, „war ein sicherer Beweis, daß Weißens Jagd, wenn sie auch verstümmelt und nicht von der reizenden Musik Hillers begleitet wird, dennoch immer vortrefflich genug bleibe, ein ganzes Publicum mit Freude und Vergnügen zu beleben. Wenn man gleich Alles danach anstellet, sie ihrer ganz besonderen Reize zu berauben, so kann sie doch nicht so sehr verdorben werden, daß nicht noch ein Weiße bei jeder Scene durchschimmern sollte. Die Musik war von Hrn. Holly. Er hatte die im Druck vorhandene Clavierstimme Hillers zu Grunde gelegt, weshalb die Melodien noch vieles von ihrem eigenthümlichen Reiz an sich hatten, doch war in der Partitur der den Worten angemessene Ausdruck so völlig verloren gegangen, daß man zu den mehresten Arien hätte immer einen anderen Text unterschieben können, der ebenso anpassend gewesen wäre, als der von Weiße vorgeschriebene. Es scheint, als wenn man nur dem wälschen Com- ponisten hieselbst noch das Recht zugestehen wollte, daß er mit seinen Tönen dem Ausdruck der Worte zu Hülfe kommen und

---

*) „Den 10. Mai zum ersten Mal Die Jagd eine komische Oper in drey Handlungen von dem Hrn. Kreiß-Steuereinnehmer Weiße in Leipzig, zum Theil aus dem Lustspiel „la partie de chasse de Henri IV." entlehnt."

verstärken könne. Dieses Vorurtheil kann auch hier nicht mehr gar
zu lange währen, da die dermalige Administration dafür gesorgt
hat, daß zu denen künftig aufzuführenden komischen Opern die
Musik vollstimmig aus Leipzig von Hrn. Hiller selbst verschrieben
werde. Mit Ungeduld sieht daher ein großer Theil des Publicums der Vorstellung einer neueren Operette entgegen, wozu der
Dorfbalbier gewählte worden . . ." Am 29. November traf dieser
vielerwartete „Dorfbalbier", komische Oper in zwei Acten von
Weiße, Musik von Hiller (nach einer älteren Idee von Lafontaine)
ein, ohne daß er aber einen vollen Erfolg gehabt hätte. Man fand,
Hiller habe zu sehr für das Orchester gearbeitet, das Accom-
pagnement überschreie oft die Singstimme. In der „Jagd" hatte
Brunian den Michel, Mad. Mion die Marthe, Hr. Christ den
König, Hr. und Mad. Henisch den Töffel und Röschen, Mad.
Habel das Hannchen, Hr. Frank den Gürge gegeben; im „Dorf-
balbier" war so ziemlich dasselbe Personal beschäftigt. Auch der
Prager Schauspieler Henisch verfaßte Operetten, von denen „Das
Gespenst" (wahrscheinlich mit der Holly'schen Musik) und „Das
Schnupftuch" gegeben wurden. Ueber die Natur des sonstigen
Operetten-Repertoires der Brunian'schen Gesellschaft wird das im
Anhange mitgetheilte Repertoire der Jahre 1771 und 1772
orientiren.

Aus dem Repertoire des recitirenden Dramas heben wir zur Kennzeichnung nur noch einige Momente hervor. Im Allgemeinen wird
man bemerken, daß sich die Prager Bühne noch ziemlich unberührt
zeigte von den sensationellen Erscheinungen der im mächtigen Auf-
schwunge begriffenen deutschen dramatischen Literatur, von den
Kraft-Aeußerungen der Sturm- und Drangperiode, von den Werken
Lessings und den ersten, epochalen Schöpfungen Goethes. Es sind
freilich nur die Jahre 1771 und 1772, aus denen wir vollständige
und sichere Nachrichten über die einzelnen Schauspielaufführungen
am Kotzentheater oder, wie es nunmehr mit Vorliebe genannt
wurde, „Nationaltheater" in Prag haben, aber diese vollständigen
Nachrichten und die Andeutungen aus späteren Jahren genügen,
um darzuthun, daß man trotz der neuen Reform-Aera Brunian-

Bergopzoomer noch immer nicht auf der Höhe der Situation stand. Die Lieblingsdichter des Repertoirs waren von Deutschen die beiden Stephanies, Hr. v. Gebler, Weiße, Ayrenhoff, Brandes, Großmann, E. Schlegel; von Fremden Goldoni, Voltaire, Molière, Champfort, Mercier, Beaumarchais. Die Deutschen unter diesen Repertoire=Dichtern geben sich wohl zumeist für Lessingianer aus, hatten aber von Lessing'schem Geist und Lessing'sche Form nur schwache Begriffe.

Im J. 1771 verzeichnete man als quasi sensationelle Auf= führungen jene der Stücke: „Der dankbare Sohn" von J. J. Engel, den schon früher erwähnten „Minister" von Gebler, „Die unähnlichen Brüder" von Joh. Müller (Schauspieler in Wien), „Die neueste Frauenschule" von Stephanie d. Ält., „Der Deser= teur" von Sedaine, übersetzt vom Theatersecretär v. Brahm, „Cle= mentine" von Gebler, „Burlin oder Diener, Vater und Schwie= gervater in Einer Person" von Romanus, „Der Schein trügt" von Brandes, „Der Renegat" (Trauerspiel), „Trau, schau, wem" von Brandes, „Arist" oder „Der rechtschaffene Mann", fünfactiges Lustspiel (es erschien 1771 bei W. Gerle in Prag und war von dem Schauspieler Wahr, der aber nicht der Autor gewesen sein soll, dem Fürsten v. Fürstenberg gewidmet), „Eugenie" von Beau= marchais, „Die Sclaveninsel" von Marivaux, „Der Zerstreute" von Régnard, „Der Ruhmredige" von Destouches, „Der Geizige" von Molière, „Die Einquartirung der Franzosen" von Mercier, „Die Kriegsgefangenen" von Stephanie d. Jüng., „Die verliebten Zänker" von Goldoni, „Zanga" oder „Die Rache" von Young, „Die zwei Freunde" von Beaumarchais, „Die Brüder" von Ro= manus. Speciell hervorzuheben ist die Aufführung des Stückes: „Was ist der Geschmack der Nation?", ein fünfact. Lustspiel, worin sich die Schauspieler selbst spielten, worin die Freunde der impro= visirten Komoedie mit denen des regelmäßigen Dramas im Kampfe lagen und Anspielungen auf den diversen und nicht immer sehr rühmlichen Geschmack des Publicums in Menge eingestreut waren. Das Stück machte besonderen Effect, da eben die Abschaffung der Improvisation durch Bergopzoomer im Zuge war; dieser spielte den Schauspieldirector und war als solcher, in welchem die Idee der Reform verkörpert war, Gegenstand besonderer Ovationen. Besonderen Beifall fand auch Mad. Henisch, welche eine kleine italienische Sängerin, und damit auch ein ganzes theatralisches Genre glücklich persiflirte. — Aus dem J. 1772 sind folgende Aufführungen zu notiren: „Der Schatz", ein Jugenddrama von Lessing (aufgef. am 11. Februar), „Die Familie auf dem Lande", von Brunian dem Adel Böhmens zum neuen Jahre gewidmet (beschäftigt waren darin die Damen Mion, Henisch, Frenk, Spengler, Weiß, die Hrn. Jüngling, Senefelder, Christ, Frank), „Die stumme Schönheit" von Schlegel, „Der Hausvater" von Diderot, „Richard III." von Weiße, „Soliman II." von Favart, „Der Zerstreute" von Réguard, „Der stumme Plauderer", dreiactiges Lustspiel von Carl Gotthold (Gotthelf) Lessing, dem jüngeren Bruder G. E. Lessing's, der einige Stücke und eine Biographie seines Bruders geschrieben hat), „Die schlaue Witwe" von Goldoni, „Der Festzug" von Ayrenhoff, „Die Werber" von Stephanie d. J., „Die große Batterie" von Ayrenhoff, „Der Tuchmacher zu London" (Drama), „Der Spieler" von Réguard, „Semiramis" von Voltaire (in der Titelrolle Mad. Mion, Hr. Bergopzoomer als Arjaces, Hr. Christ als Assur, Henisch als Oroes, Madlle. Tilly als Azema), „Der Einsiedler", einact. Trauerspiel von Pfeffel, „Der Furchtsame" von Hafner, „Das neugierige Frauenzimmer" und „der Vormund" von Goldoni, „Die junge Indianerin" von Champfort, „Leichtsinn und gutes Herz" von Gebler, „Der Lotteriespieler" von C. G. Lessing, „Der geadelte Kaufmann" von Brandes, „Osmonde" von Gebler, „Carl V. in Africa" von Sternschütz (Bergopzoomer in der Titelrolle).

Zu den Ueberresten der alten Burlesken-Wirthschaft gehörte es, daß in die Schauspiel- und namentlich Lustspiel-Vorstellungen noch immer Pantominen eingestreut wurden. Die Kritik eiferte dagegen, da sie nichts anderes als stumme Burlesquen und vor Allem geeignet seien, die Herzen der Jugend zu vergiften. Ebenso war als Ueberbleibsel der alten Zeit die Eigenthümlichkeit der „Abkündigung", welche gewöhnlich erfolgte, sobald das Lustspiel oder Schauspiel zu Ende war und das übliche Nachspiel d. h. das

Ballet oder die Pantomime anfangen sollte, verblieben. Die Schau=
spieler benützten diesen Usus, dem Stücke noch quasi eine Nutz=
anwendung folgen zu lassen, oft zu Allotriis und „Affereien",
trieben Harlekinaden und allerlei Possen; auch hier war es Berg=
opzoomer, der veredelnd eingriff. Es war überhaupt eine harte
Aufgabe, welche dieser eminente Darsteller auf sich genommen
hatte: aus seinen Komödianten Künstler zu machen. Wir haben
bereits betont, wie erst zu seinen und Brunians Zeiten die sociale
Stellung der Schauspieler eine würdige zu werden begann. Das
Materiale, aus dem sich die Komödianten=Gesellschaften recrutirten,
war ja bisher ein elendes gewesen: Kellner, Friseure, entlaufene
Bediente, verdorbene Schreiber und Studenten. Unter 311 „Sub=
jecten" fand der von Kaiser Joseph II. auf der Talentsuche für
das Hofburgtheater entsandte Schauspieler Müller in ganz Deutsch=
land nur 17, welche ihre Kunst beiläufig studirt hatten. Eckhof hatte
es für nothwendig gehalten, in seiner Schauspieler=Akademie zum
Beschlusse zu bringen, „daß ein Mitglied, welches den Stand durch
niederträchtige Handlungen, unanständige Gesellschaft, Besoffenheit
und unordentliches Leben beschimpft, nach Mehrheit der Stimmen
auf das Schärfste, nach Befinden mit Demission bestraft werden
solle".

Bergopzoomer selbst mußte alle Energie aufbieten, um das
Prager Schauspielervölkchen an die Zucht und Ordnung der neuen
Aera zu gewöhnen, und dennoch fehlte es nicht an Excessen. So
berichtete unterm 15. Sept. 1773 der bestellte Administrator des
Theaters Johann Marcell v. Hennet über einen großen Theater=
Exceß. Der Actrice Mad. Henisch war nämlich durch den artist.
Director Bergopzoomer eine Rolle abgenommen worden. Das gab
Anlaß zu einer heftigen Scene auf der Bühne vor der Vorstellung,
als bereits das Auditorium versammelt war. Im Verlaufe der
Affaire ließ der Mann der Actrice verlauten, der Teufel werde ihn
wohl auch noch einmal von dieser Direction befreien. Bergopzoom
antwortete, er könne glücklich sein, unter dieser Direction zu stehen,
die Schauspieler seien ohnedies lauter schlechte unerkenntliche Leute.
Schauspieler Christ fragte nun, ob unter letzteren auch er ver=

standen sei und Bergopzoom meinte, gewiß, er sei Hetzer. Der Pro=
vocateur Christ antwortete mit einem „Hundsfott", Bergopzoom re=
plicirte mit einer Ohrfeige, worauf Christ und sein College Spengler
den Regisseur mit Stöcken bearbeiteten derart, daß Bergopzoom
wegen arger Verletzung über dem Auge unfähig war zu spielen,
und die Vorstellung abgesagt werden mußte. Von besagten Schlägen
wollte beim Verhöre Niemand außer der Actrice Neumann etwas
wissen. Der Administrator constatirte in seiner Eingabe an das
Gubernium, daß er Bergopzoom als Director mit der Macht der
Rollenzutheilung angestellt habe; fühle sich Jemand benachtheiligt,
so wäre die Klage bei der Administration anzubringen. Acteur
Christ aber sei ein notorischer Hetzer, habe ein Jahr vorher mit
dem Balletmeister eine ähnliche Rauferei angefangen, sei auch ent=
lassen und nur auf Vorbitte Bergopzoomers wieder aufgenommen
worden. Ihm selbst (dem Administrator) habe Christ, als er auf
der Bühne Ruhe geboten und ihm mit Arrest gedroht, frech
geantwortet, auch auf der Wache vor mehren Officieren ihn gröblich
beschimpft. Hr. v. Hennet forderte nun Genugthuung und meldete
gleichzeitig, daß die Schauspieler dem Bergopzoomer Rache ge=
schworen, auch bereits die Fenster eingeworfen hätten.

Aus dem Verhör geht hervor, daß in der Garderobe überdies
noch ein herzhafter Rollenkrieg zwischen den Actricen Henisch, Nau=
mann und Frank entstanden war. Verhört wurden als Zeugen Hr.
und Fr. v. Brunian, Hr. und Mad. Franck, Mad. Naumann, Hr.
Bodenburg, Hr. u. Mad. Habel und endlich Hr. Henisch, welcher
sich bitter über Bergopzooms Willkür bei der Rollenzutheilung be=
klagte; man habe seiner Frau letzte Rollen wie die Tillney in
„Graf Essex" zugetheilt und andere Chicanen zugefügt, so z. B.
Rollen über einen Tag aufgegeben. Das Gubernium ordnete strenge
Untersuchung an. Dem Ehepaare Henisch wurde bei fortgesetzter
„Unruh" und Unanständigkeit mit dem Spinnhause gedroht, Christ
erhielt 14 Tage, Frank und Spengler 8 Tage „schärfsten Civil=
Arrest" und wurden, Jeder separat, in das Neustädter resp. Klein=
seitner und Altstädter Rathhaus zu Fuß durch die Bürgerwacht
transportirt und ihnen der Eid abgenommen, daß sie dem Bergop=

zoom kein Leid mehr zufügen werden. Nach Verbüßung der Strafe
wurden alle unter Androhung des Schubs von Prag ausgewiesen.
Ueberdies wurde eine Untersuchung eingeleitet, weil die Arrestanten
des Abends aus dem Arrest zu Promenaden gelassen worden waren.
— Schauspieler Franz Franck suchte nach Entlassung aus seiner
Haft um Verlängerung des ihm gesetzten 14tägigen Termins zum
Verlassen Prags oder um gänzliche Aufhebung der Ausweisung
an, damit er seine Angelegenheiten in Prag entsprechend zu ordnen
und seine Gläubiger zu befriedigen vermöge. Der Administrator
Hr. v. Hennet verwendete sich selbst für Franck, welcher den Bergopzoom um Vergebung und um fernere Beibehaltung im Engagement gebeten hatte. Auch Bergopzoom war großmüthig und
verwendete sich für ihn, da ihn eine Entlassung an den Bettelstab
bringen würde. Infolge dieser doppelten Verwendung wurde Francks
Gesuche stattgegeben, ihm die Ausweisung nachgelassen und gestattet,
ferner im Kotzentheater aufzutreten, jedoch mit der strengen Weisung,
in Zukunft alle „Unruhe" zu vermeiden und sich „folgsam" zu
verhalten.

Eine ähnliche Scene hatte sich innerhalb des Balletcorps im
J. 1772 ereignet. Damals hatte die Tänzerin Gertrude Gisetti den
Balletmeister, welcher ihr eine Verspätung bei der Probe verwies,
öffentlich beschimpft, so daß sie entlassen und durch eine andere
Ballerina ersetzt werden mußte. Sgra. Gisetti klagte hierauf Bru-
nian wegen Vorenthaltung der Gage, wurde aber abgewiesen. Das
Ballet machte überhaupt Hrn. v. Brunian gewaltige Sorge.
Die Aristokratie hatte eine Vorliebe dafür, einsichtige Leute aber
fanden es überflüssig, namentlich mit Rücksicht auf die riesigen
Summen, die es verschlang und die damit dem Schauspiel entzogen
wurden. Par ordre du mufti wurde außer den Berufstänzern
auch das Schauspielpersonale in die Ballettricots gepreßt. Daß die
Heroïne oder Sentimentale, wenn sie drei oder fünf Acte hindurch
tragirt hatte, und am Ende wohl gar gestorben war, in dem auf
ihren Tod folgenden Schlußballet dann nicht immer mit dem
nöthigen Animo und der beliebten Coquetterie auf den Brettern
herumsprang, ist der aufgeklärten Menschheit von heutzutage be-

greiflich). Doch eine Abhilfe in dieser Richtung ließ noch lange auf
sich warten. Vorderhand dachte man nur daran, wenigstens das
Berufsballet zu completiren und zu verbessern. Der als Ballet=
meister fungirende Herr Alberti, der mit seinem bürgerlichen Namen
Morawec hieß, ein Schüler des berühmten Tänzers Noverre,
machte zwar, wie die Kritik bemerkte, „seinem berühmten Lehrer
eben keine Schande; in jedem seiner Ballete sah man „einzelne
Schönheiten in mannigfaltigen Gruppirungen und einer richtigen
Ordonnanz der Gemälde hervorstechen", auch rühmte man an ihm
selbst „seine Stärke im Jarret, seinen sichern Spitzfall, Pirouetten
und seinen zu einer ziemlichen Höhe gebrachten Entrechat," man
fand auch, daß die Solotänzerinnen Mad. Oettinger und Madlle.
Weinert auf jeder Bühne Deutschlands als tüchtige Figuranten
Ehre einlegen würden. „Und doch!" rief ein Kritiker, „wünschte ich,
daß wir weder an diesem Tage noch je wieder ein Ballet auf
unserer deutschen Bühne sehen möchten. Die besten sind immer nur
mit Rücksicht auf die dermaligen Einnahmen die besten, und —
ohne Hrn. Alberti zu nahe zu treten — kann man immerhin behaupten,
daß unsere Ballete, wenn man sie, ich will nicht sagen, gegen
Noverre'sche, sondern nur gegen Rößler'sche vergleicht, noch sehr
unter der höchsten Vollkommenheit sind, daß es ihnen zuweilen an
dem Zusammenhang der Fabel, beständig aber in Ermangelung
der Tänzer an der Ausführung selbst fehlt, und daß selten die
Hauptidee bis zum Ende des Ballets fortdauert, sondern gewöhnlich
durch Episoden vertauscht wird. Hie und da ein Zug aus den
Petits=Riens, aus den Bagatellen oder einem anderen großen Ballet
Noverre's, zu deren Ausführung aber auch Lenzy, Delphini, Bur=
nonville, Trancard oder Ricci erfordert würden! Ich bin deshalb
kühn genug, zu behaupten, daß, solange man nicht von einem der
deutschen Schaubühne so nachtheiligen Vorurtheil zurückkommen
wird, solange die Unternehmer ihre Rechnung nicht finden werden,
und die Schauspielkunst auf die verschiedenste Art darunter leiden
wird. Warum will man denn nicht die sinnlichen Vergnügungen
ganz der Oper überlassen? Dort ist die Sphäre der Sänger und
Tänzer. Unleugbar ist es, daß jedes Ballet bei der ersten Auf=

führung wenigstens 40 fl. Unkosten verursacht, daß dem Ballet=
meister und der ersten Tänzerin wenigstens jährlich 1000 fl. bezahlt
werden müssen und daß zu Zeiten noch einige pasdedeux=Tänzer
(wie im vorigen Jahre die Gebrüder Link) mit ebenso hohen
Summen ausgehalten worden sind, so daß nach der allergenauesten
Berechnung die Ballete noch kein Jahr um 2000 fl. haben aus=
geführt werden können. Hätte man nun mit diesen 2000 fl. nicht
noch einige gute Schauspieler unterhalten können, die unserer
Bühne mehr Glanz, mehr Ehre und gewiß auch mehr Einnahme
verschafft hätten. Und können wir wohl von unseren Balleten die
äußerste Vollkommenheit erwarten, da sich unsere Schauspieler mit
zum Tanzen bequemen müssen? Fallen die Ballete gar weg, so ist
der Schauspieler nicht mehr zweifelhaft, ob er seine ganzen Kräfte
und seinen Eifer dem Dienste Thaliens oder Terpsichorens widmen
soll. Ungetheilt wird er alle Stunden der Schauspielkunst opfern,
und nicht befürchten dürfen, durch die Proben des Directors der
Ballete von denen, die die Schauspiele erfordern, abberufen zu
werden. Und wessen ist der Vortheil? Des Publicums, das mit
Verlust der unvollkommenen Ballete vollkommenere Schauspiele
gewinnt . . . ."

Die Oper Bustelli's war, seit Beginn der Aera Bru=
nian, stark in den Hintergrund getreten. Es gab Saisons, in denen
Prag gar keine Oper hatte, zumal Bustelli durch seine Dresdener
Verpflichtungen stark occupirt war. Sein Contractverhältniß mit
dem dortigen Hofe hatte im J. 1770 eine wesentlich günstigere
Gestaltung angenommen. Er erhielt von nun an eine jährliche
Subvention von 14.000 Thlr. außer den ihm früher zugestandenen
Vergünstigungen und übernahm dafür die Verpflichtung, die opera
buffa auf weitere sechs Jahre für eigene Rechnung bei halb=
jähriger Kündigung zu führen. Der Hof erhielt 18 Logen, das
auf 10 Personen normirte Sängerpersonal mußte auch bei Hof=
concerten mitwirken. Uebrigens spielte die Gesellschaft 1770 auch
in Hamburg, und Schütze bezeichnet in seiner „Geschichte des
Hamburger Stadttheaters" ihre Leistungen daselbst als sehr mittel=
mäßig; nur Guardasoni und die Damen Calori, Lodi, Moreschi

finden Gnade vor seinen Augen; Burney, welcher die Bustelli'sche Compagnie zwischen 1772 und 1773 hörte, spricht ebenfalls nicht sehr lobend von ihr, nur Sgra. Calori fand er, obzwar sehr ge= altert, doch sehr brav.

Aeußerst abfällig lautet die Kritik, welche ein ungenannter Cavalier, Graf v. C . ., in der „Neuen Litteratur" in Form von Briefen, über den Zustand der Bustelli'schen Oper zu Prag anno 1771 niederlegte.

„Zu einem Singspiel," sagt er, „wenn es gut sein und den Beifall der Kenner erhalten soll, werden hauptsächlich fünf Stücke erfordert: erstens ein gut eingerichtetes, nach den Regeln der Symmetrie aufgeführtes Schau= spielhaus; zweitens Sänger, die eine gute Stimme, eine anpassende Action und eine tiefe Kenntniß der Leidenschaft besitzen; drittens eine gute Er= findung und Ausführung der Ballets; viertens eine gute Musik und ein gut besetztes Orchester; fünftens eine überraschende Veränderung der Scenen und eine außerordentlich starke Beleuchtung des Theaters. Sobald eines dieser Stücke mangelt, so fehlt dem Schauspiele etwas Wesentliches zu seiner Vollkommenheit. Wenn alle Fehler des hiesigen Theaters bloß von dem Baumeister herrührten, der sowohl im Ganzen als in der Ordnung und Verbindung der Theile noch sehr viel zu wünschen übrig gelassen hat, so könnte man darüber hinweggehen; denn Prag, ob es gleich den prächtigen Namen der Hauptstadt eines Königreichs führt, ist gegenwärtig in Abwesenheit des Hofes nicht im Stande, ein ganz neues Gebäude aufzuführen; allein die Mängel, so ich in den vier anderen Punkten antreffe, zwingen mir kein all= zugünstiges Urtheil ab. Ungeachtet sich unter den sechs Operisten zwei befinden, die man mit Recht vor gut halten muß, so machen diese das Singspiel deswegen noch nicht vollkommen. Wenn ich Ihnen aber sage, daß der erste Sänger eine reine und anziehende Stimme, eine anpassende Action hat und sich anständig auszudrücken weiß, daß die erste Sängerin uns mit ihrer zarten und einnehmenden Stimme Beifall abzwingt, daß sie aber der (ita= lienischen) Sprache nicht genug mächtig ist, um alle Schönheiten, die möglich sind, anzubringen, daß der erste Tenorist seiner Rolle gewachsen ist, aber nicht die beste Stimme hat — so werden Sie mir zugestehen, daß ich richtig urtheile und dem Verdienst eines Jeden Gerechtigkeit widerfahren lasse. Wenn aber unter sechs Sängern noch nicht drei ganz ohne Tadel sind, so würde ich gegen mein Gewissen reden, wenn ich die Oper für vollkommen gut ausgäbe. Die Musik selbst, wie uns der Anschlagzettel meldet, wird zwar für die sinnreiche Composition des berühmten Herrn Johann Paisello, Sr. kgl. Maj. in Neapel wirkl. Capellmeisters, ausgegeben; allein ich kann Sie versichern, daß keiner unserer Sänger, den ersten Tenor ausgenommen, die von obberührtem Tonkünstler zu dieser Oper gesetzten Arien singet . . . Die Ballets, die gute Decoration, die schnelle Verwandlung der Scenen und helle Beleuchtung nebst dem zahlreichen Orchester werden gänzlich vermißt. Bei diesen Singspielen wird das Ohr nicht geschmeichelt, das Auge durch die Dunkelheit des Theaters und den Anblick der schlechten Decorationen eingeschläfert und die Seele durch ein mittelmäßiges und nicht hinlänglich besetztes Orchester ermüdet. Auf allen meinen Reisen habe ich keine Oper, auch nicht in der geringsten Stadt, angetroffen, wo eine Decoration nicht einige tausend Gulden gekostet, wo die Beleuchtung nicht beinahe selbst den Tag beschämt hätte, und wo das Orchester nicht wenigstens aus 40 oder 50 Personen zusammengesetzt gewesen wäre. Ueberall fand man Ballets, und das Theater wurde hinlänglich bedient. Hier findet man von Allem das Gegentheil. Die kostbarste Vorstellung ist keine zweyhundert Gulden werth, und es ist schwer zu glauben, daß sie neu sein sollte. Eine Musik aus dem vorigen Jahrhundert, das Theater so schlecht bedient, daß, ehe die Scene verwandelt wird, eine halbe Stunde vergeht und der Acteur mit seiner Rolle schon fertig ist. Kein königliches Gemach, die Decke von Wolken formirt und statt der Ballets eine elende Symphonie die uns wahrlich nicht für den Mangel schadlos hält, denn eine Oper ohne Zwischenacte scheint mir ein köstliches Gastmahl ohne gutes Getränke. Nun muß ich Ihnen noch eine besondere Anmerkung über den Beifall, den dieses Singspiel nach und nach erhielt, mittheilen. Er fing — wohlgemerkt! — auf dem zweyten Parterre an. Das erste Parterre wurde dadurch aus seinem Schlummer erweckt und folgte nach, ohne zu untersuchen, ob der Beifall verdient war, oder nicht, und die Logen machten hierauf den völligen Beschluß. Ich gestehe Ihnen, lieber Freund, fast mit Beschämung, daß ich auch geklatscht habe: ich wollte nicht gern das Ansehen eines Sonderlings haben; allein in meinem Herzen, nun, Sie können sich wohl einbilden, was ich empfand . . . . "

Diese herbe und verurtheilende Kritik bezog sich zunächst auf eine Aufführung der Oper „Demetrio" von Giovanni Paisiello (geb. 1741 in Tarent, † 1816), mit welcher am 7. October 1771 die Opern-Stagione am Kotzentheater eröffnet wurde.*) Das von

*) „Demetrio", dramma per musica, da rappresentarsi nel reggio teatro di Prago l'anno 1771 dedicato a sua Altezza Seren. Carolo Egone de Fürstenberg etc. etc., Sotto L' Impresa o Direzzione di Giuseppe Bustelli. Nella Stamperia di Giovanna Pruschin in Praga. — Auftrettende Personen: Cleonice, Königin von Syrien, Liebhaberin und Wiedergeliebte des Alcestes — Die Jungf. Catharina Schindler; Alcestes, welcher hernach als Demetrius König in Syrien entdeckt wird — Der Hr. Anton Goti; Barsene,

dem ungenannten Kritiker so hart mitgenommene Personal bestand
aus den Damen Catharina Schindler (geborene Leittner, die Gattin
des Schauspielers Bergopzoomer), einer der ersten deutschen Sän=
gerinnen, welche in Italien selbst als Primadonna auftrat und
Lorbeern erntete,*) Maria Bozi, den Herrn Antonio Goti,
Giuliano Petti, Giuseppe Pasqualini und Giuseppe Guilielmini.

Die nächste Oper „Adriano in Siria" von Antonio Sac=
chini (von welchem 1767 die Buffo=Oper „la contadina in corte"
in Prag aufgeführt worden war) zeigte dasselbe Personal in Activität.
Sie kam am 9. Nov. zur Aufführung und fand wie alle damaligen
Opern eine lange Reihe von Wiederholungen. — Aus dem J. 1772

Vertraute der Cleonice und heimliche Liebhaberin des Alestes — Die
Jungf. Maria Bozi; Phöniciuß, einer von denen fürnehmsten des Reichß,
als Vormund des Alcestes und Vater des Olinthus — Der Hr. Julius
Petti; Olinthus, einer von denen fürnehmsten des Reichß und Mitbuhler
des Alcestes — Der Hr. Giuseppe Pasqualini; Mitranes, Hauptmann
über die königl. Leibwache und Freund des Phoenicius — Der Hr. Giuseppe
Guglielmini. Die Music ist von dem Hrn. Johann Bassello. Die Theater=
maschinen sind inventirt von Hr. Joh. Artini. Die Kleidungen sind von dem
berühmten Hrn. Luigi Simoni, genannt: „Der schöne Moscowit."

*) Catharina Schindler (Leittner) war 1755 in Wien geboren und
hatte den Namen Schindler von ihrem Schwager angenommen. Als sie in
der Bustelli'schen Gesellschaft wirkte, stand sie als 16jähriges Mädchen im
Anfangspunkte ihrer Carrière. Von Prag ging sie nach Wien und trat als
k. k. Hofopernsängerin in der seriösen und Buffo=Oper mit großem Erfolg
auf. Dieser Erfolg blieb ihr auch, als sie nach Italien ging, treu. 1782 war
sie an der Braunschweig'schen Oper engagirt, 1783 kam sie wieder nach Prag, wo
sie abermals als erste Sängerin wirkte und sich u. A. auch in Opern von Kozeluh
und Myslivecek hervorthat. Seit 1777 war sie mit Bergopzoom vermält. Im
Juni 1788 starb sie, 33 Jahre alt, und wurde unter allgemeiner Theilnahme auf
dem damaligen Neustädter Friedhof beigesetzt; dort wurde ihr auch ein Denk=
mal mit folgender Inschrift gesetzt: „Hier schlummert bis zur Auferstehung
Catharina Bergopzoom, geb. Leittner, den 21. Juni 1755 geboren, als erste
Sängerin Deutschlands, Englands und Italiens unter dem Namen ihrer
Zieheltern als Nina Schindler berühmt, vermält mit Bergopzoom 16. April
1777. Wahre Mutter von 11 Söhnen. Sie starb so ruhig und sanft wie
ihr Leben war an einer hitzigen Krankheit in Prag 18 Juni 1788." Im
J. 1811 war diese Aufschrift noch zu lesen. (Dlabacz' Künstlerlexicon.)

wissen wir von der Aufführung der Oper „Tito Manlio" *) von
Maestro Pietro Guglielmi aus Neapel. Im Personal finden wir
neu Sgr. Giuseppe Scoti, den Sänger der Titelrolle, dann die
Jungfer Anna Maria Schindler und den Sänger Proto Carma-
nini. Außer ihnen war noch Goti. Pasqualini und Catharina
Schindler beschäftigt. Die Ballets von Cosimo Morelli wurden
getanzt von den Damen Anna Salamoni-Morelli, Barbara Mari-
nelli, Geltruda Ghisetti, Dorotea Morawski, Josepha Tilly und
Henriette Kühne, den Herren Cosimo Morelli, Francesco Mari-
nelli, Paolo Ghisetti, Lorenz Hartmann, Georg Schmidt und
Jonas Storenfeld. — Im Carneval 1773 gab man „Artaserse" **)
von Metastasio, Musik von Paisiello. Den Artaxerxes sang Giuseppe Pasqualini, den Mandane Catharina Schindler, den Arta-
banus Sgr. Giuseppe Scotti, den Arbaces Sgr. Antonio Gotti,
die Semira Anna Maria Schindler, den Megabises Sgr. Carma-
nini. Als Decorateur wird Hr. Jos. Stetter bezeichnet. — Aus
dem J. 1774 kennen wir das Textbuch einer Buffo-Oper „La
Molinara astuta" (Die verschlagene Müllerin), Musik von Capellmeister Marcello aus Capua, aus dem J. 1775 das Buch der
Buffo-Oper „L' Isola d' Alcina" (Die Insel der Alcina), Text
von Giovanni Bertati, Musik von Capellmeister Giuseppe Gazaniga aus Neapel. Im J. 1777 gab man u. A. die seriöse Oper
„Zenobia", deren Aufführung Bustelli dem Adel widmete, und
„Telemaco nell'isola di Calipso" (Telemach auf der Insel
der Calipso) von Gazaniga. Im Ganzen läßt sich auch von
der Oper sagen, daß sie keineswegs auf der Höhe der Zeit
stand; Gluck in seiner neuen Periode, welche die Oper von
jenen Mißbräuchen reinigen sollte, die sich „durch übelverstandene

---

*) Titus Manlius, ein Singspiel, vorgestellet auf der kgl. Prager
Schaubühne, einem hohen gnädigst-gnädigen Adel in Unterthänigkeit gewidmet
im Herbst des 1772. Jahrs unter der Verwaltung des Hrn. Jos. Bustelli.
(Prag, bei Johanna Pruschin Wittib.)

**) Artaxerxes, ein Singspiel des Hrn. Abbts Peter Metastasio, Kais.
kgl. Hofdichters, vorgestellet auf der kgl. Prager Schaubühne im Fasching
des 1773. Jahrs unter der Verwaltung des Hrn. Jos. Bustelli.

Eitelkeit der Sänger und zu große Nachgiebigkeit der Compo=
nisten" eingeschlichen hatten, mit seiner Alceste, Orfeo, Ifigenia,
Armida scheint wenig Beachtung in Prag gefunden zu haben, und
ebenso war es, wie Prölß erzählt, in Dresden bestellt, welchem
übrigens Bustelli weit größere Fürsorge zuwendete als seinem
Prager Unternehmen. Im Jahre 1776 hatte der Dresdner Hof
seinen Contract mit Bustelli auf weitere sechs Jahre mit 25.000
Thlr. Jahressubvention erhöht, der vornehmste Theil der Gesell=
schaft mit Bondini und Guarbasoni spielte also wahrscheinlich dort.
In Prag hatten Bustelli sowohl (dieser in der doppelten Eigenschaft
als emphitentischer Eigenthümer des Kozentheaters und als Opern=
Impresario) als Brunian mitlerweile harte Kämpfe zu bestehen.
Es regte sich starke Concurrenz, und die Prager Behörden thaten
wenig zum Schutze des Kozen= oder Nationaltheaters. Am 22. Febr.
1772 suchte Brunian vergebens an, am Faschingssonntag 4 Uhr
Nachm. ausnahmsweise — da in Prag an Sonn= und Feiertagen
vor 7 Uhr kein Theater eröffnet werden durfte, in Wien aber im
Fasching Doppelvorstellungen stattfinden durften — wegen des in
den bedrängten Zeiten erlittenen Schadens „ein regelmäßiges
Spectacl" produciren zu können.

Brunian half sich in den Sommermonaten damit, daß er seine
Vorstellungen aus dem heißen Kozentheater in eine Sommerbude
auf dem Carolinplatze (dem heutigen Obstmarkte), also jenem Platze,
verlegte, wo heute das deutsche Landestheater steht. Hier aber
sah er sich bald durch Marionettenbuden und Buden für „Kreuzer=
komoedien" bedroht, die in nächster Nähe aus der Erde emporwuchsen.
Brunian und Bustelli ergriffen Maßregeln, um diesem Uebelstande
zu steuern. Am 29. Sept. 1775 erhob Bustelli, da bekanntlich das
Auditorium „bey denen Teutschen als sonderheitlich denen Wällischen
Spectakeln derzeith geschwächt seye," Vorstellungen gegen weitere Be=
einträchtigungen seines Theaters. „Die neuerliche Errichtung zweier
großen Banden am Kohlmarkt gegen das Carolin zu, drohe sowohl
in Absicht der Comoedien als der opera buffa einen beträchtlichen
Eintrag", weil das Publicum nicht gern zwei Spectakeln des
Tags bezahle und namentlich den neuangekommenen Spectakeln

Abends beizuwohnen pflege. Das Beispiel von Wien, wo in der Linie ohne Einverständniß mit der Theater-Unternehmung wegen einer gewissen Abfindungssumme Niemanden, selbst nicht einem Feuerwerker Vorstellungen gestattet seien, ermuntere ihn zu der Bitte, man möge die Principale der beiden Banden entweder zu einer gewissen Entschädigung an den Eigenthümer des Kozen-theaters oder zur Einstellung der Vorstellungen während der Spielzeit des Kozentheaters verhalten.

Bustelli war mit diesem Gesuche nicht glücklicher als seine Vorgänger. Die Stadthauptmannschaft bedeutete ihm, daß er kein privilegium privativum und deshalb auch kein Recht zu solchen Gesuchen habe. Die Principale der beiden Buden auf dem Ca-rolinplatze, wo Marionetten- und Voltigir-Vorstellungen stattfanden, blieben unbehelligt, und neue Principale dieser Sorte kamen nach Prag.

Im Juni 1775 suchte der Schauspielprincipal Joh. Georg Obinger an, sein Marionettenspiel auf der Kleinseite produciren zu dürfen. Obinger spielte dann 1776 während des Heiligthums-Markts auf der Neustadt. Im Oct. 1776 suchte er an, mit „lebenden Personen" auf dem Lande agiren zu dürfen, da er schon seit 1732 in Prag und anderen Orten Böhmens wiederholt „thea-tralische Schauspiele" gegeben habe. 1777 kam er wieder mit Marionetten nach Prag. Am 16. Juli 1778 bat er, da die Ma-rionetten zu wenig „spectatores" fanden, mit lebenden Personen kleine Burlesquen und Kreuzerkomoedien aufführen zu dürfen und zwar wolle er, weil auf dem Carolinplatze Hr. v. Brunian sein Sommertheater habe, seine Bude auf dem Graben nächst der Allee errichten. Er erhielt den Consens auf vier Wochen, doch zeigte am 22. Oct. 1778 die Obinger'sche Gesellschaft dem Gubernium „wehmüthigst" an, daß es „dem Herrn über Leben und Tod ge-fallen, ihren Principalen nach einer 14tägigen Krankheit vor acht Tagen aus diesen Zeitlichen in die hoffentlich ewige Glück-seligkeit zu berufen; da sie den Principal wegen seiner ehrlich und redlichkeit, dann emsigen Sorgfalt wie einen Vater zärtlich geliebt, seien sie in tiefste Trauer versetzt". Zugleich ersuchten sie aber, zur

22

Aufbringung der Krankheits= und Begräbnißkosten ihre Vorstel=
lungen über die Dauer des vierwöchentlichen Consenses ausdehnen
zu dürfen, womit sie kurzweg abgewiesen wurden.

Eine ärgere und gefährlichere Concurrenz war im J. 1777
dem armen Brunian im Kotzentheater erwachsen. Dem Drängen
der Freunde des edlen Schauspiels folgend, hatte Brunian daselbst
das Ballet immer mehr verkommen lassen. Außer dem Alberti'schen
Ballet hatte eine Zeit lang auch ein Franzose, d' Angremont,
der mit einer Dlle. Weininger in der „Allemande-française"
brillirte und sich auch in „scènes lyriques" als Sänger und
Declamator hören ließ, in Prag seine Künste getrieben. Alberti
selbst war bei dem Adel immer mehr in Mißcredit gerathen und
so wurde hauptsächlich auf Betreiben des Grafen Procop Czernin
der Balletmeister Rößler sammt Truppe aus Brünn verschrieben,
dessen Renommé damals das denkbar glänzendste war. Leider ver=
spätete sich der Maëstro, Graf Czernin starb, Director Brunian
cassirte nun sein Ballet gänzlich, und als Rößler in Prag eintraf,
saßen seine und die Alberti'sche Truppe gemeinschaftlich am Trockenen.
Da erstand dem armen Tänzervolk ein Retter in der Noth in der
Person eines Hrn. Göttersdorf. Am 15. März suchte dieser Entrepre=
neur Anton Göttersdorf an, „in den sonst gewöhnlichen Opern=
tägen eine neue Art Von Spectacln in dem Königl. Prager Theater
des Hrn. Jos. Bustelli, bestehend in großen Noverrischen und großen
Comischen Balleten, dann Pantomimen von großen und anderen
detto mit kleinen Personen Von einer geschickten Tänzergesellschaft
aufführen lassen zu dürfen," und die Bewilligung wurde ihm nicht
vorenthalten. Er engagirte die beiden Truppen des Alberti und
Rößler und suchte die Prager durch „nie dagewesene Balletherrlich=
keiten" zu verblüffen. Mit colossalem Erfolge ging das erste Ballet
„die Horatier und Curiatier" in Scene. Massenhaft strömte das
Publicum den Vorstellungen zu, in deren Programm auch die große
Pantomime eine Rolle spielte. Die Balletmeister Rößler und Alberti=
Morawec, später Piattoli schienen, unterstützt von dem Ballet=
compositeur Wrbna, Wunder zu wirken, Göttersdorf rieb sich ver=
gnügt die Hände. Aber schon am 11. Sept. 1777 klagt derselbe

Impresario Göttersdorf, „daß er durch seine Unternehmung, Pan=
tomimen und Ballete aufzuführen, welche er ja doch nur aus
Menschenliebe, um broblosen Leuten Unterhalt zu verschaffen, unter=
nommen habe, während des Sommers beträchtliche Verluste an
seinem Vermögen erlitten habe, so daß ihm, wenn er sich nicht
durch eine andere Unternehmung Rath schaffen könnte, der gänzliche
Untergang bevorstände". Er suchte deshalb an, „teutsche Operetten"
sowohl um sich einen zahlreicheren Zuspruch als dem Publicum
mehr Vergnügen zu bereiten, mit Kindern und nebstdem seine
Operetten während des Winters aufführen zu dürfen.

Dieses Unternehmen aber rief den lebhaftesten Widerstand der
deutschen Schauspielgesellschaft des Herrn v. Brunian, in deren
Repertoire bekanntlich die deutsche Operette eine große Rolle spielte,
hervor. Am 12. Sept. 1777 richtete Anna v. Brunian im Namen
ihres Gatten Franz und „des ganzen Prager deutschen National=
theaters" eine Vorstellung gegen die projectirten Operettenauf=
führungen an die Statthalterei. Sie sagt darin:

„Ew. fürstl. Exc. u. Gnaden geruhen sich vortragen zu lassen, wie
daß der Inhaber des Theaters Jos. Bustelli neben dem deutschen Spectakel
eine andere deutsche Gesellschaft mit Operetten widerrechtlich auftretten
lassen wolle. Wie nun aber dieses lediglich auf die Bedrückung des hiesigen
Nationaltheaters abgesehen ist, dessen Aufrechterhaltung jedoch vor allen
andern Spectakeln die größte Aufmerksamkeit erheischet, andern Theils dieses
Unternehmen dem von ihm Bustelli mit meinem Mann gemachten Contract
schnurstraks entgegenlauft, zumal Bustelli darin erkläret, daß er unter dieser
Contractszeit weder in seinem Theater noch weniger in denen von Prager
Städten zum Nachtheil des v. Brunian einige deutsche Komödien aufführen
lassen werde, und gleichwie gewiß ist, daß deutsche Operetten, weil in solchen
mehr declamiret als gesungen wird, nicht nur deßwegen sondern auch darum
unter den Namen der deutschen Komödien zu rechnen ist, weil selbe von
jeher beym deutschen Theater als eine dazu gehörige Sache angesehen, auch
mein Mann solche ohne Einspruch des Bustelli nur erst kürzlich aufgeführet,
wohingegen der Bustelli während der Zeit des von Einem hochlöbl. Landes=
gubernio verordneten Administration keine deutschen Operetten neben dem
deutschen Spectakel hat geben dürfen, aus keiner andern Ursache, als weil
sie auch zu dieser Zeit für ein deutsches Spectakel angesehen und schon von
der deutschen Truppe aufgeführet worden, also ist auch nicht ohne, daß durch
dieses widerrechtliche Verfahren meinem Mann das offenbarste Unrecht und

ein Nachtheil von solcher Größe erwachset, daß wir in unserer für das von
einem hohen Abel gnädig zugestandene Abonnement gegenseitigen Schuldigkeit
zu nicht geringen Schmerzen gehindert werden dürfte. Bey dieser der Sache
Bewandnuß denn ich nicht nur in meines Mannes sondern im Namen des
ganzen hiesigen deutschen Nationaltheaters gedrungen bin, Ew. fürstl. Gnaden
gnädigen und hohen Schutz zu erflehen und zugleich unterthänig zu bitten,
Hochdieselben geruhen dieses widerrechtliche Unternehmen ihm Bustelli zu
untersagen. Ich ersterbe

Ew. fürstl. Gnaden Exc.

unterthänige

Anna v. Brunian.

Die Statthalterei erklärte diesen Brunian'schen Protest, welcher
eine interessante Principienfrage heraufbeschwor und die Kategori-
sirung der deutschen Operette als zum deutschen Schauspiel gehörig
als juristisch feststehend darstellen wollte, rechtskräftig und befahl
Göttersdorf, seine Operetten-Aufführungen einzustellen. Die ihm
bereits ertheilte Bewilligung wurde rückgängig gemacht. Nun recur-
rirte Göttersdorf, berief sich darauf, daß seine „Singspiele" mehr
einer opera buffa als einer deutschen Komödie ähnlich und
auch „alle berühmte und in Theatralsachen classische Schriftsteller
darin einig seien, daß die Operetten keine reguläre Gattung Schauspiele seien", daß er die ihm von Bustelli angewiesenen Operntage
nicht überschritten und seine Vorstellungen nie an einem Brunian'schen
Productionstage gegeben habe, Brunian aber habe nie ein ausschließendes Recht gehabt, „deutsche Singspiele" aufzuführen, sein
Recht habe einzig und allein die reguläre deutsche Komödie betroffen.
Göttersdorf suchte also um Aufhebung des erlassenen Verbotes an,
welches ihn ereilt hatte, als er eben im Begriffe war, die gedruckten
Placate für seine Operetten-Vorstellungen auszugeben.

Die Statthalterei erkannte unterm 25. Sept. 1777 gegen ihn
und hielt mit Rücksicht auf die erwähnte Bestimmung des Bustelli-
Brunian'schen Contracts ihr Verbot aufrecht.

Göttersdorf aber blieb hartnäckig. Er suchte nun am 29. Oct.
1777 an, mit seiner und der Merse'schen Kinder-Gesellschaft „regu-
laire Schau- und Singspiele" auf der Kleinseite aufführen zu dürfen,
da er die Leute im Engagement halten müsse. Am 3. Nov. 1777

erhob Brunian Protest auch gegen diese Vorstellungen. Er behauptete, daß Bustelli dahinterstecke, da Göttersdorf durch die contrahirten drei Tage, welche ihm für Pantomimen-Vorstellungen im Kotzentheater eingeräumt worden waren, in die Rechte Bustellis getreten sei, dem ja diese Tage als Operntage reservirt waren. Es liege also eine offene Verletzung des Bustelli-Brunian'schen Contracts vor; auch sei erwiesen, daß die Merzische Kindergesellschaft, welche Göttersdorf als separate Truppe darstellen möchte, mit der Göttersdorf'schen Tänzertruppe einen gemeinsamen Körper bilde und an den Operntagen im Kotzentheater in Göttersdorfs Pantomimen-Vorstellung mitwirke; es sei daher gegen alles Recht, wenn dieselbe Kindertruppe an Tagen, wo im Kotzentheater das Brunian'sche Schauspiel agire, an einem anderen Orte separate Vorstellungen gebe. Brunian rief die Statthalterei um Schutz für das bedrückte deutsche als „das erste und Hauptspectakel" an. — Mit diesem Protest, dessen Motive allerdings etwas weither geholt waren, wurde Brunian abgewiesen. Göttersdof durfte gegen Erlag von 3 Ducaten für das Armenhaus auf der Kleinseite spielen. Da diese Unternehmung auf seinen eigenen Namen ging, also nicht Bustellis Verpflichtungen in Frage kamen, blieb Göttersdorf rechtlich ungestört in seinen Vorstellungen; doch trat nun Bustelli selbst wegen einer Restforderung von circa 200 fl. an Pacht für die früher in den Kotzen gegebenen Vorstellungen (über 2000 fl. Pacht hat Göttersdorf bereits abgeführt) klagbar gegen ihn auf und drohte ihm mit Sperrung seines Kleinseitner Theaters.

Ueberhaupt kam Göttersdorf immer mehr in's Gedränge. Sein Personale forderte die rückständigen Gagen. Nach den betreffenden Ausweisen bestand die Tänzergesellschaft aus folgenden Personen mit den beigesetzten Wochen-Gagen: Mr. Beatuli (25 fl.), Adalbert Morawec (17 fl.), Mad. Anna Hufnaglin (12 fl.), Mad. Theresia Ehno und Mr. Jos. Prasille (je 7 fl.), Clara Schreiberin und Schmied (je 5 fl.), Joannes Weininger und Schwester (5 fl.), Joh. Cigar (5 fl.), Franz König (3 fl.), Mengemann (1 fl. 30 kr.), „Gelinkische" Schwester (2 fl.), Wrba (6 fl.), Girzik (1. fl. 50 kr.), H. Göttersdorf sammt Kind (10 fl.), „Mercantische" (1 fl.), Jandin und Adam (je 1 fl.), 10 Kinder zur Pantomime (3 fl.), Orchester (28 fl. 42 kr.), Statisten (2 fl.), Cassier (1 fl. 42 kr.), 2 Billiet-Einnehmer (2 fl.), 2 Logi-Meister (2 fl. 50 kr.), Rauchfangkehrer (2 fl. 30 kr.). Seine Monatsausgaben gab er an mit 1169 fl., an sicherer Einnahme 321 fl. 52 kr. (darunter vom Erzbischof monatlich 42 fl. 50 kr., vom Exc. Grafen Nostitz 33 fl. 20 kr., Exc. Grf. Pachta 32 fl., Exc. Gräfin Kolowrat und Louis Grf. Hartig je 25 fl. u. s. w.). Das Deficit bezifferte er auf 428 fl., und die Gesellschaft mußte sich im Jänner 1778 zu Gage-Abzügen bereit finden. Das Orchester ließ sich herbei, bis Fasching weiter zu spielen, wenn es seine Gage allwochentlich bekäme und von Cassa-Ueberschüssen Rückstände ersetzt erhielte. Als Orchester-Mitglieder zeichneten: Josephus Natter, Clemens Mentzel, Ant. Mischek, Ant. Kolbe, Jos. Matiegka, Paulus Schepka, Bernard Štastny, Franciscus Foyta, Johann Braupner, Josephus Poch, Joh. Galli, Ignaz Foyta. Auch die jüdischen Gläubiger, welche von Göttersdorf zusammen 598 fl. 3 kr. zu fordern hatten (Hauptgläubiger waren ein sicherer Wolf Pasch und Marcus Moyses Itzeles) erklärten sich am 8. Jän. 1778 bereit, mit der Execution bis zur Fasten zu warten und bis dahin sich mit der Hälfte der nach Abschlag der Gagen verbleibenden Cassaüberschüsse zufrieden zu geben. Vom 31. März bis 15. Dec. 1777 hatten Göttersdorfs Gesammt-Einnahmen 8294 fl. 40 kr., seine Gesammtausgaben 12.609 fl. 54 kr., das Deficit also 4315 fl. 14 kr. betragen. Auch war noch der Musical-Impost von den Göttersdorf'schen Pantomimen-Vorstellungen im Rückstande. Bustelli wies die Zumuthung, denselben statt Göttersdorf zu zahlen, entschieden zurück, wurde aber allerdings verhalten, diese Abgabe laut dem mit Göttersdorf abgeschlossenen Contracte zu entrichten. Im Jänner 1778 wurde endlich ein Vergleich zwischen Bustelli, Göttersdorf und dem Personale des letzteren geschlossen, wornach ersterer dem Göttersdorf sein Theater für fernere Vorstellungen überlassen sollte, wenn sich derselbe mit seinen Tänzern wegen der Gage einigen und denselben zur künftigen Sicherheit sowohl die Abonnementsgelder mit Ausnahme jener für zwei Logen, deren Einnahmen zur Bezahlung

der eigenen Schulden Göttersdorf dienen sollten, als auch die
Tagescassa überlasse. Zu diesem Zwecke wäre ein Cassa-Sequester
zu bestellen. Die rückständigen Gagen sollten je nach den Einnahms-
Ueberschüssen gedeckt werden. Die Ausgaben sollten vom Personale,
an welches Göttersdorf sonach seine Rechte abgetreten hatte, getragen
werden. Der Gebrauch der Costume, deren Eigenthumsrecht sich
Göttersdorf vorbehalten hatte, sollte dem Personale unter Vermeidung aller Umänderungen und Verletzungen gestattet bleiben.

Ebenso wie Göttersdorf war aber auch der Impresarius des
deutschen Schauspiels, Hr. v. Brunian, im Kotzentheater, im Laufe
der letzten Jahre in schwere finanzielle Bedrängnisse gerathen, aus
denen er einen Ausweg herbeisehnte. In der Wahl war er, der
große Reformator der Prager Schaubühne, nicht mehr sehr difficil.
Am 17. Febr. 1778 erklärte er in einer Eingabe an das Gubernium,
er sehe sich „zur besseren Unterstützung des hiesigen von Jos. Bustelli gepachteten kgl. priv. Theaters genöthigt, auf ausgiebige
Hilfsmittel fürzudenken" und suchte deshalb um die Befugniß
an, „außer dem gepachteten kgl. Theater in denen kgl. Prager
Städten in Hütten oder in sonstigen Privathäusern kleine Schauspiele mit lebenden Personen oder Marionetten aufführen zu dürfen",
was umsomehr angehe, als auch in Wien und anderen Orten, Brünn
und Graz, den Theaterinhabern die Aufführung von derlei kleinen
Spectakeln zu einiger Beihülfe gestattet werde". Die Preise der
Plätze für diese „kleinen Spectakel" bestimmte er mit 17 kr. für
den ersten, 7 kr. für den zweiten, 3 kr. für den dritten Platz;
fremde Schauspieler sollten hiedurch nicht ausgeschlossen werden,
für die k. k. Normalschule erbot sich Brunian im Falle der Gewährung seiner Bitte jährlich 50 fl. abzugeben. — Die Statthalterei
genehmigte das Ansuchen, wofern sich in die „kleinen Spectakel"
„gar nichts Unanständiges oder den guten Sitten Zuwiderlaufendes
einmengen würde". Von den 50 fl. wurden nur 25 fl. dem Normal-
schulfonds, 25 fl. aber dem Armenhause zugewiesen.

Mit Brunian ging es trotzdem rapid bergab. Die Stütze seiner
Truppe, der artistische Director Bergopzoom, war 1774 als Darsteller erster Intriguanten- und Charakterrollen an das k. k. Hof- und

Nationaltheater nach Wien abgegangen, und schwer hielt es, einen
Nachfolger aufzutreiben. Endlich gelang es und für einige Zeit war
wieder geholfen. Brunian hatte eine neue tüchtige Kraft, den Re=
gisseur, Dramaturgen und Dichter Krüger gewonnen, einen Ex=
Candidaten der Theologie,*) dessen Stück „Herzog Michel" in den
Kotzen zum Cassenstücke ersten Ranges wurde. Der echte Volkston,
den Krüger trefflich anzuschlagen wußte, zündete. Brunian speculirte
aber, das Stück müßte noch besser in der čechischen Volkssprache
gefallen, und ging allen Ernstes daran, seinen aus allen Gauen
des heil. römischen Reiches, nur nicht aus den Ländern der böh=
mischen Krone, zusammengelesenen Leuten den čechischen Text einer
Uebersetzung einzutrichtern, die nach einigen Proben zu schließen,
fürchterlich gewesen sein mag. Der Titel spricht auch hier für das
Ganze. „Herzog Michel, Lustspiel in einem Aufzug" hieß es deutsch;
„Kníže Honzík, činohra od jednoho zátahu" wurde es čechisch
benamset. Mit der Gelehrigkeit von Papageien hatten die Schau=
spieler Wort für Wort auswendig gelernt, Brunian war selig über
die guten Aussichten seines patriotischen Beginnens, da kam die
Vorstellung und ein durchschlagendes Fiasco. Man war zwar vor
hundert Jahren durch übertriebene čechische Sprachreinheit nicht
sonderlich verwöhnt und sprach und vertrug beträchtliche Quanti=
täten von Germanismen, aber, was man von den Brunian'schen
Schaaren zu hören bekam, überstieg alle schlimmen Erwartungen.
Einige Spaßvögel und Wirthshausfreunde der unglücklichen Schau=
spieler hatten sich überdies erlaubt, ihnen Extempores niederträch=
tiger Art einzuprägen, welche nun die armen Mimen mit sieges=
bewußter Miene zum Besten gaben. Unter Hohngelächter, Pfeifen
und Zischen ging die Vorstellung zu Ende. Seit der Zeit machte
der Director keinen Versuch mehr, seine deutsche Truppe čechisch
zu lehren.

*) Daß Theologen öfters zu Gunsten Thaliens fahnenflüchtig wurden,
ist bekannt. Im Februar 1778 war u. A. ein Cleriker Caspar Pickard aus
dem Praemonstratenser-Collegium zu St. Norbert entwichen und hatte sich
zur Brunian'schen Truppe engagiren lassen, wurde aber von der Polizei
eruirt und dem Collegium ausgeliefert.

Nun kam der letzte Versuch mit den Marionetten- und Kreuzerkomödien; aber das sinkende Schiff war nicht mehr zu retten. Die Gläubiger ahnten eine Katastrophe und bestürmten den in seinem Credite erschütterten Principal. So suchte am 21. Febr. 1778 JUC. Fortunat Heller in Vollmacht des Dresdener Juden Herrschl Levi an, auf das Vermögen, speciell die Theatergarderobe des Brunian Beschlag legen zu dürfen. Das Gesuch wurde der Stadt- hauptmannschaft mit dem Bedeuten abgetreten, einen Vergleich zwischen beiden Parteien herbeizuführen. Eine Zeit lang fristete sich Brunian noch fort, und in diese Periode fällt eine interessante Theater-Affaire, eine Prager Krähwinkliade, welche den Prager Stadtvätern jener Zeit kein glänzendes Geisteszeugniß ausstellt, und (nach den Acten des Gubernial-Archivs) — als erheiternde Episode vor der tragischen Katastrophe des Brunian'schen Unternehmens — hier verzeichnet werden möge.

Am 10. Sept. 1778 prangte an den Straßenecken Prags folgender Theaterzettel:

Nachricht von dem Teutschen Theater.

An einen

Hohen und gnädigen Adel
und das hochschätzbare Publikum.

Morgen Donnerstag als den 10. September (1778) wird auf dem königl. Theater des Herrn Joseph Bustelli die von Brunianische Gesellschaft Teutscher Schauspieler

Zum Erstenmal
die Ehre haben aufzuführen
Das Lustlager.
Ein ganz neues hier nie gesehenes Lustspiel.
Von einem Ungenannten.

Vorbericht (Avertissement.)

Wenn unsere geehrten Zuschauer so sehr lachen, als wir; da wir das Stück durchlasen, so wird zuversichtlich niemals mehr in einem Lustspiel als in diesem gelacht werden. Das will nun freilich nicht viel bewiesen haben;

mancher lacht zuweilen über etwas, worüber zwanzig andere weinen möchten, und bei zwanzigen ist oft nicht viel mehr als nichts erforderlich, um Sie zum Lachen zu bringen; aber wenn es eine richtige Deduktzion ist, daß jeder, der ohne Ursach und ohne Grund lacht, ein Narr sein muß; so würden wir uns durch ein öffentliches Bekenntnuß nicht so muthwillig der Gefahr aussetzen, in eben diesen Register zu stehen, wenn wir nicht dabei überzeugt wären, nicht ohne Ursache und nicht ohne Grund gelacht zu haben. Scherz bei Seite; das ganze Stück ist eine der feinsten und lebhaftesten Satiren, die jemals für die Bühne geschrieben worden; eine Satire? — Auf wen dann? — Ja nun auf verschiedene Gattungen von Menschen, die auf dem großen Schauplatze der Welt herum schwadroniren, und die wir nicht voraus nennen wollen, um unsere Zuschauer durch das Unerwartete desto mehr zu vergnügen. Genug, es ist ein vortreffliches Lustspiel, das sich nebst gedachten Vorzug auch noch durch seine Karackteristig, Laune und leichten Dialog besonders auszeichnet, und ohne Großsprecherey einen zahlreichen Besuch verdient; Kommen Sie nur, und Sie werden weder Geld noch Zeit bereuen dürfen; auf Ehre.

Gedruckt bei Joseph Emanuel Diesbach.

Bei der Vorstellung dieser satyrischen Novität hatten sich nun mehrere Schauspieler, wie der Prager Magistrat in Erfahrung brachte, so weit „erfrecht", die Stadtväter in unverzeihlicher Weise zu persiffliren. Alsbald setzte der Magistrat, obzwar ihm eine Gerichtsbarkeit über die Schauspieler durchaus nicht zukam, ein strenges Inquisitionsgericht ein. Die „Schuldigen" wurden vorgeladen. Am 14. Sept. wurde der Acteur Bernard Vetter vernommen. Er sollte über die Autorschaft des Stückes Auskunft geben, und behauptete, der Autor sei hier wie bei vielen Stücken unbekannt. Die Frage, ob das Stück censurirt war, wurde von Vetter bejaht. Graf Philipp Clary habe es zur Aufführung bestimmt, Prof. Seibt*) habe es censurirt, ebenso das „Avertissement", das vom Acteur

*) Dies war wohl Karl Heinrich Seibt, der 1763 die Lehrkanzel der schönen Wissenschaften an der Prager Universität bestieg, nach Aufhebung der Jesuiten Director des philosophischen Studiums in Prag wurde und von welchem W. W. Tomek in seiner Geschichte der Prager Universität sagt, mit seinem Auftreten habe gewissermaßen eine neue Epoche in Böhmens Culturgeschichte begonnen.

Schimann verfertigt sei, wie ja überhaupt alle „Avertissements" und Comoedienzettel vom Kotzentheater als von „der Sommerhütten" (am Carolinplatz) von Seibt censurirt würden. Vetter wurde beschuldigt, die Aeußerungen „Ich bin Rathsherr, ich soll Esl reiten" und auch den Bürgermeister eingemengt zu haben. Er meinte, sich darauf nicht erinnern zu können, hätte er es aber gesagt, so wäre es geschehen, „um den Charakter der Rolle zu behaupten". Acteur Maximil. Scholtz sagte ähnlich aus, ebenso Acteur Jos. Schimann, welcher meinte, das Stück sei in Berlin verfaßt worden. Auf die Frage „Nachdem hauptsächlich diese Comoedie auf die Rathsverwandten gespielet worden, warum Er auf solche Art (s. oben) das Publicum avertiret habe?" antwortete Schimann: „Ich hab avertiret, wie ich sonst auf lächerliche Charakteure zu avertiren pflege. Man hat zu Wien gespielet die Comoedie „Der Werber" genannt, wo der Bürgermeister ein „Stockfisch" genannt wird." — „Hiebei wurde ihm," sagt das Protokoll, „die Ermahnung gethan, daß die Rede nicht Von dem Wienerischen, sondern von dem hießigen vorgestellten Stück sehe, worauf der Hr. Hoffmann ihm aufstehen geheißen, Selbter aber zur Antwort gegeben: Er stünde nicht auf, Er wäre nur aus Gefälligkeit, und nicht aus Schuldigkeit hier, indeme er nicht von hier dependire, wo zugleich derselbe mit „Sacrament!" ausgebrochen, von darum weilen der tit. Hr. Hoffmann zu ihme „hörts der Herr!" gesaget, worauf er geantwortet: „Ich bin der Herr in meiner Haut, der Herr ist in der seinigen!" — Der Magistrat ließ nun den Schimann wegen seiner „unhöflich und exorbitanten Aufführung" und den Vetter wegen Extempores, die „zur Verkleinerung der Ehre und gebührenden Achtung" vor Bürgermeister und Rath gedient hätten, auf einige Stunden arretiren, doch mußten die Schauspieler auf Befehl des Oberstburggrafen schleunigst wieder freigegeben werden. Der Magistrat wurde wegen dieser eigenmächtigen Arretirung von Schauspielern zur Verantwortung gezogen und suchte sich in einer langen und breiten Denkschrift zu rechtfertigen; er berief sich auf seine obrigkeitlichen Rechte, von denen doch nicht die Schauspieler, „welche ohnedies zu der geringsten Classe der städtischen

Inwohner gehöreten", eximirt seien; im Gegentheil sei durch Ueber-
weisung der Gläubiger des Ballet-Impresario Göttersdorf an den
Altstädter Magistrat dessen Gerichtsbarkeit über die Schauspieler
neuerdings bestätigt worden. Die verfügte Bestrafung sei übrigens
Angesichts der auf öffentlichem Theater gemachten „niederträchtigen
Ausdrücke", welche Bürgermeister und Rath lächerlich machten,
viel zu gering gewesen; sollte sich solches wiederholen, so würde es
die ganze Subordination gegen den Rath untergraben, die öffentliche Ruhe und Ordnung und den allerhöchsten Dienst gründlich
gefährden. Aus dem Avertissement gehe schon hervor, daß „diese
Ausschweifung von den Schauspielern geflissentlich, um ihn durch
niederträchtige aufziehung des Bürgermeisters und Rathherrn bey
dem Publico lächerlich zu machen, schon gleichsam abgekartet worden
sey. Sofern aber derley Verbothene ausschweifungen, wie die Ex-
temporirung des Acteurs Vetter war, nach Inhalt besagten Vor-
berichts für feinste und lebhafteste Satyren gelten sollten
so würde keine hohe und niedere Stelle, ja auch kein Ehrlicher
Mann von den Schmähungen der Commedianten unangefochten
bleiben". Der Magistrat erklärte deshalb die von ihm verfügte
Bestrafung der Acteurs als wohlberechtigt und ersuchte das Gubernium, „denen Schauspielern derley anzügliche zu Verkleinerung
seiner Ehre abzielende auftritte auf das Schärffeste zu verbieten
und selbe auf die dem Magistrat gebührende achtung anzuweisen"
(1. October 1778).

Zwei Raths-Deputirte hatten persönlich bei der Stadthauptmannschaft Klage geführt. Das Gubernium untersuchte die tragi-
komische Affaire mit allem Ernst. Einer der Gubernialräthe constatirte, daß sich in einem komischen Stück bei den Lazzis
der Komiker nicht Jedes Wort controliren lasse. Wenn sich
aber, so oft ein Advocat in einem Stücke persiflirt würde, alle
Advocaten, oder wenn ein Adeliger verspottet wird, alle Adeligen
beleidigt fühlen wollten wie hier die wohlweisen Rathsherren, wo
käme man dahin! Der Magistrat habe sich einfach lächerlich gemacht
und hätte überdies, wenn er das „Comoedienbüchel" mit Ueber-
legung gelesen hätte, ersehen müssen, daß ein armer Poet die ver-

spottete Person im Stücke war. Die Selbst-Rache des Magistrats sei übertrieben und eigenmächtig gewesen und erfordere einen Verweis. — Besonders energisch trat der mit der Theatral-Administration betraute Gubernialrath Graf Philipp v. Clary-Aldringen für die Komoedianten gegen den Rath ein. Er fand das Vorgehen des Magistrats entschieden komisch und ungerechtfertigt, da die Schauspieler in Theater-Angelegenheiten nur ihm, dem vom Gubernium verordneten Administrator, unterständen, der Magistrat also wegen einer eventuellen Satisfaction ihn hätte aufsuchen müssen. Daß der geschäftige Bürgermeister von Hauenthal bei seiner über die Schauspieler gefällten Sentenz von einem „Nachlaß der Stockprügel" gesprochen, das sei eine unqualificirbare Eigenmächtigkeit gegen das Gesetz. Daß Schauspieler Schimann den Rathsherrn Iwan Hoffmann angefahren, sei begreiflich, da er 4 Stunden widerrechtlich verhört und ungebührlich behandelt worden sei. Immerhin solle aber Schimann sein Benehmen verwiesen und das Extemporiren überhaupt untersagt werden. Der Oberstburggraf Fürst v. Fürstenberg entschied im Sinne Clary's. Schauspieler Vetter erhielt einen Verweis wegen Extemporirens; dem Magistrat wurde die Anmaßung der Theater-Polizei, dem Rathsverwandten Hoffmann „sein allzu hitziges, unanständiges Benehmen gegen den acteur Schimann" verwiesen und dem Magistrat zugleich verordnet, in allen Theatral-Sachen, soweit sie nicht Civil- und Criminalfälle betreffen, alle Maßnahmen dem Administrator Grafen Clary zu überlassen.

Das war, wie gesagt, eine tragi-komische Episode vor dem Eintritte der Katastrophe des Brunian'schen Unternehmens. In den ersten Monaten des J. 1779 nahm die so glänzend begonnene Aera Brunian's ein klägliches Ende. Brunian, der schon oft über die unerfüllbaren Bedingungen seines Contracts mit Bustelli geklagt hatte, ließ seine Prager Verpflichtungen, die ihn noch zwei Jahre banden, im Stich, reiste ab und ließ sich nach Braunschweig engagiren. Bustelli war außer sich. Sein deutsches Schauspiel entbehrte des Leiters, andere Anträge hatte er, weil die vielen Freunde Brunians und dieser selbst noch immer Einhaltung des Contracts

versprachen, nicht berücksichtigen können, und ebenso wenig gelang
es ihm, sich durch ein Privilegium gegen mittlerweile nach Prag
gekommene concurrirende Gesellschaften zu schützen.

Am 18. März 1779 richtete er nun das folgende, die Situation
klarstellende, wenn auch verwickelte Gesuch an das Landes-Gubernium:

„Ew. hochfürstl. Gnaden Exc. und Gnaden geruhen in tiefster Submission sich vortragen zu lassen, wie nach dem allgemeinen Ruf die Actrice
Hilbeprandt in Gesellschaft des Tänzers Rößler, statt sich, um ihren Caracter
gemäß ansuchenden Theatral-Diensten, sowie von anderen dichtigen Acteurs
in der Zeit geschehen, die Erlaubnuß imploriren sollen, um in meinen Neben-
Theatern hier Orths zu meiner größten Beeinträchtigung Spectacln aufführen zu dörfen, Bey einer hohen Stelle anheunte anmelden wolle. Und
weilen ich Um eben diese hohe Erlaubnuß, um von allen solchen anhoffen
mögenden Beeinträchtigungen, die das Haupt-Spectacul schwächen, gesichert
zu sein, Vor acht Tägen gehorsamst gebetten, und bieshero keinen gnädigen
Entschlüßung gewürdiget worden und wie einer hohen Stelle ohnehin bekannt, durch die widerrechtliche und schlechte sowohl gegen dem Publico als
dem Propriäter des Haußes selbsten von Seithen des Brunian der annoch
fürdauern sollenden zweijährigen Contract mit Hinterlassung so Vieler Schulden zu brechen suchet, sich auser Landes geschlichen und würcklich in Braunschweig auf 3 Jahr sich engagirt, ohne ehender das vergehende Prager
impenio als ein Ehrlicher Mann zu arrangiren und auch durch allerhand
ausflüchten und Vertröstungen des einhaltenden Contracts Biß zu dieser
Stund auf Viellfältige Anfragen durch seine Bestellten in Verlegenheit
gesetzet, in der Zeit zu Diensten des geneigten hohen Publico mein Theater
mit geziemenden Spectacln zu versehen, um damit ich auch nebstbey als
Contribuent meinen Zinß und andere abgaben, die Contractmäßig immerfort dauern (ich möge spielen oder nicht) habhaft werden kann, wie daß ich
aus der Beilage Sub lit A (s. unten) einer hohen Stelle gehorsamst dar-
lege, wo ein gewisser Carl Wahr unterm 7. Jänner 1779 schon mir die
nehmliche Abgaaben für mein Theater (worüber Brunian so sehr gelärmet
und seine immerfort aus einer schlechten Unwirthschaft contrahirte Schulden
auf den Theaterzinß geschoben), so wie sie Brunian solche zu Leisten sich
verbindlich gemacht hat, Von sich selbsten zu leisten in seinem Briefe aner-
botten hat, Mir wurden aber bey der hierüber gemachten Anfrage die Hände
gebunden, ich sollte, ich möchte und kunnte nichts contrahiren, weilen man
mir gutt stunde, daß Brunian sicher selbst nacher Prag komen wird, seinen
Contract continuiren, auch meinen Zinß meinen Contract gemäß sicherstellen
würde, welches alles ohne Geschehene Erfolg Einer hohen Stelle ohnehin
vor Augen Lieget, wozu ich also in dessen ermangelung erst gegenwärtig die
nöthige vorsehung nehmen muß, um in einen größeren schaden nicht zu ver-

fallen und Ein hochgeneigtes Publicum nicht sobald und gutt, wie es nun möglich sein wird, bedienen zu können . . . Alsi gelanget an Ew. Hoch=fürstl. Gnaden mein gehorsambsten Bitten, hochdieselben geruhen in Betracht deſſen, da ich gleich andern Bürgern die kaiſ. kön. Praestanda richtig stelle, überhaupt in keiner Gelegenheit wie andere durch Schulden oder andere Weege das Publicum verkürze, auf meine gegenwärtige Verlegenheit eine gnädige reflexion zu tragen und mich wider die ansinnende Beeinträchtigungen meiner Impresa schützen und in jener Gestalt aufrecht zu erhalten, damit ich um ein anständiges Spectacul mit Verläßlichkeit besorgt, hierunter einer hohen Nobleſſe und samentlichen Publico alle zufriedenheit verschaffen kann. Da ich in anerhoffnung deſſen mit tiefster Submiſſion geharre

Ew. hochfürstl. Exc. und Gnaden gehorsamster

Jof. Buſtelli.

Beilage A. bedeutete einen Brief des Principals Carl Wahr de dato 7. Jän. 1779, worin Wahr bittet, ihm binnen vierzehn Tagen Definitives wegen Uebergabe des deutschen Schauspiels mitzutheilen, da er sonst einen vortheilhaften Contract unterzeichnen würde. Wahr erklärte sich bereit, daſſelbe zu leisten, was Brunian geleistet hatte. Trotz der Verzögerung trat er übrigens auch faktisch in die Nachfolge Brunian's ein, und übernahm im Sommer 1779 durch festen Contract mit Buſtelli die Schauspiel-Impresa im Kotzen=theater. Das Gesuch Buſtelli's, daß er gegen fremde Concurrenz geschützt würde, wurde dahin erledigt, daß man in der Altstadt wohl die Errichtung eines zweiten Theaters verhindern würde wie stets; gegen die Errichtung eines Theaters in den anderen Prager Städten aber könne rechtlich nichts eingewendet werden. Dagegen wurde Buſtelli anstandslos ebenso und unter denselben Bedingungen wie früher Brunian gestattet, außer dem Kotzentheater auch in Privathäusern „Spectakel mit lebenden Perſonen oder Marionetten" aufzuführen; für die ihm am 11. März 1779 ertheilte Bewilli=gung „zur Spectaculhaltung in der Bauden auf dem Carolin=platz" hatte Buſtelli jährlich 25 fl. für den Schulfond zu zahlen.

Buſtelli war also zu einem Pächter und Schauspiel-Unter=nehmen geholfen; in große Noth aber war ein großer Theil der Brunian'ſchen Geſellſchaft gerathen, da Wahr seine eigene Truppe nach Prag mitbringen wollte. Für dieſe Nothleidenden war ein

Retter in der Person des Schauspiel-Unternehmers Johann Tilly erstanden. Unterm 13. März 1779 erklärte dieser, daß er den durch Brunian außer Nahrungsstand gesetzten Balletmeister Rößler nebst seinen Kindern und noch einigen Mitgliedern der hier gewesenen deutschen Gesellschaft Schauspieler engagirt habe, „um sie in Stand zu setzen, ihre Nahrung zu erwerben und von Zuziehung jeweilig nothwendiger Schulden hintanzuhalten." Er suchte nun bei dem Gubernium um die Bewilligung an, „auf der kgl. kleinen Residenz Stadt Prag" (Kleinseite), welche bereits eine geraume Zeit ohne Theater gewesen, ungeachtet sie gleich den übrigen Prager Städten die Freiheit, ein eigenes Theater zu besitzen, habe, seinen Schauplatz zu errichten." Er versprach, alles Extemporiren zu vermeiden, seine Aufführungen in Sitte und Ehrbarkeit zu halten und auf unterhaltende Pantomimen, kleine Operetten und bloß regelmäßige, einstudirte, vorher jedoch von der kgl. Landes-Censur approbirte Stücke zu beschränken. Als Schauplatz wolle er entweder einen Saal suchen oder ein Gebäude von Holz errichten. Das Ansuchen, auf das sich offenbar die vorher angeführte Eingabe Bustelli's bezog, wurde bewilligt und dem Tilly, da ein Saal nicht aufzutreiben war, gestattet, „auf dem Kleinseitner Ringe den vormahls dem Obinger begünstiget gewesten Platz zur Aufbauung eines hölzernen Gebäudes von vier Brettern in der Länge und zwey in der Breite, gegen Pauschal-Quanto auf 8 Wochen zu benützen". Tilly einigte sich hierüber mit dem Kleinseitner Magistrat und zahlte für diese 8 Wochen 6 fl. für das Armenhaus. Auf Vorstellung seiner Tochter Josepha Hillebrand durfte er mit dem Baue sofort beginnen; nach Verlauf der acht Wochen hoffte er die Vorstellungen in einen passenden Saal übertragen zu können. Den Conseus für Vorstellungen überhaupt erhielt er für ein Jahr, die acht Wochen eingerechnet. Der Bau der Hütte scheint nicht sehr solid gewesen zu sein, denn schon am 14. Mai 1779 klagte Tilly den Zimmermeister „wegen Einsturz der Gallerie". Im Juni klagte Tilly, daß er statt 3 nur 2 fl. monatlich für das Armenhaus abführen könne, da Besuch und Einnahmen sehr gering seien. Der Zimmermeister ließ 50 fl. von seiner ohnedies noch nicht

bezahlten Rechnung nach, und so wurde erstere Sache, ebenso die
zweite zu Gunsten Tilly's beglichen. Im August 1779 suchte
Tilly an, die ihm gewährte einjährige Concession auf ein weiteres
Jahr zu verlängern, da es ihm erst jetzt gelungen sei, einen pas=
senden Saal zu acquiriren und den betreffenden Baucontract ab=
zuschließen. Er erhoffe die Bewilligung um so dringender, als er
das Pauschalquantum für den Bau innerhalb des ersten Jahres
nicht würde aufbringen können, ferner, weil er wegen des Gallerie=
Einsturzes, dann wegen „Unruhe des Platzes" den Sommer hin=
durch geringe Einnahmen gehabt habe und „mit seinem personali
in einige Reste verfallen sei". Ferner suchte er an, daß während
der zweijährigen Concessionsdauer kein zweites Theater auf der
Kleinseite geduldet würde und versicherte, daß er „seinen Schau=
platz von allem Extemporiren, Zoten, Unsittlichkeiten und den guten
Geschmack verderbenden Piecen mit der gewissenhaftesten Sorg=
falt verwahren werde". Im Gubernium waren die Meinungen
über die Opportunität dieses Privilegs getheilt. Einer der Räthe
schrieb unter das Referat: „Besser wäre es freilich, nur Ein
Theater zu unterhalten, wenn in diesem das Publicum auf das
Beste bedienet würde; doch da dieses unter denen Umständen des
Bustellischen Contracts nicht zu erwarten ist, so mag es nützlich
sein, indessen die Nebentheater zu begünstigen." Andere Räthe
meinten, sie sähen nicht ein, warum Jemand mehr Recht als ein
Anderer haben sollte; indessen wurde Tilly's Ansuchen dennoch
bewilligt und bestimmt, daß während seiner Concessionsdauer auf
der Kleinseite nur „Marionetten= und andere das Publicum erlusti=
gende kleine Spiele mit kleinen Preisen" gestattet sein sollten. Da
somit auf der Kleinseite eine stabile Bühne geschaffen war, wie das
Kotzentheater auf der Altstadt, wurde Impresarius Tilly verhalten,
auch eine normale Gebühr an das Armenhaus zu entrichten. In
demselben Jahre aber entstand dem Haupt= und den Nebentheatern in
Prag eine mächtige Concurrenz, der sie nicht gewachsen waren.
Der Adel hatte den bekannten italienischen Sänger Pasquale
Bondini als Opern=Unternehmer nach Prag berufen, und dieser
schuf den großen Saal des Thun'schen Hauses am Fünfkirchenplatz

23

(heutiges Landtagsgebäude) zu einem Operntheater um, das bald
die bestehenden Theater weit überflügelte.*)

XVI.

Pasquale Bondini's Oper im Thun'schen Hause, Principal Wahr im Kotzentheater und die Anfänge des Nostitz'schen Theaters.

Pasquale Bondini begann seine Thätigkeit im Thun'schen
Theater mit echt italienischer Energie. Er war bekanntlich seit
Jahren eines der tüchtigsten Mitglieder der Bustelli'schen Opern-
Impresa in Prag und Dresden und hatte auch, wenn Bustelli von
Dresden abwesend war, die Oper selbst geleitet. Durch kurfürstl.
Rescript vom 11. Juli 1777 war ihm der ehrenvolle Auftrag
geworden, an die Spitze der neuen kurfürstl. subventionirten Theater-
Gesellschaft zu treten; er schloß einen Contract auf fünf Jahre
mit 6000 Thlr. Jahressubvention und übernahm die Leitung des
Schauspiels und der Oper in Dresden. Dieser Contract wurde
zwar nach Ausbruch des bairischen Erbfolgekrieges gelöst, aber
1779 wieder erneuert. Auch Mad. Henisch, welche in Dresden „als
eine der schönsten Figuren, die je das Theater betreten", gefeiert
wurde, trat in seine Gesellschaft, Brandes war Regisseur des Schauspiels. Das Schauspielrepertoir seiner Gesellschaft brachte im
J. 1777 in Dresden u. A. „Emilia Galotti", im J. 1778 „Cla-
vigo" von Goethe, „Hamlet" von Shakespeare, „Miß Sarah
Sampson" und „Minna von Barnhelm" von Lessing, im J. 1779
„Macbeth", 1780 den „Kaufmann von Venedig" und „Othello",

---

*) Es heißt, daß Brunian nach seinem Abgang vom Kotzentheater eine
Zeit lang im Thun'schen Hause und in einer Bude auf dem Kleinseitner
Ringe gespielt habe. Wir konnten dafür keine Bestätigung finden, und die
oben citirte Eingabe Bustelli's, welche Contractbruch und Abreise Brunian's
nach Braunschweig constatirt, läßt auch diese bisherige Annahme als unwahrscheinlich erscheinen. Man verwechselte offenbar die unter Tilly auf der
Kleinseite spielenden Reste der Brunian'schen Truppe mit dieser und Brunian selbst.

1782 „Otto von Wittelsbach" von Babo und „Die Räuber" von
Schiller. Die Schauspieltruppe Bondini's, welche auf diese Weise
die bedeutendsten Novitäten ihrer Zeit in das Repertoire aufnahm,
hatte nicht weniger als drei Städte zu versorgen; im Winter spielte
sie in Dresden, zur Zeit der Messe in Leipzig, im Sommer in
Prag, eine Dreitheilung, die vom Prager Publicum um so schwerer
empfunden wurde, als sich die Gesellschaft bereits zahlreiche Freunde
und Verehrer erworben hatte und diese auch gemäß ihrer Zusam-
mensetzung und ihrer Leistungen redlich verdiente. Ihr hervor-
ragendstes Mitglied war wohl Johann Friedrich Reinecke (geb.
1745 zu Helmstädt). Die „Berl. Literaturztg." sagt, „sein Gesicht
sei voll Ausdruck und Bedeutung und künde den Mann von Talent
und Geist; seiner Stimme wisse er so viel Modulation zu geben,
daß jedem jungen Schauspieler anzurathen sei, bei ihm in die
Schule der Declamation zu gehen. Dazu komme sein richtiges,
heißes Gefühl für's Schöne, tiefes Eindringen in jede Rolle und
in die Natur, inniges und wahres Spiel, wobei man Schauplatz
und Werk des Dichters und Alles vergesse und die Scenen wirklich
zu sehen vermeine, deren Gemälde er darstelle". Man rühmte
besonders seinen Odoardo, Essex, Olsbach, Capulet, Holbeck u. s. w.
Seine Frau Sophie geb. Benzig war eine vorzügliche Claudia;
ferner waren Francisca Koch geb. Giranek, eine Schwester der
Mad. Henisch, als Schauspielerin und Sängerin, auch eine Dame
von glänzenden Mitteln wie ihre Schwester, der Theaterdichter Joh.
Christian Bock, der Chevalierspieler Schütz, Spengler als erster
Liebhaber im Sing= und Schauspiele, der Baß=Buffo Günther,
später der berühmte Darsteller des Riccaut de la Marlinière, Joh.
Ant. Christ, der Väter= und Heldendarsteller Friedr. Brückl, das
Ehepaar Henke, Chr. W. Opitz, Joh. Drewitz u. A. engagirt. Die
Regie führte seit 1779 nach dem Abgange Brandes' mit kurzer
Unterbrechung Reinecke mit seltenem Eifer und Geschick. Sein
Streben ging hauptsächlich nach Einheit des Ensembles und
natürlicher Darstellungsweise, welche er z. B. durch das Vers=
drama so arg bedroht sah, daß er „Don Carlos" nur in Prosa
gab. Aber solche Schwächen lassen sein ernstes und erfolgreiches,

23*

durch Thaten erwiesenes künstlerisches Streben nicht geringer schätzen;
Dresden, Prag und Leipzig verdanken ihm viel für die Entwickelung
ihres deutschen Schauspiels. Wir nehmen hier noch nicht Abschied
von ihm, denn er blieb eine Reihe von Jahren an der Spitze des
Bondini'schen Schauspiels. Bondini selbst war ein ehrlicher, streb-
samer, thatkräftiger Mann, der über seinem „Geschäft" die Kunst
nicht vergaß, auch die, welche nicht italienisch war. Seine Vorliebe
blieb freilich die italienische Oper, und diese war es, welche sich
denn auch nicht minder, in gewissen Kreisen noch mehr als das
deutsche Schauspiel die Gunst der Prager erwarb. Am 12. Sept. 1781
war die Bühne im Thun'schen Hause mit der Buffo-Oper „Il
Finto Pazzo per Amore" eröffnet worden und hatte damit den
ersten Triumph gefeiert. Die damalige „Prager kais. königl. Ober-
postamts-Zeitung", welche sich unter der Redaction des biederen
Weltpriesters Augustin Zitte äußerst selten und nur mit besonderer
Vorsicht auf das schlüpfrige Terrain der Theaterreferate wagte,
lobt namentlich den (ungenannten) Buffo und die Primadonna.
Außerdem spielte noch „eine Secunda und ein Castrat". Auch die
Oper „Le Nozze in Contrasto", deren erste Aufführung durch die
Anwesenheit des Kaisers Joseph verherrlicht wurde, schlug vollständig ein; bei der ersten Reprise erschien der Kaiser, der damals
große Truppenrevuen in Böhmen abhielt und durch Leutseligkeit
und Herzensgüte die Gemüther aller Prager für sich gewann,
abermals in der Oper. Ein „Musikverständiger" der „Oberpostamtszeitung" lieferte folgenden Bericht: „Diese Oper hat mehr
Mannigfaltiges als die vorige. Insbesondere kommt hie und da
gar herrlicher Gesang vor. Nichts von den Decorationen zu melden,
begnügen wir uns zu versichern, daß der erste Tenorist mit uns
machen kann, was er will. (!) Die eine Arie desselben that gar
mächtige Wirkung, und man hat sie gefühlt, man hat sie empfunden,
wies zu erwarten war. So wenig ich insbesondere für Repetitionen
auf dem Theater bin, so sah ich's doch, fortgerissen von der einmal schon regen Empfindung, ungemein gern, daß diese treffliche
Arie wiederholt wurde . . . Ueber die Duetten, Tercetten und
Quartetten hat der laute Beifall des Publicums entschieden, und

daher ist es überflüssig, von den anderen Künstlern noch etwas zu
melden. Die Böhmen haben ohnedieß Sinn genug für so was und
ersparen mir lange unnöthige Explicationen." Der Herr Theaterreferent war, wie man sieht, ein recht bequemer und gemüthlicher
Herr! Anfangs December kam die Buffo-Oper „I Viaggiatori
felici" zur Aufführung. „Es ist darinnen," schreibt die immer
liebenswürdige Operpostamtszeitung — „eine neue Virtuosin aufgetreten und sie hat durch ihre Kunst viel Applaudissements erworben.
Sie ist eine Actrice, deren Gesang noch durch eine vortreffliche
Haltung und gute Figur unterstützt wird; auch versteht sie sich
dergestalt aufs Spiel und die Geberdesprache, daß man wohl sagen
kann: sie verdient den Namen „Ultrabella" (die Allerschönste),
welchen sie führt."

Von der Thätigkeit der Bondini'schen Gesellschaft zeugt eine
große Anzahl von Opern-Textbüchern aus den Achtziger Jahren.
Nach denselben wurden im Herbst 1781 aufgeführt: „Andro-
meda" von Giuseppe Gazaniga,*) „Il matrimonio per inganno"
(Die Heirath durch Betrug) von Pasquale Anfossi, „I viaggia-
tori felici" (Die beglückten Reisenden) von demselben (s. oben),
„Le nozze in contrasto" (Die Hochzeit im Streit), von Giovanni
Valentini, (den adeligen Damen gewidmet); im Jahre 1782
„La vendemmia" (die Weinlese) von Gazaniga, „L'Imbroglio delle
tre spose" (Was für Verlegenheit mit drei verlobten Bräuten!) von
Giovanni Bertati, Musik von Anfossi, „L'amor constante" (Die
beständige Liebe, kom. Lustspiel in 2 Aufzügen) von Domenico
Cimarosa, „Il falegname" (Der Tischler) von demselben, „Le
cognate in contesa" (Die Schwägerinnen in Zwietracht), ein kom.
Singspiel in 2 Aufzügen von „Egesippo Argolide, arkadischen
Dichter aus der Alphaeischen Colonie", Musik von Francesco

---

*) Andromeda, ein heroisches Singspiel in zwey Aufzügen, aufgeführt
auf dem neu errichteten Theater in der kleineren kgl. Residenzstadt Prag im
Gräfl. Thun'schen Haus. Gewidmet Sr. Hochfürstl. Gnaden des hochgeb.
Herrn Herrn Carl Egon des hl. röm. Reiches Fürsten zu Fürstenberg ꝛc. ꝛc.
als am glorreichen Namensfeste desselben, im Herbste des Jahrs 1781. Prag,
bey Jos. Emanuel Diesbach.

Zannetti, „Gli Intrichi di Don Facilone" (Die Intriguen des Don Facilon) von Pietro Guglielmi *), „Il Pittor Parigino" (Der Pariser Maler) von Cimarosa, „Il curioso indiscreto" (Der unbescheidene Neugierige) von Anfossi im J. 1783, „Giannina e Bernardone" (Hannchen und Bernardon) von Cimarosa, „Isabella et Rodrigo", von Anfossi, „Il conte di bell' umore" (Der Graf in guter Laune) von Marcello, „Il matrimonio in comedia" (Die Heirath in der Komoedie) von Luigi Caruso, „Fra i due litiganti il terzo gode" (Unter zween Streitenden siegt der Dritte) von Sarti (Text von Goldoni), „La schiava fedele" (Die getreue Sclavin), übersetzt in Dresden, Musik von Giuseppe Amendola aus Neapel, „L'Isola desabitata" von Tomaso Traietta (Text von Metastasio), im Winter 1784 „La schiava liberata" (Die befreite Sclavin) von dem sächs. Capell=meister Joseph Schuster (Text von Martinelli), „Il trionfo d'Arianna" (Der Triumph Ariannens), „Text von dem berühmten Herrn Carl Lanfranchi Rossi, toscanischen Edelmanne, Musik von Anfossi."

Unter solchen Umständen war das Bondini'sche Theater begreiflicherweise eine äußerst gefährliche Concurrenz für das Kotzentheater geworden, wo seit 1779 Principal Wahr spielte. Er selbst, dann die Herren Michaelis, Schopf, Litter, Riedl, die Damen Körner, Mattausch, Riedl und Zappe repräsentirten eine achtbare Truppe; aber gut ging es dem Principal keineswegs. Er hatte kleine und große Sorgen in Abundanz. Im October 1779 war er in einen Proceß mit einem seiner Mitglieder verwickelt. Die Actrice Elisabeth Barthlin klagte ihn nämlich auf Einhaltung des Contracts. Sie wies einen Brief Wahr's vom Jän. 1779 vor, worin er sie mit 10 fl. wochentlich auf ein Jahr engagirte und ausdrücklich sagte, daß sie mit ihm überallhin, nur nicht nach Graz gehen müsse; in diesem Sommer gehe er nach Pest. Wahr erklärte, die Barthlin habe dem Publicum gründlich mißfallen, sei in dem Stücke „Olympia" zu spät auf

---

*) Die Intriguen des Don Facilone, eine komisch=musicalische Hand=lung, übersetzt in Dresden, in zween Theilen, aufgeführt auf dem Theater in der kleineren kgl. Residenzstadt Prag im gräfl. Thunischen Hauß im Herbst des Jahrs 1782.

die Scene gekommen, habe ihn grob angefahren, worauf sie die achtwöchentliche Kündigung erhalten habe; sie sei ihm übrigens schon einmal aus Preßburg durchgegangen und er habe sie nur aus Gnade wieder engagirt. Die Actrice wurde auf den ordentlichen Rechtsweg verwiesen.

Im nächsten Jahre erwuchs Wahr außer der ohnehin gefährlichen Concurrenz des Kleinseitner Theaters auch noch eine neue auf der Neustadt. Im März 1780 suchte nämlich Jos. Drummer, früher Schauspieler des Kotzentheaters unter Brunian und Wahr, nun die Erlaubniß an, am nächsten Heiligthums-Markt in einer auf dem Roßmarkt zu errichtenden Bude das Publicum mit „dem Kreutzerspiel mit lebenden Personen" vergnügen zu dürfen und verpflichtete sich, „keine andere als schon censurirte sowohl moralische als belustigende Stücke zu geben." Er erhielt die Erlaubniß unter der Bedingung, daß „keine ärgerliche und den guten Sitten zuwiderlaufende Handlungen in den Stücken vorkommen, und daß an Sonn- und Feiertagen nicht gespielt werde, da an diesen Tagen alle Vorstellungen außer dem „ordentlichen Theater" von der Kaiserin verboten waren. Diese letztere Clausel schien Drummer sehr verderblich für sein Unternehmen; in einer zweiten Eingabe machte er geltend, daß gerade an Sonn- und Feiertagen die meisten Einnahmen zu gewärtigen seien und er bei Unterlassung dieser Vorstellungen kaum seine Spesen erschwingen könnte. Auch seien alle seine Stücke schon in Wien oder in Prag censurirt, auch bei der Brunian'schen und Wahr'schen Gesellschaft von ihm schon im Sommertheater (am Carolinplatz) aufgeführt worden; außerdem mache er sich anheischig, Sonn- und Feiertag nur die besten Stücke aufzuführen, dieselben nochmals censuriren zu lassen, damit gewiß kein Aergerniß unterlaufe. Ferner bat er, da er zum Heiligthums-Markte schon etwas zu spät komme, die Baude bis zum Veit-Markte stehen lassen und auch dann Vorstellungen geben zu dürfen. Mit diesem zweiten Gesuche wurde Drummer rundweg abgewiesen.

Mit dieser Affaire hängt offenbar auch ein im Juni 1780 eingebrachtes Gesuch des Kotzentheater-Directors Wahr zusammen, worin er bat, der Altstädter sowohl als der Neustädter Magistrat seien zu vermögen, Niemand Anderem als ihm die Aufführung von Spectakeln in diesen beiden Städten zu gestatten. Ueber das Schicksal dieses Gesuches berichtet kein Actenstück des Gub.-Archivs; doch ist die Abweisung desselben analog den vielen früheren Fällen gleicher Art nicht zu bezweifeln.

Außer dem Schauspiel wurde im Kotzentheater unter Bustelli wohl auch noch immer die Oper, aber, wie es scheint, mit wenig Energie und Erfolg gepflegt. Die „Oberpostamtszeitung" geht mit ihren Mittheilungen über das Kotzen= oder, wie es auch hieß, „Nationaltheater" sehr sparsam um. Oester scheint das Haus zur Abhaltung musikalischer Akademien benützt worden zu seyn. In einer derselben, am 10. März 1781, ließ sich eine „Mademoiselle Hank, ein Frauenzimmer von Riesengröße hören und sehen, welche sich schon an den meisten Höfen Europa's zu produciren die Gnade gehabt hat." Die berühmte Sängerin Mara, welche einige Monate früher mit ihrem lockeren Gemal, dem Cellisten Mara (dessen Familie bekanntlich aus Böhmen stammte) in Prag weilte, concertirte im Wussinischen Reboutensaale (der heutigen deutschen Handels=akademie). Am 25. April producirte sich im Nationaltheater „Sgr. Giovanni Baptista Gervasio, Kammervirtuos und Lehrmeister des Kronprinzen von Preußen (nachmals Friedrich Wilhelm II.) auf der Mandoline und bewies unter vollständiger Beleuchtung des Theaters seine Geschicklichkeit auf diesem Instrumente durch ein Concert und zwei Sonaten von eigener Composition." Bei der Aufführung von Grétry's „Zemire und Azor" zeichneten sich besonders die Demoiselle Baumann, drei Schwestern, aus; der ältesten von ihnen, Jeanette, wird „eine musikalische Kehle, Annehmlichkeit und Richtigkeit der Action" nachgerühmt. Weniger gefiel dem un=maßgeblichen Berichterstatter der Bassist Fischer, dessen Stimme später einmal der König von Neapel stark genug fand, „um eine Seeschlacht zu commandiren." Der Prager Theaterreferent nannte ihn einen bloßen Naturalisten. Im September und October gastirte in den Kotzen der auch von Lessing gerühmte deutsche Schauspieler Borchers. Zu seinem Benefice gab er den Hieronymus Billerbeck in „Geschwind, eh's Jemand erfährt" und gefiel, obwohl die Prager in dieser Rolle bereits Fischer und Schimann gesehen hatten. Der Referent der „Oberpostamtsztg." will keine Vergleiche an- stellen, „denn alle Vergleiche und Parallelen sind unter Acteuren fatal," gesteht aber: „Borchers hat den Mann dargestellt, daß alle Kenner ausrufen mußten: Hieronymus, das war brav! Wie jeder Mensch seine individuelle Nase hat, so hat auch jeder Acteur sein individuelles Spiel — und wohl demjenigen, der uns zugleich neu werden und wie Borchers der Natur treu bleiben kann."

Mittlerweile hatte der langjährige „emphiteutische Besitzer" oder Erbpächter des Kotzentheaters, Giuseppe Bustelli, An- fang 1781, wie es heißt, bei einem Besuche in Italien das Zeit- liche gesegnet. Er hatte sein Schäflein ins Trockene gebracht; die Mobilien wenigstens, die aus seinem Nachlasse am 23. Juli und den folgenden Tagen in dem „dem Rathsverwandten Anton Dauscha angehörigen Hause sub Nr. Conscr. 447 auf dem Roßmarkt" (heute Nr. 781—II. „zum Dauscha") licitirt wurden, waren zahl- reich genug. Sie bestanden „in Gold, Silber, Porcellain, Klei- dungen, Wäsche, Sesseln, Canapéen, Fliegeln und Spinetten, verschiedenen Tischeln, Komodkasten, Spiegeln, Matratzen, Bettern, Wägen" u. s. w., so wie einem stattlichen „zu denen Operen serien und seriösen Balleten, nicht minder zu denen Buffen" gehörigen Inventar.

In der von ihm errichteten Sommerbude auf dem Carolin- platze, welche Wahr noch zu Sommer-Vorstellungen benützt hatte, wurden die „Jos. Bustelli'schen Theatral-Decorationen und Fahr- nisse" bereits am 10. April 1781 commissionell besichtigt und aufgenommen. Es war darunter „Ein Portal mit rother Courtine", eine „Strada", 8 „Fliegel", ein Prospect u. s. w.

Das Kotzentheater selbst fiel, da keine directen Nachkommen Bustelli's vorhanden waren, gegen Rückerstattung des Kaufschillings von 1000 fl. an die Nachkommen und Erben Bustelli's „extra lineam descendentem", an die Altstädter Stadtgemeinde zurück. Vorläufig spielte noch Wahr unter Assistenz seines Dramaturgen Spieß, eines äußern fruchtbaren Bühnendichters, dessen Haupt-

terrain das Schauerdrama war,*) weiter; aber sein Terrain wurde
immer enger, denn schon bereitete sich das große Ereigniß der
Gründung eines großen, würdigen „Nationaltheaters" auf dem
Carolinplatze durch den Grafen Franz Anton Nostitz vor.

Dem Grundsteine hiezu mußte die Wahr'sche Holzbude weichen.
Ein Saal im Hause „zur eisernen Thüre," wo schon in den sechziger Jahren u. A. ein Seiltänzer auf einem stricknadel-starken
Seile herumspaziert war und andere „Spectakel" und Bälle
heimisch waren, sollte das Sommertheater ersetzen, wurde aber
schon von vornerein selbst von dem gutmüthigen P. Zitte mit
Mißtrauen begrüßt. Die überaus niedrigen Eintrittspreise ließen
befürchten, daß das Theater nur für die „niedere Gattung" und
nicht „für das gesittete Publicum" sein würde. „So lange der
Scherz in den Grenzen der Ehrbarkeit bleiben werde," meinte Zitte,
„werde man übrigens minder werthvolle Stücke in einem wohlfeileren Theater noch ertragen, wenn man auch wünschen müsse,
daß das regelmäßige Theater so viel Unterstützung fände, daß es
keine Direction nothwendig hätte, zu einem wohlfeileren Theater
seine Zuflucht zu nehmen." — Thatsächlich prosperirte auch diese
Bühne nicht, Director Wahr gab endlich seine Selbstständigkeit
auf und trat mit dem größten Theile seiner Truppe in den Ver-
band des neuen gräflich Nostiz'schen, des späteren — Landestheaters.

---

*) Spieß war auch der Verfasser eines fünfactigen Trauerspiels
„Maria Stuart," das nach einer Mittheilung von Mikovec in der „Boh."
(1850) in den Achtziger Jahren in Prag über die Bretter ging und 1793
in zweiter Auflage bei Albrecht & Comp. in Prag und Leipzig erschien.
Der Theaterzettel nannte folgende Personen: Elisabeth, Königin von England, — Marie, Königin von Schottland, — Lord Bukhorst, Kanzler der
Letzteren, — Graf Douglas, — Herzog von Norfolk, Admiral der engl.
Flotte. — Lord Hanigton, Elisabeths Kanzler und Sprecher des Ober-
hauses. — Lord Rathven und Lord Linsei, Deputirte des schott. Parlaments.
— Jenni und Betti, Kammerfrauen der Königin Marie, — ein Schloß-
hauptmann, — einige redende Officiere, — Große des Reiches, — Bediente
der Königin Marie, — Wache, — Graf Westmoreland, Graf Northumber-
land, Graf Rochester, Glieder des Parlaments — Lord Sandwich, Sprecher
des Unterhauses, — Sir Bellham, wachthabender Officier.

Damit sollte die Vorgeschichte des königlichen Landestheaters in Prag ihren Abschluß erhalten. Wir treten in eine neue
Aera der Prager Theatergeschichte; der Haupt-Schauplatz der Ereignisse wird nun ein der böhmischen Landeshauptstadt und ihres
allezeit kunstbegeisterten Publicums würdiges Haus, in welchem
glänzende Traditionen der theatralischen Vorzeit neuaufleben und
manche für die gesammte deutsche Literatur und Kunst denkwürdige
That vollbracht werden sollte.

.

Ende des ersten Theiles.

Nachträge, Bemerkungen und Berichtigungen. *)

Zu Capitel I.

Auf S. 5, Zeile 13 von unten soll es statt Carl VI. heißen „Carl IV."

Auf S. 13, Zeile 8 von unten: statt „furchtbaren" soll es heißen „fruchtbaren".

Zu Capitel II.

Auf S. 21, Zeile 28 von oben soll der Passus: „In einem derselben (čechischen Fastnachtspiele)" bis excl. „Čechische Schauspiele" wegfallen, da das hier erwähnte čechische Fastnachtspiel mit dem auf Seite 13 angeführten identisch ist.

Zu S. 29, Zeile 19—21 von oben: Der damalige „große Convict-saal" dürfte nicht, wie angenommen wurde, identisch mit dem heutigen Convictsaal, sondern im Clementinum situirt gewesen sein, da das Jesuiten-convict bei St. Bartholomäus erst 1660 erbaut wurde.

Zu Capitel V.

Der Wanderprincipal Kuehlmann wird einmal „Kühlmann", dann wieder „Kuhlmann" und „Kuehlmann" geschrieben; die am öftesten wieder-kehrende und daher wohl richtige Schreibweise dürfte „Kuehlmann" sein.

Zu Capitel VII.

(Graf Franz Anton Sporck und sein Opernhaus.)

Aus Anlaß der Eröffnung des italienischen Opernhauses des Grafen Sporck wurde ein Gedicht an den Grafen veröffentlicht, welches in der schwulstigen Weise jener Zeit die unendlichen Wohlthaten und Ehren pries, die die Einführung eines stabilen italienischen Opernhauses für Prag bedeutete. In dem Gedichte, welches mir von Hrn. Eduard Grafen Sporck, k. k. Rittmeister und Chef der Sporck'schen Familie, gütigst mitgetheilt und zum Abdrucke überlassen wurde, finden sich zahlreiche Anspielungen auf die Opern, welche in dem neuen Theater aufgeführt werden sollten. Das inter-essante Poem lautet:

---

*) Während sich dieses Buch im Druck befand, sind dem Verfasser noch so manche freundliche Mittheilungen, welche Erwähnung verdienten, gemacht worden, auch hat sich noch manches Actenstück in Archiven nachträglich gefunden, das im Zusammenhange mit dem betreffenden Capitel nicht mehr zu verwenden war. Solche Nachträge mögen hier ihren Platz finden.

Der

Muldau=Fluß

stattet

Ihro Hoch=Reichs=Gräflichen Excellenß,

Dem Hoch= und Wohl=Gebohrnen Herren,

Herren

FRANCISCO ANTONIO

Des Heil. Röm. Reichs Grafen

von Sporck,

Ihro Röm. Kayf. Majestät Würcklich Geheimen Rathe,
Cämmerern, und Stadthaltern im Königreich Böheimb,

Im Nahmen

Besagten Königreichs,

Vor

Introduction der Wellschen Opern

durch dieses öffentliche Denckmahl gebührenden und schuldigen
Danck ab.

Ihr Nymphen, die ihr euch an meinem Ufer labt,
  Die ihr den Muldau-Strom zu eurer Wohnung habt,
Erhebt den Schuppenschwantz aus dem bemosten Schilfe,
Schwimmt her, und kommet mir durch guten Rath zu Hülfe,
  Laßt eueren Zeit-Vertreib die Perlen-Muscheln stehn:
  Heut ist ein Freuden Tag, wir müssen ihn begehn;
Kommt ihr Nereides, ihr Tritones, Najaden,
Umb uns mit froher Lust im Kühlen abzubaden.

  Ihr Nymphen, ziert mein Haupt durch feuchtes Ufer-Graß,
  Verschlüßt den Boreas in sein gerichtes Faß;
Eröffnet alsobald die tieffen Wasser-Quellen,
Der Strom erhebe sich doch nur in kleinen Wellen.

  Auf, auf! man spanne mir den Wasser-Wagen an,
  Daß ich denselben Fluß*) nebst euch erreichen kan,
Der mich zu meiner Qvaal um Krafft und Leben bringet,
Und meine gantze Flutt in seinen Rachen schlinget.

  Doch heute denck ich nicht an meines Hertzens Pein:
  Wo Freude herrschen soll, darff kein Betrübniß sein.
Wohlan! man suche mir die schnellesten Delphinen,
Sie sollen mir voritzt zu Wasser-Pferden dienen.

  Euch ist schon allseits der Ursprung meiner Lust
  Und eurer Fröhlichkeit nicht gäntzlich unbewust.
Des Hertzens Danckbarkeit läst uns nicht länger schweigen,
Wer schwartzen Undanck haßt, muß seine Pflicht bezeigen.

  Ihr wisset allzuwohl, wie manchen schönen Tag
  Ich voll Verdruß und Gram am heissen Ufer lag,
Ich schmieß voll Ungeduld den Dreyzanck aus den Händen,
Ich rieß das Blumen-Band aus Zorn von meinen Lenden.

  Das Wasser war nicht mehr mein liebster Auffenthalt,
  Offt sucht ich statt der Fluth den allerdicksten Wald,
Und nicht, als wie zuvor durch angenehmes Fischen
Und durch ein Angel-Rohr viel Beute zu erwischen.

  Kurtz; Ich war höchst betrübt, wenn ich bey mir erwog,
  Und voller Ungeduld mir zu Gemüthe zog,
Daß ich dasjenige, was man sonst Opera nennte,
Nicht wie manch andrer Fluß auch einmahl hören könte.

  Ich bin der Tellus zwar und nicht des Phœbi Sohn,
  Doch wißt ihr allzuwohl, daß ein beliebter Thon

*) Hierunter wird die Elbe verstanden, welch bey Aucus vorbey flüsset, und worein die Muldau bey Melnick fällt.

Und angenehmer Klang mir tausend Freude bringet,
Und meinen alten Leib durch neue Krafft verjünget.
   Wie offte hört ich nicht mit tausend Anmuth zu,
    Wenn sich ein Nymphen=Chor in ihrer stillen Ruh
Durch freudigen Gesang bey kühler Lufft erquickte,
Und den vereinten Thon biß an die Wolcken schickte.
   Wie offte saß ich nicht an einer kleinen Bach,
    Und hörte fleißig zu, was Echo wieder sprach,
Wenn ein Domophoon der Phillidi zu Ehren
Offt ließ ein Liebes=Lied nebst seiner Flöte hören.
   So ward durch Schäffer=Thon mein Ohr zwar offt erfüllt,
    Jedennoch aber nicht die Sehnsucht gantz gestillt,
Ich wüntschte mir einmahl dasjenige Ergötzen,
Wodurch Venedig kan sich mehr als glücklich schätzen.
   Die Sehnsucht war bei mir stets hefftiger vermehrt,
    Doch endlich unvermutt mein gantzer Wuntsch erhört,
Da ein gewisser GRAF (den man muß ewig lieben)
Die Wellschen Sänger hat in unser Land verschrieben.
   Ich fühle, wie sich noch das Blutt der Adern regt,
    Wenn ein solch süßer Mund die holden Triller schlägt,
Wenn ein solch Engels=Kind bald auf= bald abwärts steiget,
Und durch vergnügten Zwang die Hertzen zu sich neiget.
   So, wie die Nachtigall bey schöner Frühlings=Zeit
    Durch angebohren Kunst den wundersamen Streit
Mit ihrer Gegnerin aufs lieblichste vollführet,
Und Sinnen, Hertz und Ohr mit tausend Anmuth rühret,
   So folgt ein Menschen=Halß dem Triebe der Natur;
    Die Philomela zeigt ihm zwar die erste Spur,
Doch ach, sie wird beschämt, vollkommen überwunden,
Da man die Zauberey im Singen hat erfunden.
   Wer solche Kunst nicht liebt, der muß ein Kieselstein,
    Doch nein, er muß noch mehr als diese härter sein,
Denn da einst Amphion die süßen Sayten regte,
So weiß man, daß er ja die Felsen selbst bewegt.
   Ach käme nur anietzt der Fürst aus Ithaca.
    Aus des Plutonis Reich in eine Opera.
Gewiß, er würde wohl die Ohren nicht verstopffen
Vielmehr zum plaudite mit beyden Händen klopffen.
   Bezaubernde Music! Du Kleinod dieser Welt,
    Wo süße Sclaverey den Geist gefangen hält,
Du schaffst der matten Brust vor Quaal und Gram Vergnügen,
Du kannst den müden Geist in stiller Anmuth wiegen.

Ach geht, erzehlt mir nicht, was Orpheus gethan,
Der durch Music sein Weib der Höll entführen kan,
Schweigt von dem Amphion. der Felß und Stein bezwungen,
Es hat doch beydes nicht so schön als jetz geklungen.
O edle Singe-Kunst! ich sag es ohne Scheu,
Daß diese Wissenschaft des Himmels Tochter sei,
Weg mit der Redner-Kunst! Music kan Hertz und Sinnen
Durch schmeichlerischen Thon ohn alle Müh gewinnen.
Man höre, wie ein Darm den frohen Geist bezwingt,
Der Hautbois süsser Thon durch Marck und Adern bringt.
Man höre doch wie die aus Ertz gezwungene Sayten
Der Freude neue Krafft, der Qvaal ein Grab bereiten.
Bald klagt Angelica, daß sie voll Blut und Wunden
Daß, was sie sehnlich liebt, halb leblos hat gefunden.
Bald qvält die Eyfersucht der Bradamante Brust,
Bald küsset sie Ruggier mit innig süsser Lust.
Alcina klagt den Schmertz den Wäldern und den Steinen,
Und Philomela hilfft bey ihrem Schicksal weinen.
Orlando*) fällt zuletzt ans Lieb in Raserey,
Und klagt, daß falsche List, der Weiber Zierrath sey;
Doch muß bey dem Beschluß zu allerseyts Vergnügen
Der Tugend reines Gold bey Sturm und Wellen siegen.
Das Auge wird sowohl, als Ohr und Hertz erqvickt,
Wenn es Verwunderungs voll in einem Nu erblickt,
Wenn da, wo kurtz zuvor ein wildes Meer geflossen,
Ein Schatten-reicher Wald aus Tellus Schooß entsprossen,
Wenn sich ein Königs-Saal in einen Pusch verkehrt,
Wenn ein erhabener Felß biß in den Abgrund fährt,
Wenn man ein Zauber-Grab statt eines Gartens findet,
Und was noch ausser dem bald kommt und bald verschwindet.
Hat doch die Circe kaum durch ihre Zauber-Macht
Das Blendwerk der Natur so weit und hoch gebracht;
Es scheint, als wäre schon in den Czechitten Landen
Libussa wiederum von Todten aufferstanden.
(Libussa die das Volk durch Zauberey betrog,
Die ihren Ehgemahl vom Pflug und Acker zog,
Die einen Bauersmann vor Fürsten Kinder wehlte,
Und dennoch ihren Zweck und Hoffnung nicht verfehlte,)
Annehmlichster Betrug, der uns so sehr ergötzt!
Czech, der Du Böhmer-Land mit Völkern hast besetzt,

---

*) Die erste Opera war betittelt: Orlando Furioso.

Als in Illyrien durch dein verübtes Morden
Dein eigenes Vaterland an Dir zur Feindin worden,
Erhebe doch das Haupt aus deiner schwartzen Grufft.
Komm nach so langer Ruh doch einmahl an die Lufft,
Und schau Verwunderungs-voll wie sich nach deinem Grabe
Dein vorbeherrschtes Land so sehr verändert habe.
Als dich dein Vaterland aus seinen Gräntzen stieß
Und sich dein gantzer Schwarm in Böhmen niederließ,
Und zwar nicht weit von ihr an meines Flußes Strande,
Was vor Beschaffenheit war damahls in dem Lande?
War nicht das gantze Land mit Wäldern überdeckt,
Wo manch ergrimmter Bär die Jungen ausgeheckt?
Da, wo man jetzo pflegt die Garben einzubinden,
War nichts zu deiner Zeit als Pusch und Wald zu finden.
Du bautest Dir von Holz zur Wohnung Hütten auff;
Doch ach! wie ändert sich der späten Zeiten Lauff.
Da, wo vordem ein Wolff ein schwaches Schaaf gefreßen,
Wird ietzt ein prächtig Hauß vor Fürsten abgemeßen.
Wo vor ein hoher Felß den engen Pfad verschränckt,
Wird ietzt das süße Holtz der Reben eingesenckt;
Wo vor ein gantzes Heer von Schlangen ausgekrochen,
Wird ietzt ein bunter Strauß von Blumen abgebrochen.
Kurtz: Böhmen ist nicht mehr als wie zu deiner Zeit,
Jetzt herrschet Überfluß und frohe Lustbarkeit,
Jetzt würdest Du dein Land mit schwerer Müh erkennen
Und solches Latium aus alter Einfalt nennen.
Denn was Italien vor sein Vergnügen hält,
Wird ietzt nicht weit von mir, so gutt wie dort, bestellt.
Nunmehro darff man nicht die Alpen übersteigen,
Womit Venedig prangt, kan dir der Kukus zeigen.
Großmüthger Graf von Sporck, du Ursprung fremder Lust,
(Der du zu unserer Zeit dergleichen Dinge thust,
Die auch wohl Grössere, ja Fürsten nicht erschwingen.)
Erlaube, daß ich dir darff meinen Wayrauch bringen,
Ich rede zwar, jedoch durch mich das gantze Land,
Du bist derjenige, aus dessen offner Hand,
So viele Gütigkeit mit Strömen hergeflossen,
Durch dessen Gnade wir so viele Lust genossen.
Wenn Caesar durch ein Spiel das stoltze Rom ergötzt,
So wurden Statuen von Marmor aufgesetzt,
Man ließ die Burger-Lust auf Gold und Silber prägen,
Um die Unsterblichkeit den Fürsten beizulegen.

24

Drum bin ich großer GRAF, auf meine Schuld bedacht,
Doch die Erkäntlichkeit steht nicht in meiner Macht,
 Wenn ich wie Barbara *) den Sand von Golde führte,
 Wenn mich wie jenen Brunn **) der Florae Schmuck zierte,
Und schmeckte meine Fluth, wie Bacchi Brunn, nach Wein,
So sollte Gold, ein Strauß und Wein die Gabe seyn;
 Doch da mich die Natur mit diesem nicht beglücket,
 So sey die Dankbarkeit durch Wünschen ausgedrücket.
GRAF, den die Tugend selbst vor ihren Sohn erklärt,
GRAF, der vor andre ***) brennt, und sich dadurch verzehrt,
 Der Himmel laße Dich zu so viel Lust gelangen,
 Als wir schon allbereits aus Deiner Hand empfangen,
Die Großmuth, die schon längst in Deiner Seele wohnt,
Die werde tausendfach durch süße Ruh belohnt.
 Der Himmel gönne Dir und zwar so viel Ergötzen,
 Als feuchte Fische sich in meinen Fluthen netzen,
So viel, als kleiner Sand in meinem Schooße liegt,
So viel, als Ufer-Graß das frohe Schaaf vergnügt,
 So viel als Tropfen sind, so viel als kleine Wellen,
 Wenn Aura sich bewegt, an Felß und Ufer prellen.
Wenn mich gleich Aeolus offt rasende bestürmt,
Und meiner Wellen Bau hoch auf einander thürmt,
 So wünsch ich, daß Dir nichts biß an die späte Baare,
 Von Wiederwärtigkeit und Stürmen wiederfahre.
Dein Leben sey ein Meer, ****) wo nichts zu Grunde geht,
Ein Meer, wo Ambra stets der Mißgunst wiedersteht,
 Ein Meer, in welchem man nach vielen sauren Stunden
 Der Perlen Reinigkeit und Unschuld hat gefunden.
Hat Mißgunst, Haß und Neid Dir manchen Sturm erregt,
Getrost! das Ungemach hat sich doch ietzt gelegt,
 Auf Sturm und Donnerschlag folgt angenehmes Wetter,
 Wer tugendhafftig lebt, verachtet alle Spötter.
Drum ungemeiner GRAF, weil selbst des Neides Zahn
Sein Meisterstück, nicht an Dir beweisen kan,
 So bleibst Du, wenn auch gleich die Mißgunst-Wellen toben,
 Schon über ihre Macht zur Ehren-Bahn erhoben,
Der Moder ist ein Krebs, der nur den Leib betrifft,
Die Tugend hat Dir schon ein Ehren Mahl gestifft,

---

*) Plinius H. N. l. 2. C. 103. **) Ein gewisser Gold-reicher Fluß in Peru. ***) Man zielet auf eine gewisse Medaille: Auf der einen Seite stehet Ihro Excell. Wappen, Namen und Charakter; auf der andern aber ein Pelican, welcher den durftigen Jungen seine Brust öffnet mit der Überschrift: Deo Caesari et proximo se ipsum immolat. ****) Mare pacificum.

Das nimmermehr, (soll ich noch tausendmahl gefrieren,)
Troß aller Sterblichkeit wird seine Krafft verlieren.
Viel eher wird mein Strom mit Saaten schwanger gehn,
Viel eher wird ein Wald auf meinen Wellen stehn,
Viel eher will ich selbst zu meiner Quelle flüssen,
Als das Dein hoher Ruhm ein Ende solte wissen.

Zu Capitel IX.

Seite 170, Zeile 11 von oben sollte es richtiger heißen: „Während
die Besaßung einem gegen den Hradschin gerichteten Scheinangriff wider=
stand, erstiegen die Sachsen unter Rubowsky beim Bruska=Thor und bairisch=
französische Truppen unter Moriz von Sachsen beim Neuthor die Wälle u. s. w.

Zu S. 176. Auch die Jesuiten beeiferten sich, in ihren Lehranstalten
und Kirchen die Festtage der Königin=Krönung Maria Theresia's durch
musicalisch=dramatische Aufführungen zu begehen. In ihren Schulen waren
solche Aufführungen im 18. Jahrhundert stark im Brauche. So war im
J. 1729 auf dem Kleinseitner Jesuiten=Gymnasium das musicalische Drama
„Innocentia patiens" oder „Genovefa" gegeben worden, wobei sich Wenzel
Schmider, Altist an der Dominicaner=Kirche zu St. Maria Magdalena, der
Altist Fr. Tentscher und der Bassist Fr. Spazek hervorthaten. 1735 kam
auf dem „akademischen Theater" der Jesuiten in Prag eine Oper „Fides
et constantia a Constantino Chloro Rom. Imporatore in Aulae Suae Ministris
probata" zu Ehren des E. A. Grafen v. Schaaffgotsch zur Aufführung, wobei
sich besonders der Bassist Joh. Kumprecht hervorthat. In den Krönungs=
tagen 1743 nun brachten die Jesuiten mit ihren Schülern im Collegium
Clementinum eine Festoper, die Judith=Episode behandelnd, zur Aufführung.
Die Oper war von Jos. Anton Sehling (geb. zu Teising in Böhmen,
gest. 19. Sept. 1756 im hohen Alter als Domcapellmeister bei S. Veit),
einem damals sehr geschäßten Kirchencomponisten, componirt. Die Haupt=
partie, die Judith, sang der Discautist Preis oder Preißler, und zwar, wie
die mir vom hochw. Stiftsbibliothekar zu Strahow aus dem Stifts=Archiv
mitgetheilten Aufzeichnungen besagen, „wohl im Gesang als in der Action
so gut in seiner Rolle, daß die anwesende Kaiserin nach geendetem Sing=
spiele beim Handkuß die Wahl stellte, sich eine Gnade bei ihr auszubitten, die
ihm auch hernach ohne Anstand sammt einer goldenen Denkmünze gewährt
wurde." Der Sänger wurde später Lehrer in der Kauniß'schen Familie und
starb 1796 als Dechant in Böhmisch=Leipa. Der Componist Sehling wurde
von den Jesuiten reichlich belohnt. Zu derselben Zeit wurde, wie ich
ebenfalls dem Strahower Archiv entnehme, am Collegium Clementinum
auch eine opera comique von Franz Ser. Habermann aufgeführt, einem
Componisten, der (1706 in Königswart geboren) in Klattau und Prag
Gymnasial= resp. Universitäts=Studien und hierauf in Frankreich, Italien

24*

und Spanien Musikstudien gemacht hatte. Habermann war 1731 in die Condé'sche Hofcapelle, dann in die Toscana'sche zu Florenz getreten und später nach Böhmen zurückgekommen, wo er sich eben als Componist der Jesuiten-Festoper komischen Styls bemerkbar machte. Er starb in Eger als Chorregent der Decanalkirche. — Auch in der Folge fanden an den Jesuiten- wie auch an den Piaristen-Lehranstalten Schüler-Vorstellungen von Opern statt. Man berichtet über solche Aufführungen an den Piaristengymnasien in Schlan und Beneschau, an der Jesuiten-Kirche in Neuhaus; in den Vierziger Jahren wurde u. A. am Kleinseitner Jesuiten-Gymnasium das music. Drama „Dies dominicae mortis" aufgeführt, wobei sich der Discantist der Dominicanerkirche bei S. Maria Magdalena Ignaz Sigmund hervor- that, 1756 wurde am Neustädter Jesuitengymnasium die Oper „Andreas Romanus" gegeben, wobei sich besonders der Discantist von S. Ignaz, Leopold Stibral, und der Bassist Caspar Seblaczek auszeichneten.

Zu Capitel XII.

Seite 224. Im Jahre 1754 weilte Maria Theresia und deren Gemal Kaiser Franz I. in Prag, und der Adel der Hauptstadt wetteiferte in festlichen Veranstaltungen zu Feier der Anwesenheit des Herrscherpaares. Am 24. Aug. wurde im Prager Schlosse eine neue Operette, am 25. und 28. Aug. im gräfl. Kolowrat'schen (heute Graf Franz Thun'schen) Palais in „dem daselbst ganz neu errichteten Theater" vom Prager Adel eine fran- zösische Komödie aufgeführt, am 29. Aug. fand eine Vorstellung im Palais des Grafen Johann Jos. v. Thun statt. Ferner wurde am 30. Aug. im Prager Schlosse eine wälsche Operette, am 2. Sept. im „Hoftheater" eine opera comique gegeben. Der Erzbischof hatte aus Berlin die berühmte Sängerin Giovanna Astrua — welche Friedrich II. nach einem einzigen Hofconcerte enthusiasmirt mit 6000 Thaler Gage engagirt hatte und die Jahre lang der glanzvolle Mittelpunkt der Berliner kgl. Oper war — und den Sänger Antonio Romani berufen, welche nebst Sgr. Monticelli am 24. Aug. bei einer im gräfl. Pötting'schen Schlosse Troja veranstalteten „virtuosen Kammermusik" und am 25. Aug. auf Veranstaltung des Freih. v. Netolicky im Benedictinerstifte S. Margareth „mit ihren virtuosen Stimmen sich producirten". Auch wurden am 25. Aug. nach der französischen Ko- mödie im gräfl. Kolowrat'schen Palais zwei große Ballete (wie es scheint, von Mitgliedern des Adels) vor dem Kaiserpaare aufgeführt. Das Kaiser- paar hatte damals wahrscheinlich auch das Kotzentheater besucht.

Zu S. 230. Jos. Wenzel Graf v. Sporck, Großkreuz des Stephans- ordens, k. k. Geheimrath, oberster Landeshofmeister und Appellationspräsident in Böhmen, 1. Protector der Prager Tonkünstler- Witwen- u. Waisen- gesellschaft, war, wie Dlabacz Tonkünstler-Lexicon mittheilt, 1723 in Prag geboren, hatte zu Leyden unter Vitrarius Jurisprudenz studirt und wurde

18. Nov. 1745 Appellationsrath in Böhmen. Maria Theresia und Joseph II.
übertrugen ihm die wichtigsten Geschäfte in Böhmen, Galizien und Erzh.
Oesterreich. Bei alledem vernachläßigte er die Tonkunst nie. Er war
ein trefflicher Violoncellist und gab häufig musicalische Akademien, an
denen sich junge Tonkünstler bildeten. Viele Böhmen verdankten ihm
ihr Glück, da er 13. April 1764 von Maria Theresia als k. k. Hof- und
Kammermusik- wie auch General-Spectakeldirector angestellt wurde. Er
starb nach 30jähriger Dienstzeit am 25. Febr. 1804 in Prag und wurde
auf dem Kleinseitner Friedhofe begraben.

Zu Capitel XIV. und XV.
Repertoire-Probe aus den Jahren 1771—1772.

Auf dem Königl. Prager Theater des Hrn. Bustelli ward von der
brunianischen Gesellschaft deutscher Schauspieler aufgeführt, u. zwar:

21. Juli. Bourlesque. — 22. Der dankbare Sohn, ein Lustspiel in Prosa
und zweyen Handlungen von J. J. Engel. — 23. Bourlesque und italienisches
Intermezzo. — 24. Der Minister, ein von dem Hrn. Staatsrath v. Goebler
zu Wien verfertigtes Lustspiel in Prosa u. 5 Handlungen. — 25. Bourlesque.
— 27. Der Zweykampf, oder die Neuvermählten, ein Lustspiel in 2 Handlungen nebst einem italienischen Intermezzo. — 28. Bourlesque. — 29. Die
unähnlichen Brüder, ein Lustspiel von Joh. Müller Schauspielern in Wien,
in Prosa u. 5 Aufzügen, nebst einem neuen Ballet. — 30. Zauberbour-
lesque. — 31. Der Minister nebst italienischen Intermezzo.

1. August. Constantia oder der Sieg der Freundschaft, aus dem
Französischen. — Freitag 2. Nichts. — 3. Die große Batterie od. die verkaufte Charge, ein Lustsp. in Prosa u. 1 Aufzuge von dem bekannten Verfasser des Postzuges. — 4. Bourlesque. — 5. Die neueste Frauenschule, ein
Lustsp. in Prosa u. 5 Aufzügen, von Hrn. Stephanie dem älteren. — 6. Bourlesque. — 7. Constantia oder der Sieg der Freundschaft. — 8. Die unversehene Wette, oder wer viel weiß, weiß noch nicht alles, Lustsp. in
2 Aufz. und das Oracel, eine Operette von Prof. Gellert. — Freitag 9.
Nichts. — 10. Bourlesque, Intermezzo, ein neues Ballet, die Eifersucht
im Serail, worin 2 fremde Tänzer sich zeigten. — 11. Bourlesque. —
12. Bramarbas, Lustsp. in Prosa u. in 5 Aufzügen von Freyherrn von
Holberg. — 13. Bourlesque, Intermezzo. — Die übrigen Tage dieser
Woche war die Bühne geschlossen.

19. August. Ein neues Intermezzo, und das Lustsp. der Menschen-
freund, oder der Freund der ganzen Welt. — 20. Bourlesque u. das Oracel
von Gellert. — 21. Clementine od. das Testament, ein Drama von dem
Staatsrath v. Göbler. — 22. Bramarbas. — 24. Der dankbare Sohn u.
Intermezzo. — 25. Bourlesque. — 26. Die unversehene Wette, dann Intermezzo. — 27. Bourlesque. — 28. Emilie oder die glückliche Reue, und In-

termezzo. — 29. Die Poeten nach der Mode, Lustsp. vom Hrn Kreissteuer-Einnehmer Weise in Leipzig. — 31. Der Deserteur, od. die unterbrochene Lust, ein aus dem Französ. des Hrn. Sedaine von dem Hrn. Theatralsekretär von Brahm übersetztes Lustspiel.

1. September. Bourlesque. — 2. Clementine, oder das Testament. — 3. Bourlesque. — 4. Der Mißtrauische, Lustsp. von dem Freyhr. v. Cronegh. — 5. Die Verwechslung, od. wenn wird man mich verheirathen? Lustsp. aus dem Französischen, nebst einem Vorspiele. — 9. Die Poeten nach der Mode v. Hr. Weiß. — 11. Burlin od. der Diener, Varter und Schwiegervater in einer Person, v. Hrn. Romanns. — 12. Fayel, v. Hrn. d' Arnand. — 14. Gräfinn v. Freyenhof von Hrn. Stefanie dem jüngeren. — 16. Die Verwechslung nebst Vorspiel. — 19. Die Sklaveninsel aus dem Franz. und das Band, von Gellert. — 21. Burlin oder der Diener, Vater u. Schwiegervater in einer Person. — 23. Die verliebte Unschuld, Lustspiel aus dem Franz. des Hrn. Marin. — 25. Der Renegat, ein Trauerspiel, — 25. Der Schein betrügt od. der gute Ehemann. Lustsp. von Brandes. — 28. Der Minister. — Sonntags den 29. Sept. Letzte Bourlesque. — 30. Trau, schau, wem, ein Lustsp. v. Brandes.

2. October. Arist ob. der rechtschaffene Mann. — 3. Der Renegat. — 5. Eugenie, ein Drama v. Beaumarchais. 6. — Die Wohlgebohrene, Lustsp. v. Stephanie dem jüngeren. 7. Opera Seria unter dem Titel Demetrio. Re di Siria. — 8. Die Sklaveninsel v. Marivaux und der sehende Blinde. — 9. Oper. — 10. Der Zerstreute, Lustsp. v. Regnard. — 12. Oper. — 13. Ein auf das Namensfest der Kaiserin verfertigtes Vorspiel, die Zeit. Dann Durimel, ob. die Einquartirung der Franzosen, aus dem Franz. des Hrn. Mercier. — 14. Oper. — 15. Das Vorspiel „die Zeit", hierauf Constantia ob. der Sieg der Freundschaft, nebst einem von Hrn. Link verfertigten Ballet: auf der Welt herumschwärmende Gnome. — 16. Oper. — 17. Der Ruhmredige, Lustsp. aus dem Franz. des Hrn. Destouches. — 19. Oper. — 20. Der Zerstreute. — 21. Oper. — 22. Der Geizige von Molière. — 23. Oper. — 24. Dürimel. — 25. Oper. — 27. Constantia. 28. Oper. — 29. Der Minister. — 30. Oper. — 31. Der Zerstreute.

2. November. Oper. — 3. Die verliebten Zänker von Goldoni. — 4. Oper. — 5. Der Ruhmredige. — 6. Oper. 7. Die Kriegsgefangenen v. Hrn. Stephanie d. J. — 9. Oper, unter dem Titel Adriano in Syria. — 10. Die Kriegsgefangenen. — 11. Oper. — 12. Burlin. — 13. Oper. 14. Die Kriegsgefangenen. — 16. Oper. — 17. Die Quäker ob. die junge Indianerin, nebst dem krummen Teufel, eine Operette. — 18. Oper. — 19. Die verliebten Zänker. — 20. Oper. — 21. Der Deserteur. — 23. Oper. — 24. Die Verwechslung, und eine Operette von Hafner, Evakathel. — 25. Der krumme Teufel und der dankbare Sohn. — 28. Zanga oder die Rache v. Young. — Die übrigen Tage war Oper, Hadrian in Syrien.

Sonntag den 1. December. Der Deserteur. — 3. Die junge Indianerin, und das Gespenst, eine Operette. — 5. Der Tambour zahlt alles,
u. Evakathel. — 8. Der Teufel an allen Ecken, u. der Frager zum Nachspiel. — 10. Der politische Kannengießer. — 12. Die Rache u. das Gespenst. — 15. Die zween Freunde ob. der Kaufmann zu Lyon. — Die
übrigen Tage war Oper. — 26. Die Brüder von Hrn. Romanus. —
29. Die drei Sultaninen. — 21. Die zween Freunde.

2. Jänner 1772. Der Minister. — 5. Charlot, oder die Gräfinn
v. Givri. — 7. Die 3 Sultaninen. — 8. Charlot. — 9. Die Brüder. —
12. Der verliebte Werber, u. das Gespenst. — 14. Emilie oder die glückliche
Reue. — 15. Die Brüder. — 16. Eine neue Pantomime, u. der verliebte
Werber. — 17. Ließ sich Mr. la Motto mit großen Beifall auf der Geige
hören. — 18. Burlin. — 19. Die stumme Schönheit v. Schleglen u. Pantomime. — 20. Das Orakel u. das Band v. Gellert. — 21. Die 2 Freunde.
22. Herzog Michel und die Operette, die Gouvernante. — 23. Was ist der
Geschmack der Nation? — 24. Concert von 2 Fremden. — 26. Was ist
der Geschmack der Nation? — 30. Was ist der Geschmack der Nation?

2. Februar. Pantomime und der verliebte Werber. — 4. Hannchen,
nichts weniger als ein Originalschauspiel von 5 Aufzügen, v. Herrn v. Köstler.
— 6. Die Kriegsgefangenen. — 9. Hannchen. — 11. Der Schatz v. Lessing,
Operetten Bastien und Bastienne und ein Ballet. — 12. Die Kriegsgefangenen.

21. April 1772. Der Hausvater von Diderot. — 23. April. Richard III.
von Weiße. — 26. April. Eugenie von Beaumarchais. — 28. Der Triumph
der guten Frauen, Lustsp. in 5 Aufzügen von Elias Schlegel. — 30. Soli-
mann der II. aus dem Französischen nebst Divertissement.

2. Mai. Der Zerstreute, aus dem Franz. von Regnard. — 5. Die
Parodie, Lustsp. aus dem Franz. — 7. Trau, schau, wem; Lustspiel von
Brandes. — 10. Die Jagd, komische Oper in 3 Handlungen von Weiße
in Leipzig. — 12. Die neueste Frauenschule, ob. was fesselt uns Männer!
Lustsp. in 5 Aufz. — 14. Was ist der Geschmack der Nation? 17. Der
stumme Plauderer, Lustsp. in 3 Aufzügen von Karl Gotthold Lessing. —
19. Die Jagd. — 21. Die schlaue Witwe v. Goldoni. — 24. Der Postzug,
Lustsp. u. Die das Glück hat, führt den Bräutigam heim, musikalische
Farce in 2 Aufz. — 26. Die Parodie. — 28. Die Werber. Lustsp. v. Stephanie dem jüngeren. — 31. Die große Batterie.

2. Juni. Die Wohlgebohrene. — 4. Der Tuchmacher zu London.
Drama in 5 Aufz. — 8. Pantomime u. der dankbare Sohn. — 9. Der Spieler,
aus dem Franz. des Regnard. — 11. Semiramis, v. Voltaire. — 15. Der
Schein betrügt, Lustsp. v. Brandes. — 16. Der Einsiedler, Trauerspiel v.
Pfeffel u. das Gespenst. — 20. Die Kriegsgefangenen, v. Stephanie. —
21. Der Furchtsame. — 23. Die große Batterie. — 25. Die Jagd. —
28. Das neugierige Frauenzimmer v. Goldoni. — 30. Der Teufel in allen Ecken.

2. Julius. Der Bauer aus dem Gebirge, Lustsp. in 3 Aufz. vom Hrn. Heufeld nach Arlequin Sauvage. — 5. Das Mondenreich, Farce. — 7. Das neugierige Frauenzimmer. — 9. Der Vormund von Goldoni. — 12. Pantomime und der Frager. — 16. Der Lügner von Goldoni. — 21. Der Bauer aus dem Gebirge. — 23. Das Schnupftuch, komische Oper v. Hrn. Henisch und das Duell. Lustsp. v. Jestern. — 25. Der Hausvater. — 26. Der Lügner. — 28. Pantomime und die Sklaveninsel. — 30. Der Spieler. —

2. August. Die verliebten Zänker v. Goldoni. — 6. Sidney und Silly, Drama in 5 Aufzügen. — 9. Die junge Indianerin. — 11. Der Vormund. — 13. Sidney und Silly. — 16. Der Postzug und Gaucklerey eines gewissen italienischen Gassenhauers Charatta. — 19. Leichtsinn und gutes Herz, Lustsp. in 5. Aufz. von Baron v. Gebler. — 20. Das Duell und Gaucklerey. — 23. Pantomime und Gaucklerey. — 25. Leichtsinn und gutes Herz. — 27. Rynsolt und Sapphire, Trauerspiel in 3 Aufz. v. Martini. — 30. Das heuratmäßige Mädchen, Lustsp. in 2 Aufz. v. Garrick und der Scheerenschleifer, Farce.

1. September. Sidney und Silly. — 3. Das Duell und Pantomime. — 6. Der Bauer aus dem Gebirge. — 8. Pantomime und das heuratmäßige Mädchen. — 10. Die verstellte Kranke, Lustsp. in 3. Aufz. aus dem Ital. — 13. Der Lotteriespieler, Lustsp. v. Karl Lessing. — 16. Die Wohlgebohrne. — 20. Der stumme Plauderer. — 22. Leichtsinn und gutes Herz. — 24. Der gutherzige Murrkopf v. Goldoni.

1. October. Rynsolt und Sapphire, und Pygmalion v. Rousseau. — 4. Die schlaue Witwe. — 6. Die verstellte Kranke. — 8. Der geadelte Kaufmann v. Brandes. — 11. Der krumme Teufel und Pygmalion. — 13. Die verliebten Zänker. — 15. Die Osmonde, Drama in 5 Aufz. v. Gebler. — 18. Der geadelte Kaufmann. — 22. Der Kranke in der Einbildung von Molière. — 25. Der Mann nach der Uhr und Pantomime. — 27. Die neueste Frauenschule. — 29. Der geadelte Kaufmann.

3. November. Karl der V. in Afrika, heroisches Trauersp. v. Sternschütz. — 5. Die Jagd. — 8. Das heuratmäßige Mädchen und Pantomime. — 10. Karl der V. — 12. Der geadelte Kaufmann. — 15. Die schlaue Witwe. — 17. Was ist der Geschmack der Nation? — 19. Der englische Waise, Lustsp. aus dem Franz. — 22. Das Duell und Pantomime. — 24. Der gutherzige Murrkopf. — 26. Hannchen, nichts weniger als ein Originalschauspiel. — 29. Der Dorfbalbier, komische Oper v. Hrn. Weisse. —

1. December. Der Tuchmacher zu London. — 3. Der unglückliche Bräutigam, Nicht Lust und Nicht Trauerspiel wie man es nehmen will, von Stephanie dem jüngeren. — 6. Karl der V. — 10. Die verliebten Thorheiten, aus dem Franz. des Regnard. — 13. Der Dorfbalbier. — 15. Das neugierige Frauenzimmer.